Nadine 3.0
Amee Brooks

AF637135

Amee Brooks

Nadine 3.0
Flucht aus Rotlicht und Drogensumpf
– Die wahre Geschichte des ersten Mädchens vom Bahnhof Zoo

Autobiografischer Roman

DeBehr

Copyright by: Amee Brooks
Herausgeber: Verlag DeBehr, Radeberg
Erstauflage: 2018
ISBN: 9783957534958
Umschlaggrafik Copyright by Fotolia by Artem Furman

Inhaltsverzeichnis

Vorwort

Im Leben muss jeder kämpfen, der eine mehr, der andere weniger. Nadine kämpfte 35 Jahre und auch nach dieser Zeit ist es oft nicht leichter. Die Drogen haben Spuren hinterlassen. Sie ist seit mehr als 20 Jahren clean. Und heute noch kämpft sie gegen die Folgen an. Der erste Teil, „Nadine, von Gott vergessene Kinder", erzählt die Geschichte von Beginn an und erklärt das Warum. Das zweite Buch erschien im März 2016 und schildert den Werdegang bis hin zur Geburt des ersten Kindes. Teil 3 und somit das letzte Buch spiegelt den nicht alltäglichen Werdegang eines Mädchens wider, das am Rande der Gesellschaft um sein Dasein kämpft, das in alle Fettnäpfchen des Lebens tritt und wieder herausfindet, das den Mut hat, gegen Zuhälter, Prostitution und Drogen zu kämpfen und trotzdem immer wieder fällt, aufsteht, um wieder zu fallen. Auch wenn es fast unmöglich scheint, so hat sie nie den Glauben an sich und an das Leben verloren. Eines Tages steht sie da, mit Falten im Gesicht und tiefen Schnitten in der Seele, um festzustellen, dass sie all das erreicht hat, was sie erreichen wollte. Sie klappt das Buch ihrer Vergangenheit zu, wischt sich die Tränen aus dem Gesicht und stellt fest: All das, was hinter mir liegt, ist das, was ich heute bin. Jeder, der mit meinem Gestern nicht leben kann, hat keine Chance auf ein Morgen mit mir.

1. Kapitel
Der verlorene Sohn

Die Reise nach Bayern war lang und Nadine staunte nicht schlecht über die schöne Landschaft.
Der Kleine lag friedlich hinten auf der Rücksitzbank im Kinderwagen und schlief. Nadine war nervös. Wie würden ihre Eltern auf das Kind reagieren und vor allem aber, wie würde ihr Leben nun weiter verlaufen?
Sie hatte Angst, denn nun ging es nicht mehr nur um sie, sondern eben auch um den kleinen Wurm, der auch zu ihr gehörte. Sie hatte anfangs kaum Gefühle entwickeln können, aber Nadine spürte immer mehr, dass sie nun Mama war und irgendwie freute sie sich auf die Aufgabe. Der Kleine war ein Goldschatz, er schrie zwar oft und reagierte auf die Nahrung oftmals mit Spucken und Durchfall, aber die Dame vom Jugendamt und auch der Kinderarzt sagten, dass es auch an den Umständen lag, in denen Nadine sich momentan befand. Sie war nervös und oftmals überfordert und das spürte der Kleine. Beiden, Mutter und Sohn, fehlten einfach. Ruhe und Zeit, sich aneinander zu gewöhnen und ihren Tagesablauf aufeinander abzustimmen. Dirk war ein süßer kleiner Fratz und Nadine wollte nun versuchen, ein anständiges, normales Leben zu führen. Sie war es ihm schuldig und sie wollte eben nicht so sein wie ihre Eltern. Große Vorsätze und große Hoffnung, dass sie es schaffen kann.
Es war früher Morgen, als sie in dem kleinen Ort im schwäbischen Dillingen ankamen. Das Haus lag am Ende des Dorfes und sah sehr schön aus. Ein großer Garten und ein ziemlich großes Haus, dachte Nadine. Im Garten stand ein großer Hundezwinger und als Nadine vor dem Haus hielt und Fred, Utes Mann, der den Wagen parkte, näherkam, sprang ein großer Schäferhund an den Zaun des Hundezwingers und bellte wie verrückt. Dadurch wurde der Kleine geweckt und er blickte

Nadine erschrocken an. Nadine nahm den Kleinen aus dem Kinderwagen und setzte ihm sein Mützchen auf, dann machte sie sich auf den Weg zum Eingang. Ihr Herz pochte wie wild, als sie den Klingelknopf drückte. Ihre Mutter öffnete aufgeregt die Tür und als sie Nadine und den Kleinen vor sich sah, war sie außer sich vor Freude. Sie nahm Nadine den Kleinen sofort aus den Armen und bat sie herein.
Ihr Stiefvater saß in der Küche und auch er schien von dem Familienzuwachs begeistert zu sein. Er sagte nichts zu Nadine, aber sie wusste auch so, dass sein Blick genau das sagen sollte, was er schon immer von ihr vermutete. Einmal, Nadine war gerade 12 Jahre alt, da standen ihr Stiefvater und ihr großer Bruder vor der Tür im Hof, das war noch in Berlin und beide lachten über Nadine. Sie war eben damals kein hübsches Mädchen, sondern eine kleine, graue Maus, die langsam Busen bekam und auch schon das erste Mal ihre Tage hatte. Ihre Mutter musste dem Stiefvater davon erzählt haben, zumindest standen beide da und witzelten über Nadine, als ihr Stiefvater plötzlich in einem fiesen Ton und sehr laut sagte: „Die da wird sowieso die Erste sein, die sich bumsen lässt und mit 'nem Braten in der Röhre nach Hause kommt.“ Nadine hörte noch heute dieses gemeine Gelächter und gerade jetzt in diesem Moment wusste sie, dass auch ihr Stiefvater sich an diese Worte zu erinnern schien.
Sie stand da und hasste ihn dafür, dass er im Grunde genommen recht hatte. Ihr Stiefvater sah den Kleinen an und sagte: „O. k., du hast bisher in Deinem Leben nichts erreicht und nur Scheiße gebaut, den hier aber hast Du ganz gut hinbekommen.“ O. k., das lag aber wahrscheinlich auch zum größten Teil am Erzeuger.
Nadine hasste ihn und hasste seine Art, über sie zu denken. Sie schwieg aber, denn sie musste klein beigeben, wollte sie doch nicht mit dem Kind auf der Straße leben. Sie stand einfach nur im Raum und musste mit ansehen, wie ihr verhasster Stiefvater

den Kleinen auf den Arm nahm und mit ihm sprach. Am liebsten wäre sie auf dem Absatz umgedreht, hätte ihm ihren Sohn aus den Armen gerissen und geschrien: „Dieses Kind bekommst Du nie wieder zu Gesicht!“ Aber leider ging das nicht, denn sie war abhängig von seinem Wohlwollen und das wusste er.
Fred half Nadine, die Sachen ins Haus zu bringen und er sagte ihr zum Abschied noch, dass sie die Ohren steifhalten sollte.

Die ersten Wochen verliefen recht ruhig, Nadine kümmerte sich um den Kleinen und ihre Mutter half ihr dabei. Er war sehr stark erkältet, als sie aus Lüneburg kamen und nun ging es dem Kleinen gut. Sie hatte viel für ihr Enkelkind besorgt: Kinderbettchen, Wickelkommode, Nuckelflaschen und Windeln, all das, was der Kleine brauchte. Nadine fühlte sich wohl und der Kleine schien dies zu spüren.
Alles war o. k. bis zu dem Abend, als ihr Stiefvater beim Abendbrot von Nadine wissen wollte, wie es nun weitergehen sollte. Nadine hatte keine Ahnung und zuckte nur mit den Schultern, nicht aus Desinteresse, sondern aus Angst, dass er wieder ausrasten würde und weil sie wirklich nicht wusste, wie es weitergehen sollte. Und wie sie es erahnt hatte, begann er wieder zu toben und schrie: „Du musst nicht glauben, dass Du Dein Leben lang auf unsere Kosten leben kannst. Ich habe die Nase voll von Dir und kann dein dummes Gesicht hier nicht ertragen. Dein Spross ist genug, aber du wirst sehen, dass du einen Job findest und wenn du Scheiße putzen musst, das ist mir egal.“ Ihre Mutter versuchte, die Situation zu retten und sagte beschwichtigend dazu: „Wir können es ja so machen. Du gehst arbeiten und wir passen solange auf Dein Kind auf. Du bezahlst Unterhalt und einen Teil der Miete und nimmst da oben das Zimmer. Wenn du dann soweit bist, suchst du dir hier eine Wohnung und alles bleibt wie gehabt. Du bringst uns morgens das Kind und abends holst du es wieder ab.“ Die Idee

fand Nadine nicht schlecht und sie versprach ihrer Mutter, sich die nächsten Tage um einen Job zu kümmern.

Nadine blätterte die Anzeigen durch und wenn sie ganz ehrlich zu sich selbst war, konnte sie gar nichts, also auf was sollte sie sich bewerben?
Sie hatte keine Ahnung, bis ihr eine Anzeige ins Auge fiel: Hotelhilfe gesucht in Kost und Logis. Nadine wusste nicht, was das bedeutete und so ging sie zu ihrer Mutter und bat um Rat. Auch sie las die Anzeige und sagte: „Das wäre doch was, oder?“
„Ja, aber was bedeutet in Kost und Logis?“, wollte Nadine wissen. Ihre Mutter sagte: „Da kannst du wohnen und bekommst zu essen und dazu auch noch Geld.“
"Klingt doch prima", sagte Nadine erfreut, "aber ob sie mich und den Kleinen nehmen?" Ihre Mutter nahm den Telefonhörer und wählte die in der Anzeige angegebene Nummer. Es dauerte nicht lange, dann ging jemand ran. Ihre Mutter unterhielt sich lange mit der Frau am Telefon und erzählte ihr fast alles über Nadines Situation. Sie schien nett zu sein und bat ihre Mutter, mit Nadine und dem Kleinen vorbeizukommen. „Augsburg? Das ist ja fast 90 km entfernt“, stöhnte Nadine und ihr Stiefvater schaute schon wieder ziemlich bissig über seine Zeitung und so schwieg Nadine gleich wieder. Sie sollten am nächsten Tag gegen Mittag in diesem besagten Hotel sein, das sich in Augsburg-Lechhausen befand. „Gasthof Birkenau“ klang nicht gerade nach einem Fünf-Sterne-Hotel. Na ja, dachte Nadine, wenn alles klappt, dann hatte sie zumindest erst mal Arbeit und ihr Stiefvater würde Ruhe geben. Sie hätte den Kleinen bei sich und könnte nun langsam beginnen, ihr Leben in die richtigen Bahnen zu lenken. Am nächsten Tag fuhr sie mit ihrer Mutter und dem Kleinen nach Augsburg. Nadine war nervös, war es doch ihr erstes Vorstellungsgespräch überhaupt und sie hatte so gar keine Ahnung, was sie sagen sollte. Ihre Mutter plapperte

in einer Tour, gab ihr Ratschläge, wie sie sich zu verhalten hatte. Sie kamen an dem benannten Hotel in Augsburg an und Nadines Begeisterung hielt sich in Grenzen, war es doch nur eine ganz gewöhnliche Kneipe, die wohl auch Zimmer anbot. Sie betraten den Gastraum und Nadine sah sich um, eine typisch bayrische Gaststube, sauber ja, aber ansonsten wirklich nicht mehr als gutbürgerlich. Nadine stand die Enttäuschung ins Gesicht geschrieben, aber sie ließ sich nichts anmerken. Sie setzte sich mit ihrer Mutter und dem Kleinen im Kinderwagen an einen der freien Tische. Eine junge, rundliche, aber nette Frau kam an den Tisch und wollte die Bestellung aufnehmen. Ihre Mutter allerdings sagte: „Wir sind hier, um mit der Chefin des Hauses, zu sprechen, wir haben uns auf die gestrige Annonce gemeldet.“
„Ah“, sagte die junge Frau, dann bist Du das Mädchen mit dem Baby aus Berlin, oder?“
„Ja", sagte Nadine und versuchte zu lächeln. Sie gab Nadine die Hand und sagte: „Hallo, ich heiße Sylvia und gehöre hier auch zum festen Inventar. Ich lebe auch im Haus mit meinem Freund und wir helfen hier, wo wir können. Über Unterstützung freuen wir uns alle. Nadine war überrascht über die Freundlichkeit und so langsam fiel ihr Argwohn ab. Sylvia ging also die Chefin holen.
Ihre Mutter zwinkerte ihr zu. „So schlecht kann es gar nicht sein“, sagte sie leise, „vielleicht kannst Du hier ja auch noch was lernen, Kochen zum Beispiel, das braucht man später im Leben.“ Nadine sagte nichts und ließ erst mal alles auf sich wirken. Dann öffnete sich die Gastraumtür und eine ältere, hagere, schlanke Frau betrat den Raum. Nadine wusste auf Anhieb, dass das die Chefin war. Sie lächelte, aber das Lächeln wirkte kalt und unnahbar. Sie kam auf Nadine zu und gab ihr die Hand. Nadine wurde es kalt und sie ahnte, dass diese Dame hier schwer zu handhaben sein wird. Sie setzte sich zu ihnen an den Tisch und dann begann das Gespräch.

Sie unterhielten sich mehr als zwei Stunden und Nadine merkte, dass unter der kalten Fassade der zukünftigen Chefin eine sehr intelligente Frau steckte, die spürte, dass Nadine in den Fängen ihrer Eltern unglücklich war. So entschied sie sich, zu einem Schritt, der Nadine helfen sollte.
Nadine bekam die Stelle unter zwei Voraussetzungen: Das Kind sollte bei ihren Eltern bleiben, sodass sich Nadine voll und ganz auf ihre Aufgaben konzentrieren konnte und zweitens verpflichtete sie ihre Mutter, Nadine an den freien Tagen das Kind zu überlassen. So konnte Nadine sich um den Kleinen kümmern und entfremdete sich nicht von ihm.
Sie zeigte Nadine und ihrer Mutter das Haus und erklärte Nadine ihre Aufgaben.
Sie sollte morgens die Toiletten und den Hausflur putzen und dann gab es Frühstück. Nach dem Frühstück war sie dann der Küche zugeteilt und sollte da mit zuarbeiten. Am Nachmittag war sie für die Wäsche zuständig, bügeln, flicken und zusammenlegen. Das klang für Nadine alles simpel und sie sagte zu.
Zum nächsten Monat, also in knapp zwei Wochen, sollte Nadine dann in ihrem neuen Reich einziehen. Sie hatte ein schönes Zimmer mit einem großen Erker und einer kleinen Couchgarnitur. Sie hatte ein großes Bett und eine kleine Stereoanlage mit Plattenspieler, ein eigenes Telefon und einen Fernseher, alles in allem war es ein toller Start in ein neues, solides Leben. Zufrieden fuhren ihre Mutter und sie zurück nach Dillingen. Die zwei Wochen bis zum Start verbrachte ihre Mutter damit, für Nadine Bettwäsche und Handtücher sowie Geschirr und andere wichtige Utensilien für ihr neues Zuhause zusammenzupacken. Und als der Tag des Auszuges kam, war der Kofferraum voll. Nadine tat der Abschied von ihrem Kind sehr weh und sie weinte, als sie ihn in den Arm nahm, versprach, bald wieder da zu sein. Ihr Stiefvater sah sie nicht und Nadine war dankbar, ihn so wenig wie möglich sehen zu müssen.
Ihre Mutter fuhr Nadine nach Augsburg und half ihr beim Aus-

packen der mitgebrachten Gegenstände.
Es war später Nachmittag, als sie dem roten alten Mercedes hinterhersah und sie nun allein in einer fremden Stadt ihren Weg finden musste.

2. Kapitel
Ein ganzes normales Leben

Die ersten Tage in der Birkenau waren gewöhnungsbedürftig. Das frühe Aufstehen um 6 Uhr war neu für Nadine, sie hatte sich zwar durch den Kleinen daran gewöhnen müssen, aber nach dem Stillen des Kindes konnte Nadine dann meist noch zwei, drei Stunden schlafen. Hier aber hieß es, wach bleiben und putzen.

Sie hatte eine Menge Aufgaben. Bevor sie überhaupt mit dem Putzen anfing, war der erste Gang in die Küche, Kaffee aufsetzen und dann die Brötchen, die vom Bäcker geliefert wurden, in Empfang nehmen. Dann begann sie, den Hoteltrakt zu putzen, die Treppen zu saugen und zu wischen. Die Fensterbretter und Türrahmen staubzuwischen. Damit fertig, kamen die Waschräume dran, dann die Toiletten der Gaststube, das war ekelig, denn die Herrenklos stanken nach Urin und Nadine graute es jeden Morgen, die Pissbecken zu reinigen. Wenn am Abend zuvor viel los war, dann hatte sie so ihre Mühe, den Raum wieder wirklich sauber zu bekommen. Manchmal war ihr danach speiübel, denn Männer waren echte Ferkel. Wenn sie dann das Pissbecken mit der Kloschüssel verwechselten und darin ihr großes Geschäft erledigten, blieb Nadine nichts anderes übrig, als mit dem Schlauch alles auszuwaschen und mit Gummistiefeln trocken zu wischen. Meist war ihr danach so schlecht, dass das folgende Frühstück ausfiel. Sie deckte im Gastraum dann den Tisch für die Angestellten und die Chefin mit ihrem Mann. Bevor sich diese an den Tisch setzten, wurde Nadines Arbeit begutachtet und am Tisch dann besprochen, wo es bei Nadine noch haperte. Von Woche zu Woche wurde sie besser und schneller und ihre Chefin freundlicher. Die Frau war streng, aber gerecht. Nadine hatte Respekt vor ihr und lernte viel und schnell. Das Kochen bereitete Nadine großen Spaß, sie lernte, wie man Spätzle schabte und wie man Brühen ansetzte. Sie lernte, wie man bügelte und wie man Bettwäsche pflegte und flickte. Alles in allem war es ein harter Job, aber sie lernte dazu und das gefiel Nadine. Die Monate verflogen und Nadine war nun schon fast ein halbes Jahr dort. Kurz vor ihrem 22. Geburtstag hatte sie mal wieder frei und wollte ihren Sohn abholen, da erschien ihre Mutter nicht wie ausgemacht am Nachmittag. Nadine versuchte, sie telefonisch zu erreichen, aber niemand ging ans Telefon. Komisch, dachte Nadine, das war das erste Mal und Nadine war unruhig. Den ganzen Nachmittag blieb sie in ihrem Zimmer und hoffte auf ein Zeichen ihrer Mutter, aber nichts passierte. Sie hatte das Wochenende frei und Nadine wollte mit dem Kleinen eigentlich den Augsburger Zoo besuchen. Nadine hatte sich so darauf gefreut, in all den Monaten hatte Nadine nur wenig Zeit und jede freie Sekunde versucht, diese mit ihrem Sohn zu verbringen, manchmal waren es nur Stunden, weil sie am nächsten Tag wieder arbeiten musste, manchmal hatte sie so wie heute ein ganzes Wochenende mit ihm und sie genoss diese Zeit. Doch irgendetwas musste passiert sein, denn heute kam niemand. Nadine war traurig und sie kannte diese Situation nur zu gut. Dieses Warten auf ihre Eltern, sie sah sich wie damals als sie gerade 4 oder 5 Jahre alt war, ihre Pflegemutter war gestorben und sie war in diesem Kinderheim abgegeben worden. Dort hatte sie ihre Mutter auch das erste Mal kennengelernt, sie kam damals mit einer grauhaarigen Perücke zu Besuch und hatte ihren Stiefvater dabei. Schon damals war Nadine dieser Mann unangenehm, denn das Erste, was er damals zu Nadine sagte, nachdem die Mutter ihr sagte, dass das nun ihr neuer Papa wäre, war: „Du kaust Fingernägel? Das wird das Erste sein, das ich Dir abgewöhne, wenn Du wieder zu Hause wohnst." Der Blick dazu versprach nichts Gutes, das war es ja dann auch. In dieser Zeit versprach ihre Mutter auch oft, sie würde sie ab dem nächsten Wochenende aus dem Heim nach Hause holen, doch oftmals vergaßen sie Nadine einfach und sie sah sich immer noch mit einem traurigen Gefühl am Fenster stehen, wo man die Besucher des Heimes kommen und gehen sah. Dort wartete Nadine oft stundenlang, man musste sie regelrecht von diesem Fenster wegzerren, weil sie immer hoffte, ihre Mutter würde gleich um die Ecke kommen und Nadine abholen.

Das ist nun schon so lange her und erweckte in ihr immer noch das Gefühl von Traurigkeit. Heute jedoch ging es nicht nur allein um sie, sondern auch um ihr Kind und das fehlte ihr ganz besonders.

Es wurde Abend und noch immer gab es kein Lebenszeichen von ihrer Mutter und Nadine fühlte sich wütend und traurig zugleich. Sie probierte nochmals telefonisch, ihre Mutter zu erreichen und siehe da, es war mittlerweile 20 Uhr, da ging sie ran. Nadine fragte, was passiert sei und ihre Mutter antwortete knapp: „Wir haben es heute nicht geschafft, wir waren mit dem Kleinen spazieren, danach hat er so schön geschlafen und ich wollte ihn nicht aus seinem gewohnten Umfeld zerren und wieder den weiten Weg zu Dir fahren." Nadine stockte der Atem, sie saß hier und wartete sich Löcher in den Bauch und 90 km weiter entfernt war es denen egal, sie hielten es noch nicht einmal für nötig, Nadine zu informieren. Erbost knallte Nadine den Hörer auf mit den Worten: „Ich komme morgen und hole mein Kind von Euch.“ Wütend über das Verhalten wollte Nadine sich einen Tag in der Woche freinehmen und sie bat ihre Chefin um Hilfe. Die hatte jedoch schon mit ihrem Stiefvater telefoniert und erklärte Nadine, warum sie ihr Kind nicht sehen durfte.

Der Stiefvater war der Annahme, dass dieses Hin- und Hergeschiebe dem Jungen nur schaden würde. Jedes Mal, wenn der Kleine bei Nadine war, wäre er danach immer verstört, würde nachts nicht mehr durchschlafen und viel weinen. Deshalb hätten sie entschieden, dass Nadine das Kind sehen könnte, wann sie wollte, aber eben nicht mehr mit nach Augsburg nehmen dürfte. Zudem wollte ihr Stiefvater beim Jugendamt

vorsprechen, um das Sorgerecht für das Kind zu bekommen. Somit wären die regelmäßigen Unterhaltszahlungen gewährleistet und man hätte eben auch Unterstützung vom Amt.
Nadine wurde es übel, als sie das hörte und sie saß da, als würde sie die Welt nicht mehr verstehen. Warum machte er das, warum nahm er Nadine ihr Kind weg und stellte sich zwischen das Kind und sie? Er sollte doch sehen, dass Nadine sich alle Mühe gab, ein normales Leben zu führen und dass sie sich um ihr Kind kümmerte, soweit sie es konnte. Sie war immer, wenn sie frei hatte, für den Kleinen da und genoss die Zeit in seiner Nähe. Sie zahlte jeden Monat von den 900 DM, die sie bekam, 300 DM an ihre Eltern. Sie kamen wegen des Geldes am Ende des Monats zu ihr und holten es ab. Also warum jetzt dieser Weg? Nadine war verzweifelt und wusste nicht, was sie tun sollte. Ihre Chefin war auch keine große Hilfe, ihr war es nur recht, dass Nadine das Kind nicht immer zu sich holte, so war sie mit ihren Gedanken wenigstens bei der Arbeit und sie verstand sowieso nicht, warum man ein Kind haben musste und es in eine so unsichere Zukunft gebar. Oft hielt sie das Nadine vor und sagte, sie solle den Kleinen zu Adoption freigeben, sie sei doch gar nicht imstande für sich und das Kind zu sorgen. Bei solchen Aussagen fühlte sich Nadine immer schäbig und klein und sie wusste, dass die Anderen recht hatten. Aber sollte sie deswegen ihr Kind kampflos aufgeben und es so einfach ihren Eltern überlassen? Obwohl sie wusste, dass ihre Eltern schon mit den eigenen Kindern in der Erziehung erhebliche Probleme hatten?
Nadine war hin- und hergerissen und wusste in solchen Momenten nicht, was sie tun sollte, aber wenn der Kleine bei ihr war, war ihr klar, dass sie ihn um nichts auf der Welt verlieren wollte, war es doch ihr eigenes Fleisch und Blut und das erste wirkliche Glück in ihrem Leben. Sicherlich, sie hatte ihm nichts zu bieten, aber sie glaubte daran, dass sie es auch alleine schaffen könnte.

Sie fuhr an diesem Abend noch zu ihren Eltern. Sylvia, die Bedienung aus der Birkenau, fuhr sie hin und wartete vor dem Haus. Nadine ging durch die Terrassentür und niemand war in der Küche. Sie wusste, der Kleine schlief im Schlafzimmer ihrer Eltern und so betrat sie es, ohne sich bemerkbar zu machen.
Sie wollte ihn mitnehmen, alles andere würde sich dann ergeben. Im Schlafzimmer war nur eine kleine Nachttischlampe an und der Kleine schlief seelenruhig. Als Nadine ans Bett trat, wurde er wach und rappelte sich am Gitter des Bettchens hoch. Er lächelte Nadine an und babbelte gleich los, er streckte die Arme aus und sagte das erste Mal ganz leise: „Mama hoch." Nadine stockte der Atem, er erkannte sie und er wusste, dass sie seine Mama war. Nadines Herz pochte wie wild und Tränen liefen ihr ins Gesicht. Sie hob den Kleinen aus dem Bett und küsste ihn zärtlich, ja, auch wenn am Anfang nach der Geburt alles so aussah, als würde sie nichts für ihr Kind empfinden, so wusste sie heute sehr genau, das war ihr Kind, das sie über alles liebte und niemand hatte das Recht, ihr das wegnehmen zu wollen.
Plötzlich stand ihr Stiefvater in der Tür und wetterte gleich los: „Was, verdammt noch mal, machst Du hier? Du schleichst Dich in unser Haus wie ein Dieb?“
Durch das Brüllen erschrocken begann der Kleine zu weinen und legte seinen Kopf auf Nadines Schulter.
Nadine stellte sich gegen ihren Vater und brüllte zurück: “Ich hole mein Kind ab und fahre danach wieder nach Hause. Ich lass ihn mir nicht wegnehmen!“
Der Stiefvater grinste fies und zischte leise: „Ich würde Dir davon abraten, denn DU hast das Sorgerecht nicht mehr für das Kind. Wir waren am Freitag beim Jugendamt und haben der Dame dort erklärt, wie Dein bisheriges Leben verlaufen ist und dass es wohl besser wäre, wenn der Kleine vorerst bei uns bleiben würde. Die Dame vom Jugendamt war sehr kooperativ und

hat das sofort beim Amtsgericht geregelt. Also leg den Kleinen in sein Bett zurück und hau ab.“
Nadine kochte vor Wut. „Das glaube ich nicht!“, schrie Nadine, „warum tut ihr mir das an. Es war anders abgesprochen.“
„Was war abgesprochen?“, wollte ihr Stiefvater scheinheilig wissen? „Du bist nach Augsburg abgehauen und hast Dein Kind hiergelassen, glaubst Du allen Ernstes, dass man einer ehemaligen Junkiehure wie Dir ein Kind anvertraut, geschweige denn überhaupt glaubt?“
Kreidebleich stand Nadine vor ihrem Stiefvater und begann zu weinen. Ihre Mutter kam dazu und riss ihr den Kleinen aus dem Arm. Sie sagte: „Du hast keine Ahnung von Kindern, das sieht man jetzt auch. Du brüllst hier rum und der Kleine bekommt alles mit. Raus hier aus unserem Schlafzimmer und wenn Dir was nicht passt, dann wende dich ans Jugendamt, vorläufig bekommst du den Kleinen nur nach Absprache zu sehen. Also wage es nicht ein zweites Mal, hier anzukommen, wir holen die Polizei und das, mein Mädchen, kann dann auch wieder gegen Dich verwendet werden.“ Ihr Stiefvater warf ihr noch hinterher: „Wir haben vom Jugendamt unsere regelmäßigen Zahlungen und bekommen Zuschuss für den Kleinen. Du könntest das mit deinen paar Pisskröten allein sowieso nicht stemmen.“ Nadine schrie beim Rausgehen: „Darum geht es Euch immer, um die verdammte Kohle, alles andere ist Euch egal, ihr würdet sogar über Leichen gehen, um Profit daraus zu schlagen, ihr kotzt mich alle einfach nur an. Und Du, STIEFVATER, bist ein Schwein!“ Darauf drehte sie ihm den Rücken zu und rannte aus dem Haus.
Sylvia sah, wie Nadine angerannt kam, ohne das Kind, und wusste, irgendwas musste passiert sein. Nadine war kreidebleich, als sie ins Auto stieg und sie zitterte am ganzen Körper. „Was ist passiert?“, wollte sie wissen und Nadine klagte ihr ihr ganzes Leid. Bis nach Augsburg weinte Nadine und tobte. Sie litt und man konnte es förmlich greifen, sie hasste ihren Stief-

vater abgrundtief.

„Ich habe keine Chance mein Kind je wieder zu sehen, stimmt's?"
Nadine hielt den Brief vom Jugendamt in den Händen und sah ihre Chefin unglaubwürdig an. „So wie es momentan aussieht, nicht. Nadine, Du solltest es so lassen, wie es ist. Was willst Du mit einem Kind? Du bist noch keine 22 Jahre, hast so gut wie noch nichts erlebt im Leben. Du hast keine Erfahrung und keinen Ehrgeiz. Wie also willst Du Deinem Kind diese Werte vermitteln?"
Die Chefin redete auf Nadine ein und erreichte damit nur, dass Nadine wütend wurde und brüllte: „Es gibt andere junge Mütter, die können und schaffen das auch, warum also ich nicht? Nur weil ich mal Drogen genommen habe und auf den Strich gegangen bin? Das ist vorbei und ich habe auch nicht vor, das jemals wieder zu tun. Ich will mein Kind wieder haben, verdammt noch mal!!
Nadine weinte und ahnte, dass ihre Chefin recht hatte. Es war ausweglos, denn bei ihren Eltern, das musste Nadine sich eingestehen, standen die Konditionen besser fürs Kind. Dort hatte er immer jemanden, der sich um ihn kümmerte und der rund um die Uhr da war. Und sie, was hatte sie ihm schon zu bieten? Sie lebte von 900 DM, das war kein Geld, um sich und den Kleinen über Wasser zu halten. Hinzu kam, Nadine hatte ja noch nicht einmal eine eigene Wohnung.
Und es kam, wie es kommen musste. Nadine sah keine Chance in ihrem Leben, man gab ihr auch keine und so versuchte sie, sich abzulenken, indem sie nicht mehr abends in ihrem Zimmer saß, sondern das Augsburger Nachtleben erkundete.
Die ersten paar Wochen ging auch alles gut. Nadine kehrte zwar spät in der Nacht in ihr Zimmer zurück, aber das Aufstehen fiel ihr jeden Morgen umso schwerer. Sie hatte zu nix mehr Lust und je mehr sie sich von ihrem Kind entfernte, desto

schlimmer wurde ihre Arbeitsqualität im Hause Birkenau. Ihre Chefin brüllte sie täglich an und Nadine schaltete auf stur. Sie hatte noch nicht einmal den Versuch unternommen, sich gegen ihre Eltern zu stellen und den Kampf um ihr Kind sah sie als sinnlos an, hatte sie doch nichts vorzuweisen als einen schlecht bezahlten Arbeitsplatz, an dem auch noch ihre Wohnung hing. Wenn sie den verlor, stand sie im Grunde genommen auf der Straße. Mittlerweile glaubte sie selbst, dass es besser sei, wenn der Kleine bei ihren Eltern lebte, war es doch auch für sie der einfachere Weg. Aber in ruhigen Momenten sehnte sie sich nach ihrem Sohn. Sie weinte oft, denn schließlich gab er ihr Halt, sie hätte so gerne ein Leben mit ihm gehabt und wusste nicht, was sie tun könnte, um ihn zu sich zu holen. Nadine hasste ihr Leben und um so besser fand sie es, sich nachts in Diskotheken den Kopf vollzudröhnen. Ihre 600 DM, die ihr vom Arbeitslohn blieben, investierte Nadine nun nicht mehr in Geschenke und Utensilien für den Kleinen, sondern kaufte sich Klamotten und versoff den Rest abends in dubiosen Kneipen und Discos in Augsburg.

3. Kapitel
Augsburg bei Nacht

Eines Abends, Nadine saß wie immer in ihrer Stammkneipe, wurde sie von einem Typen angequatscht, den Nadine schon öfters gesehen hatte. Er sah komisch aus, er war zwar immer hipp gekleidet, aber man sah ihm sein Alter an. Seine von der Sonne gebräunte Haut ähnelte altem Leder und die vielen goldenen Ketten und Ringe machten ihn zu einem komischen Kauz. Er hatte die 60 mit Sicherheit überschritten, seine zottigen blonden, schulterlangen Haare wirkten ungepflegt. Er war Automatenaufsteller und hatte wohl in Augsburg mehrere Kneipen und Spielhallen. Er hatte Geld ohne Ende, so munkelte man, und sein Amischlitten war sein liebstes Stück. Er fragte Nadine, ob sie was trinken wollte und Nadine, die schon leicht angenebelt war, stimmte zu. Der Abend wurde nun feuchtfröhlich und Dieter, so hieß der Typ, erwies sich als amüsanter Gesprächspartner. Er fragte Nadine aus und wollte so gut wie alles von ihr wissen. Dem Alkohol sei Dank hatte Nadine auch keine Probleme damit, ihm ihr Leid zu klagen und so kam es, dass Dieter ihr Hilfe anbot. Sie verließen das Lokal und verbrachten eine lustige Nacht miteinander. Er zeigte ihr das Augsburger Nachtleben und die Kneipen, die sie besuchten, waren allesamt mit seinen Automaten bestückt. Jeder, der ihn kannte, schien ihn zu mögen und Nadine fühlte sich in seiner Gegenwart wohl. Es wurde schon hell, als er Nadine an der Birkenau absetzte, er gab ihr seine Telefonnummer und sagte: „Wenn Du hier die Schnauze voll hast, dann sag Bescheid, ich habe selber drei Kneipen und eine Wohnung frei, die vollkommen eingerichtet ist, also überlege es Dir und ich helfe Dir, auf die Beine zu kommen.“ Nadine schaute Dieter ungläubig an und fragte: „Wo ist da der Haken?“
„Haken?“, fragte Dieter. „Es gibt keinen, Du bekommst bei mir fünfzig DM pro Tag und die Wohnung kostet dich gar nichts.

Zusätzlich bekommst Du einmal im Monat noch mal 300 DM zum Einkaufen."
„Was ist das für eine Wohnung", wollte Nadine wissen.
„Soll ich sie Dir zeigen?"
„Jetzt?"
„Ja", sagte Dieter, „ich habe Zeit." Nadine überlegte kurz und sah zur Birkenau hoch. „Hmm, wenn ich hier heute nicht erscheine, bin ich meinen Job und somit mein Zimmer los."
„Na und", sagte Dieter, „du kannst Dich nur verbessern, bei mir hast Du 'ne kleine Kneipe, die Du alleine führst und oben drüber deine eigene Wohnung." Nadine musste nicht lange überlegen.
„Los, fahr los, ich will die Wohnung sehen." Sie kamen in Augsburg-Oberhausen an. Eine kleine Seitenstraße und da war es auch schon, die kleine Kneipe in einem kleinen Haus, zwei Stockwerke und nebendran Garagen. Eine kleine Hofeinfahrt und der Eingang im Hinterhof. Alles sah vernünftig aus, die Kneipe hatte geöffnet. Gegenüber ein kleines Hotel und links und rechts auch noch zwei Gastwirtschaften.
Nadine musste nicht lange überlegen, diese Wohnung war nicht das Highlight, aber sie hatte alles, was sie brauchte, ein tolles Bad, eine große Küche mit allem, was dazu gehörte, nur der Kühlschrank fehlte. Ein kleines Wohnzimmer mit 'ner Couch und einem Fernseher und ein Schlafzimmer mit Doppelbett und einem großen Kleiderschrank. Das, was fehlte, war ein Radio oder eine Stereoanlage. Aber sie hatte hier ein Zuhause und einen Job, also konnte sie aus der Birkenau ausziehen und endlich anfangen, einen neuen Weg einzuschlagen und ihr Leben endlich auf die Reihe bekommen. Sie sagte zu und Dieter freute sich für Nadine. Er zeigte ihr die Kneipe und erklärte ihr, was sie hier zu tun hatte. Es war eine kleine, gemütliche Wirtschaft, drei, vier Tische, zwei Spielautomaten und ein kleiner Tresen, also alles übersichtlich und gepflegt. Für sie war es praktisch, denn sie hatte Job und Zuhause alles in ei-

nem. Ihre Arbeitszeit musste sie sich mit Trudel absprechen, die war die gute Seele der Kneipe und wirkte auf Nadine wie eine zweite Mutter. Herzlich begrüßte sie Nadine und versprach ihr am Anfang zu helfen. „Wir bekommen das schon hin, wir zwei, ich bin froh, endlich auch mal freimachen zu können. Du wirst das hier in ein, zwei Tagen alles überblicken und dann sind wir zwei ein gutes Team", zwinkerte ihr Trudel zu. Nadine freute sich riesig und bat Dieter, mit ihr zur Birkenau zu fahren, um den Kram abzuholen. Er fuhr schnell zu sich und sie wechselten das Auto. Er hatte einen kleinen Transporter, in dem hatten Nadines Sachen alle Platz. Auf dem Weg zur Birkenau wurde es Nadine ein wenig mulmig, aber da musste sie wohl durch. Das Streitgespräch war vorprogrammiert und Nadine wappnete sich innerlich schon davor, doch sie hatte Glück, ihre Chefin war nicht da, sie war mit Sylvia auf dem Großmarkt und somit hatte Nadine freie Bahn, ihr Zeug einzupacken. In Windeseile packte sie ihr Zeug zusammen und trug es mit Dieter zu dem kleinen Transporter. In der Waschküche kramte sie die schmutzige Wäsche zusammen, da fiel ihr die Vorratskammer auf. Sie schaute in den leeren Karton und sah, dass da noch etwas Platz war, also spähte sie in die Kammer und stibitzte schnell noch ein paar Konserven, Wurst und Getränke sowie Milch, Zucker, Mehl, Salz und Eier, eine Flasche Wein und etwas Brot.

Sie verstaute auch diesen Karton gerade in den Transporter, als ihre Chefin geradewegs auf sie zukam. Sie hatte sie gar nicht kommen hören aber ihr Blick verriet, dass sie die Situation genau einzuschätzen wusste und fragte Nadine daher, was sie vorhatte. Nadine erklärte ihr, dass sie einen neuen Job hatte und hier nicht mehr länger arbeiten wollte. Sie sagte auch, dass sie wusste, dass sie als Chefin nie zu Nadine gehalten hatte und eigentlich nur der Spitzel ihrer Eltern war. Nadine wollte das nicht mehr und hat sich deshalb entschieden, ihre eigenen Wege zu gehen. Erbost über das trotzige Verhalten ihrer Angestellten schrie die Chefin sofort los, aber Nadine brüllte zurück und sagte, dass sie ihr Gehalt für diesen Monat gerne an ihre Eltern überweisen könne. Sie würde den Monat schon alleine schaffen. Nadine stieg ins Auto ein, während die Chefin tobte wie ein Vulkan. Nadine grinste sie jedoch siegessicher an und fuhr davon.

Dieter verhielt sich ruhig, Nadine fragte ihn, ob alles o. k. sei. „Ja“, sagte er, „alles in Ordnung, ich mache mir nur Sorgen um Dich. Deine Eltern werden Theater machen, denke ich.“ Na ja und dann sagte Nadine: „Das was mir wichtig war im Leben, haben sie mir genommen, was wollen sie noch? Sie haben nie an mich geglaubt und mir nie eine Chance gegeben und im Grunde genommen ist es ihnen auch jetzt egal, wie es mir geht. Es geht ihnen einzig und allein ums Geld, bisher haben sie ja auch immer gut abkassiert, jeden Monat 300.- DM, und nun müssen sie mich erst mal finden.“ Dieter lachte leise. „Du bist ein ganz schöner Sturkopf und das gefällt mir.“

Sie kamen an Nadines neuem Zuhause an. Beide trugen die Sachen nach oben und tranken in der Kneipe bei Trudel einen Kaffee. Dieter zückte seinen Geldbeutel und gab Nadine 200.-DM.

„Hier“, sagte er, „das ist ein kleiner Vorschuss, gehe einkaufen. Ich schaue, dass ich Dir einen Kühlschrank besorgen kann und eventuell noch ein Radio. Ich müsste so was irgendwo noch rumstehen haben.“ Nadine war erstaunt und nahm das Geld dankend an. Heute würde sie noch ihre Wohnung einrichten und morgen dann arbeiten. Trudel bat sie, um 10:00 Uhr unten zu sein. Dieter gab ihr die Schlüssel für Wohnung und Lokal und verabschiedete sich.

Nadine verstaute ihre Sachen und putzte ein wenig ihr neues Zuhause. Am Abend, als sie fertig war, schaute sie sich um und war zufrieden. Ihr gefiel es und sie fühlte sich wohl. Es war noch genügend Zeit, um einkaufen zu gehen. An der Ecke wusste sie, gab es einen Discounter und da würde sie das kau-

fen, was ihr noch fehlte.
Als sie vom Einkaufen zurückkam, sah sie, dass die Haustür offenstand. Dieter hatte also auch einen Schlüssel zu ihrer Wohnung. Irgendwie störte das Nadine, aber da sie nichts für die Wohnung zahlen musste, konnte sie ja wohl kaum etwas dazu sagen. Er hatte ihr einen Kühlschrank gebracht und einen Plattenspieler. Wow, dachte Nadine, das ist ja mal 'ne geile Anlage. Einen Plattenspieler und Kassettenrecorder in einem Gerät, die Platten kamen in dem Gerät senkrecht rein. Man konnte ihn auch per Batterie betreiben und hatte so die Möglichkeit, ihn mit ins Schwimmbad oder an den See zu nehmen. Alles in allem hatte sie nun, was sie brauchte. Als Dieter die Wohnung verließ, steckte Nadine den Schlüssel von innen und schloss ab, so wusste sie, es konnte niemand ungefragt ihr neues Zuhause betreten.

Nadine hatte sich schnell eingelebt und ihr gefiel ihr neues Leben. Die Kneipe hatte am Abend immer volles Haus und es stellte sich heraus, dass diese Kneipe auch durch Trudel zu einem Treff geworden ist, der Mädchen mit Mädchen zusammenbrachte. Trudel stand auf Frauen und im Laufe der Jahre hatte sich das Holländer-Stübchen zu einem Insidertreff für Lesben etabliert. Nadine störte sich nicht an der überwiegend weiblichen Kundschaft. Ganz im Gegenteil, sie behandelten Nadine alle sehr freundlich und Trudel drückte gerade am Anfang immer mal ein Auge zu, wenn Nadine Fehler machte. Sie lernte schnell und bald war es so, dass sie mit Trudel zusammen den Laden schmiss. Trudel war Nadines Mamaersatz. Nadine mochte die rundliche Frau sehr. Sie hatte in einer Beziehung den männlichen Part und ihre Art im Umgang mit Menschen ließ auch keine Zweifel daran. Die beiden waren ein gut eingespieltes Team und Nadine hatte jeden Abend zu ihren 50 DM noch immer ein gutes Trinkgeld dazu. Meist arbeitete sie bis 24 Uhr und danach war sie dann auch so hundemüde, dass

sie ins Bett fiel. Trudel und Nadine teilten sich die Schichten, mal hatte Nadine 17 Uhr bis Schluss, das hieß, sie kam erst gegen 1.30 Uhr ins Bett, da die Kneipe für den nächsten Tag sauber gemacht wurde, oder aber sie arbeitete bis 17 Uhr und hatte danach frei. An den freien Nachmittagen hing Nadine meist in ihrer Wohnung ab, sie ging selten raus, es sei denn, Dieter kam und nahm sie irgendwohin mit. Aber ansonsten blieb Nadine in ihren eigenen 4 Wänden. Sie genoss es, ihr eigenes kleines Reich zu haben. Oftmals kochte sie und brachte dann Trudel etwas zu essen runter, dann blieb Nadine auch ab und an mal unten, um einfach auch ein bisschen Kontakt zu anderen zu haben. Alles in allem war ihr Leben perfekt und Nadine ging es gut. Eines Tages verspürte Nadine mal wieder Sehnsucht nach ihrem Kind, denn der Kleine wurde bald ein Jahr, da nahm Nadine allen Mut zusammen und rief zu Hause an. Es dauerte eine Weile, bis jemand abhob, es war ihre kleine Schwester. „Hey", sagte Nadine, „Du bist mal bei Deinen Eltern?"
"Ja", sagte die Kleine, "bin ich, warum besuchst Du Dein Kind nicht?", fragte sie etwas schnippisch? Nadine erzählte Biggy was passiert war und die sagte leise: „Wusste ich doch, dass sie lügen, mir haben sie was ganz anderes erzählt."
"Wo bist Du jetzt", wollte Biggy wissen. Nadine sagte: "Wenn Du nichts, aber auch wirklich nichts zu den Alten sagst, sag ich Dir, wo ich bin, aber du musst mir versprechen, dicht zu halten." Biggy versprach es hoch und heilig und Nadine nannte ihr den Namen der Kneipe und erzählte ihr in Kurzform, was passiert ist. Plötzlich flüsterte Biggy: "Sie kommen nach Hause, ich muss auflegen, aber ich rufe Dich morgen an, versprochen." Etwas irritiert legte Nadine den Hörer auf und dachte über das Gespräch nach. Biggy hatte nicht gesagt, was ihre Eltern ihr erzählt haben, aber der erste Satz bezüglich ihres Kindes zeigte, dass es nichts Gutes war. Anscheinend wurden Lügenmärchen erzählt. Sollte sie noch mal anrufen? Nadine überlegte

kurz, nein, dachte sie, sie würde warten, bis sich ihre Schwester bei ihr meldet. Nadine hatte am nächsten Tag Frühschicht, da war es meist so, dass am Vormittag ein paar Gäste da waren, die ihr Bierchen zischten und dabei am Automaten ihr Glück probierten. Nadine hatte somit immer wenig zu tun. Mal putzte Nadine die Fenster, mal reinigte sie das Glasregal. Auch an diesem Tag war es sehr ruhig, als plötzlich in der Kneipe das Telefon klingelte. Es war ihre Schwester, die wie versprochen anrief. "So", sagte sie, "jetzt kann ich reden." Biggy erzählte ihr all das, was ihre Eltern in den letzten Monaten angestellt hatten, um das Sorgerecht zu bekommen und da Nadine polizeilich nirgendwo gemeldet war, hatte das Jugendamt vorsorglich den Großeltern erst mal das Sorgerecht zugewiesen.
Biggy erzählte ihr auch, dass die Dame vom Jugendamt bei ihrer alten Arbeitsstelle angefragt hatte und man ihr dort erzählte, Nadine sei mit einem ziemlich dubiosen Typen aufgetaucht, hätte ihre Sachen zusammengerafft, die Chefin noch bestohlen und dann sei sie auf Nimmerwiedersehen abgehauen. Das Gehalt hätte man dann an die Eltern überwiesen, weil diese ja so fürsorglich für den Spross der Tochter da wären. Aus diesem Grund hätte man auf eine Anzeige verzichtet. Ihre Eltern, so erzählte die Schwester, sind der Meinung, Nadine würde in Augsburg irgendwo auf den Strich gehen. Nadine kochte vor Wut, denn das stimmte nicht. Sie arbeitete, und das erklärte sie auch ihrer Schwester, ganz normal in einer kleinen Kneipe und Dieter sei kein Zuhälter, sondern ein Automatenaufsteller in Augsburg, der ihr eben half, Boden unter die Füße zu bekommen. Biggy war sichtlich erleichtert und versprach ihr, den Eltern das irgendwie zu erklären, ohne dabei Nadines Aufenthalt preiszugeben. Das Gespräch dauerte eine ganze Weile und Nadine war erleichtert, das zumindest ihrer Schwester erklären zu können. Sie versprachen beide, miteinander in Kontakt zu bleiben.

4. Kapitel
Schwesternliebe

Nadine hatte den Draht zu ihrem Sohn gänzlich verloren, obwohl sie immer noch hoffte, irgendwie einen Weg zu finden. Sein Geburtstag stand bevor und sie war nun mittlerweile 22 Jahre und sehnte sich nach ihrem Sohn.
Dass ihre Eltern aber auch jedes Mal dazwischenfunken mussten. Sie hatte so gehofft, das mit dem Kleinen alleine zu schaffen, aber diesmal hatte sie gar keine andere Wahl gehabt. Irgendwie dachte Nadine, dass es so von ihren Eltern geplant war. Ihre Mutter hatte ihr bewusst eine Arbeitsstelle in Augsburg gesucht, somit hatte sie erst mal die Fäden in der Hand. Dass Nadine natürlich in ein Fettnäpfchen nach dem anderen tappte, das wussten zwar ihre Eltern, aber Nadine hoffte immer noch, den richtigen Weg zu finden. Sie hatte ja jetzt eine Wohnung und Arbeit hatte sie auch, vielleicht machte es Sinn, die Dame vom Jugendamt selbst zu kontaktieren, ihr alles zu erklären? Aber wo sollte sie da anrufen? Am nächsten Tag sprach Nadine mit Trudel über ihr Problem und die staunte nicht schlecht, als Nadine ihr ihr Leid klagte. „Also mal ganz ehrlich“, sagte Trudel, „glaubst Du allen Ernstes, Du hast ne Chance? So wie ich das sehe", sagte Trudel, "war es der Plan Deiner Eltern und wenn ich so höre, was sie Dir alles vorwerfen, wirst Du kaum eine Chance haben, den Kleinen je wieder zu sehen. Das Einzige, das ich Dir raten kann, um des Kindes willen, stelle Dich mit Deinen Eltern gut und versuche, Deinen Sohn so oft zu sehen, wie es Dir möglich ist, ansonsten wirst Du über kurz oder lang gar keinen Kontakt mehr zu ihm haben. Kleine, die ersten drei Jahre sind so extrem wichtig.“ Nadine weinte, sie vermisste den Kleinen und sich mit ihren Eltern gut stellen, das war so eine Sache. Mit ihrer Mutter wäre das gewiss kein Problem, aber ihr Stiefvater, der, nein, dachte Nadine, das klappt nie. Der will jeden Monat Geld sehen und das

hatte Nadine nicht, also zumindest nicht in den Maßen, wie er es sich vorstellte. Aber trotzdem packte Nadine ihren ganzen Mut zusammen und rief noch mal im Beisein von Trudel bei ihren Eltern an. Es war früher Abend und nach einem kurzen Läuten hörte sie auch schon ihre Mutter am anderen Ende.
„Hallo, Mama", sagte Nadine, „wie geht es dem Kleinen?" Ihre Mutter sagte: "Gut, ihm geht es sehr gut, er beginnt schon zu laufen und seine Zähne sind auch schon da." Nadine tat es im Herzen weh, ihre Mutter redete von ihrem Kleinen und jedes Mal, wenn sie es so sagte, verspürte Nadine einen tiefen Schnitt. "Ich möchte ihn sehen", sagte Nadine fast bettelnd. Ihre Mutter lachte: "Das kannst Du, wenn Du jeden Monat Deinen Unterhalt zahlst, wie jeder normale Mensch es tut, dann hast Du auch ein Anrecht auf den Umgang mit Deinem Sohn." Sie fügte noch sarkastisch an: "Der mittlerweile zu seiner Oma Mama sagt." Nadine liefen die Tränen übers Gesicht. "Er hat doch bald Geburtstag, können wir uns nicht irgendwie treffen, dass ich ihm zumindest mein Geburtstagsgeschenk geben kann. Ich bin doch seine Mutter?" Es wurde still am anderen Ende der Leitung und kurz hörte Nadine, wie ihre Mutter mit dem Stiefvater sprach. Dann sagte ihre Mutter. „O. k., wir kommen nach Augsburg und besuchen Dich, aber wage es ja nicht, auch nur einen Versuch zu starten, das Kind an Dich zu reißen, wir haben alles in trockenen Tüchern und jeder weiß, dass das Kind bei uns ein besseres Zuhause hat als bei Dir." Nadine versprach es und freute sich auf das Einlenken der Mutter. Also stand es fest, in zwei Wochen würde Nadine endlich wieder ihren Sohn in den Armen halten.
Der Geburtstag im Oktober nahte, der Kleine wurde 1 Jahr und Nadine ging einkaufen für den Kleinen. Sie kaufte ihm etwas zum Anziehen und Spielzeug und verpackte all das zu Hause sorgsam in Geschenkpapier. Es war noch sehr warm an diesem Herbsttag und Nadine stand sehr früh auf, wollte sie doch einen ordentlichen Eindruck hinterlassen. Sie putzte, was das Zeug

hielt und freute sich zudem, dass Trudel noch kam, um ihr ein paar Pflanzen für ihre Wohnung zu bringen. Sie hatte heute den ganzen Tag frei und somit noch ein paar Stunden, um auch den Kaffeetisch zu decken. Als sie sich umsah und ihre Arbeit begutachtete, war sie zufrieden, nun können sie kommen. Nadine ging ins Bad und richtete sich her, als es auch schon an der Tür klingelte. Sie öffnete die Wohnungstür und drückte den Summer. Sie hörte ihre Mutter und den Kleinen reden. Ihr Stiefvater schwieg, als er Nadine sah, ihre Mutter gab ihr den Kleinen in den Arm, der sie ganz erschrocken ansah und zu weinen anfing. Nadine wollte ihn beruhigen, aber ihre Mutter nahm ihn ihr auch gleich wieder ab mit den Worten, er erkennt dich nicht mehr, liegen ja auch schon ein paar Monate dazwischen. Es tat Nadine in der Seele weh und das Grinsen im Gesicht ihres Stiefvaters erboste Nadine. Doch sie riss sich zusammen, um keinen Streit vom Zaun zu brechen und bat erst mal alle herein. Dann sah sie ihre Schwester, die auch mitkam und die von allen vieren die Einzige war, die ihr zulächelte und sie in den Arm nahm. Nadine freute sich, die kleine, eigentlich schon erwachsene Schwester zu sehen. Nadine zeigte ihren Eltern die kleine Wohnung mit großem Stolz auf ihr kleines Reich. Ihre Mutter schien wirklich beeindruckt, war es doch sauber und gemütlich. Ihr Stiefvater, mürrisch wie immer, sagte gar nichts. Alle setzten sich an den gedeckten Kaffeetisch und Nadine blinzelte zu ihrem Sohn. Süß sah er aus und auch er beobachtete Nadine ganz genau. Dann aus dem Nichts heraus grinste der Kleine über beide Ohren und streckte die Arme Nadine entgegen mit den Worten „Mama". Nadine stiegen die Tränen in die Augen und sie nahm den Kleinen behutsam zu sich auf den Arm. Der Kleine berührte Nadines Gesicht und plapperte irgendwas in einer Tour. Sie stand auf und lief mit ihm auf den Arm durch die Wohnung und er, er gluckste zufrieden. Ein wahnsinnig warmes Gefühl machte sich in ihr breit und sie spürte, wie sehr sie den Kleinen vermisste. Der Kleine schaute sich um und zeigte mit seinen winzigen Fingern auf jeden Gegenstand in der Wohnung immer mit einem „da“. Sie war glücklich in diesem Moment und hoffte von ganzem Herzen, dass sie viele solcher Augenblicke mit ihm erleben dürfte. Zurück in der Küche unterhielten sich Mutter und Stiefvater und als Nadine sich mit dem Kleinen setzen wollte, riss ihr die Mutter den Kleinen wieder aus dem Arm. Kalt war es und absolut unherzlich. Nadine hatte das Gefühl, ihre Mutter würde eifersüchtig sein, dass der Kleine anscheinend mit Nadine gut klarkam. In Nadine breitete sich Angst aus, denn sie ahnte in ihrem Inneren, dass sie nie wieder solch einen herzlich nahen Moment mit ihrem Kind erleben würde. Instinktiv streichelte Nadine dem Kleinen übers Gesicht und innerlich zerriss es ihr das Herz. Der Kleine wurde unruhig und wollte zu ihrer Schwester auf den Arm, Birgit verkrümelte sich ins Wohnzimmer, so konnten Nadine und ihre Eltern ungestört reden. Schroff sagte ihre Mutter: "Wir möchten, dass Du das hier unterzeichnest." Sie reichte Nadine ein selbst aufgesetztes Schreiben, in dem stand, dass Nadine den Kleinen in deren Obhut gab, weil sie selbst momentan nicht in der Lage sei, sich um den Kleinen zu kümmern. Als Nadine das las, wurde ihr klar, was ihre Eltern dazu veranlasst hatte, nach Augsburg zu kommen. Sie wollten ihr das Kind wegnehmen, sie wollten, dass Nadine jeden Monat 300.- DM zahlte und auf das Sorgerecht verzichtet. Sie wollten ihr den Kleinen entziehen. Nadine wurde wütend und sprang auf, nahm diesen Wisch und zerriss ihn. „Für wie bescheuert haltet ihr mich? Wegen diesem Wisch kommt ihr nach Augsburg und wegen dem verschissenen Geld.“ Nadine nahm den Umschlag mit den 300.- DM und warf ihnen das Geld auf den Tisch. „Für Euch zählt doch nur Geld und ein guter Leumund in der Öffentlichkeit. Für Euch ist es doch im Grunde überhaupt nicht wichtig, wer hier was, wann oder wie fühlt. Ihr geht über Leichen und auch über die Eurer eigenen Kinder. Ihr nehmt mir mit dem Kleinen mein eigenes Kind weg? Wollt ihr das wirklich? Sicher, ich hatte keinen guten Start, aber wirkliche Eltern hätten geholfen, und zwar zusammen, aber nicht so, wie ihr es macht. Falsche Versprechungen und Tatsachen schaffen, um für Euch den bestmöglichen Weg zu bekommen. Kein Wunder, dass jeder Eurer sogenannten Freunde Euch in den Arsch getreten hat, denn ihr besitzt alle beide nicht einen Funken Anstand und Ehrlichkeit." Ihre Mutter wurde kreidebleich, so kannte sie ihre Tochter nicht und ihr Stiefvater wurde aschfahl vor Wut. Er wollte gerade das Toben anfangen, als Nadine ihn ansah und er genau wusste, wenn er jetzt etwas sagen würde, gäbe es eine Katastrophe, denn Nadine, das wusste er, würde nicht davor zurückschrecken, sich zu wehren. So stand er auf, schnappte sich den Kleinen und ging zur Haustür. In seinen Worten stand der pure Hass, als er sagte: "Ich verspreche Dir eins. Du bekommst dieses Kind nicht und wenn ich dafür krepiere. Du Hure wirst dieses Kind nie Dein Eigen nennen dürfen, dafür werde ich ein Leben lang kämpfen." Ihre Mutter sagte sarkastisch: „Du warst eine Junkiehure und wirst immer eine bleiben. Du und Dein großer Bruder, ihr beide seid derselbe Abschaum und könnt Euch die Hand geben." Dann schnappte sie die dreihundert DM und stapfte davon. Ihre Schwester sah Nadine traurig an und steckte ihr einen Zettel zu, als sie ging, Sie gab ihr einen Kuss und eilte den Eltern hinterher. Nadine stand wie versteinert in der Tür und wusste so gar nicht, was gerade geschehen war, sie wusste nur, dass das hier nicht das war, was sie eigentlich wollte. Sie schaute auf den Kaffeetisch, der vollkommen unberührt war, setzte sich auf den Stuhl und begann zu weinen. Sie grübelte und kam zu dem Schluss, dass es egal war, was sie tat, in den Augen ihrer Eltern war sie eine Versagerin, die kein Anrecht hatte auf das Muttersein und somit erklärten sich die eigenen Eltern als Richter und entzogen ihr das Wichtigste im Leben, ihren Halt, in dem sie das Kind von ihr fernhielten.

Es war schon immer so. Immer wieder taten sie Nadine weh und Nadine bettelte um Liebe und nun musste sie sogar um die Liebe ihres Sohnes betteln.

Sie hasste sich und ihr Leben, warum gab man ihr nicht die Chance, sich zu beweisen. Sicherlich, sie arbeitete in einer Lesbenkneipe und verdiente gerade so viel, um sich selbst über Wasser zu halten, aber Nadine wusste, wenn sie ihren Sohn gehabt hätte, dann wäre ihr bestimmt auch etwas anderes eingefallen. Sie hätte ja auch die Möglichkeit gehabt, sich selbst an das Jugendamt zu wenden. Da hätte man einer jungen Mutter wie ihr mit Sicherheit geholfen, aber nun, da ihre Eltern schon andere Wege eingeleitet hatten, standen Nadines Chance schlecht.

Sie wusste sich nicht zu helfen und resignierte. Was hätte sie denn schon tun können, sie hätte nichts wirklich vorweisen können und Liebe allein genügte in der heutigen Zeit nicht. Auch Ämter gaben lieber denen das Sorgerecht, hinter dem eine Beständigkeit lag. Nadine hingegen war selbst ein Heimkind. Missbrauch und Misshandlungen hatten ihr Leben geprägt, wie also sollte sie einem Kind ein unbeschwertes Leben bereiten. Sie hatte nichts, sie war nichts und so wie es aussah, würde sie auch nie zu etwas kommen. Vielleicht war es ja auch richtig, denn wenn Nadine ehrlich zu sich selbst gewesen wäre, dann hätte sie sich eingestehen müssen, dass sie das Leben, welches sie momentan führte, kein Leben für ein Kleinkind gewesen wäre.

Sie war einfach bockig und uneinsichtig und fühlte sich übergangen und gedemütigt

Noch lange saß sie in Gedanken an dem Kaffeetisch und grübelte, aber sie kam zu dem Entschluss, dass es für alle wohl besser sei, sich von ihren Eltern und auch ihrem Kind fernzuhalten. Es gibt momentan keine Lösung und Nadine war auch nicht wirklich bereit, etwas zu ändern. Sie hatte doch alles, eine Wohnung, einen Job und sie verdiente Geld, dass sie überleben

konnte. Es war nicht viel, aber es reichte fürs Essen und Zigaretten. Wenn sie abends mal weggehen wollte, gab es ja auch noch Dieter, der ihr hin und wieder zusätzlich Geld zuschob.
Also entschied Nadine für sich, weitermachen wie bisher und den Traum von einer kleinen eigenen Familie erst einmal auf Eis zu legen.
Nadine nahm den Brief ihrer Schwester und begann zu lesen:
Liebe Nadine,
ich wusste, was heute passieren wird, denn ich habe die Gespräche der Eltern mitbekommen. Es tut mir leid. Ich wohne auch schon ein paar Monate zu Hause und es ist die Hölle. Sie meckern den ganzen Tag nur rum und um Deinen Sohn machen sie einen riesigen Wirbel. Ich werde abhauen und hoffe, dass Du mir dabei hilfst.
Ich habe die Nase voll und möchte, wie Du, einfach nur leben. Meinen Schulabschluss habe ich in der Tasche und wenn ich keine Ausbildungsstelle finde, dann suche ich mir genau wie Du eine Arbeit. Ich habe Dich lieb, Dein Schwesterherz.

Nadine las die Zeilen und konnte ihre Schwester verstehen, als Kleinkind wurde sie immer zu ihrer Oma in Berlin abgeschoben. Ihre Eltern machten es sich, gerade was Biggy anbetraf, sehr einfach. Nadine konnte sich kaum erinnern, wann sie mit ihrer kleinen Schwester überhaupt einmal für längere Zeit zusammen war. Meist lebte sie bei der Großmutter und diese konnte Nadine nicht leiden und die anderen drei Geschwister auch nicht. Biggy allerdings war das Nesthäkchen und Omas Liebling.
Sie hatten ein paar Erlebnisse zusammen, an die Nadine sich erinnerte, aber ansonsten war da nur Leere. Es war bei allen vier Geschwistern so, eine wirkliche Bindung bestand nie. Man achtete mit Bedacht darauf, dass die vier Kinder nie wirklich zusammen waren und so kam es, dass sich alle gar nicht richtig kannten. Mario, der große Bruder, lebte in den ersten fünf Jah-

ren bei Nadines Opa väterlicherseits. Den lernte Nadine vor ihren Eltern kennen, als sie aus dem Säuglingsheim mit zwei Jahren zu ihren Pflegeeltern kam. Nadines Opa und ihr neuer Pflegepapa waren damals befreundet und somit hatte Nadine das Glück, zumindest einen Teil ihrer Familie kennenzulernen, Frank, der nur knapp zwei Jahre jünger war als Nadine, der lebte oft bei der Mutter ihres Stiefvaters, da er aber damals schon sehr verhaltensauffällig war, kam er in sogenannte Heime für verhaltensgestörte Kinder. Ihre Eltern hatten somit ein ruhiges Leben, alle vier Kinder waren aus dem Haus und man selbst hatte genügend Zeit für sich.
In Nadine stieg Zorn auf, denn im Grunde genommen taten ihre Eltern nun genau das Gleiche, man nahm ihr das Kind weg, um die Bindung zu unterbrechen.

Nadine saß da und verstand die Welt nicht mehr, als es plötzlich an der Haustür klingelte.
Dieter stand unten und fragte, ob alles o. k. sei. Trudel hatte alles von Nadine erzählt und er kannte somit nun die ganze Geschichte des Mädchens. Er wusste, dass sie mal Drogen genommen hatte und auch das mit Hamburg hatte er gehört. Er wollte einfach nur nachschauen, ob alles o. k. ist, denn er hatte vom Fenster aus gesehen, wie ihre Eltern anscheinend mies gelaunt mit dem Kind auf dem Arm das Haus verließen. Er ahnte, dass da etwas höllisch schiefgelaufen sein musste.
Er sah ihr an, dass sie geweint hatte und dass sie verzweifelt war. Er setzte sich an den Kaffeetisch, der unberührt zu sein schien und dann erzählte ihm Nadine alles bis spät in die Nacht. Als sie fertig war, schien sie erleichtert zu sein und Dieter hatte eine Idee. „Komm“, sagte er, „lass uns heute Nacht noch irgendwo hinfahren und einen draufmachen.“
Sie stimmte zu und dann, nachdem sie sich kurz umgezogen hatte, fuhren sie ins Spielcasino.
Dort verzockte Dieter fast 1000 DM und als er sah, dass Nadi-

ne so gar keine Ahnung vom Glücksspiel hatte, drückte er ihr 500 DM in die Hand und sagte, wenn Du gewinnst, gib es mir einfach zurück. Nadine hatte Glück, schnell wurden aus den 500 DM 1000 und aus den 1000 DM 3000. Nadine war wie gebannt und als sie dann bei 5000 DM war, hörte sie auf. Sie stand vom Roulettetisch auf und suchte nach Dieter. Der stand die ganze Zeit an der Bar und hatte Nadine beobachtet und als er sah, wie sehr sie sich über jeden Gewinn freute, lachte er mehr. Sie kam auf ihn zu und grinste: "Hier hast Du Deine 500 DM wieder, ich habe das 10-Fache gewonnen."
"Das freut mich, dass Du heute wenigsten einen Glückstag hattest, komm", sagte er, "lass uns zur Feier des Tages etwas Besonderes genießen." Er griff in seine Hosentasche und holte ein Stanniolpäckchen heraus. Nadine ahnte, was jetzt kam. "Komm", sagte er, "geh ins Klo und zieh dir ’ne Line, von einem Mal wirst Du nicht wieder abhängig." Nadine war so aufgekratzt und musste nicht lange überlegen. Sie griff nach dem Päckchen und verschwand ins Klo.
Auf dem Klodeckel zerhackte sie das kristalline Pulver und dann rollte sie einen der neuen Scheine zusammen und sog das Zeug genüsslich ein. Sie schmeckte den tief bitteren Geschmack im Rachen und merkte, wie sehr sie sich nach diesem Gefühl gesehnt hatte. Oh ja, sagte sie leise zu sich, genau das ist es, was ich momentan brauche.
Als sie wieder zu Dieter ging und ihm den Rest zurückgeben wollte, sagte dieser: "Nein, es gehört Dir und wann immer Du etwas brauchst, sag Bescheid." Er zwinkerte und stand auf. "Komm", sagte er, "mir ist nach Musik und Schampus, lass uns irgendwo abtanzen." Nadine lachte, „Du und tanzen?“
"Wieso nicht?", lachte Dieter zurück und beide verließen gut gelaunt das Casino.
Nadine war aufgepeitscht vom Koks und tanzte die ganze Zeit durch und als sie das Lokal verließen, war es schon hell und der morgendliche Verkehr in vollem Gange. In drei Stunden

musste sie arbeiten, aber sie war noch immer ein wenig high, sie verabschiedete sich von Dieter und stampfte gut gelaunt die Stufen zur Wohnung empor. Dort angekommen, ließ sie sich Badewasser ein. Um den Tag gut zu überstehen, musste sie sich noch 'ne Line fertigmachen und sie nahm das silberne Päckchen, öffnete es und zerhackte den Inhalt fein säuberlich mit einem Messer. Dann nahm sie einen Schein aus der Rolle von dem Geld, das sie gewonnen hatte, rollte den fein säuberlich zusammen und zog das feine Pulver genüsslich durch die Nase.

Sie spürte, wie sich die Substanz in ihr ausbreitete und genoss diesen kribbelnden Flash.

Den Rest tat sie in ihre Handtasche. Das Geld verstaute sie in einem kleinen Kästchen auf dem Wohnzimmerschrank und dann verschwand sie ins Bad.

Eines Tages, es war so knapp drei Wochen nach dem Besuch ihrer Eltern, Nadine hatte gerade ihre Schicht im Stübchen beendet, klingelte es Sturm an der Haustür.

Nadine saß gerade in der Küche, als sie hochschreckte. Wer könnte das sein?, dachte Nadine und betätigte den Türöffner. Sie stand am Treppenrand und schaute hinunter zur Haustür, als sie ihre kleine Schwester im Hausflur stehen sah.

Nadine fragte vorsichtig: „Bist Du allein?“

„Ja“, antwortete Biggy leise und weinerlich.

„Komm hoch“, sagte Nadine und sie sah, dass Biggy völlig durchnässt war.

“Was ist passiert?“, wollte Nadine wissen, „was machst Du alleine in Augsburg?“

Es war schon kalt und der Winter war angebrochen. Als Biggy den Wohnraum betrat, sah sie das Ausmaß ihres Besuches in Augsburg.

Biggy hatte ein blaues Auge und versuchte, es hinter einem fetten Make-up zu verstecken. Nadine bat ihre Schwester, sich zu setzen und zu erzählen, was passiert war.

Als Nadine ihre kleine Schwester so zusammengekauert sitzen sah, begann sie, ihren Stiefvater zu hassen. Der Herr hatte echt die Begabung, alles zu zerstören, was er in den Händen hielt. Sein Ehrgeiz und seine falsche Wertschätzung zerstörten jeden in seiner Umgebung. Er war in Nadines Augen der schlechteste Mensch, dem Nadine bisher je begegnet war.
Sie kannte schon viele Menschen, die ihr nicht gut gesonnen waren, aber der hier, setzte allem die Krone auf. Zuhälter und Huren hatten einen schlechten Ruf, aber sie standen zu dem, was sie taten. Sie hatten Nadine fast totgeprügelt aber das war nichts im Vergleich zu dem, was ihr Stiefvater ihr und ihrer kleinen Schwester, sein Blut und Erbe, antat.
Er hatte so gar kein Gefühl für Familie und Ehre und kannte keine Gnade, wenn es um Fehler ging, die man nun mal machte, wenn man jung war. Er sah seine eigenen Fehler nicht, er war unfehlbar und hatte so gar kein Gefühl dafür, was es hieß, in seiner Gegenwart leben, nein, existieren zu müssen. Nadine hatte in all den Jahren nicht einmal etwas Gutes an ihm erkennen können und gerade jetzt, wo sein eigenes Kind mit gerade 18 Jahren hier vor ihm saß und sie sich in Nadines Armen mit einem blauen Auge ausweinte, hasste sie diesen Menschen abgrundtief.
Biggy erzählte ihr, was passiert war und Nadine schüttelte innerlich nur den Kopf.
Die Kleine schien in ihrer Verzweiflung gerne zum Alkohol zu greifen und hatte wohl des Öfteren einen Absturz erlebt. Mal war sie gut bei ihren Eltern angekommen und manchmal schlief sie eben auch bei einer Freundin und ihre Eltern bekamen von alldem nichts mit. Sie hatte ihren Abschluss in der Tasche und suchte nun verzweifelt nach einer Lehrstelle, was in diesem kleinen Kuhkaff wie Dillingen echt schwer zu sein schien.

Ihr Stiefvater setzte die Kleine auch sehr unter Druck, sie sollte Kostgeld zahlen für dieses kleine Zimmer unterm Dach. So kam es, dass eine Absage nach der anderen eintrudelte und Biggy immer mehr frustriert war. Bis am gestrigen Abend, wieder einmal beim Abendbrotessen, der Stiefvater dieses leidige Thema ansprach und Biggy genervt das Gesicht verzog. Daraufhin explodierte der Alte mal wieder und hieß sie eine Schlampe und dass sie genauso enden würde wie die Hure in Augsburg, die ihr Kind im Stich ließ und stattdessen sich durch die Augsburger Discowelt vögelte. Biggy holte zum Gegenschlag aus und nahm ihre große Schwester in Schutz und brüllte zurück, dass das so nicht stimmte und, ja, er wohl auch 'ne Menge dazu beigetragen hätte. Daraufhin eskalierte die ganze Situation und der Alte holte aus und schlug Biggy ein Veilchen, die daraufhin aufstand und hasserfüllt sagte, ER sei nicht mehr ihr Vater. Sie rannte in ihr Zimmer, packte ein paar Klamotten zusammen und verließ das Haus. Danach ließ sie sich in der Dorfkneipe auf Kosten ihrer Eltern volllaufen und versuchte, irgendwie nach Augsburg zu kommen. Sie muss an der Bushaltestelle eingeschlafen sein, denn danach wurde sie von einem Polizisten geweckt. Der nahm die noch immer Angetrunkene mit auf die Wache. Da konnte sie dann in einer Zelle ihren Rausch ausschlafen und am Morgen nahm der nette Polizist die Kleine noch mit bis zum Bus. Biggy stieg ein und nun war sie hier, völlig verkatert und müde. Nadine ließ Biggy in die Wanne steigen und packte ihr von ihr einen Schlafanzug raus. Dann bestellten sie sich eine Pizza und machten es sich auf der Couch bequem.

Es war ein schönes Gefühl, ihre kleine Schwester bei sich zu haben und der Abend verlief harmonisch. Sie gingen spät ins Bett und Nadine schlief das erste Mal seit Langem glücklich an der Seite ihrer kleinen Schwester ein. Was morgen wird, darüber machte sie sich jetzt noch keine Gedanken, wir werden eine Lösung finden.

Nadine hatte wieder Frühschicht und musste daher um 9:00 Uhr die Kneipe aufschließen. Sie ging ins Bad und der Blick auf die Uhr sagte ihr, dass sie noch eine Stunde Zeit hatte. Im Bad griff sie wieder zum Koks, zog sich ’ne Line und ging in die Küche und machte sich eine Tasse Kaffee. Später wollte sie ihre Schwester zum Bäcker schicken, um Brötchen zu kaufen. Kaum war der Kaffee fertig, stand auch schon Biggy verschlafen in der Tür,

Nadine hoffte, dass Biggy ihr nicht anmerkte, dass sie stoned war und begrüßte sie mit: „Hey, Süße, hast Du gut geschlafen?“ Biggy grinste und sagte: „Ja, wie ein Bär, hmmm, Kaffee. Bekomme ich auch einen?“ Nadine zeigte Biggy, wo alles stand und sagte ihr, sie soll sich wie zu Hause fühlen und dass sie bleiben könne, so lange sie wollte. Biggy nahm ihre große Schwester in den Arm und bedankte sich. „Alles o. k.,“ sagte Nadine, „ich muss jetzt runter, die Kneipe aufmachen, wenn Du später Lust hast, komm einfach runter, wir können dann unten frühstücken.“

„Ich krabbel noch mal ins Bett“, sagte Biggy und Nadine verschwand mit einem Grinsen im Gesicht.

5. Kapitel
Mal wieder verliebt

Die Tage verliefen ruhig und Biggy und Nadine kamen gut zusammen klar. Nadine zog ihre Line immer heimlich und Biggy merkte nichts. Anscheinend war das Thema Drogen an ihr vorbeigegangen, Gott sei Dank. Nadine jedoch verfiel der Sucht immer mehr. Von den gewonnenen 4500 DM war nur noch wenig übrig, denn auch Dieter und sein Koks hatten seinen Preis. Einmal bot er Nadine an, ihm einen zu blasen, um das Zeug umsonst zu bekommen und Nadine tat es. Sie war dem Zeug schon wieder erlegen und versank zum zweiten Mal, diesmal aber heimlich, der Sucht und der stillen Prostitution. Sie verkaufte sich regelmäßig an Dieter, um an das Zeug zu kommen und der gab ihr dafür das, was sie am meisten brauchte, Geld und Koks. Es war eine Art Hassliebe und jeder von den beiden zog seinen Nutzen aus dem anderen. Nadines Alltag ging weiter und von all dem spürten weder Trudel noch Biggy etwas.

Die Kleine bemühte sich, während Nadine in der Kneipe arbeitete, die Wohnung in Schuss zu halten. Sie ging einkaufen und ab und an kochte sie sogar. Es war harmonisch, abends wenn Nadine nicht am nächsten Tag arbeiten musste, gingen die Mädels gemeinsam fort und hatten Spaß. Sie gingen meist ins Regent, das war eine Disco, wo viele Amerikaner verkehrten. Biggy stand auf diese Musik, Nadine hingegen war es jedes Mal mulmig dabei, denn die farbigen Männer machten ihr immer noch Angst, obwohl das ja nun schon mehr als 7 Jahre her war. Sie mochte diese dunklen Augen nicht und hasste es, von diesen auch noch angesprochen zu werden.
Sie bat Biggy um Verständnis, dass man dann die Location wechselte und so ging man dann entweder ins Karat oder in die Disco in der Maximilianstraße.

Das Geld war immer knapp und die beiden Mädels hofften auf spendierte Drinks.
Eines Abends jedoch war Biggy diejenige, die einen 50-DM-Schein zückte und sagte, heute würde sie Nadine mal etwas spendieren. Nadine schaute nicht schlecht, als sie das Geld sah. Wo hast Du das denn her? Biggy lachte und sagte, ein alter Opa am Regent hätte ihn ihr zugeschoben und sie würde noch mehr bekommen, wenn Biggy mit ihm im Auto ’ne schnelle Nummer schob. Biggy nahm zwar das Geld, rannte danach aber weg.
Nadine wusste, dass nicht unweit von der Disco Regent auch der Straßenstrich war, aber soweit sie wusste, standen da nur alte Damen so ab 40 Jahren und die, die konnten knallhart sein, wenn es um das Verteidigen ihres Revieres ging. Nadine hatte nie einen Gedanken daran verschwendet, sich dort sehen zu lassen und war umso mehr überrascht, dass ihre Kleine da wohl neugieriger war. Nadine schaute Biggy an und fragte: „Sag mal, hast Du so was schon öfter gemacht?“ Biggy lief knallrot an. „Nein, eigentlich nicht, aber mal ehrlich ist doch die leichteste Art Geld zu verdienen. Ich habe Dich immer bewundert, als Du in Hamburg warst und konnte gut nachvollziehen, dass Du anschaffst, denn schneller kann man kein Geld verdienen.“ Nadine war wie vor den Kopf geschlagen und sagte deshalb: „Du weißt nicht, was Du da redest, ich bin nicht freiwillig auf dem Kiez gelandet und ganz ehrlich, anschaffen mit ’nem Zuhälter an der Backe ist kein Zuckerschlecken; die sind grausam und es ist die Hölle.“ Biggy fragte neugierig: „Zuhälter, hat er Dich geschlagen?“
„Ja“, sagte Nadine, „mehr als nur einmal und das so, dass ich beinah hops gegangen wäre.“
Biggy wurde blass. „Meinst Du, dass uns das hier in Augsburg auch passieren kann?“
„Keine Ahnung“, sagte Nadine, „ich kenne das Milieu hier nicht, ich hatte bisher Ruhe vor denen und ganz ehrlich, nach

dem ganzen Mist in den letzten Jahren ist mir auch wirklich nicht danach, mit denen Bekanntschaft zu machen.“ Biggy überlegte kurz und sagte dann: „Kann ich verstehen, aber wir können doch hier für uns heimlich mal den einen oder anderen 50er verdienen, solange uns keiner erwischt, ist das doch vollkommen o. k.“ Nadine wusste, dass sie ja im Grunde auch nichts anderes tat, denn Dieter bezahlte sie ja auch für jede Nummer, die sie mit ihm schob. Davon wusste aber Biggy nichts und Nadine wollte nicht, dass ihre kleine Schwester genauso abrutschte wie sie.

Nadine schaute Biggy ernst an und sagte: „Ich würde die Finger davon lassen, wir schaffen es auch so.“ Damit war das Thema für Nadine passé.

Nadine hätte nie im Leben daran gedacht, dass ihre kleine Schwester so einen Weg einschlagen würde und verschwendete daher keinen Gedanken daran.

Eines Abends jedoch, es war gerade der erste Schnee gefallen und die beiden waren wieder einmal auf der Piste, sah Nadine, wie Biggy wieder von einem älteren Mann angesprochen wurde, der anscheinend ziemlich wütend war. Nadine ging zu den beiden und bekam ein paar Gesprächsfetzen mit. Er behauptete, dass Biggy ihn beklaut, die hingegen lachte frech und sagte, ob er das beweisen könne und der Knacker drohte ihr mit der Polizei und damit, dass sie ja anscheinend schwarz anschaffen würde.

Nadine traute ihren Ohren nicht, ihre kleine Schwester schien tatsächlich heimlich anschaffen zu gehen. Mann, dachte sie, wird dieses Mädchen nicht schlauer, ich habe ihr doch gesagt, dass es gefährlich werden kann. Wenn dieser Typ Biggy jetzt bei der Polizei anscheißen würde, käme Nadine und auch sie in Teufels Küche.

Zudem, wenn ihre Eltern davon Wind bekämen, wäre die Suppe am Kochen, man würde ihr doch nie glauben, dass sie gar nichts damit zu tun hatte.

Nadine war stinksauer und zog Biggy von dem alten Freier weg und brüllte sie an: „Sag mal, checkst Du denn gar nichts. Du bekommst Schwierigkeiten, wenn Du das hier weitermachst. Mann, Du weißt doch, wie Dein Vater über mich denkt. Wenn das rauskommt, bekomme ich noch mehr Ärger und meinen Sohn erst recht nicht mehr zu sehen."
Biggy war total uneinsichtig, sie versuchte, Nadine zu beschwichtigen. „Komm schon, ist doch halb so wild, ich mach das doch auch für uns, in Deiner Kneipe verdienst DU auch nicht so viel und ich steuer halt ein bisschen dazu bei." Nadine wollte nicht, dass ihre Schwester die gleichen Erfahrungen machen musste wie sie und ihr war nicht gut bei dem Gedanken, aber sie konnte Biggy auch verstehen, es war schnelles Geld und die Hemmschwelle, das zu tun, hatte Biggy irgendwo abgelegt, sie wusste nicht wo, aber an ihr lag es nicht, da war Nadine sich sicher.
Nadine täuschte sich schwer, ihre kleine Schwester hatte Nadine schon immer bewundert und dass sie auf den Strich ging, hatte Biggy schon als 15-Jährige fasziniert. Biggy war äußerlich das krasse Gegenteil von Nadine. Biggy war ca. 170 cm groß, etwas rundlich, hatte lange dunkle Haare und ganz, ganz viele süße Sommersprossen im Gesicht. Ihre braunen Augen und die Stupsnase machten sie zu einem süßen Teenager.
Nadine war 176 cm, schlank und hatte ebenso braunes, langes Haar und ihre grünen Augen, die sie von der Mutter hatte, unterschieden sich eben sehr, na ja, sie waren eben auch nur Halbschwestern. Biggy war so ganz wie ihr Stiefvater und Nadine eben wie ihre Mutter, aber dennoch liebte Nadine die Kleine sehr. Aus diesem Grund bat sie auch darum, dass Biggy sich lieber einen Job suchen sollte, einen wie Nadine auch und nicht schwarz auf dem Straßenstrich.
Egal, was Nadine auch sagte, Biggy wollte nicht auf sie hören. Angeblich wollte sie ihre eigenen Erfahrungen sammeln. So kam es, dass sie abends, wenn Nadine in der Kneipe war, meist

erst kam, wenn Nadine den Laden zusperrte.
Sie vergnügte sich und ab und an bewegte sie Nadine dazu, mit ihr um die Häuser zu ziehen. Nadine kokste heimlich und ihre kleine Schwester schaffte heimlich an. Die beiden Mädchen waren so grundverschieden und irgendwie doch sehr ähnlich.
Eines Abends, sie saßen gerade im GG, Nadine war müde vom Arbeiten, wurde die beiden Mädchen von einem recht attraktiven Typen angesprochen. Er hieß Rocco und war Italiener. Biggy war Feuer und Flamme, als sie diesen untypisch hellblonden Italiener sah. Sein Bruder Stefano war älter und hatte etwas von Franco Nero. Seine Haare waren dunkelblond und sein Schnauzbart von der Sonne hellblond gefärbt. Beide sahen super aus, nur die Verständigung war eine Katastrophe. Der ältere Typ der beiden sprach besser Deutsch und so übersetzte er das, was Biggy und er besprechen wollten. Sie waren den ganzen Abend zusammen und man erfuhr, dass beide in einer Pizzeria arbeiteten, der eine in der Küche, der andere an der Bar.
Nadine fand den Älteren sehr nett und unterhielt sich lange mit ihm. Als schließlich die Lichter angingen und die Disco schließen wollte, verabschiedeten sie sich mit dem Versprechen, Nadine in der Kneipe zu besuchen.
Biggy rief ein Taxi herbei und beide Mädchen standen knutschend am Straßenrand, bis das Taxi kam.
Stefano gab Nadine die Nummer von der Pizzeria und Nadine ihm die von der Kneipe.
Sie fuhren heim und Biggy war hin und weg von dem blonden Italiener. Sie fand es lustig zu sehen, wie schnell doch ihre kleine Schwester zu begeistern war. Nadine hingegen hatte von Männern ein nicht so gutes Bild und schwieg daher erst mal.
Sie fand Stefano nett, aber um sich zu verlieben, musste einfach mehr passen, als ein nettes Gespräch in einer Disco und ein Kuss am Straßenrand.

Die Tage vergingen und Nadine hatte den Italiener schon vergessen, als Biggy plötzlich überraschend früh in der Kneipe stand, gefolgt von den beiden aus der Disco. Ein fettes Grinsen im Gesicht und stolz in den Augen hielt sie Roccos Hand und Stefano lächelte ihr zu.
„Hey", sagte sie, „was wollt ihr trinken?" Stefano schaute sie etwas missbilligend an und fragte, ob alles o. k. sei? „Ja", sagte Nadine, „ich habe nur mit Euch gar nicht gerechnet." Er erzählte ihr, dass Biggy ihn angerufen hatte und sich dann mit Rocco in der Pizzeria traf. Und als sie Feierabend hatten, schlug Biggy vor, dass wir Dich hier abholen und danach schön zum Essen gehen. Nadine lächelte und schaute zur Uhr, in einer Stunde habe ich Schluss. Danach würde ich gerne schnell nach oben gehen und mich umziehen und dann können wir gerne irgendwo was essen. Stefano lächelte sie an und gab ihr einen Kuss. Nadine war verunsichert, denn das kannten ihre Gäste so nicht.
Stefano war 8 Jahre älter als Nadine und seine stattliche Erscheinung gefiel Nadine. Er war so gar nicht das, was man sich unter einem Italiener vorstellte. Er war groß, hatte blaue Augen und seine dunkelblonden Haare ließen eher meinen, er wäre ein Deutscher.
Auch sein Bruder war blond, ganz ungewohnt für einen Südländer.
Biggy hatte einen Narren an ihm gefressen und man merkte, sie war dabei, sich heftig zu verlieben. Rocco schien auch angetan von ihr und so hoffte ihre Schwester, dass Nadine auch mit Stefano klarkam, so konnten die beiden Mädels noch mehr Zeit zusammen verbringen.
Nadine war so gar nicht danach, eine Beziehung einzugehen. Sie fühlte sich sehr wohl so allein. An einen festen Partner, darüber hatte Nadine in der ganzen Zeit, in der sie nun in Augsburg war, nicht gedacht und irgendwie fand sie es toll, allein als Single. Es kam hinzu, dass sie kokssüchtig war und in

einer Beziehung hätte sie damit aufhören müssen.
Zudem war sie von Dieter abhängig, denn ohne ihn hätte sie weder das Gift noch eine Bleibe. Biggy wusste noch immer von all dem nichts und sie war froh, dass sie es all die Monate auch verheimlichen konnte. Aber einen Mann an ihrer Seite so für immer?
O. k., Stefano war nett, sah gut aus und hatte, so schien es, auch keine Freundin, aber sollte sie sich wirklich fest binden, nach allem, was in den letzten Jahren passiert war? Nein, sie wollte keinen festen Freund, sie wollte allein bleiben und das würde sie Stefano auch zu verstehen geben.
Als sie die Tür in der Kneipe verschlossen hatte, wartete Biggy schon oben an der Treppe auf sie und an ihrem Schmunzeln erkannte Nadine, dass sie gekifft hatte. Nadine lachte und fragte, ob sie immer alleine rauchte?

Biggy hielt ihr den Joint hin und sagte, dass Rocco das Zeug mitgebracht hätte. „Ah“, sagte Nadine, „der kifft also auch und Stefano?“, wollte Nadine wissen. Biggy verzog das Gesicht. „Nein, der hat mit Rocco gestritten, ich denke, der raucht nicht.“
„O. k., gut zu wissen“, flüsterte Nadine leise. Insgeheim bestärkte Nadine diese Aussage ihrer Schwester noch mehr, Single zu bleiben.
Sie betrat die Wohnung und sah, wie sauer Stefano zu sein schien, denn noch immer diskutierte er mir Rocco lautstark.
Als Nadine den Raum betrat, beendeten die beiden Brüder abrupt ihren Streit und Stefano kam auf sie zu. „Lass uns los“, sagte er in seinem gebrochenen Deutsch. „Nein“, sagte Nadine, „ich möchte mich noch umziehen.“
„Es ist schon spät“, sagte Stefano, „das mit dem Essen wird heute nichts mehr, lass es uns auf morgen verschieben.“
Nadine war für den Vorschlag dankbar, denn morgen hatte sie frei und heute Nacht war sie einfach nur müde.

Rocco schaute fragend zu Biggy, die war so ganz und gar nicht müde und bat Stefano zu fragen, ob er mit ihr noch weggehen wollte.
Stefano lachte. „Klar, geht ihr noch fort, ich fahre nach Hause und morgen früh komme ich Dich abholen, dann können wir frühstücken“, fragend sah er Nadine an. Die nickte und verabschiedete sich von den dreien.
Nadine packte noch ein paar Klamotten in die Waschmaschine und duschte, bevor sie dann endlich schlafen gehen konnte.

Der Morgen war für Nadine entspannt, sie zog sich an und räumte noch ein bisschen auf, als es auch schon an der Tür klingelte. Stefano, pünktlich wie die Maurer, dachte Nadine lächelnd.

Sie saßen in der Pizzeria und Nadine ließ es sich schmecken. Stefano fragte Nadine aus und sie fand das so gar nicht gut. Sie erzählte ihm nur die Dinge, die er wissen durfte. Sie verschwieg ihm die prekären Details, die ihr Leben eigentlich zu dem gemacht hatten, das sie jetzt lebte. Sie hatte nicht viel, aber sie war zufrieden. Sie wollte einfach nur ihre Ruhe haben und hatte keine Lust auf Beziehungsstress und den damit verbundenen Liebeskummer. Zu oft hatte sie gelitten und das sollte ein Ende haben.
Stefano erzählte ihr, dass er aus dem Süden Italiens kam und dass er in der Pizzeria seines Onkels arbeitete. Er wäre in Augsburg, weil er einen kleinen Sohn hat, der hier mit seiner Mutter lebte. Didi war 5 Jahre alt, ging in den Kindergarten und Stefano konnte ihn ab und zu sehen. Er verdiente hier ein wenig Geld, um den Unterhalt zahlen zu können. Die Mutter des Kindes kam aus Jugoslawien und machte ihm das Leben zur Hölle. Er hatte sich vor drei Monaten von ihr getrennt. Sein Vater, zu dem er keinen Kontakt hatte, lebte auch in Augsburg, er sprach nicht mit ihm, weil er seine Mutter um Hab und Gut

betrogen hatte. Sie waren wohl irgendwann einmal sehr vermögend und sein Vater hatte alles durch Glücksspiel verzockt, nur das Haus und eine große Mandelbaumplantage sei ihnen geblieben. Weil er sich deswegen schämte und auch, weil ihm die Familie das nie verziehen hatte, lebte er nun in Deutschland mit einer anderen Frau, die bereits auch von ihm ein Kind hatte. Man spürte förmlich, wie sehr Stefano darunter litt. Schwärmend erzählte er von den schönen Dingen, die sie einmal besaßen und von der Welt seiner Heimat.
Nadine begann sich für diesen attraktiven Mann zu interessieren und fand, dass er ein toller Mensch war. Sein Bruder Rocco sei erst seit ein paar Wochen in Deutschland, er mochte die kalte Stadt nicht, aber die beiden hatten wohl der zurückgebliebenen Mutter versprochen, Geld zu verdienen damit sie, allein in Italien, zurechtkam.
Jede Woche schickten die Brüder ein paar Lire nach Italien, telefonierten regelmäßig mit der alten Dame, um sie zu beruhigen und dass alles gut sei.
So viel Familiensinn kannte Nadine nicht. Sie wusste, ihren Geschwistern ist es egal, wie schlecht es dem anderen auch ging, jeder Einzelne in der Familie war auf sein eigenes Ich fixiert, bis auf Birgit, ihre Kleine, die war wirklich Schwester und Nadine war überglücklich, sie an ihrer Seite zu wissen.
Stefano und sie unterhielten sich sehr lange und als Nadine auf die Uhr schaute, stellte sie erschrocken fest, dass in 10 Minuten ihre Spätschicht anfing. Stefano lieh sich das Auto seines Onkels und fuhr Nadine zum Holländer-Stübchen. Als er sie vor der Tür absetzte, sah Nadine Dieter, der gerade ein neues Bierfass anschließen wollte. „Na“, sagte er, „auch mal wieder im Lande?“ Nadine lächelte. „Ja, ich war zum Frühstück eingeladen und hab mich verplappert. Bin aber noch pünktlich zu meiner Schicht da.“ Sie ging in die Kneipe und löste die Frühschicht ab. Sie rief oben in der Wohnung an und Biggy ging ran. "Bin unten, falls du mich suchst." Biggy lachte. "Nein,

alles gut, wie war's mit Stefano?" Nadine musste auch lachen und sagte: „Alles war schön, wir haben lange geredet und beinah hätte ich meine Schicht verpasst." Biggy sagte, dass Rocco bei ihr sei und dass beide Pizza machten, wenn die fertig sei, kämen sie nach unten zum Essen. "Au ja", sagte Nadine und legte auf.

Es war wie immer, dieselben Gäste, dieselben Sprüche. Nadine sehnte den Feierabend herbei, denn dann hatte sie drei Tage frei und endlich mal wieder Zeit für sich. Leider hatte sie kaum Geld, sonst wäre sie einfach mal zum Shoppen gegangen, aber egal, sie würde sich ein paar gemütliche Tage machen und sich einfach mal wieder um ihr Äußeres kümmern. Friseur war drin und den würde sie auch mal wieder aufsuchen.

Birgit stand mit der dampfenden Pizza und einem überaus glücklichen Lächeln im Gesicht im Laden und Rocco grinste breit über beide Ohren. Die beiden schienen geschaffen füreinander, dachte Nadine. Rocco scherzte mit Biggy und sie, sie war einfach nur verknallt.

Die drei aßen die Pizza und die war wirklich der Knaller. Plötzlich stand Stefano neben Nadine und gab ihr einen Kuss auf die Wange. Nadine wurde rot und Biggy lachte sie aus.

Die Schicht war auch zu Ende und Nadine begann, sauber zu machen. Biggy half ihr und polierte die Gläser, die Jungs stellten die Stühle hoch und Rocco schnappte sich den Schrubber und den Eimer und begann, die Kneipe zu wischen. Nadine reinigte schnell die WCs und dann stand auch schon Dieter zur Abrechnung in der Tür. Nadine hatte alles vorbereitet. Dieter war mit den Umsätzen der letzten Wochen mehr als zufrieden und belohnte Nadine mit einem 50er mehr. Happy, nun doch shoppen gehen zu können, gab sie Dieter einen dicken Kuss auf die Wange und verließ mit den drei anderen das Lokal. Sie stiegen die Treppe hoch zur Wohnung und der Blick zur Uhr zeigte ihr, dass es Samstagabend 23 Uhr war. Also noch genü-

gend Zeit, um in die Disco zu gehen. Nadine verschwand im Bad und schloss die Tür ab, schnell noch 'ne Line ziehen, bevor es losgeht, so hatte sie genügend Power für die Nacht. Das Pülverchen wirkte und Nadine freute sich auf den Abend.
Stefano war irgendwie komisch, er sprach kein Wort und schaute nur sauer in die Luft. Als Nadine ihn fragen wollte, was los sei, stand er auf, sagte irgendwas auf Italienisch zu seinem Bruder und verließ ohne jeglichen Kommentar die Wohnung.
Nadine stand völlig sprachlos da und wusste nicht, was eben gerade schiefgelaufen war. Rocco sagte in seinem schlechten Deutsch: „Dieter? Kuss?"
Nadine verstand nicht wirklich. War er eifersüchtig, weil sie Dieter gerade geküsst hatte? Oh, Mann, dachte sie, das fängt ja gut an.
Sie wusste, dass das Probleme bringen würde und war fest entschlossen, Stefano zu ignorieren. Sie hasste es, einfach so stehen gelassen zu werden, ohne jeglichen Kommentar und wenn er meinte, er hätte irgendein Anrecht auf sie, dann täuschte er sich gewaltig. Sie hatten keine Beziehung, lediglich ein paar nette Gespräche und er hatte kein Recht, sie so stehen zu lassen.
Sie ließ sich den Abend nicht verderben, machte sich hübsch und stieg mit Biggy ins Taxi, um ins GG zu fahren.
Nadine setzte sich an ihren schon fast Stammplatz und Sonja die Bedienung kam und umarmte Nadine herzlich. "Hey", sagte sie, "schön, dass Du auch mal wieder da bist."
Nadine bestellte sich einen Asbach Cola und Biggy wie immer ein Badia Cocco, Rocco nahm ein Bier.
Plötzlich entdeckte Nadine Stefano in der Menge und sah ihn mit einer äußerst attraktiven Lady sprechen. Na ja, wenn er meint, dachte Nadine, dann soll er, ich werde ihn nicht ansprechen, warum auch, habe ja schließlich nichts falsch gemacht. Somit ging sie auf die Tanzfläche und tanzte.

Nadine hatte die Welt um sich herum völlig vergessen, lief doch gerade der Song, den sie momentan über alles liebte: „Tief unter meiner Haut“ von Drafi Deutscher. Einfach nur so schön. Sie merkte gar nicht, dass Stefano sehr wohl mitbekommen hatte, dass Nadine auch im GG war und obwohl er so tat, als würde er sie nicht sehen, verfolgte er ganz genau jeden Schritt von Nadine. Es hatte ihn furchtbar geärgert, dass Nadine diesen alten Knacker geküsst hatte. Er fand diesen Mann einfach nur ekelhaft. Man sah diesem Typen an, dass er ein mieser Kerl war und er wusste von anderen, dass Nadine mit diesem Kerl irgendwie ein Verhältnis zu haben schien. Er ahnte nicht, dass Dieter zum einen Nadines Dealer war, geschweige denn ein Freier.
Man erzählte sich, dass dieser Dieter mit seinen Automaten in Bayern ein Riesenvermögen gemacht hat und dass er außer dem Holländer-Stübchen noch einen Laden hat, über dem er auch seine Wohnung hatte. Man erzählte sich auch, dass er Nadine freigekauft hat, angeblich sei sie vorher irgendwo in einem Hotel angestellt gewesen und er hätte der Chefin Geld dafür gegeben, dass sie Nadine ziehen ließ.
Er mochte diesen Kerl nicht, denn er glaubte, dass er auch Verbindung zu Zuhälter- und Drogenkreisen hatte und er fühlte, dass Nadine bei ihm keineswegs sicher war, obwohl sie das wohl zu glauben schien. Nadine hatte ihm erzählt, dass sie für die Wohnung nichts zahlen musste, dafür aber in der Kneipe unten arbeiten musste und dafür täglich 50 Mark bekam. Ein Hungerlohn, so fand Stefano. Sie war keine Schönheit, aber sie hatte etwas an sich, das er mochte und er fand, sie hätte Besseres verdient. Sie könnte so viel mehr aus sich machen. Aber sie tat nichts, sie trug verwaschene Jeans, Turnschuhe und meist sehr schlampige, lange Pullover. Dabei hatte sie eine schöne Figur und ihre langen braunen Haare unterstrichen ihre graugrünen Augen.

Tief in Gedanken versunken sah er Nadine von der Tanzfläche gehen und als dann die Bluesrunde begann und das Licht auf der Tanzfläche dunkler wurde, schnappte er sich dieses Mädchen, zog sie zurück auf die Tanzfläche und hielt sie fest. Als sie lauthals protestieren wollte, brachte er sie mit einem tiefen, innigen Kuss einfach zum Schweigen.
Völlig überrumpelt von dieser Situation ließ Nadine den Kuss zu und sie spürte, wie sie plötzlich und vollkommen unerwartet den Boden unter ihren Füßen zu verlieren schien.
Ihr Herz raste und sie bekam kaum Luft, der Kuss war wahnsinnig sinnlich und fordernd zugleich. Als er ihn beendete, war Nadine nur noch Wachs in seinen Armen. Er lächelte sie an und Nadine blickte ihn verwirrt an, als er sagte: „Ab heute küsst Du keinen anderen Mann mehr, außer mich." Er packte sie so fest bei den Haaren, dass Nadine ihn anschauen musste und noch mal sagte er: "Du küsst ab heute keinen fremden Mann mehr, hast Du verstanden?" Nadine nickte und suchte wieder nach seinen Lippen. Sie merkten gar nicht, dass die Musik schon zu Ende war und dass es eigentlich ein Discofox war, zu dem sie immer noch eng umschlungen langsam tanzten.
Beide verließen Hand in Hand die Tanzfläche und als sie an die Bar kamen, gab Biggy Nadine einen fetten Schmatzer und sagte: „Glückwunsch, nun hast Du endlich wieder einen Mann an Deiner Seite." Biggy freute ich sehr für ihre Schwester und bestellte zur Feier des Tages eine Flasche Sekt.
Der Abend war megaschön und irgendwie war es schon ziemlich hell draußen, als die vier gen Heimat fuhren. Stefano und Rocco verabschiedeten sich von den beiden Mädels und die, die gingen angetrunken allein ins Bett, denn die Jungs mussten früh raus, weil sie wohl in der Pizzeria eine Hochzeitsveranstaltung hatten. Sie durften nicht fehlen, da ca. 150 Gäste erwartet wurden.
Nadine war traurig, gerne hätte sie mit allen noch gefrühstückt

und? Ach egal, es wird alles gut werden, dachte Nadine, bevor sie einschlief.
Niemand hatte zu dem Zeitpunkt auch nur erahnen können, dass Stefano mehr als nur schmerzhafte Spuren in Nadines sowieso schon sehr chaotischem Leben hinterlassen würde. Nadine tappte wie immer von einem Desaster ins andere und sie war trotz ihrer 22 Jahre und den Erfahrungen, die sie bis dahin gesammelt hatte, immer noch nicht fähig zu entscheiden, was ihr guttat und welche Situationen ihrem Leben einfach nur noch mehr Schwierigkeiten brachten. Das Koks vernebelte ihren Verstand, wenn sie überhaupt einen besaß
Biggy hatte bei Rocco übernachtet und so hatte Nadine am Sonntagmorgen genügend Zeit für sich selbst. Sie nahm ein ausgiebiges Bad und sie machte ihre Nägel.
Sie bügelte ein paar Hosen und ein paar Blusen, räumte auf und saugte Staub. Dann ging sie an den Briefkasten, um endlich mal wieder nach ihrer Post zu schauen. Sie fand einen Briefumschlag von Dieter, der wohl versucht hatte, sie zu erreichen. Im Umschlag waren ihre 300 Mark, die sie jeden Monat von ihm erhielt und die eigentlich für den Unterhalt ihres Sohnes gedacht waren. Nachdem aber ihre Eltern so gar nicht mehr auf sie zugingen und ihr jeglichen Kontakt zu ihrem Sohn verweigerten, hatte Nadine auch keinen Grund mehr, so dachte sie, auch nur einen Pfennig an sie abzutreten. Sie bekamen ja Unterstützung vom Jugendamt, das war ihrem Stiefvater ja so wahnsinnig wichtig, also behielt sie das Geld für sich, trotzig und uneinsichtig, wie sie nun mal war.
So hatte sie ein wenig Geld, um am nächsten Tag ein bisschen in der Stadt zu bummeln. Sie betrachtet sich im Spiegel und fand, dass eine neue Haarfarbe schöner wäre, sollte sie ihre dunklen Haare etwas aufhellen? Sie beschloss, zu einem guten Friseur zu fahren, um den um Rat zu bitten.
Nadine ging früh schlafen, denn Biggy sagte, dass sie auch heute Nacht bei Rocco bleiben würde und Nadine war dankbar

für die Ruhe. Der Stress in der Kneipe und der fehlende Schlaf hatten an Nadines Nerven gezerrt und so war sie froh, dass sie ein paar Stunden mehr schlafen konnte.
Es war früh am Morgen, als Nadine ihren ersten Kaffee trank, sie aß gerade eine Scheibe Marmeladentoast, als es an der Tür klingelte. Nadine drückte den Türsummer und schaute ins Treppenhaus, es war Stefano, der mit frischen Brötchen und einem Strauß Blumen in der Tür stand. Bon giorno, Cara, sagte er und gab ihr gut gelaunt einen zärtlichen Kuss. Es passte Nadine gar nicht, denn eigentlich hatte sie vor, mit dem Bus in die Stadt zu fahren. Zu Stefano gewandt sagte sie zickig: „Kannst Du nicht anrufen, bevor Du kommst, ich hatte heute andere Pläne." Erbost sah Stefano sie an und sagte: „O. k., dann gehe ich eben wieder." Nadine fand seine Reaktion überheblich und antwortete: „Ja, mach das." Er stand auf, stampfte wütend zur Tür und knallte diese laut hinter sich zu. Nadine tat es leid und sie wollte ihm nachlaufen, aber in diesem Moment klingelte das Telefon und sie entschied sich, dann besser ranzugehen.
An der Stimme erkannt sie ihre Mutter, die schon fast kreischend nachfragte, ob ihre Schwester bei ihr wäre. "Nein", sagte Nadine sehr ruhig, "sie ist nicht hier, sie ist bei ihrem Freund." Grinsend über diesen Seitenhieb, kam genau die Reaktion, die sie herbeiführen wollte. "Was?", schrie ihre Mutter hörbar erbost. "Ja", sagte Nadine, "sie ist bei ihrem Freund und ich weiß nicht, wann sie wieder nach Hause kommt."
"Nach Hause", wetterte ihre Mutter, "bei Dir? Nein", schrie sie, "das ist nicht ihr Zuhause, das ist hier bei uns und nicht bei einer Schlampe wie Dir." Nadine lachte laut. "Anscheinend habt ihr noch nicht gemerkt, dass Euer Nesthäkchen nicht mehr bei Euch leben will und genau wie ich die Schnauze voll hat von Eurem Verhalten. Schlimm nur, dass ihr daran gar nichts ändern könnt. Sie ist volljährig und kann Gott sei Dank selber entscheiden, wo sie leben will. Ihr eigener Vater hat sie nachts im Winter stehen lassen und sie dann noch bei der Polizei an-

geschissen. Wer solche Eltern hat, braucht keine Feinde.“
Ihre Mutter begann zu weinen und so übernahm der Stiefvater den Hörer. Er brüllte, was das Zeug hielt und Nadine bekam einen Lachkrampf. Er war Gott sei Dank 90 Kilometer entfernt und konnte ihr somit nichts antun. Nadine wurde mutig und sagte endlich einmal das, was sie von ihm dachte. 10 Minuten lang schmiss sie ihm alles an den Kopf, sie redete sich förmlich in Rage. Ihr Stiefvater kam gar nicht dazu, ihr etwas entgegenzusetzen, denn all das, was Nadine ihm an den Kopf knallte, entsprach der Wahrheit. Bevor Nadine das Telefonat als beendet sah, sagte sie noch gefährlich leise: „Ihr habt mir mein Kind weggenommen und nun wisst ihr, wie das ist. Birgit will mit Euch nichts mehr zu tun haben, weil sie nun endlich alt genug ist und soviel gesunden Menschenverstand hat, dass sie selber entschieden und festgestellt hat, was für ELTERN ihr seid.“
Mit diesem Satz und einem fetten Grinsen im Gesicht legte Nadine auf und stellte das Telefon auf lautlos.
Sie zog sich an und machte sich auf den Weg zum Friseur. Sie freute sich auf ihren freien Tag und das Telefonat trug noch dazu bei, dass Nadine sich befreit und zufrieden fühlte.
Als sie den Salon betrat, entschied sich Nadine, ihren Typ vollkommen zu verändern, und somit bat sie den Friseur, ihre Haare mit ganz vielen blonden Strähnchen zu versehen, sie wollte blonde Haare. Erstaunt sah sie der Friseur an und schmunzelte: „Also Du willst eine komplette Umgestaltung?“
„Ja“, lachte Nadine, „und ein passendes Make-up und ’ne neue Frisur dazu.“
"O. k.", sagte er, "na dann lass uns das mal machen", und er grinste zurück.

4 Stunden später und um 180 DM leichter betrat Nadine die Straße und jeder, der sie kannte, würde sie nicht mehr erkennen. Sie hatte goldblonde Haare und ihre Frisur war wie die

von Kim Wild, lockig und stufig geschnitten. Sie hatte am Anfang gedacht, das würde nichts werden, als sie die karottenroten Strähnen sah, aber der Friseur hatte super Arbeit geleistet, es sah einfach toll aus und Nadine hatte das Gefühl, zum ersten Mal wirklich toll auszusehen.
Sie beschloss, noch ein paar Schuhe zu kaufen und eventuell, wenn es reichen würde, eine Hose und einen Pullover.
Sie entdeckte ein paar knallrote High Heels und automatisch dachte sie an Hamburg, wie sie mit Jasmina damals auf der Meile shoppen war. Es kam ihr vor wie eine Ewigkeit.
Damals hatten sie Geld ohne Ende und mussten nicht wie jetzt jeden Pfennig umdrehen. Irgendwie sehnte Nadine sich nach dieser Unbeschwertheit, sich keine Gedanken um Geld zu machen. Aber dann fiel Nadine ein, wie sehr sie in dieser Zeit gelitten hatte, sah Jasmina tot auf ihrem Bett liegen mit der Spritze im Arm und sah ein, dass Geld nicht glücklich macht. Sie konnte froh sein, dass sie überhaupt noch lebte und dann lieber ohne viel Geld.
Sie kaufte diese Schuhe und fand dazu auch noch eine rote Satinbluse und eine schicke hautenge Jeans. Stolz fuhr sie wieder zurück in die Wohnung. Ihr freier Tag war ein voller Erfolg. Sie genoss es, so anders auszusehen und war gespannt, was die anderen sagen würden.
Nun war sie eine Blondine und dieser blonde Wuschelkopf stand ihr, so fand sie.
Sie war gerade dabei, die Klamotten in die Waschmaschine zu stopfen, als es an der Tür klingelte. Nadine hoffte insgeheim, dass es Stefano war, aber nein, es war ihr Schwesterherz.
Biggy blieb staunend in der Tür stehen, als sie Nadine erblickte und begann zu lachen. Erbost sah Nadine sie an und fragte: „Ist es wirklich so schlimm?“ Biggy lachte. „Nein, nein, das schaut richtig gut aus, aber das große Preisschild an der Bluse, schaut so saudämlich aus, das solltest Du abmachen.“ Jetzt musste Nadine auch lachen und sie bat ihre Schwester, es abzureißen.

Dann hatte Nadine noch ein kleines Geschenk für ihre Schwester besorgt, weil sie wollte, dass sie sich bei Nadine wohlfühlte. Sie kramte in ihrer Tasche und fand die kleine Schatulle. Sie übergab sie der Schwester und beobachtete genau, wie sie es auspackte. Hervor kam ein kleiner Schlüsselanhänger mit ihrem Haustürschlüssel. Biggy sah sie an. „Hey, das ist aber lieb und praktisch, so muss ich nicht mehr klingeln und bin unabhängiger. Danke“, sagte sie leise. Nadine erzählte ihr von dem Anruf der Eltern und das, was sie alles gesagt hatte und Biggy wurde still. „Meinst Du, sie machen Ärger?“, fragte sie unsicher. Nadine sagte: “Ich glaube nicht und wenn schon, was können sie schon tun? Das Einzige was wir machen müssen, Dich hier polizeilich anmelden. Aber ansonsten, Du bist volljährig, sie können Dir gar nichts. Aber wenn Du willst und es Dir unangenehm ist, dann rufe sie an und sag ihnen, dass es Dir gut geht. Vielleicht beruhigen Sie sich dann ein wenig. Mich hassen sie sowieso und daher ist es mir egal. Ich vermisse mein Kind, aber ich werde es nicht bekommen, dafür wird der Alte schon sorgen und jetzt dann erst recht, denn ich habe ihm echt alles an den Kopf geknallt, was mir einfiel und ganz ehrlich, danach ging es mir so richtig gut.“ Biggy fand die ganze Angelegenheit nicht so toll, hatte sie doch zu ihrem Vater und auch zur Mutter ein anderes Verhältnis als Nadine, sie war eben das Nesthäkchen. So ging sie zum Telefon und wählte die Nummer ihrer Eltern.

Nadine ließ Biggy allein und machte im Bad weiter ihre Wäsche, aber sie lauschte trotzdem und als Biggy laut wurde, musste Nadine schmunzeln. Also machten sie auch Biggy Vorwürfe, die sie sich natürlich nicht gefallen ließ.

Biggy kam aufgebracht ins Bad und schimpfte, was das Zeug hielt. Wie konnte man denn nur so verbohrt sein. Sie sind felsenfest davon überzeugt, dass ich durch Dich auf dem Strich lande und dass Du mir nur Abschaum zeigen würdest.

Sie haben gar keine Ahnung, sie haben gesagt, dass sie alles

dem Jugendamt mitgeteilt haben und dass sie versuchen werden, das alleinige Sorgerecht für den Kleinen zu bekommen. Nadine schluckte, sie wusste, sie hatte keine Chance gegen ihren Stiefvater und er und ihre Mutter würden den Kleinen immer als Druckmittel benutzen. Nadine tat es weh, aber sie hatte gelernt, ihre Gefühle zu verbergen und so sagte sie: „Es ist mir mittlerweile egal. Ich habe versucht, den Kleinen zu mir zu holen und wurde dabei erwischt und so wie ich jetzt lebe, die Kneipe und das Leben als solches, ist kein Leben für ein Kleinkind. Ich habe gerade so viel, um mich selbst über Wasser zu halten und jetzt stell dir doch mal vor, der Kleine wäre auch noch da, das würde nicht klappen. Ich bin keine gute Mutter, da muss ich dem Alten leider recht geben. Irgendwann werde ich es geschafft haben und ganz alleine auf eigenen Beinen stehen und dann hole ich den Kleinen zu mir."
Nadine glaubte tatsächlich an den Schwachsinn, den sie da redete und belog sich, was ihr Kind anbetraf, jeden Tag aufs Neue. Sie belog sich selbst, weil sie der Wahrheit nicht ins Auge sehen wollte, sie hatte versagt und ihr Kind aufgegeben, ohne wirklich gekämpft zu haben. Ein Riesenfehler, der sie ein Leben lang begleiten wird.

Biggy fragte Nadine, was mit Stefano sei, der wäre wohl am Morgen ziemlich sauer gewesen. Nadine hatte ihn total vergessen. Rot im Gesicht, erzählte sie ihrer Schwester von dem Vorfall am Morgen und fragte sie, was sie nun tun sollte. „Hm", sagte Biggy, „keine Ahnung, ruf ihn an, fahr zu ihm in die Pizzeria, wenn Du willst, komme ich mit."
Gesagt getan, sie riefen sich ein Taxi und fuhren nach Gersthofen in die Pizzeria.
Als sie die Gaststätte betraten, sah sie Stefano auch schon am Tresen stehen. Er schenkte gerade Getränke ein. Als er Nadine erkannte, hielt er inne und grinste. „Wow", rief er. Nadine war froh, er schien nicht mehr böse zu sein.

Sie setzten sich an einen freien Tisch und bestellten sich ’ne Pizza, dann setzte sich Stefano zu ihnen und Nadine sah ihn an und lächelte. „Es tut mir leid wegen heute Morgen, ich hatte einen Termin beim Friseur, wie du siehst, und hatte meinen freien Tag einfach schon verplant. Hinzu kam, dass Du kurz nach einem heftigen Streit mit meinen Eltern am Telefon gekommen bist und ich einfach nur schlechte Laune hatte. Sei mir bitte nicht mehr böse.“

Er gab Nadine einen Kuss auf die Nase und sagte: „Alles in Ordnung, ich hätte ja auch anrufen sollen.“

Rocco kam ins Lokal und Biggy strahlte über beide Ohren, als sie ihn erblickte und auch Rocco schien erfreut zu sein, sie zu sehen.

Es wurde noch ein schöner Abend, die vier saßen am Tisch und Stefano dolmetschte und alle lachten. Als die Pizzeria um 12 Uhr zumachte, halfen die Mädchen noch mit, die Gaststätte sauber zu machen und dann schloss Stefano ab. Sie fuhren alle mit dem Auto zu Nadine und Biggy verkroch sich mit Rocco ins Schlafzimmer. Nadine lachte und klappte die Couch für sich und Stefano aus, holte noch schnell das Bettzeug aus dem Schlafzimmer und dann kuschelte sie sich zu Stefano ins Bett.

Es war eine zärtliche Nacht für Nadine, sie fühlte sich in den Armen des 8 Jahre älteren Mannes wohl. Sie hatte schon lange nicht mehr so viel Zärtlichkeit erhalten und ließ es geschehen. Lange war es her, dass Nadine aus wirklichen Gefühlen mit jemandem schlief und das mit Stefano fühlte sich richtig gut an.

Sie war verliebt und ahnte nicht, durch welch eine Hölle sie gehen würde an der Seite dieses Mannes. Sie ahnte nicht, dass er nur eines wollte …

6. Kapitel
Viva Italia

Nadine war schwer verliebt, und so oft es ging, traf sie sich mit Stefano.
Dieter ihr Chef gefiel dieser Typ ganz und gar nicht und er war jedes Mal zickig, wenn er Nadine in der Kneipe besuchen kam oder sie abholte.
Eines Abends, Nadine war allein in der Kneipe, sagte Dieter zu ihr: „Du weißt schon, dass der Spaghettifresser in Zuhälterkreisen verkehrt oder?“ Erbost schaute Nadine ihn an. „So ein Quatsch“, sagte sie, „er arbeitet in einer Pizzeria, die seinem Onkel gehört, wo bitte schön soll er ein Zuhälter sein? Er fährt einen alten, schrottreifen BMW und hat so auch kein Geld, wie also kommst Du darauf, dass er ein Zuhälter ist?“
Dieter lachte: „Ich habe nicht gesagt, dass er einer ist, ich habe gesagt das er mit ihnen verkehrt. Ich habe ihn gestern mit mehreren der besagten Jungs im Roxy gesehen und glaube mir, der und Du, das kann nur schlecht enden.“
Nadine schaute ihn sauer an. „Sag mal, kann es sein, dass Du eifersüchtig bist, weil Du keine schnelle Nummer mehr mit mir bekommst?“ Dieter schaute sie herablassend an und sagte: „Mein liebes Fräulein, du begibst dich hier auf sehr dünnes Eis, du bist zu sehr von Dir selbst überzeugt, aber das, was Du jetzt hast und bist, hast Du mir zu verdanken und das kann ich Dir genauso schnell wieder nehmen, wie Du es bekommen hast.“ Damit stand er auf und sagte: „Schließ ab, wenn Du fertig bist und überlege dir genau, was Du in der Zukunft machen willst. Deine Luft hier im Lokal und oben in der Wohnung wird eng für Dich, es sei denn Du trennst Dich von dem italienischen Affen. Denk, dran, kein Koks, keine Wohnung, geschweige denn eine Arbeit.“
Trotzig schmiss Nadine mit einem leeren Glas nach Dieter, doch der hatte bereits das Lokal verlassen. Wütend schloss sie

die Kneipe ab und ging nach oben, dann griff sie nach dem Telefonhörer und rief Stefano an. Er versprach, nach seiner Arbeit zu kommen und legte auf. Nadine saß im Wohnzimmer und grübelte. „Was war, wenn es stimmte, dass sie wieder an einen Luden geraten war? Was war, wenn es wirklich stimmte und Dieter es wahr werden ließ, dass Nadine auf der Straße stand. Jetzt spürte Nadine, wie sehr sie doch abhängig war, von dem Wohlwollen von Dieter, das war ihr so noch nie wirklich bewusst. Jetzt als er ihr drohte, merkte sie, dass es ganz schnell vorbei sein könnte mit dem eigenen Zuhause. Was sollte sie denn jetzt tun? Sie wartete auf Stefano, um zu sehen, was er dazu sagte.
Als er kam und als er Nadine sah, ahnte er, dass irgendwas passiert sein musste und fragte, was los sei. Nadine erzählte ihm alles. Sie erzählte ihm das mit dem Koks und wie sich kennengelernt hatten und sie merkte, dass Stefano zunehmend böser wurde. Nicht auf Nadine, sondern auf diesen schleimigen, alten Kerl, der Nadine auch nur wie Dreck behandelt hatte und ihre Naivität nur noch mehr ausgenutzt hatte. Er war stinksauer, als er hörte, dass Nadine kokste und anscheinend abhängig war.

Stefano versuchte, Nadine zu beruhigen und sagte: „Wir haben eine kleine Wohnung, es wird zu viert eng werden, aber das schaffen wir auch noch irgendwie. Ich lasse Dich jetzt nicht allein, versprochen." Nadine war dankbar und unendlich glücklich darüber, dass sie jemanden gefunden hatte, der sie, so schien es, auffangen würde, wenn sie fällt. Den Gedanken, dass er in Zuhälterkreisen verkehren würde, schob sie weit fort, denn sie wusste, wie solche Typen ticken und war im Glauben, diese nun auch zu erkennen, hatte sie doch genug Erfahrungen sammeln können, was das anbetraf.
Stefano riet ihr, es auszureizen. Sollte Dieter sie wirklich rausschmeißen wollen, so würde er mit ihm ein ernstes Wörtchen

reden.
Sie gingen ins Bett und Nadine schlief beruhigt ein.
Als sie wach wurde, war Stefano schon weg, Nadine hatte Spätschicht und so stand sie auf. Als sie in die Küche kam, war Biggy auch da, sie hatte den Tisch gedeckt und Brötchen gekauft.
Nadine erzählte der Schwester, was gestern Nacht vorgefallen war und Biggy schimpfte nicht schlecht. Sie wollte mit Dieter reden und würde ins Las Vegas fahren, um zu sehen, welcher Teufel ihn da geritten hatte.
Nadine trank in Ruhe ihren Kaffee und machte dann ein wenig sauber. Bevor sie ihre Schicht in der Kneipe antrat, duschte sie noch schnell.
Der Abend verlief müßig, immer dieselben Gesichter, dieselben Alkis und dieselben dummen Sprüche.
Trudel blieb heute auch mal da und zockte am Automaten. Nadine hoffte, dass dieser Abend bald vorbei wäre, denn dann hatte sie wieder zwei Tage frei und wollte diese Tage mit Stefano verbringen.
Der Feierabend nahte und Nadine begann zu putzen, endlich fertig und nun ab nach oben.
Biggy war heute Abend nicht da, sie war mit Rocco im GG mal wieder tanzen und Nadine war somit zumindest ein wenig alleine.
Sie ließ sich gerade ein Bad ein, als es an der Türe klingelte. Stefano stand in der Tür und hatte eine große Styroporkiste dabei.
Er brachte Pizza mit. Als Nadine aus der Badewanne kam, war der Tisch gedeckt, sogar Wein hatte er mitgebracht. Nadine ließ es sich schmecken und Stefano begann das Gespräch.
Er erzählte ihr, dass er die nächsten Tage für eine Woche nach Italien fahren wollte, um seine erkrankte Mutter zu besuchen. Er wollte mit dem Zug fahren, das dauerte knapp zwei Tage und er fragte Nadine, ob sie mitkommen wollte. Nadine war

noch nie im Ausland außer in der Schweiz und freute sich über die Einladung. Es schien ihm ernst zu sein, sonst würde er sie nicht seiner Mutter vorstellen wollen. Sie freute sich sehr und musste irgendwie einen Weg finden, mitfahren zu können. Eigentlich müsste sie arbeiten, aber der Trip nach Italien war so reizvoll, dass sie gleich morgen mit Dieter sprechen wollte, um eventuell nach fast einem Jahr auch mal eine Woche Urlaub zu bekommen.

Sie tranken gemütlich auf der Couch den Wein und Stefano erzählte ihr von seinem Zuhause. Es war Herbst, aber in Italien so sagte er, war es immer noch sehr warm und man konnte sich in den Tagen mit dem Motorrad ein bisschen was von seiner Heimat anschauen.

Nadine war begeistert und hoffte inständig, dass Dieter zugänglich war und ihr diesen Wunsch erfüllte. Biggy kam alleine zurecht, sie hatte ja einen Schlüssel und konnte sich die Woche alleine um die Wohnung kümmern.

Rocco übernahm die Schicht von Stefano in der Pizzeria und mal sehen, vielleicht war Biggy ja auch bereit, Nadine in der Kneipe zu vertreten.

Sie würde es gleich morgen klären und vielleicht hatte sie Glück und sie könnte nächsten Samstag schon im Zug sitzen.

1600 km nach Italien, das würde ein ganz schöner Marathon werden und sie musste planen.

Aufgeregt schlief Nadine ein und freute sich auf das, was kommen würde.

Am nächsten Morgen war Stefano schon wieder weg und Nadine hoffte, dass Biggy gleich kommen würde, um mit ihr über ihr Vorhaben zu sprechen. Mit Dieter würde es schwierig werden, da er sowieso schon gegen Stefano und die Beziehung mit ihm war. Nadine ahnte, dass sie hier eine Riesenhürde vor sich hatte. Aber vielleicht war es auch besser, Dieter von dem Italienbesuch gar nichts zu erzählen, sondern sich einfach eine Ausrede auszudenken. Ja, dachte sie, das ist wohl die bessere

Variante.
Als Biggy die Tür aufschloss, überfiel Nadine sie gleich mit ihrer Bitte. Begeistert war Biggy nicht, aber sie wollte ihrer Schwester auch nicht im Weg stehen, die Schicht jedoch übernahm sie gerne, denn da Rocco auch arbeiten würde, wäre es für sie ein toller Zeitvertreib.
Nadine erzählte ihrer Schwester, dass sie Dieter einfach sagen würde, sie fahre zu ihren Eltern, um mit ihrem Sohn eine Woche verbringen zu können.
Biggy versprach ihr, die Lüge aufrecht zu erhalten und Nadine den Rücken frei zu halten.
So, nun musste sie nur noch mit Dieter sprechen, zudem wollte sie auch gleich ihre dreihundert Mark mitnehmen, die konnte sie für die Bahnfahrt gut gebrauchen.
Sie machte sich auf den Weg zu Dieter, der wie immer über dem Las-Vegas-Spielsalon zu finden war.
Als er Nadine sah, war er überrascht über ihren Besuch und bat sie herein. Nadine erzählte ihm ihre Geschichte und Dieter sah sie argwöhnisch an. Er war skeptisch, wusste er doch, dass Nadine keinen Kontakt zu ihren Eltern hatte. Sie log ihn an und erklärte, dass sie gestern mit ihren Eltern am Telefon eine Aussprache hatte und ihre Eltern bereit waren, Nadine eine Woche bei sich zu lassen, um den Kontakt zu ihrem Kind zu stärken. Nadine erzählte Dieter alles so glaubwürdig, dass seine Skepsis verflogen schien. Er fragte Nadine, ob sie noch mit dem Italiener zusammen sei und Nadine log auch da, um einem Streit aus dem Weg zu gehen, denn schließlich wollte sie ja auch noch Geld und Koks von Dieter. Wenn der aber wusste, dass Nadine immer noch mit Stefano zusammen war, würde er ihr weder das eine noch das andere geben.
Also log sie auch da, ein fataler Fehler, denn Dieter war eine geile Sau und hoffte nun wieder auf kleine Gefälligkeiten von Nadine.
So kam es, dass er Nadine wieder einmal an die Wäsche woll-

te, die aber nutzte die Situation für sich aus. Wenn Du was von mir willst, dann lass ein paar Kröten fließen, ich will meine 300 Mark, die brauche ich für meine Eltern als Unterhalt und zudem will ich noch ein bisschen mehr, damit ich mit meinem Sohn auch mal was unternehmen kann.
Dieter grinste und sagte: „O. k., ich gebe Dir noch 300 Mark dazu, wenn Du mit mir ’ne schnelle Nummer machst.“ O. k., dachte Nadine, somit ist er zufrieden und ich habe meine Kohle für Italien und ein kleines Päckchen Koks. Biggy würde für die paar Tage ihr eigenes Geld verdienen und Nadine hatte einen ruhigen Chef.
Sie dachte nicht an Stefano und auch nicht daran, dass er, wenn er das erfuhr, eventuell Schluss machen könnte. Sie tat es einfach, weil sie der Meinung war, es wäre ein ganz normales Geschäft. Bisher war es in Nadines Leben auch immer so. Sie verkaufte sich, um an ihre Ziele zu gelangen, keiner sagte ihr, dass es ein Fehler war, für sie war es völlig normal und somit kein Fehler.
Nach einer halben Stunde ging sie ins Bad, schmiss den Gummi ins Klo und duschte sich, danach steckte sie die 600 Mark und das Koks in ihre Tasche und ließ Dieter schlafend zurück.
Dann fuhr sie zurück in die Wohnung und freute sich nun auf Italien.
Sie rief Stefano an und sagte, dass sie nun mitkommen würde.
Er freute sich und sagte, dass er am Abend kommen würde, um alles Weitere mit ihr zu besprechen.

Die Woche bis zum Freitag wollte einfach nicht vergehen und Nadine fieberte dem Freitagmorgen entgegen.
Biggy war die Woche mit dabei, um zu sehen, was sie zu tun hatte die nächsten 5 Tage und so wie es aussah, würde sie das alleine auch meistern. Nadine zeigte ihr, wie man ein Bierfass anschließen musste und wie die Gläser gewaschen werden müssen, wie man ein Weizen einschenkt und eben wie man

dann am Abend die Kasse macht. Trudel würde dann am Morgen, das Geld zu Dieter bringen und Biggy hat die ganze Woche die Wohnung für sich und Rocco.
Beide Mädels waren happy und Nadine konnte nun endlich mal eine Woche abschalten. In der Nacht von Donnerstag auf Freitag schlief sie kaum, die Fahrkarte und ihren Ausweis hatte sie eingepackt, eine kleine Reisetasche gepackt und Stefano holte sie gegen 4 Uhr früh vor der Haustür ab. Er brauchte für sein Ticket nicht zu bezahlen, das hatte wohl die Mutter in Italien erledigt, er musste es nur am Schalter abholen.
Nadine kaufte auf dem Bahnhof noch ein paar Getränke und ein paar belegte Brötchen und so machten sie sich nun auf nach Italien, eine spannende Reise lag vor ihnen.
Der Zug rollte in den Bahnhof ein, zuerst ging es nach München, eine halbe Stunde, danach dann nach Verona und von da aus nach Bologna und dann nach Brindisi, wo sie am Bahnhof von seinem Cousin abgeholt wurden.
Stefano kam aus Apulien, das lag im Süden Italiens am Sporn vom Stiefel und gehörte mit zu der via Apia, die an der gesamten Adriaküste entlanglief.
Brindisi war eine alte Hafenstadt, in der zum einen die Marine lag und eben auch eine Abfahrtstelle via Fähre, die nach Griechenland genutzt wurde.
Nadine war aufgeregt. Noch nie war sie so weit weg von Deutschland und Italien mochte sie sowieso, denn ihr gefiel die Sprache und die Musik, die momentan überall in Deutschland gespielt wurde.
Sie war mit Stefano nun schon fast zwei Monate zusammen und sie war mächtig glücklich an seiner Seite. Sicherlich war es nicht ihr Traummann, war er doch erheblich älter als sie und so manche Sachen an ihm störten sie schon, aber er war da für sie und er zeigte ihr, dass auch sie ihm wichtig war. Seine Eifersucht war ziemlich nervig und seine Art Besitzanspruch auf Nadine ging manchmal ein wenig zu weit. Aber all das nahm

Nadine in Kauf, weil sie endlich das Gefühl hatte, einen Mann gefunden zu haben, mit dem sie mehr als nur das Bett teilte.
Sie unterdrückte die Skepsis, die sie ab und zu hegte, er sei in Zuhälterkreisen zu finden und sie überhörte die Anspielungen, wenn es um die Art, Geld zu verdienen, ging, die Nadine so verabscheute, beziehungsweise hinter sich lassen wollte, um damit endlich abzuschließen.
Ganz untypisch für einen Italiener stand Stefano Prostituierten recht offen gegenüber. Er sagte einmal, dass seine Ex-Freundin auch auf den Straßenstrich ging, er aber deswegen mit ihr Schluss gemacht hätte, weil er damit nicht klarkam. Nadine sah das aus zwei Sichten, zum einem wusste sie, durch was für eine Hölle manche Hure gehen musste, war sie doch selbst lange Zeit in Hamburg gefangen, zum anderen aber fand sie, wenn man es richtig machen würde, hätte man die Möglichkeit, an schnelles Geld zu kommen und man könnte sich, vorausgesetzt man hat keinen Zuhälter, ein anständiges Leben aufbauen. Wenn, dann sollte man sich ein Ziel setzen, zum Beispiel man sagt, ich mache diesen Job 10 Jahre und mit 30 sollte dann so viel da sein, dass man irgendwo ein bürgerliches Leben beginnen kann.
Sie hatte Stefano nichts erzählt, was ihre Vergangenheit anbetraf, aus Angst er hätte damit ein Problem. Dass Stefano es aber wusste, ahnte Nadine zu diesem Zeitpunkt noch nicht, denn Biggy hatte Rocco alles über Nadine erzählt und der wiederum alles Stefano.
Er sprach es nie an, aber er wusste von Nadines Vergangenheit und ließ die Zeit für sich arbeiten.
Es war eine lange Fahrt und als sie in Bologna ankamen, war Nadine fix und fertig. Hier hatten sie eine Stunde Aufenthalt und Stefano ging mit ihr zum Italiener gegenüber vom Bahnhof.
Sie aßen und tranken und als sie fertig waren, mussten sie auch schon wieder zum Bahnhof. Dort sah Nadine das erste Mal in

ihrem Leben eine Palme am Straßenrand stehen und sie rief begeistert: "Oh, schau mal, eine Palme!" Stefano musste lachen, denn für ihn waren all die anderen Bäume, die es in Deutschland gab, eher die Exoten.
Beide liefen quietschvergnügt zum Zug und stiegen ein, diesmal hatten sie ein Abteil für sich und Nadine war so müde, dass sie die meiste Zeit der restlichen Zugfahrt schlief.
Nach 16 Stunden waren sie endlich in Brindisi, strahlender Sonnenschein empfing sie in der großen Stadt.
Als sie aus dem Bahnhofsgebäude rauskamen, herrschte Unruhe, es war ein reger Vormittag und ein riesengroßer Markt lockte mit seinen fremden Gerüchen.
Stefano ging zu einer Telefonzelle und rief seine Mutter an. Die sagte, dass der Cousin in Brindisi in einem Café auf ihn wartete, also machten sie sich auf den Weg und suchten nach dem Café.
Nadine war begeistert, das rege Treiben und das Gehupe waren so typisch, sie kannte es aus vielen Filmen im Fernsehen und sie mochte das Land auf Anhieb.

Nach ca. 10 Minuten Fußweg fanden sie das Café und traten ein, es waren fast nur Männer anwesend und jeder schaute sich nach dieser großen Blondine um.
Stefano ging auf einen Tisch zu, an dem ein äußerst gut gekleideter Mann saß. Er stand auf, als er Stefano erblickte, und lächelte freundlich.
Auf Italienisch unterhielten sich die Männer kurz, bevor Stefano auf Deutsch sagte, das ist mein Cousin Adrian, er hat hier in Brindisi einen Antiquitätensalon und lebt auch am Hafen mit seiner Frau. Wir sind bei ihm und seinem Compagnon eingeladen zum Essen und danach fährt er uns zu meinem Dorf.
Nadine lächelte verlegen und setzte sich mit an den Tisch, dort trank sie einen gefrorenen Zitronensaft und überließ den beiden Männern das Gespräch. Sie verstand nicht ein Wort und somit

schaute sie einfach aus dem Fenster und beobachtete das Treiben auf der Straße.
Nachdem die Herren ihren Espresso getrunken hatten und Nadine auch fertig war, übernahm Adrian die Rechnung und sie verließen das Lokal. Am Straßenrand stand der Lieferwagen und Nadine und Stefano verstauten ihr Gepäck auf dem Rücksitz. Sie stiegen ein und fuhren los.
Nadine sah sprachlos aus dem Fenster und war so beeindruckt von der schönen Stadt. Es gab so viele Parks und alte Häuser und auch alte Brunnen mit riesengroßen Statuen drauf.
Die Sonne glitzerte im Meer und spiegelte die vielen großen Boote und Schiffe am Horizont.
Sie sah die Militärschiffe, die dort vor Anker lagen und die großen Fähren, die sich langsam in der Ferne in Richtung Griechenland bewegten.
Nadine schwieg die ganze Fahrt über und genoss den Eindruck und das Ungewohnte.

Sie fuhren eine große Einfahrt herauf und als das Auto vor dem flachen, großen Gebäude stehen blieb, staunte Nadine nicht schlecht.
Sein Cousin schien sehr vermögend zu sein, zeigte das Haus doch, dass hier jemand mit einem guten Auskommen lebte.
Der weiße Kieselsand und die große Treppe zum Eingang des Hauses waren geschmackvoll mit kleinen Sträuchern gesäumt und der Blick zum Hafen war einfach genial.
Als sie das Haus betraten, war Nadine allerdings ein wenig enttäuscht, alles wirkte ziemlich karg und spärlich eingerichtet.
Man ging auf die Terrasse, die echt superschön war und man konnte hier mitten aufs Meer schauen, der Blick war einfach superschön.
Ein älterer Herr stand vom Liegestuhl auf und begrüßte die beiden herzlich. Stefano erklärte ihr, dass das sein Onkel sei und er begrüßte Nadine landestypisch mit einem Kuss links

und rechts auf die Wange.
Nadine mochte ihn auf Anhieb. Er war trotz seiner stattlichen Erscheinung ein herzlicher Mensch, das sah man an den vielen Lachfalten im Gesicht.
Der Tisch wurde gedeckt und es gab allerlei Zeugs, das Nadine so noch nie gesehen hatte. Stefano erklärte ihr alles und zeigte ihr, wie man das eine oder andere aß.
So gab es frische Feigen, die irgendwie ekelig aussahen, aber köstlich schmeckten, dann gab es Fisch gebraten und Melone, grüne Bohnen, Salat und so viel, dass Nadine wirklich nicht wusste, was sie zuerst essen sollte.
Hinzu kam, dass die Italiener nur Wein tranken, hier gab es Wein aus einem Plastikkanister, der wohl irgendwie, so verstand es Nadine, selber gemacht wurde.
Die Pasta mit der frischen Tomatensoße hatte es Nadine angetan, sie aß und genoss.
Stefano sah, dass Nadine hellauf begeistert war und das freute ihn sehr.
Man unterhielt sich und lachte und Nadine beobachtete und spürte, wie sehr Stefano seine Heimat vermisst haben musste.

Es war an der Zeit, dieses schöne Haus zu verlassen, man verabschiedete sich und dann ging es ins Landesinnere.
Stefano saß neben ihr, um ihr Einiges, an dem sie vorbeifuhren, zu zeigen. Sie wollten noch einen Zwischenstopp machen, um in Ostuni, der weißen Stadt, und in Franca Villa, anzuhalten. Ostuni, so sagte Stefano, sei zum größten Teil aus weißem Marmor erbaut und würde in der Abendsonne oben am Berg immer so wahnsinnig schön leuchten, dass die Einwohner ihre Stadt auch die weiße Stadt nannten.
Sie fuhren am Torre Canne vorbei, hier würden sie im Sommer immer zum Baden fahren, erklärte Stefano, und dann ging es an der Küste weiter in Richtung Rosa Maria und von da aus dann nach Ostuni ins Landesinnere. Als Nadine die Stadt am

Horizont erblickte, war sie beeindruckt, es war wirklich der Wahnsinn. Von Weitem glitzerte die Stadt wie eine Oase in der Wüste und obwohl es in Deutschland schon kühler Herbst war, war es hier noch fast 25 Grad warm, also schönstes Sommerwetter.
Am liebsten wäre Nadine hier geblieben, sie hatte sich schon jetzt in dieses Land verliebt und verstand nicht, warum Stefano das kalte Deutschland bevorzugte, anstatt hier zu leben, wo nun wirklich alles schön war.

In Ostuni zeigte Stefano Nadine das Kloster Paolotti, das etwas abseits von der Stadt lag, danach fuhren sie weiter nach Franca Villa Fortana, dort hatte sein Cousin noch eine Zweigniederlassung seines Antiquitätenladens und dort wollte er schnell noch etwas abklären.
Sie hingegen hatten hier noch die Möglichkeit, kurz auf dem Markt, der genau vor diesem Laden lag, ein paar Einkäufe zu tätigen, um danach nach Villa Castelli zu fahren, dem Ort aus dem Stefano stammte.

Sie schlenderten über den Markt und Stefano kaufte Oliven, Melonen, einen kleinen, weißen, runden Käse, Brot und Latte di Mandola, ein weißer Sirup, den man wohl aus Mandelmilch gewann.
Als sie fertig fahren, machten sie sich auf den Weg der letzten Etappe in Richtung Stefanos Heimat.

Es war später Nachmittag, als sie beide vor der Haustür seiner Mutter standen. Es war eine kleine Gasse und das Haus war gelb angestrichen. Von außen war es nicht ungewöhnlich, sondern passte zu den anderen in der Straße.
Er schloss die Tür auf und rief nach seiner Mutter, die aufschrie, als sie Stefanos Stimme hörte. Sie kam in den Hausflur und umarmte ihn herzlich, sie hatte wohl gekocht, denn es roch

himmlisch in dem Haus. Als die Mutter Nadine erblickte, lächelte sie sie freundlich an und sprach mit ihr Italienisch: "Io a Domenica, e tu?" Nadine schaute fragend zu Stefano, der lachte und sagte: „Meine Mutter fragt nach Deinem Namen.“ Nadine war verlegen und antwortete etwas schüchtern: „Ich heiße Nadine.“

„Ah“, sagte sie, dann ging sie voraus in die Wohnküche. Ein großer Kamin, über dem ein Kochtopf hing und eine Pfanne, in der es brutzelte.

Stolz präsentierte seine Mutter Nadine das Haus. Es war irgendwie alt und trotzdem komfortabel. Am größten war die Küche, sie hatte eine Küchenzeile mit einem großen Kamin, einem großen Esstisch in der Mitte des Raums und dahinter war noch eine Sitzgruppe mit einem Couchtisch. Diese Wohnküche war gemütlich und lud, wie es bei den Italienern üblich war, zu großen Familientreffen ein. Am hinteren Ende des Raumes war ein kleines Schlafzimmer und dann noch ein überdachter Wintergarten, an den das Bad grenzte. Vom Wintergarten aus kam man auch in eine riesige Garage, die einer Scheune glich. Dort lag meterhoch das Holz, ein Motorrad, das Stefano liebte und ihr stolz präsentierte.

Im Hausgang befand sich noch ein Raum und das sollte für die nächsten Tage Nadines und Stefanos Schlafplatz sein. Als die Mutter die Jalousien hochzog, sah sie das Schlafzimmer und staunte nicht schlecht, es war in Antik und aus Ebenholz, so etwas Schönes hatte Nadine noch nie gesehen. Ein Schminktisch mit tollen Verzierungen und ein klappbarer Spiegel. Dazu ein riesengroßer, alter Kleiderschrank, auch aus Ebenholz, der die ganze Wand ausfüllte. Und das Bett, von so was hatte Nadine immer geträumt, es war wie aus den alten Königsfilmen auf vier großen Kugeln stehend mit einem Himmel und Vorhängen an den Seiten. Das Schlafzimmer war ein Traum und Nadine wollte nicht wissen, was für einen Wert dieses Zimmer hatte. Zudem war wirklich alles detailgenau abgestimmt, die

Lampen und auch die Bilder, alles passte. Als die Mutter die Bewunderung in Nadines Augen sah, freute sie sich und nahm sie ganz aus der Laune heraus in den Arm. Sie sagte so herzlich "bella raggazza", dass Nadine, auch ohne die Sprache zu kennen, verstand. Stefano sagte, sie mag Dich, das ist eine Ehre, denn meine Mutter mochte bisher keine meiner Mädchen. Nadine puffte ihn an. So, so, es waren also mehrere Mädchen, grinsend drehte Stefano sich um und ging zurück in die Küche.
Sie saßen gemeinsam am Tisch und Nadine sah all die leckeren Sachen, die sie nicht kannte. Es gab Orrechiette, das waren Nudeln, die die Mutter selbst machte, dazu gab es Tomatensoße, die hervorragend roch, dann gab es Fleisch. Stefano sagte, dass das Pferdefleisch sei, da man in Italien wenig Schwein aß, vor allem im Sommer, da das in der Hitze oft schneller schlecht wurde.
Nadine probierte von allem und war begeistert von der Küche der Mutter. Die freute sich darüber, dass Nadine das Essen mochte und ließ ihr durch Stefano sagen, dass, wenn Nadine wollte, sie ihr das eine oder andere zeigen würde, damit ihr Sohn auch in Deutschland seine Leibspeisen bekam. Nadine spürte, dass die Mutter sehr an ihren Sohn hing, sie musste sich einsam fühlen hier in dem großen Haus.
Das Essen war gemütlich und Nadine mochte diese kleine, alte Dame. Sie half beim Abräumen und machte den Abwasch, danach zogen sie sich an und gingen Verwandte von Stefano besuchen.
Die Woche in Italien verging schnell und Nadine konnte verstehen, warum Stefano seine Heimat so sehr vermisste.
Es war ein schönes Land und die Menschen, die Nadine kennenlernen durfte, waren alle sehr herzlich und gastfreundlich. Nadine mochte Italien und auch wenn sie es jetzt noch nicht wusste, sie würde dieses Land ein Leben lang lieben.

Der Zug rollte im Augsburger Hauptbahnhof ein und Nadine

war total müde, die Fahrt war lange und sie war traurig, wäre sie doch gerne in Italien geblieben.
Stefano schien zufrieden, seine Mutter hatte ihm allerlei Kram mitgegeben und so konnte er sich und seinem Bruder zumindest ein wenig kulinarische Heimat schenken.
Sie fuhren mit dem Taxi zur Kneipe und als Nadine das Lokal betrat, traf sie der Schlag.
Biggy stand hinterm Tresen und davor standen ihre Mutter und ihr Stiefvater und auch Dieter.
Nadine ahnte, dass ihr Schwindel aufgeflogen war, und wusste jetzt, hier hatte sie alles verloren.
Ihr Stiefvater würdigte sie nicht eines Blickes und ihre Mutter sah sie nur herablassend an.
Dieter war es, der das Wort ergriff. Deine persönlichen Sachen stehen in der Garage und den Rest kannst Du jetzt selber packen, ich will Dich hier nicht mehr sehen. Biggy weinte und Nadine wusste, dass ihr Stiefvater ganze Arbeit geleistet hatte, denn Biggy stieg in den grünen Ford Sierra ein, ihre Taschen standen schon auf dem Rücksitz. Sie steckte Nadine noch schnell, unbemerkt vor den anderen, einen Zettel in die Tasche und schon fuhr der grüne Wagen davon. Dieter stand in der Kneipe und wartete auf Nadine, herablassend sagte er zu Stefano: „Dieses Flittchen kannst Du gerne haben, sie hat mir letzte Woche noch 'ne geile Nummer für Geld gegeben. Nadine wurde rot und sauer, sie holte aus und schlug Dieter mit voller Wucht ins Gesicht. „Du kleine, dreckige Ratte“, bellte Nadine, „Du bist es nicht wert, dass man auch nur einen Finger für Dich krumm macht. Du hast mich ausgenutzt, und zwar in jeder Hinsicht. Du hast immer dann, wenn es Dir passte, für das hier verlangt, dass ich die Beine breitmache. Jedes Mal habe ich mich vor Dir geekelt, denn Du bist alt und hässlich. Deine Kohle, sorry, die kannst Du dir sonstwo hinstecken und die Bude da oben auch. Ich werde es auch ohne Dich schaffen, und wenn ich dafür auf den Strich gehen muss, ist es nichts anderes

als das hier, denn hier habe ich 1 Jahr lang auch nichts anderes getan. Diesmal werde ich es aber schlauer anstellen und Du, du wirst einsam und alt verrecken."
Nadine stampfte nach oben, packte die Sachen ganz zusammen und rief sich ein Taxi. Stefano stand nur da und grinste Dieter an. Leise sagte er zu ihm: „Wir sehen uns noch mal, das verspreche ich Dir." Er nahm Nadine ein paar Sachen ab und trug sie zu dem schon wartendem Taxi. „Den Rest meiner Sachen hole ich die Tage ab, solange behalte ich den Schlüssel." Darauf drehte sie sich um und verließ die Gaststätte. Dieter stand sprachlos da und blickte Nadine nach.
Nadine saß im Auto und weinte, ihre Schwester war weg und sie war wieder allein, sie hatte jetzt gar keine Chance mehr, ihr Kind zu sehen. Nadine fiel der Zettel von Biggy ein, den sie von ihr zugesteckt bekam.

Liebe Nadine,
Ich kann nichts dafür, dass Mama und Papa hier waren. Ich glaube, Dieter hat Deine Eltern angerufen.
Ich hatte noch nicht einmal Zeit, mich von Rocco zu verabschieden. Ich komme, sobald es geht wieder, versprochen. Ich habe die Nummer vom BelMare und wenn ich Dir helfen kann, sag Bescheid. Es tut mir so leid, aber ich kann so eben auch ein bisschen auf Dein Kind einwirken und sobald ich die Möglichkeit habe, komme ich wieder nach Augsburg. Ich habe Dich lieb.
Dein Schwesterherz.

7. Kapitel
Die falsche Richtung

Nach dem ganzen Chaos stand Nadine mal wieder vor einem riesigen Scherbenhaufen und wie immer war sie mal wieder selber schuld.

Hätte Sie nicht gelogen und gleich alles erzählt, wäre Dieter vielleicht auch sauer gewesen, aber Biggy müsste jetzt nicht zu den Eltern zurück und sie hätte vielleicht noch den Job und ihre Wohnung. So aber schlitterte sie von einem Unheil ins andere und nun stand sie mit Stefano zusammen vor der Tür eines Wohnviertels in Augsburg, wo man viele Ausländer fand und es nicht zu den besten Regionen in Augsburg zählte.

Viele Zigeuner und Türken wohnten in den zumeist heruntergekommenen Wohnhäusern, aber die Miete war günstig und da die meisten Deutschen, die hier wohnten, eh meist nachts arbeiteten, bekam hier kaum einer mit, was der andere tat.

Sie standen vor Stefanos Wohnung und Nadine erschrak, als sie die Wohnverhältnisse sah.

Es waren zwei Zimmer, die mit einem Kohleofen beheizt wurden. Die Toilette befand sich im Treppenhaus, aber da die Jungs keine Lust hatten, im Winter rauszugehen, hatte man in der Küche einen Vorhang gezogen und dort ein Klo einbauen lassen. Es gab eine mobile Dusche, die auch in der Küche stand. Dazu gab es einen uralten Ofen, der auch noch mit Holz zu beheizen war. Nadine sah diese Wohnung und war entsetzt. Sie fragte Stefano, ob es sein Ernst sei, so hier zu hausen und er, er lächelte und sagte, dass ja wohl nichts anderes übrig blieb. Sie hatten kaum Geld und der Vermieter will erst im Frühjahr die ganzen Wohnungen im Haus umbauen.

Nadine schauderte es bei dem Gedanken, in dieser Hütte zu schlafen und sie nahm sich vor, zumindest ein wenig Gemütlichkeit einzubringen.

Sie wusste nicht, wie es weitergehen sollte und Stefano sah die

Verzweiflung in ihren Augen. Er nahm sie in den Arm und sagte: „Wir schaffen das schon. Ich rede mit meinem Onkel, so kannst Du erst mal in der Pizzeria bedienen und er zahlt auch dafür.“ Nadine war erleichtert.
Sie fuhren zu seinem Onkel und Stefano sprach mit ihm. Der Onkel lachte und sagte, dass Nadine gerne abends kellnern kann.
Es kämen jetzt sowieso die starken Zeiten vor Weihnachten und da bräuchte er jede helfende Hand.
Also stand Nadine am Abend in der Pizzeria und bediente die Gäste. Plötzlich stand Rocco in der Tür, er wusste noch gar nicht, dass Biggy nicht mehr da war. Stefano erzählte ihm alles und Rocco tobte, was das Zeug hielt.
Stefano erzählte ihm alles und er schaute Nadine mitleidig an. Rocco und auch Stefano kannten solche Familienverhältnisse nicht, denn sie wuchsen in einer harmonischen, wenn auch anderen Welt auf. Stefano Eltern waren einmal in Italien sehr vermögend gewesen und erst als der Vater der Spielsucht verfiel und sich dann auch noch in Deutschland versteckte, ging es ihnen und auch der Mutter finanziell ziemlich schlecht.
Die Jungs waren einem gewissen Luxus gewöhnt und erst als der Vater bis auf das Haus, in dem die Mutter wohnte, alles verspielt hatte, standen sie auf einmal vor dem Nichts.
Der Vater lebte in Augsburg, hatte wohl auch schon eine neue Lebensgefährtin, mit der er mittlerweile auch eine kleine Tochter hatte. Die Jungs sind nach Augsburg gekommen, um zum einen den Vater zur Rede zu stellen und um eben auch Geld zu verdienen, um der Mutter in Italien zumindest einen halbwegs vernünftigen Lebensabend zu ermöglichen.
Sie waren verwöhnt in ihrer Kindheit und jetzt lebten sie wie arme Leute. Stefano hatte damit am meisten Probleme, denn er hatte nie wirklich einen Beruf erlernt, hatte er doch die Plantagen seines Vaters bestellt. Mandeln und Tabak waren in Italien ein gutes Geschäft und davon hatten sie einmal so viel, dass sie

dafür jeden Sommer und Herbst fast die ganze Familie mit Arbeit versorgen konnten. In Villa Castelli waren sie zu der Zeit sehr angesehene Leute und dass der Vater solche Schmach über sie gebracht hatte, vergaß der Ältere der beiden Jungs seinem Vater nie.

Rocco war das Muttersöhnchen und an den Aussagen seines Bruders merkte man, dass dieser noch nie in seinem Leben wirklich etwas getan haben musste. Stefano war der, der jetzt versuchte, alles am Laufen zu halten und mit dem geringen Verdienst als Kellner in einer Pizzeria war das fast unmöglich.

Nadine liebte diesen Mann und auch wenn er manchmal schwer zu ergründen war, hatte er ein enormes Familiengefühl und das hatte Nadine so noch nie in ihrem Leben erleben können.

Die Wochen vergingen und Weihnachten stand vor der Tür. Nadine hatte viel zu tun und meisterte ihre Aufgaben in der Pizzeria mit Bravour. Sie lernte nebenher auch ein wenig Italienisch und als der Heilige Abend vor der Tür stand, wurde Nadine immer melancholischer. Gerne hätte sie Weihnachten mit ihrem Sohn verbracht, aber die Fronten waren derart verhärtet, dass Nadine gar nicht erst den Versuch wagte, sich bei ihren Eltern zu melden.

Stattdessen feierte sie ihr traurigstes Weihnachten in ihrem Leben. Sie saß in der Höhle und überall, wo sie hinsah, herrschte ein friedliches Getue.

Nadine allerdings saß mit Rocco und Stefano in der Bruchbude und sie aßen, wie so oft, Spaghetti mit Tomatensoße. Draußen schneite es und es war wirklich ein richtiges Weihnachtswetter.

Nach dem Essen zog Nadine sich an und verließ das Haus, sie wollte allein sein, niemand sollte ihre Trauer sehen. Sie spazierte im hohen Schnee und ließ ihren Tränen freien Lauf.

Sie war stundenlang unterwegs und ihre Gedanken kreisten um ihre Familie, um ihren Sohn und ihre kleine Schwester. Warum musste sie immer wieder auf die Nase fallen? Konnte nicht

auch sie endlich einmal Glück haben im Leben.
Sie stellte sich vor, wie die alle nun zu Hause um den Weihnachtsbaum saßen und ihre Geschenke auspackten. Sie war zwar nicht oft Weihnachten zu Hause, aber an die Weihnachten in der Familie, an die Sie sich erinnerte, das war meistens sehr schön.
Es gab selten ein Weihnachten, wo alle Kinder anwesend waren, aber an eins erinnerte Nadine sich immer wieder gerne. Sie lebten damals in Mahndorf bei Bremen. Ihre Eltern sind mal wieder aus beruflichen Gründen dort hingezogen. Sie hatten einen Bungalow und in diesem Haus war es wunderschön. Nadine hatte tolle Freunde dort und ihre kleine Schwester und ihr jüngerer Bruder lebten auch dort. Sie waren gerade neu eingezogen und dieses Weihnachten war traumhaft. Es hatte geschneit und der Tannenbaum war unheimlich schön geschmückt. Der Stiefvater war sogar an diesem einen Abend besonders zugänglich und hatte Nadine einen riesigen Traum erfüllt. Man hatte wegen der kleinen Schwester die Glöckchen läuten lassen und als die Kinder vor der Haustür nach dem Weihnachtsmann schauen wollten, sahen sie nur die Schlittenspuren im Schnee. Enttäuscht, den Weihnachtsmann nicht entdeckt zu haben, lief man zurück ins Haus und siehe da, unter dem Weihnachtsbaum waren schon die Geschenke und die Schneespuren an der Terrassentür zeigten den Kindern, dass er nicht von vorne das Haus betreten hatte, sondern über den Garten durch die Terrasse. Etwas enttäuscht, aber dennoch glücklich, dass der Weihnachtsmann überhaupt kam, packten alle Kinder ihre Geschenke aus und Nadine bekam in diesem Jahr sogar das größte, ein neues rotes Fahrrad. Glücklich und dankbar darüber umarmte sie ihre Eltern.
Lange war das her und Nadine kam es vor wie aus einem anderen Leben. Dabei lagen gerade mal 10 Jahre dazwischen.
So viel ist passiert in dieser Zeit und nun stand sie da, im tiefsten Winter zum Heiligen Abend und war allein.

Das erste Mal in ihrem Leben fühlte sie sich wirklich einsam und die Sehnsucht nach ihrem Kind verstärkte das Ganze noch. Traurig und müde schloss Nadine die Tür zu ihrer Behausung auf und als sie die Bude betrat, schienen alle schon zu schlafen. Nadine kroch zu Stefano ins Bett und weinte sich leise in den Schlaf.
Die Wochen vergingen und an Silvester hatte Nadine sich etwas beim Feuerwerk geschworen. Nie wieder wollte sie so ein Weihnachten erleben. Sie würde das neue Jahr nutzen, um ihrem Leben wieder einen Sinn zu geben. Sie hatte Silvester mit Stefanos Familie in der Pizzeria verbracht und um Mitternacht mit Stefano beschlossen, dass sie beide etwas aus ihrem Leben machen wollten.
So arbeitete sie fleißig in der Pizzeria und war froh darüber, dass Stefano zu ihr hielt.
Endlich benachrichtigte der Vermieter von Stefano die Mieter im Haus, dass ab kommender Woche eine Wohnung nach der anderen saniert werden sollte. Aus dem Haus sollten schöne Zweizimmer- und Einzimmer-Wohnungen gemacht werden. Dazu müsste man dann jedoch mehr Miete zahlen. Nadine war froh, endlich ein Badezimmer und eine vernünftige Küche zu bekommen und Rocco würde dann nebenan ein Einzimmerapartment beziehen. Stefano und Nadine bekamen eine kleine Zweizimmerwohnung mit einer Kochnische, einem Ölofen und einem tollen Bad mit Wanne.
Als Stefano die Freunde in Nadines Gesicht sah, sagte er: „Und wenn die Wohnung hier fertig ist, kaufen wir Möbel und machen daraus eine süße, kleine Wohnung.“ Nadine war überglücklich. Sie hatte dann endlich ein neues Zuhause. Finanziell ging es den beiden nicht gut und sie mussten immer wieder den Stefanos Onkel anpumpen, also musste Nadine sich etwas einfallen lassen.
Der Zufall kam und brachte Nadine mal wieder auf eine idiotische Idee.

Nadine saß in Augsburg im Café und hatte ihren freien Vormittag. Sie las gerade in der Zeitung nach Stellenangeboten, als ihr das Gelächter zweier junger Mädchen auffiel. Sie schaute von der Zeitung hoch und sah zwei blonde Mädels miteinander reden. Sie waren sehr auffällig gekleidet. Beide trugen Jogginganzüge, die eine in Pink, die andere in Türkis. Irgendwie wusste Nadine sofort, was sie beruflich machten, kannte sie doch von Jasmina aus Hamburg die eine oder andere Art, sich zu bewegen. Hinzu kam, dass Nadine auch am Schmuck sah, dass diese Mädels bestimmt nicht mehr zur Schule gingen, sie waren in Nadines Alter und extrem auffällig geschminkt. Eines der Mädchen sah, dass Nadine sie beobachtete und grinste zu ihr rüber. "Na", sagte sie, "hast Du noch nie zwei Frauen gesehen oder warum glotzt Du so blöde." Nadine war erschrocken über die Art und Weise wie sie sie anredeten und entschuldigte sich leise. Die andere aber schien netter zu sein und lachte: „Lass mal, ist schon o. k., wir sind es gewohnt, von Stinos wie Dir angeglotzt zu werden."

Als Nadine die Bezeichnung für normale Menschen hörte, „Stinos", wusste sie, dass sie hier zwei Prostituierten gegenübersaß, denn diesen Begriff kannte sie aus Hamburg, da waren alle, die nichts mit dem Rotlichtmilieu zu tun hatten Stinos.

Nadine musste innerlich über die Überheblichkeit lachen, wusste sie doch genau, wer diese Mädels waren. Auch sie hatte sich in Hamburg so herablassend über andere geäußert und daher war sie ihnen auch nicht böse.

Die Mädchen sahen Nadines Schmunzeln und wollten auf Streit hinaus, doch Nadine reagierte so ganz anders als die meisten und sagte nur: „Wo schafft ihr an?"

Verblüfft über diese Reaktion sagte die eine: "Ich arbeite in der HG", und die andere sagte: "Ich stehe an der MAN."

„Ah, o. k.," sagte Nadine, „und ich habe 1 Jahr auf der Reeperbahn geackert." Da war das Eis gebrochen. „O. k.", sagte sie, „und jetzt? Was machst Du in Augsburg?"

„Ich bin solide geworden und arbeite als Bedienung in einer Pizzeria.“
„Wieso das denn?“, fragte die ein recht überrascht.
„Na ja“, sagte Nadine, „mein Abgang in Hamburg war nicht der beste.“ Und Nadine erzählte den beiden Mädchen ihre Geschichte. Sie prahlte damit, dass sie auch schon als 14-Jährige angeschafft habe und dass sie vom Drogenmilieu in Berlin dann nach Hamburg kam.
Erstaunt über Nadines Leben hörten die Mädels zu und waren von Nadine beeindruckt.
Sie gaben Nadine ihre Telefonnummern und versprachen, sich wieder zu treffen. Die eine fragte, ob sie hier schon einen Typen hatte und Nadine sagte: „Ja, ich bin mit einem Italiener zusammen.“ Hellhörig fragte die eine nach den Namen und Nadine sagte Stefano. „Du meinst nicht den großen dunkelblonden mit dem breiten Schnauzbart oder?“
„Doch“, sagte Nadine, „den meine ich.“
„Ah“, sagte diese, „der hatte auch mal eine auf dem Straßenstrich, die Alte war bockhässlich und ist dann abgehauen mitsamt der ganzen Kohle. Stefano ist auch einer von uns, der bisher Pech hatte mit seinen Frauen.“ Nadine stockte der Atem, also hatte Dieter damals doch recht, als er sagte, Stefano sei ein Zuhälter. Nadine war kreidebleich und die Mädchen ahnten, dass Nadine das nicht wusste. „Oh mein Gott“, sagte die eine, „du hattest keine Ahnung stimmts?“
"Ja", sagte Nadine, "mir hat er davon in den 4 Monaten, in denen wir zusammen sind, nichts erzählt."
"Hm", sagte die eine, "vielleicht will er wirklich nichts mehr mit dem Milieu zu tun haben und hat es deswegen verschwiegen, denn so, wie Du erzählst, arbeitet er ja auch solide und hat keine mehr am Start."
Nadine blockte das Gespräch ab, sprang auf und sagte: „Ich melde mich bei Euch.“ Sie war entsetzt und megaenttäuscht, hatte sie ihn doch gefragt, als Dieter sie damals warnte und er,

er hatte gesagt, dass das nicht stimmen würde. Nun erfuhr sie durch einen dummen Zufall, dass es doch wahr war und dass er in den Kreisen verkehrte. Nur, was sollte sie machen, wenn sie ihm jetzt eine Szene machen würde, stünde sie ohne Wohnung da und wäre somit obdachlos.
Oh Mann, dachte Nadine, immer wieder gerate ich in solch beschissene Situationen. Aber wie kam sie nun aus dieser Misere raus? Hatte er sie bewusst dazu gebracht, alles aufs Spiel zu setzen, sie wusste nur zu gut, zu was Zuhälter in der Lage sind, um Frischfleisch zu bekommen. Aber warum fährt er dann zu seiner Mutter mit ihr? Nadine konnte einfach nicht glauben, dass er so niederträchtig war. Er hatte ihr mehr als nur einmal gesagt, dass er sie lieben würde, aber das hatte Micha aus Hamburg auch getan, er hatte sogar mehr als nur ein Jahr gewartet, bis Nadine volljährig war.
Nadine saß im Bus und grübelte die ganze Zeit und wusste nicht genau, was sie tun sollte. Sie würde Stefano auf alle Fälle zur Rede stellen.

Sie fuhr direkt zur Pizzeria, aber Stefano war nicht da. Ungewöhnlich, dachte sie, also fuhr sie wieder zurück in seine Wohnung und als sie die Tür aufschloss, stand er seelenruhig in der Küche und begrüßte sie mit einem fröhlichen Ciao Bella. Als er jedoch Nadines Gesicht sah, schaute er sie an und fragte, was los sei. Nadine konnte sich nicht beherrschen und keifte los. Sie knallte ihm an den Kopf, dass er wie alle Männer sei und dass er sie belogen hätte und von Anfang an darauf bedacht war, Nadine irgendwann dazu zu bekommen, wieder auf den Strich zu gehen.
Er ließ sie brüllen und grinste sie nur dreckig an. Als sie fertig war, ging er an ihr vorbei, nahm seine Jacke und verließ wortlos die Wohnung.
Nadine stand da und war verzweifelt, was sollte sie jetzt tun? Sie würde auf keinen Fall hinterherrennen. Sie schaute auf die

Uhr, in einer Stunde begann ihre Schicht in der Pizzeria, sie musste also los.
Den ganzen Abend in der Pizzeria redeten Stefano und Nadine kein Wort, sie war mit ihren Gedanken immer wieder bei den Mädchen und der Aussage. Stefano hielt es nicht für nötig, auch nur ein Wort der Erklärung abzugeben. Stattdessen schwieg er und würdigte Nadine nicht eines Blickes.
Als der Feierabend nahte und keine Gäste mehr in der Pizzeria waren, platzte Nadine der Kragen und sie schrie Stefano an, ihr endlich zu sagen, was los sei.
Der packte Nadine so fest an den Armen und schrie zurück: „Was glaubst Du, wer Du bist,
Du hast nichts und lebst in meiner Wohnung, weil ich es so wollte. Aber sei doch mal ehrlich zu Dir selbst, hast Du wirklich geglaubt, wir schaffen das hier mit den paar Kröten am Tag. Der Vermieter will Kaution haben, sobald die Wohnungen fertig sind und wir haben nicht einen Pfennig, um die zu bezahlen. Mein Onkel wird uns kein Geld mehr leihen, weil ich ihm schon mehr als 5000 DM schulde. Also, wie willst Du an die Kohle rankommen? Mann, du bist in Hamburg doch auch auf den Strich gegangen, für einen Kerl, der nicht die Bohne an Dir interessiert war und hier machst Du so einen Affentanz? Ich verstehe Dich nicht, ich habe Dich nicht gebeten, für mich auf den Strich zu gehen, weil ich wollte, dass Du alleine darauf kommst. Es wäre für Dich eine Chance, endlich den gewünschten Boden unter die Füße zu bekommen. Du tust es nicht für mich, sondern für Dich.“

Das war es also, dachte Nadine, er hatte wirklich darüber nachgedacht, sie auf den Strich zu schicken. Erbost über seine Worte, schrie sie ihn an: „Also bist Du wirklich ein Zuhälter?“ Mit voller Wucht traf sie Stefanos Faust im Gesicht. „Sag nicht noch einmal vor meiner Familie, ich sei ein Zuhälter!“ Er schlug auf Nadine ein, bis sie am Boden lag, sein Onkel hörte

den Krach von der Küche und kam herbeigeeilt. Auf Italienisch redete er auf Stefano ein und zog Nadine vom Tresen hervor und setzte sie auf die Bank.
Seine Tante kam mit einem feuchten Lappen, um Nadine die dicke Lippe zu kühlen. Stefano war kreidebleich und sprach mit seinem Onkel auf Italienisch heftig weiter, doch dann packte Stefano seine Sachen und verließ, ohne Nadine auch nur einen Blick zu schenken, das Lokal.
Sein Onkel wollte Nadine trösten und versuchte, die ganze Situation zu beschwichtigen, aber Nadine wusste, das hier war nur der Anfang, es würde schlimmer kommen.
Was sollte sie tun? Sie fragte Stefanos Tante, die nur still mit den Schultern zuckte. Heute Nacht bleibst Du erst mal hier, sagte sein Onkel, es ist besser, Du reizt ihn nicht noch mehr. Ich kenne ihn und weiß, zu was er fähig ist.
Nadine war schockiert, das hätte sie nie erwartet. Derjenige, der immer so zärtlich und liebevoll war, wurde zum Monster und das schlimme daran war, sie hatte nichts, wenn sie ihn verlassen würde. Also was sollte sie tun?
Sie lag oben bei Stefanos Familie auf der Couch und fand keinen Schlaf, ihre Lippe tat ihr weh und der Schädel brummte. Er wusste genau, dass er Nadine in der Hand hatte, denn sie stünde auf der Straße, würde sie dem nicht zustimmen.
Hatte er das die ganze Zeit geplant und warum hat er mit ihr darüber nicht gesprochen?
Sie kannte die Methoden und die von Stefano war zunehmend blöder. Denn wenn er wirklich wollte, dass sie anschaffen ginge, dann hätte er das auch geschickter anstellen können. Warum also überließ er das dem Zufall und schlug sie, weil sie ihn darauf ansprach?
Sie verstand die Welt nicht mehr. Eigentlich hätte sie wissen müssen, dass es so kommen würde.
Hatte sie doch alle Warnsignale ignoriert. Dieter hatte sie vorgewarnt und je länger sie darüber nachdachte, desto mehr wur-

de ihr klar, dass sie einfach nur dumm war, denn Stefano hatte nie verschwiegen, Freunde in Zuhälterkreisen zu haben. Sie hatte zwar nie darüber geredet, aber wenn sie gemeinsam unterwegs waren, dann hatte schon der eine oder andere gegrüßt und das waren meist solche Gestalten, die Nadine auch aus Hamburg kannte. Breites Kreuz, Goldkettchen, 'ne süße Schnitte an der Seite und 'nen tollen Schlitten vor der Tür. Warum als regte sie sich jetzt auf, weil sie bemerkte, dass sie sich, wie allzu oft, mal wieder selbst belogen hatte und allen Ernstes glaubte, dass Stefano sie ihrer selbst willen liebte, bedingungslos. Sie musste schon selbst über sich lachen, wie dumm und naiv sie trotz der ganzen Erfahrungen immer noch war.

Tja, Wahrheit tut weh und in diesem Fall mal wieder ganz besonders. Jetzt lag sie hier bei seinem Onkel auf der Couch und wusste nicht, was sie machen sollte.

Wenn sie dem Ganzen zustimmen würde, hätte sie es einfacher, denn sie war tatsächlich Stefanos einzige Frau. Wenn sie ihm also zusagte und wieder ins Milieu zurückkehren würde, hätte sie zumindest erst einmal einen sicheren Job und schnelles Geld. Man könnte die Kaution für die Wohnung bezahlen und Nadine würde darauf bestehen, dass der Mietvertrag auf ihren Namen ausgestellt würde. Zudem würde sie Stefano ein paar Bedingungen nennen, wie zum Beispiel sonntags frei zu haben und eben auch Geld für sich behalten zu können. Sie würde nicht alles abgeben und eben auch heimlich bunkern, damit sie nie wieder in so eine Notlage geraten würde, wie die derzeitige.

Als sie diesen Entschluss gefasst hatte, beruhigte sie sich und sie nahm sich vor, gleich am nächsten Tag mit Stefano zu reden.

Als sie am nächsten Morgen erwachte, brummte ihr Kopf höllisch. Seine Tante kam und brachte Nadine eine Kopfschmerztablette, dann ging Nadine ins Bad und sah die Misere des Vortages in ihrem Gesicht. Ein Veilchen blühte im linken Auge und die Unterlippe war geschwollen. Nadine kochte vor Wut und ging die Treppe hinunter in die Gaststube. Als der Onkel Nadine erblickte, sagte er nur laut: „Madonna, che stupido Cazzo.“ Nadine verstand nicht, was er damit sagen wollte, wusste aber auch so, dass es nichts Gutes war. Sie nahm den Espresso dankend an und biss genussvoll in das noch warme Croissant.

„Was hast Du vor?“, wollte Stefanos Onkel wissen. Nadine überlegte kurz und sagte dann schnippisch: “Ich werde zur Polizei gehen.“ Stefanos Onkel schaute sie erschrocken an. „Ist das dein Ernst?“, wollte er wissen. Nadine nickte nur und zog sich ihre Jacke über. „Das kannst Du nicht machen“, sagte er verzweifelt, „sie schicken ihn zurück nach Italien und dann hast du gar nichts mehr.“ Nadine schaute den Onkel an und sagte: „Gar nichts mehr ist immer noch besser als das“, sie zeigte auf ihr Veilchen. Der Onkel versuchte, Nadine zu beschwichtigen. „Rede doch erst einmal mit ihm, es tut ihm bestimmt leid und er wird sich entschuldigen. Du liebst ihn doch oder?“ Nadine sagte leise: „Ja und genau deswegen werde ich mir das hier nicht gefallen lassen. Ich will keinen Zuhälter als Freund, ich will einen Mann, der zu mir hält und mich nicht wegen jedem Scheiß verprügelt.“

Dann sagte Nadine zum Onkel gerichtet: „Bitte gib mir mein letztes Gehalt, ich werde hier nicht mehr arbeiten. Ihr habt genügend eigene Probleme und meine haben hier keinen Platz. Zumal Blut immer dicker wie Wasser sein wird und Ihr immer zu Eurem Neffen halten werdet. Ich passe hier nicht her.“ Der Onkel reichte Nadine den restlichen Lohn und ließ ihn sich von Nadine quittieren, dann gab er ihr noch 200 DM dazu und sagte leise: „Für Deinen Neuanfang, versprich mir aber, dass Du nicht zur Polizei gehst.“ Nadine drehte sich um, ignorierte die Bitte und verließ das Lokal.

Als sie ins Freie trat, schlug ihr ein kalter Wind entgegen, es war zwar schon Februar, aber immer noch sehr kalt. Nadine

lief in Richtung Bushaltestelle und zog die Jacke dichter zusammen, sie fror und hoffte, dass der Bus bald kommen würde. Die Sonne stand wie meist zu dieser Jahreszeit ziemlich tief und blendete Nadine, daher sah sie auch nicht, dass Stefanos Auto an ihr vorbeifuhr. Als er sie entdeckte, hielt er abrupt an und bat Nadine einzusteigen. Erschrocken machte sie einen Schritt zurück und sagte, dass sie lieber mit dem Bus fuhr. Stefano sah die Entschlossenheit in ihrem Gesicht und sagte: "Wo willst Du hin?" Nadine sagte, dass ihn das gar nichts mehr anginge und er sollte sie in Ruhe lassen.
Plötzlich riss Stefano die Autotür auf und stieg aus. Er kam mit schnellen Schritten auf Nadine zu, die brüllte: "Na, willst Du mich wieder schlagen und mir noch ein Veilchen verpassen." Die Leute, die an der Haltestelle standen, beobachteten das Szenario. Stefano hielt Nadine grob an den Schultern fest und brüllte: "Wenn Du zur Polizei gehen willst dann bitte, aber was bringt Dir das, Du hast keine Beweise. Das Veilchen kannst Du Dir auch selber zugefügt haben, mein Onkel wird sagen, dass Du gestern sternhagelvoll in der Kneipe hingefallen bist und dass Du deswegen ein Veilchen hast und meine Tante wird das bezeugen. Nadine saß mal wieder in der Zwickmühle, hinzu kam, dass wenn sie jetzt nicht überlegen würde, wäre sie obdachlos. Aber ihr Sturkopf war größer und die Angst unterstützte sie, in dem, was sie sagte: „Ich werde nicht zur Polizei gehen, ich komme aber auch nicht mit zu Dir, lieber schlafe ich auf der Straße, als dass ich mich von Dir auf den Strich schicken lassen würde.
Stefano sagte: "O. k., wenn Du meinst. Solltest Du es Dir anders überlegen, Du weißt, wo Du wohnst, ich habe Dir versprochen, dass Du niemals auf der Straße stehen würdest und dazu stehe ich und wer hat gesagt, dass ich Dich auf den Strich schicken will, wenn, dann machst Du es freiwillig und dann auch für Dich.
Er stieg wieder ins Auto ein und fuhr mit quietschenden Reifen

davon. Der Bus war bereits weg und Sie stand da und wusste nicht, was sie tun sollte.
Sie wartete auf den nächsten Bus und als der kam, stieg Nadine ein und ließ sich in die Augsburger Innenstadt fahren. Eins war klar, sie würde heute nicht zu Stefano fahren, stattdessen suchte sie sich eine kleine Pension und ging erst einmal duschen. Sie legte sich auf das Bett und schlief ein.
Als sie erwachte, war es schon spät am Abend und Nadine spürte jeden Knochen im Körper.
Sie war wie benebelt und dachte an die Schläge, die sie damals in Hamburg bekam. Ähnlich fühlte sie sich heute – damals hatte sie Drogen, um den Schmerz zu lindern, heute nicht mal eine Tablette. Sie zog sich an und überschminkte ihr blaues Auge. Sie war bitter enttäuscht, denn endlich dachte sie, hatte sie mal Glück mit den Männern, doch es entpuppte sich auch dieser Herr als Zuhälter. Verdammt, sie liebte diesen Scheißkerl und obwohl ihr alles weh tat, vermisste sie seine Nähe. Wie blöd war sie eigentlich?
Sie verließ ihr Zimmer und ließ sich ein Taxi kommen, sie musste raus, raus irgendwohin, wo man auf andere Gedanken kommen konnte.
Sie fuhr ins Regent, da würde Stefano bestimmt nicht auf sie warten, da waren nur schwarze Männer und Frauen und die Musik war genial. Nadine konnte zwar die Schwarzen nicht leiden, hatte sie doch nur einmal so ein schreckliches Erlebnis, aber das begleitete sie noch immer. Sobald ihr einer zu nahe kam, bekam sie Panik und nahm Reißaus.
Im Regent angekommen, der Laden war voll, setzte sich Nadine an die Bar. Plötzlich stand ein Typ neben ihr und fragte, ob sie was bräuchte. Nadine fragte leise, was er meinte. „Na, Du weißt schon“, sagte er, „einen Schuss oder was für die Nase?“
Nadine fragte, was ein Gramm Schnee kosten würde und er sagte: „Einen 50er.“
"O. k.", sagte Nadine, "komm nach hinten zum Klo, ich warte

da auf Dich." Nadine stand danach auf und ging zur Toilette, der Typ stand vor der Tür und gab Nadine ein silbernes Briefchen und sie gab ihm versteckt die 50 DM.
Danach verschwand sie aufs Klo und machte sich mit der EC-Karte und 'nem Geldschein zwei schöne Lines. Sie musste vorsichtig sein, denn es war lange her, dass sie gekokst hatte. Sonst hatte sie Dieter immer versorgt, aber bei dem konnte sie sich nicht mehr blicken lassen, der würde nie wieder mit ihr reden.
Sie zog vorsichtig die erste Line ein und wartete auf das, was passieren würde, aber es schien alles o. k. zu sein, also nahm sie die zweite Line und genoss das prickelnde Gefühl, das langsam aber stetig in ihr aufstieg. Den Rest verstaute sie in ihre Handtasche und ein prüfender Blick in den Spiegel sagte ihr, sie kann die Disco wieder betreten. Einmal noch zog sie die Nase hoch und dann betrat sie die Tanzfläche.
Sie war high und ließ ihrem Frust freien Lauf, sie wollte die Tage vergessen und einfach einmal abschalten, zu viel war geschehen und wieder wurde sie enttäuscht.

Stefano sah sie auf der Tanzfläche und er bemerkte, dass sie sich anders verhielt als in den letzten Monaten. Er dachte nicht an Drogen, sondern an Alkohol und so kam es, dass er sie von der Tanzfläche zog und auf einen Stuhl in der Ecke der Disco setzte. "Was ist los mit Dir", fragte er in seinem gebrochenen Deutsch. Nadine sah ihn angriffslustig an und sagte: "Was glaubst Du?
Du schlägst mich vor Deinen Verwandten und tust jetzt so, als wäre nichts geschehen." Er sah sie an und sagte: „Ich bin ein Italiener und mir ist der Gaul durchgegangen, es tut mir leid. Es kommt nie wieder vor." Wie oft hatte Nadine diese Worte schon gehört, von anderen Freunden und doch wurde sie immer wieder verprügelt. Deshalb glaubte sie Stefano diese Worte nicht. Sie sagte nur: „Was bildet Ihr Männer Euch eigentlich

immer ein? Es ist kein Kunststück, eine Frau zu schlagen und in die Knie zu zwingen. Ich bin schon so oft wegen solcher Schläge im Krankenhaus gewesen, dass das, was Du getan hast, für mich nichts Neues war. Du reihst Dich nur ein zu denen, die es eben auch getan haben. Du bist genauso ein Mistkerl wie alle anderen auch, warum also sollte ich so tun, als sei alles o. k.?“
Stefano lachte und sagte: „Weil Du mich liebst, weil Du ohne mich auf der Straße stehst und weil Du mich brauchst, auch wenn Du es nicht zugeben willst.“
Nadine schaute ihn an und sagte: "Glaubst Du das wirklich?"
"Ja", sagte er, "sag mir doch einfach mal, wie es für Dich weitergehen soll?"
Nadine lachte und sagte: "Weißt Du, ich brauche keinen Mann, der mich auf den Strich schickt, ich brauche einen Mann, der mich liebt und was dann kommt, entscheide ich für mich selbst.“
„Aha“, sagte Stefano, „das beantwortet aber nicht meine Frage.“ Nadine schaute ihn an, stand auf und ging wieder zur Tanzfläche, sie dachte, er würde sie aufhalten, er tat es nicht, er schaute nur zu und wartete auf sie.
Nach einer Weile ging sie wieder zu ihm und bat ihn, ihr einen Drink zu spendieren und er bestellte zwei Baccardi Cola.
Nadine nahm das Glas und trank es in einem Zug leer und er bestellte noch mal zwei.
So ging es fast die ganze Nacht und sie wurde aufgrund des Kokses nicht besoffen, sie war beschwipst, aber nicht besoffen.
Beide ließen das Thema Strich, Schläge und die Probleme vorerst auf sich beruhen. Als Nadine sich ein Taxi bestellte, fragte Stefano, wo sie hin wollte, sie sagte zurück zur Pension, er bezahlte und stieg zu ihr ins Taxi.
Sie verbrachten die Nacht gemeinsam und Nadine nutzte diese Nacht, um sich mit ihm auszusprechen. Er war der Zuhörer und Nadine erzählte ihm alles, alles, was sie in ihrem kurzen Leben

schon durchgemacht hatte. Er gab ihr in dieser Nacht das Gefühl, für sie da zu sein, vergessen waren die Prügel vom Abend zuvor und auch, dass er eigentlich davon ausging, sie auf den Strich zu schicken.
Er versprach ihr die große Liebe und dass er zu ihr halten würde und Nadine, naiv wie immer, glaubte diese Worte. Sie war einsam, hatte Angst auf der Straße zu stehen und suchte förmlich nach Geborgenheit. In dieser Nacht glaubte Nadine, die große Liebe gefunden zu haben. Nach 6 Monaten der erste große Streit und nun waren sie wieder ein Herz und eine Seele, sie schlief in seinen Armen ein.
Als Nadine erwachte, fasste sie einen Plan. Sie wollte Stefano nicht verlieren und deshalb wollte sie ihm ein Angebot machen. Sie saßen in der Pension am Frühstückstisch und Nadine lächelte Stefano an. "Ich habe nachgedacht", eröffnete sie das Gespräch und Stefano sah sie an.
„Ich möchte uns beiden ein schönes Leben bereiten und ich weiß, dass das schnelle Geld eben nun mal am leichtesten im Milieu zu verdienen ist. Daher mache ich Dir ein Angebot, ich suche mir einen Club hier in Augsburg und melde mich an. Ich möchte aber, dass ich entscheiden kann, mit wem ich ins Bett gehe. Ich will keine Ausländer und auch keine Schwarzen, mittlerweile weißt Du warum und das Geld behalte ich bzw. wir.
Stefano sah sie mit großen Augen an. „O. k.“, sagte er nur verdattert.
“Ich bin jetzt fast 23 Jahre und ich möchte nach 2-3 Jahren so viel Geld haben, dass ich aufhören und irgendwo ein neues Leben beginnen kann. Hinzu kommt, du schlägst mich nie wieder und sollte das doch noch mal passieren, bin ich weg.“
Stefano sagte dem allem zu, Nadine war zufrieden, hatte sie doch ihren Standpunkt klargemacht. Sie sagte auch noch, dass sie niemals in einem Puff oder ähnlichem schlafen würde. Ihr Zuhause ist bei und mit Stefano, auch dem stimmte er zu. Das

war ja einfach, dachte Nadine so bei sich und war glücklich darüber, so entschieden zu haben.
Alles kam anders und Nadine würde diesen Schritt ihr Leben lang bereuen.

8. Kapitel
Straßenstrich, der Kick ins Aus

Sie hatte sich ordnungsgemäß beim Gesundheitsamt und der Polizei angemeldet und als sie den rosaroten Untersuchungspass in der Hand hielt, war es amtlich, nun war sie offiziell als Hure in Augsburg gemeldet.
Der Polizist von der Sitte, Herr Schobler, schaute sie an und fragte sie eindringlich, ob sie den Schritt freiwillig machen würde. Nadine lächelte ihn an und sagte: „Ja klar, es ist die schnellste Art an Geld zu kommen."
Der Polizist schüttelte den Kopf und sagte leise: „So ein hübsches Mädel wie Du, kann auch anders Geld verdienen, ohne ihren Körper zu verkaufen."
Nadine lächelte und sagte: „Ich hab's versucht, hat nicht geklappt und nun habe ich mich dazu entschieden." Sie stand auf, nahm ihren Ausweis und verabschiedete sich von dem Polizisten.
Ihr war es egal, sie wusste, ihre Eltern hielten sie sowieso für eine Schlampe und ihr Kind hatte sie eh schon verloren, warum sollte sie also Rücksicht nehmen auf das, was andere von ihr dachten oder denken könnten. Sie hatte sich geschworen, ab sofort nur noch an sich zu denken und mit dieser Einstellung ließ sie die gynäkologische Untersuchung auf dem Gesundheitsamt über sich ergehen und stand 30 Minuten später mit ihrem „Bockausweis" vor der Tür.
Nun kam der etwas schwierigere Part. Sie musste einen Club finden, der noch Mädels brauchte.
Nicht allzu weit von Stefanos und ihrer Wohnung gab es einen Club in der Donauwörther Straße 120, sie kannte ihn nur von außen. Wenn sie zur Pizzeria fuhr, sah sie oft die roten Lichter. Nadine schlug Stefano vor, sie dort hinzufahren. Es war später Abend als Nadine mit feuchten Händen den Klingelknopf unter der Hausnummer 120 drückte. Es dauerte nicht lange und eine

etwas moppelige blonde Dame öffnete die Tür. "Hey", sagte sie, "ich bin Conny und du möchtest bestimmt zu Drago, unserem Chef."
Nadine lächelte schüchtern und stammelte: "Ja, ich wollte wissen, ob ihr noch Mädels wie mich sucht?"
Conny lachte, der erste Bann war gebrochen.
Drago, der Chef, war ein älterer Mann, der so gar nicht ins Zuhältermilieu passte. Er bat Nadine in den oberen Bereich des Hauses und schenkte ihr ein Glas Sekt ein. Sie war froh, dass er recht nett zu sein schien.
Er erklärte ihr genau, wie es in seinem Haus ablief. Er verlangte 25.- DM pro Gast fürs Zimmer, alles andere gehörte dem Mädchen. Startpreis waren 100.- DM und alles andere überließ er den Mädels. An der Bar kostete ein Glas Sekt 25,- DM, davon bekam das Mädchen 5 DM und alles andere würden ihr dann die Mädchen erklären. Arbeitszeit war von 19:00 bis 4:00 Uhr. Einen Tag in der Woche hatte jedes Mädchen frei. Einmal in der Woche war Gesundheitsamttag, da gingen alle Mädchen zusammen zum Gesundheitsamt, um sich den Stempel abzuholen. Oberstes Gesetz war, kein Mädchen durfte ohne Kondom arbeiten, wenn sie das tat, flog sie im hohen Bogen raus, zudem würde sie dann auf dem Gesundheitsamt keinen Stempel bekommen.
Nadine war einverstanden und konnte gleich am nächsten Abend anfangen. Er ging mit ihr zusammen nach unten und zeigte ihr die Räume, ein großes Bad mit Whirlpool, eine kleine nette Bar, drei süße, kleine Zimmer und dazu noch zwei große Zimmer, eins als Studio für die Perversen und eins als Massagezimmer mit Zugang zum Bad.
Im Empfangsraum saßen drei Mädchen. Conny war die Blonde, die etwas älter zu sein schien und das Sagen hatte. Sie teilte auch die Mädchen ein und regelte alles andere im Haus, sie war ihre Ansprechpartnerin. Dann gab es noch Manu eine kleine, ganz zierliche Brünette und dann noch Miriam, die war ziem-

lich dick und hübsch im Gesicht. Nadine also war die schlanke, große Blondine und passte somit gut ins Team.
Nadine hatte keine Klamotten für den Club und musste sehen, was sie anziehen würde. Conny sah ihren Blick und fragte: "Du hast nichts zum Anziehen oder?" Nadine wurde rot und sagte leise: „Ja."
„Hm" sagte sie, „was hast Du für 'ne Größe?"
„36", sagte Nadine.
„Das ist gut", sagte sie, „Deine Vorgängerin hat all ihre Klamotten hier gelassen, die hatte die gleiche Größe, die kannst Du alle haben, ich wasche sie Dir heute alle noch durch und lege sie Dir dann in deinen Schrank, dann brauchst Du nur noch ein paar Heels und ein tolles Make-up. Wir sehen uns morgen am besten schon so um 18:30 Uhr dann kann ich Dir noch helfen, dich herzurichten, denn am Wochenende ist hier immer die Hölle los. Gummis brauchst du nicht, aber zwei, drei Handtücher und zwei Duschtücher wären toll. Die hatte Nadine und auch die Heels, sie hatte sich ja erst welche gekauft, die würden passen. Und wenn sie erst mal Geld hatte, würde sie sich eindecken.

Nadine fand schnell in das neue Clubleben hinein und hatte sogar Spaß, an dem, was sie tat.
Sie hatte hier Freundinnen gefunden und verdiente endlich Geld. Stefano und sie waren endlich imstande, die Wohnung einzurichten, endlich hatte sie ein Badezimmer, eine Waschmaschine und eine kleine Küche. Sie kauften sich ein tolles Wohnzimmer und ein Schlafzimmer. Sein Bruder Rocco bekam die alten Möbel und zog nebenan in ein kleines 1-Zimmer-Apartment. Alles in allem begann Nadines neues Leben recht vielversprechend. Nadine behielt das Geld, das sie verdiente und gab Stefano jeden Tag etwas davon ab. Sie bezahlte die Miete, Kaution und auch im Mietvertrag war sie eingetragen. Endlich hatte sie ein schönes Zuhause und einen Job, in dem

sie richtig Geld verdiente.
Nadine hatte sich an ihr neues Leben gewöhnt und alles verlief auch richtig gut.
Erst jetzt stellte sie fest, wie bekloppt doch Männer sein können. Einer ihrer Freier wollte immer dann, wenn er kam, ins Bad und sie nur intim waschen, dafür zahlte er ein Vermögen. Jedes Mal wenn er kam, wurde Nadine von den Mädels verarscht, die den Typen als Waschbär bezeichneten. Aber für 300 DM und kostenlose Massage war das leicht verdientes Geld. Dann hatte sie einen kleinen, untersetzten Typen, der von Nadine immer geschlagen werden wollte. Er stand darauf, dass sie ihn im Club zum Putzen hielt, er lief dann nackt mit einer Schürze bekleidet durch den Club und es störte ihn auch nicht, wenn andere Gäste da waren.
Er war Nadines Putzsklave und auch dieser zahlte ein Vermögen. Dafür, dass er alles sauberhielt, bekam Nadine immer 500 DM pro Tag. Sie musste dafür nichts tun, außer ihn am Ende dafür zu bestrafen, dass er immer wieder alles falsch machte. Er bekam dann 10 Schläge mit dem Rohrstock und dabei onanierte er, bis er kam, und war überglücklich. Nadine war seine Herrin und er ging auch nur zu ihr.
Nadine amüsierte sich über die Dummheit so mancher Männer und begann, ihr Leben als Hure in einem Club zu genießen.
Sie hatte Freundinnen gefunden und ihr Alltag hatte eine gewisse Routine. Sie stand meist erst mittags auf und duschte, danach ging sie mit Stefano meist zum Frühstücken und ins Solarium, dann machte sie sich an den Haushalt, putzte und wusch Wäsche. Gegen 18:00 Uhr begann sie, sich für den Club fertigzumachen. So lief es Monat für Monat und sie verdiente gutes Geld.

Es war endlich Frühling und Nadine hatte zu ihrem 23. Geburtstag endlich das Geld zusammengespart, um ihren Führerschein zu machen. Stefano tobte zwar, aber das war Nadine

egal, sie wollte unabhängiger von ihm werden und meldete sich daher bei einer Fahrschule an. Im Club hatte sie auch geklärt, dass sie zweimal in der Woche etwas später kam. Also war alles geregelt.
Stefano war am Anfang sehr dagegen, weil er meinte, sie schafft den Schein sowieso nicht und zudem würde es viel zu viel Geld kosten. Nadine sagte aber trotzig, dass es ihr Geld sei und dass sie damit machen könne, was sie wolle. Ihn ärgerte das, ihn nervte es gewaltig, dass er keinen Einfluss darauf hatte, er war schließlich ihr Typ und im Milieu war es Gesetz, dass die Frauen die Kohle, die sie verdienten, ablieferten, aber Nadine tat anfangs nichts dergleichen. Das kratzte gewaltig an seinem Ego und er kam sich jedes Mal vor wie ein Bettler, wenn Nadine nach getaner Arbeit im neu eingerichteten Wohnzimmer saß und die Kohle zählte, die sie am Abend verdient hatte. Sie gab ihm zwar täglich was ab, aber das meiste behielt sie ein und verschloss es in einer Geldkassette, für die nur Nadine den Schlüssel hatte. Insgeheim, so dachte Stefano, würde das bald ein Ende haben. Er hatte die Nase voll von dem kurz gehalten werden und er wollte eben auch wie die anderen Jungs glänzen. Jedes Mal zog er, was Kohle anbetraf, den Kürzeren und keiner nahm ihn für voll. Ganz im Gegenteil, sie zogen ihn auf und nannten ihn den Weichspüler, der, dessen Frau ihn ganz schön im Griff hatte.
Er hasste Nadine dafür und er wusste, es würde nicht mehr lange dauern, dann gäbe es den großen Knall und er würde die Fronten klären und sein Revier abstecken, ob es ihr nun passte oder nicht, denn schließlich war ER ihr Zuhälter. Nadine ahnte nichts von den grausamen Gedanken und währte sich in Zufriedenheit. Sie glaubte allen Ernstes, dass Stefano sein Leben, so wie es momentan war, als gut befand und sie merkte auch nicht, wie er innerlich zu kochen anfing.

Eines Nachts, Stefano holte sie gerade vom Club ab, als das

Auto mal wieder nicht ansprang. Nadine war müde und maulte wegen der Dreckskarre, da platzte die Bombe. Stefano wurde von einer zur anderen Sekunde kreidebleich, dann stieg er wutentbrannt aus dem Auto und zog Nadine an den Haaren aus dem Auto, er schlug auf sie ein und trat ihr in die Rippen, sie hatte gar keine Chance sich zu wehren und lag auf dem Boden und schrie lauthals um Hilfe. Geweckt von dem Krach kam eine der Mädels aus dem Club und sah das Desaster. Sie rief nach Drago, der schon im Morgenmantel die Treppe herunter hastete. Er versuchte, Stefano zu bremsen und zog ihn von Nadine fort, die blutüberströmt am Boden lag. Sie rührte sich nicht mehr und Stefano trat immer wieder nach. Conny kniete bei Nadine und versuchte, sie wach zu bekommen, aber der leblose Körper reagierte nicht. Conny schrie: "Wir müssen einen Sanka rufen, sie verreckt hier, schnell Drago, hole die Sanitäter." Drago rannte in den Club und rief den Krankenwagen. Als er aus dem Club kam, war Stefano samt Auto verschwunden.

Man lud Nadine ein und wollte wissen, was passiert sei. Conny erfand eine Geschichte, dass Nadine Feierabend gemacht hätte und ihr irgendjemand aufgelauert haben musste. Wir müssen die Polizei benachrichtigen sagte der Sanitäter, bitte halten sie sich für eine Zeugenaussage zu Verfügung. "Kann ich mitfahren?", fragte Conny und der Sanitäter lächelte freundlich. "Ja." Conny stieg vorne zu dem Fahrer, währenddessen versuchten die Sanitäter, Nadine wieder zurückzuholen. Sie legten ihr einen Zugang und sie bekam einen Schmerztropf, dann reinigten die Sanis das blutverschmierte Gesicht. Conny hörte, wie einer der Männer sagte, wie kann man so etwas einer Frau antun, sie hat zahlreiche Rippenprellungen, wenn nicht sogar Brüche. Ihr Jochbein ist angebrochen und das Gesicht vollkommen angeschwollen. Der, der ihr das antat, muss eine höllische Wut gehabt haben. Wurde sie ausgeraubt, sie hatte keine Handtasche dabei. "Die wird dieser Mistkerl mitgenommen haben", ant-

wortet Conny. „Hoffentlich bekommen wir sie wieder hin“, sagte der Sanitäter, es schaut nicht gut aus. Conny begann zu weinen und sah, wie Nadine behandelt wurde, überall das Blut und die Schläuche, ihr wurde übel und sie riss die Tür auf und übergab sich. Dann sah Conny, dass die Polizei auch schon da war, der Krankenwagen hatte gewartet. Eine Polizistin kam zu ihnen und fragte Conny, ob sie wüsste, wer die Verletzte wäre, sie gab der Polizistin alle notwendigen Angaben. Dann nahm die Polizistin die Personalien von Drago, dem Clubbesitzer, und auch von Conny auf. Sie bat die beiden auch, am Morgen auf die Wache zu kommen, um ihre Aussage zu machen. Dann endlich gaben die Polizisten dem Krankenwagen grünes Licht und sie fuhren mit Blaulicht und Sirene ins Zentralklinikum. Dort wartete man schon auf die Patientin und dann ging alles sehr schnell, man rollte sie in den Untersuchungsraum und Conny bat man, im Wartesaal Platz zu nehmen.
Nadine bekam von alledem nichts mit. Sie war wieder einmal in ihrer kleinen Welt. Sie sah sich selbst und spürte nur Wärme und Sonnenlicht. Sie schlief den sanften Schlaf und wollte nie wieder wach werden.

Es dauerte Tage, bis Nadine den Weg in die Wirklichkeit zurückfand. Sie lag tagelang im Koma, das die Ärzte bewusst medikamentös unterstützten, um die Schmerzen, die Nadine haben musste, zu dämmen.
Als sie langsam erwachte, merkte Nadine jeden einzelnen Knochen in sich. Sie spürte, wie ganz langsam die Wärme verschwand und der Schmerz durchbohrte sie immer tiefer.
Das Piepsen der Beatmungsapparatur wurde lauter und Nadine spürte das Gewusel um sich herum. Ein Arzt leuchtete mit einer Taschenlampe in ihre Augen und fragte Nadine nach ihren Namen, sie konnte aufgrund ihrer geschwollenen Lippen nur nuscheln.
Sie wäre nur zu gern, in der Welt der Stille geblieben, sie kann-

te den Ort von den unzähligen Malen zuvor. Schon oft ist sie dem Leben entronnen und schon oft holte man sie in die brutale Wirklichkeit zurück. Und ganz oft hätte Nadine gewünscht, einer dieser Lebensretter hätte versagt und sie dort gelassen, wo sie sich am wohlsten fühlte, in der Welt der Stille, ohne Schmerz und ohne Worte.
Innerlich schrie Nadine, lasst mich doch endlich alle in Frieden, immer mehr sehnte sie sich danach, nicht mehr leben zu wollen. Im Grunde genommen hatte sie doch sowieso ein scheiß Leben und alles, was ihr einmal wichtig war im Leben, hatte man ihr genommen.
Ihr Sohn hatte sein Herz an ihre gehassten Eltern verschenkt und er konnte nicht erahnen, wie sehr Nadine ihn vermisste.
Sie hatte keine Chance, ihm zu zeigen, wie sehr sie ihn liebte und das tat ihr so weh, auch wenn sie es nicht zugab.
Sie dachte an die Geburt, wie sie den Kleinen das erste Mal ansah und daran, als sie das letzte Mal bei ihm war. Wie ihr Stiefvater sie hassverzehrt ansah und wie der Kleine schrie, als man ihn ihr aus dem Arm riss.
Nein, es gab keinen Grund, wieder aufzuwachen. Sie wollte einfach wegbleiben, es würde sich eh niemand Sorgen um sie machen.

Es kam, wie es kommen musste, langsam versuchte Nadine, ihre Augen zu öffnen. Der Arzt stand an ihrer Seite und sie spürte die geschwollenen Lider.
Sie hatte Schmerzen, unsagbare Schmerzen, ihr ganzer Körper schien voll mit Blutergüssen zu sein. Sie begann zu weinen und der Arzt bat die Schwester, die Schmerzmitteldosis zu erhöhen.
Sie spürte, wie ganz langsam die Medikamente Wirkung zeigten. Ihr ganzer Körper begann zu entspannen und auch die Schmerzen ließen allmählich nach.
Sie war wieder bei vollem Bewusstsein und der Arzt verließ das Zimmer. Die Schwester gab Nadine etwas zu trinken, als

auch schon die Tür leise geöffnet wurde und Conny vor ihr stand.
Gott sei Dank, du bist wieder bei uns, sagte sie leise und fragte Nadine, ob sie sich an irgendetwas erinnern könnte. Nadine grub in ihren Erinnerungen und sie fand schemenhaft das eine oder andere Bild.
Sie sagte leise: „Ja, es war Stefano“, und Conny sah sie verständnisvoll an. „Ja“, sagte sie, „er hat Dich so zugerichtet und die Polizei hat auch gefragt, wir wussten alle nicht, was wir sagen sollten, deshalb haben wir einfach gesagt, dass Du nach Feierabend überfallen wurdest.“
Nadine nickte. „Ja“, flüsterte sie, „besser ist es. Ich sage nicht, dass es Stefano war, er würde da nie wieder rauskommen. Ich erzählte auch, dass ich mich an nichts erinnern kann.“
Conny erzählte ihr, dass Stefano am nächsten Tag im Club war und dass es ihm wirklich leidtun würde. Nadine sagte zu Conny, dem tut nichts leid, das hier ist sein Handwerk und genauso würde er in Zukunft auch weiter handeln. Conny konnte Nadine verstehen und sie würde an ihrer Stelle Stefano anzeigen. Aber es galt nun mal das Gesetz im Milieu, dass, egal was passiert, eine Hure niemals zur Polizei gehen würde, wenn es sich um ihren Kerl handelte. Man zeigt sich im Milieu nicht gegenseitig an. Das war ein unausgesprochenes Gesetz. Wenn ein Mädchen dagegen verstieß, hatte sie mit allen aus dem Milieu Theater und nie wieder eine Möglichkeit, irgendwo einen Job zu bekommen. Ganz im Gegenteil, man würde ihr auflauern und sie endgültig zum Schweigen bringen.
Nadine kannte diese Gesetze genau. Hamburg war zwar weit weg, aber Zuhälter waren eben Zuhälter und egal, ob Bayern oder Norddeutschland, das Prinzip war überall dasselbe. Wenn man zur Polizei rennt, um einen aus dem Leben anzuscheißen, war man als Spitzel degradiert und hatte mit allem zu rechnen.
Conny sah Nadine eindringlich an und Nadine verstand den Blick. "Nein, nein", sagte sie, "mach Dir keine Sorgen, ich ren-

ne nicht zur Polizei, ich bin doch nicht lebensmüde."
Sie und Conny besprachen nun alle Details und dann verschwand sie auch schon wieder.
Kurz darauf stand eine Polizistin in Nadines Krankenzimmer. Sie fragte Nadine aus und wollte alles ganz genau wissen. Nadine wiederholte immer wieder, dass sie nicht wüsste, wer ihr das angetan hat und sie sich an nichts erinnern konnte. Nach einer halben Stunde packte die Polizistin ihr Zeug zusammen und verließ das Zimmer mit den Worten: „Wenn ihnen zu dieser Sache noch etwas einfällt, meine Nummer haben sie ja."

Nadine war froh endlich Ruhe zu haben und lehnte sich zurück und schloss die Augen. Sie ließ die Nacht noch einmal an sich vorüberziehen. Sie sah Stefanos wütendes Gesicht und spürte förmlich noch einmal, wie er sie zusammenschlug. Sie schwor sich, dass er das nie wieder mit ihr machen würde und sie würde ihm das auch nie verzeihen.
Wieder einmal klopfte es leise an der Tür und als sie aufging, war Nadine sichtlich überrascht, ihre kleine Schwester Biggy stand im Zimmer und als diese Nadine erblickte, begann sie zu fluchen. Welcher Arsch hat dir das angetan? Sie kam zum Bett und nahm Nadines Hand. „Sehe ich wirklich so schlimm aus?", wollte Nadine wissen. Biggy verzog das Gesicht. „Ja", sagte sie, „du siehst aus wie Quasimodo. Deine Augen sind blau und dick geschwollen und deine Nase auch. Ganz zu schweigen von den blauen Flecken, die du sonst noch überall hast. Also ein Zuhälter war das nicht, denn die schlagen so zu, dass man es nicht sieht. Die sind nicht so bescheuert und gehen auf ihr eigenes Geld los. Denn so wie Du aussiehst, kannst Du die nächsten Wochen vergessen, auch nur eine Mark zu verdienen. So was macht einer aus dem Leben nicht, die halten sich an das Prinzip, Schläge ja, Spuren nein!"
Biggy hatte recht, daran hatte Nadine noch gar nicht gedacht, das wäre ein passendes Argument, um Stefano aus der Schuss-

linie zu nehmen. Aber vorerst war sowieso erst einmal unklar, wer sie so zugerichtet hatte, daher beließ Nadine auch Biggy in dem Glauben, dass sie überfallen wurde.
"Was machst Du denn hier?", fragte Nadine freudig überrascht?
"Ich weiß nicht", antwortet Biggy, "ich wollte Dich eigentlich besuchen und Rocco sagte mir, dass Du im Krankenhaus liegst. Er konnte mir nicht sagen, was los sei und hat mich dann hierher gebracht. Er wartet mit Stefano unten im Auto. Das hier soll ich Dir noch geben." Biggy gab Nadine 20 DM und zwei Schachteln Zigaretten. Stefano lässt fragen, ob er Dich morgen besuchen kann. Nadine verzog das Gesicht. „Nein, bloß nicht!", schrie Nadine auf, „ich will ihn nicht sehen." Biggy schaute Nadine fragend an. „Warum denn nicht, es ist doch nicht so schlimm, mein Gott das verheilt doch wieder und wenn er Dich liebt, liebt er Dich auch mit den blauen Augen", sie lachte.
Nadine wurde kreidebleich. „Nein, du verstehst das nicht, ich will ihn nicht sehen. Basta!!"
„O. k.", sagte Biggy merklich enttäuscht, „ich richte es ihm aus, ich wohne jetzt mit Rocco zusammen und arbeite in der Pizzeria, Du hast ja in einem Club angefangen oder?" Aha, dachte Nadine, das weiß sie also schon. „Ja", sagte sie, „ich habe wieder angefangen, auf den Strich zu gehen, ist halt schnelleres Geld und ich verdiene nicht schlecht."
„Ja", sagte Biggy, „man hat es gesehen, ihr habt jetzt eine tolle, süße Wohnung und alles so schön eingerichtet. Ich bin am Überlegen, ob ich mir nicht auch einen Club suche, es ist doch besser und geht schneller. Ich brauche dringend Kohle, denn zu den Alten kann ich nicht mehr. Der Alte hat mich rausgeschmissen, weil ich meine Lehrstelle hingeschmissen habe. Warum ich das gemacht habe, wollte er gar nicht wissen. Er hat meine Klamotten vor die Tür gestellt und das war's dann. Als ich dann Rocco bat, mich abzuholen, war er auch gleich da,

das war gestern Abend und nun bleibe ich in Augsburg.“
Nadine wusste, jeder Einwand, den sie jetzt äußern würde, wäre vergebens und so schwieg sie zu der Aussage. Biggy hatte sich entschieden und im Grunde genommen war Nadine selber schuld, sie wusste, dass ihre Schwester ihr alles nachmachen würde und dass sie mit der Prostitution kein Problem hat, hatte sie ja schon gezeigt, als sie beim letzten Mal heimlich auf dem Straßenstrich anschaffte. Nadine gab sich die Schuld dafür, denn sie war ihrer Schwester kein gutes Vorbild. Auch dieses Mal hatte der Stiefvater recht.
Ihre Schwester war zwar fünf Jahre jünger, aber sie konnte sich auch besser durchsetzen, sie war nicht so labil wie Nadine und auch ihr Selbstwertgefühl war wesentlich stärker als das von Nadine. Sie waren so verschieden und das wirklich in jeder Hinsicht.

Nach ein paar Tagen konnte Nadine die Klinik verlassen, sie wollte sich gerade ein Taxi rufen, als Stefano plötzlich vor ihr stand. Er hielt mit seinem Auto direkt vor ihren Füßen und öffnete von innen die Tür. "Bitte steig ein", sagte er kurz. Nadine wollte weitergehen, aber er ließ nicht locker und fuhr Schritt für Schritt hinter ihr her.
„Bitte steig ein und lass uns irgendwo einen Kaffee trinken, lass uns reden und endlich eine Klärung finden.“ Nadine schrie ihn an und brüllte: "Schau mich an, all das ist Deine Schuld, Du kannst froh sein, dass ich nicht zur Polizei gehe. Du bist ein mieses Schwein, schlägst mich brutal nieder und jetzt willst Du reden? Ich will Dich nicht mehr, Du liebst mich nicht und das hast Du mir, sie zeigte auf ihr geschwollenes Gesicht, damit gezeigt.“
Er fuhr ein Stück vor und stieg aus dem Auto aus. Nadine zuckte zusammen, als er vor ihr stand. „Komm, bitte lass uns reden, was willst Du denn jetzt machen, Du weißt doch sowieso nicht wohin. Also komm, lass uns einen Kaffee trinken ge-

hen und schauen, ob wir eine Lösung finden, die uns beiden guttut."
Nadine ließ sich breitschlagen und stieg ins Auto ein, er nahm ihre Tasche und packte sie in den Kofferraum.
Dann fuhren sie in die Stadt und hielten in der Maximilianstraße an, um beim Italiener einzukehren.
Er nahm sie an der Hand und beide betraten das Lokal. Nadine wurde ziemlich schräg angeschaut, kein Wunder bei den Blessuren, die sie im Gesicht hatte.
Man setzte sich in eine stille Ecke und bestellte sich einen Cappuccino. Und dann begann Stefano zu reden.
Er erklärte ihr, dass es ihn nervte, immer die zweite Geige in ihrem Leben zu spielen, dass er immer um Geld betteln musste und dass seine Freunde sich schon über ihn lustig machten. Er hat eine Frau, die anschaffen geht und er selber wäre ein Bettler. Er bräuchte ein Auto und mal neue Klamotten, stattdessen würde Nadine nur an sich denken. Er hätte es zu akzeptieren und die Klappe zu halten. Sie kassierte die ganze Kohle ein, verschließt es sogar vor ihm. Er wollte wissen, ob sie beide eine Beziehung hätten und Nadine nickte. "Na also", sagte er, dann müsste sie auch wissen, dass ein Typ, der 'ne Hure als Frau hat, die Kohle bekäme, schließlich akzeptierte er ja auch, dass sie mit anderen Männern in die Kiste ging, da sollte es wohl so sein, dass sie am Abend das Geld bei ihm ablieferte und sie, wenn sie Geld brauchte, ihn fragen könnte. Nadine spürte das Unbehagen, genau das wollte sie eben nicht mehr, sie hatte das in Hamburg erlebt und stand dann danach ohne einen Pfennig da und das Gleiche würde ihr auch bei ihm passieren. Stefano schaute sie an und sagte: "Vertraust Du mir nicht?"
„Nein", sagte Nadine, „nach all dem hier traue ich Dir nicht einen Meter weit."
„O. k.", sagte Stefano, „wir hatten aber auch schöne Zeiten, bevor das passiert ist oder? Wenn wir beide eine klare Linie

haben und jeder sich an die Abmachungen hält, dann wird das auch so bleiben. Du bekommst jeden Tag 50 DM und wenn Du größere Sachen brauchst oder Klamotten etc., dann bekommst Du das, was Du brauchst. Einkaufen und essen besorgen, das machen wir gemeinsam und Möbel etc. auch. Keiner entscheidet alleine.“ Das alles hörte sich für Nadine vernünftig an, aber irgendetwas in ihr rebellierte. Sie wusste, wenn sie dem jetzt nachgeben würde, gäbe sie mal wieder alles auf und setzte auch mal wieder alles aufs Spiel. Sie liebte ihn und sie hatte auch keine Lust, andauernd zu streiten und das, was Stefano da vorschlug, war ja auch ganz normal, denn er hatte recht, im Milieu regierten nun mal andere Gesetze. Es war nun mal nicht üblich, dass eine Hure das Geld für sich behielt. Es war auch nicht normal, dass sie entschied, wann und wo sie anschaffte. Sie ließ Stefano wirklich als Depp dastehen. Hinzu kam, dass Stefano eben auch noch Südländer war und das alles gab ihm natürlich den Rest. Es kratzte gewaltig an seinem Ego und daher mussten beide eine Lösung finden.

Nadine war so tief in ihren Gedanken versunken, dass sie gar nicht mitbekam, dass ihre Schwester und Rocco das Lokal betreten hatten. Biggy umarmte Nadine und freute sich, dass sie wieder raus war aus dem Krankenhaus. "Du siehst aus wie ’ne Bulldogge", witzelte sie, "wir müssen das heute Abend überschminken, ich helfe Dir dabei."

Nadine schaute Stefano an und sagte: "O. k., jeden Tag 50 DM und am Wochenende 100 DM damit ich mir das kaufen kann, was ich brauche. Zudem will ich, dass Du mir die Entscheidung überlässt, wo und mit wem ich die Kohle verdiene. Keine Türken, Neger und Ausländer, ich will die nicht über mich drüber lassen. Stefano schaute Nadine an und grinste. „O. k.“, sagte er, „das kann ich verstehen und das ist Deine Entscheidung. ich rede Dir da nicht rein. Jeden Abend lieferst Du das Geld ab und wir beide entscheiden, wo Du arbeitest.“ Nadine lächelte und Stefano stand auf, setzte sich neben sie und nahm

sie in den Arm. Er küsste sie leidenschaftlich und somit war alles besiegelt. Ganz wohl war Nadine nicht bei der Entscheidung, aber um des lieben Friedens willen hat sie allem zugestimmt.
Dann sagte sie: "O. k., eins habe ich noch, ich mache meinen Führerschein zu Ende und das erste Auto suchen wir gemeinsam." Stefano lachte laut, ich habe Dir schon eins gekauft, aber es wird Dir gefallen, das denke ich zumindest.

Alles lief hervorragend und Nadine hatte sich mit dem Deal arrangiert. Sie hatte die theoretische Prüfung bestanden und an ihrem Geburtstag sollte sie nun die praktische haben.
Sie fuhr durch ganz Augsburg und zitterte am ganzen Leib, der Prüfer war bekannt dafür streng zu sein, aber es lief alles ganz gut. Sie fuhr auf der Autobahn und dann noch mal ein kurzes Stück zu einem Parkplatz. Dort trafen sie sich mit den anderen Prüflingen. Als sie das Auto vorschriftsgemäß einparkte und dann den Motor abstellte, blickte sie der Prüfer streng an. Er sagte, sie sollte öfter den Spiegel und auch den Blinker benutzen. Auch das Langsamfahren sollte sie beachten, aber ansonsten hätte sie die Prüfung bestanden. Endlich, sie jubelte, sie hielt den rosafarbenen Schein in der Hand. Sie hatte an ihrem 24. Geburtstag endlich die Fahrerlaubnis, nun fehlte nur noch das passende Auto. Sie stieg aus dem Prüfungsfahrzeug aus und Stefano wartete schon auf sie. Als er sie mit dem Führerschein winken sah, stieg er aus dem Auto aus und nahm sie in den Arm. "Hey, cool", sagte er „endlich hast Du es geschafft."
"Ja", sagte Nadine, "nach 100 Fahrstunden wird's ja auch langsam Zeit. Aber ich hab's geschafft."
„Komm", sagte Stefano, „steig ein, ich habe noch eine Überraschung für Dich." Sie fuhren zu einer Autowerkstatt und als Nadine ihr Auto sah, wurde sie kreidebleich. Sie fragte: „Ehrlich, diese alte Karre?"
„Ja", sagte Stefano, „ein neues Auto ist für einen Fahranfänger

Blödsinn." Das sollte also ihr zukünftiges Auto sein, so eine alte Schrottkarre. Ein alter, weißer Ford Fiesta. Nadine schaute Stefano ungläubig an. „Ist das Dein Ernst?"
„Ja" sagte er, „Du wirst am Anfang immer mal wieder irgendwo gegenknallen, da ist es bei so einem Auto kein Problem." Dann lachte er, als er Nadines erbostes Gesicht sah. „Drei Monate diese Karre, o. k.?", lenkte er ein. Und dann fragte Nadine: „Bekomme ich dann 'nen Bus, damit ich 'ne größere Knautschzone habe oder wie?" Jetzt musste auch Nadine lachen, er hatte ja recht, ein neues Auto am Anfang wäre Schwachsinn. Dann nahm Stefano Nadine bei der Hand und führte sie zu einem abgedeckten Auto. „Das hier wird dann Dein Auto, wenn Du drei Monate unfallfrei gefahren bist."
Er zog die Plane von dem Auto weg und heraus kam ein Golf Cabriolet, der gerade hergerichtet wurde. „Der ist dann Deiner, er wird schwarz lackiert und bekommt noch 'ne Verbreiterung, zudem bekommt er 'ne tolle Stereoanlage und neue Sitze rein." Nadine freute sich wie die Sau und umarmte Stefano. „Ja", sagte sie, „das ist ein tolles Auto und bis dahin ist es dann auch richtig Sommer und man kann dann offen fahren."
Sie fuhr mit dem kleinen Karren nach Hause und Stefano hinter ihr her. Aufgeregt stand Biggy in der Tür und fragte: „Und, hast du die Pappe?" Nadine winkte mit dem rosa Zettel und Biggy lachte. „Super, das freut mich."
„Ich habe eine Überraschung für Dich." Biggy hielt einen Brief in der Hand mit einem Foto, der ist heute gekommen, er ist von unserer Mutter, willst Du ihn lesen?
Nadine wurde blass. „Nein", sagte sie abwehrend, „lies du ihn vor." Sie drückte Nadine das Foto in die Hand. „Schau mal, das ist Dein Sohn, der ist jetzt 2 ¾ Jahre alt, ist der nicht süß?" Nadine betrachtete das Foto und ihr liefen die Tränen übers Gesicht. Ein süßer Kerl ist es geworden, dachte Nadine und ihr Herz brannte. Sie hatte monatelang verdrängt und versucht, nicht an ihn zu denken, aber es verging kein Tag, an dem sie

nicht irgendwie doch daran erinnert wurde. Ob es beim Einkaufen war, wenn sie an Spielsachen vorbeilief oder im Fernsehen mal wieder Werbung für Kindernahrung gemacht wurde. Ihr kleiner Mann war allgegenwärtig und sie vermisste ihn sehr. Allerdings hatte sie auch Angst vor ihrem Stiefvater, nur allzu gut konnte sie sich an das letzte Treffen erinnern, den Blick würde sie nie vergessen und das Weinen des Kleinen auch nicht. Sie wollte nicht, dass ihr Kind leidet und nahm zur Ausrede, dass es besser war, dem Streit mit dem Stiefvater aus dem Weg zu gehen, so hatte ihr Sohn wenigstens geregelte Verhältnisse.
Aber heute, als sie das Foto in den Händen hielt, bereute sie diese Entscheidung und überlegte, wie sie es hinbekommen könnte, ihren Sohn wieder zu sehen.
Biggy las den traurigen Brief ihrer Mutter vor, in dem sie bat, dass Nadine sich doch melden sollte. Sie müssten endlich einen Weg finden, des Kindes wegen. Sie schrieb auch, dass der Stiefvater oft auf Montage sei und dass Nadine, wenn sie es wollte, gerne vorbeikommen könnte.
Biggy sagte: „Und? Was hältst Du davon?“
„Hmm“, sagte Nadine, „ein Versuch ist es wert. Ich kann ja jetzt fahren.“
„O. k., lass uns morgen nach Lutzingen fahren, ich komme mit.“ Stefano schaute sie an. „Und, willst Du?“
„Ja klar“, sagte Nadine, „ich möchte, dass Du mitkommst, sie soll sehen, dass alles in Ordnung ist, vielleicht kann ich dann meinen Sohn öfter besuchen oder sehen. Ich gehe morgen Vormittag ein bisschen was für ihn besorgen und mittags fahren wir dann gemeinsam hin, o. k.?“
Stefano stimmt zu, denn er wusste, wenn Nadine schlecht drauf war, würde sie auch kein Geld verdienen, also das Mädchen immer gut bei Laune halten, dann klappt alles andere auch.

Der Nachmittag kam und Nadine stand vor dem Haus ihrer

Eltern. Sie hatte ein mulmiges Gefühl, denn es war mehr als 1 Jahr vergangen, dass sie die Eltern das letzte Mal sah. Das Auto des Vaters war nicht zu sehen und somit hoffte Nadine, dass er auch nicht zu Hause war. Biggy, Stefano, Rocco und Nadine standen vor der Tür und ihre Mutter öffnete lächelnd die Haustür. Sie nahm die beiden Mädchen herzlich in den Arm und es war fast so, als wäre nie etwas passiert. Ihre Mutter hatte den Kaffeetisch festlich gedeckt und Nadine war neugierig auf ihren Sohn. Der Stiefvater war wohl auf Montage und so waren sie allein. Nadine fiel ein Stein vom Herzen und sie konnte sich entspannen.
Der Junge betrat das Zimmer und Nadine sah den Zweijährigen, dem es sehr gut zu gehen schien. Er kam auf Nadine zu und die, die nahm das erste Mal seit 1-½ Jahren ihren Sohn auf dem Arm. Der schaute sie an und legte seinen Kopf auf ihre Schulter und sagte: „Du bist meine Mama?“
"Ja“, sagte Nadine, "ich bin Deine Mama und hab Dich ganz doll vermisst." Er sah die beiden großen Pakete, die Biggy und Nadine für ihn besorgt hatten und somit war die Neugier größer und er machte sich dran, die riesigen Dinger auszupacken.
Eine Ritterburg von Lego und ein Hubschrauber. Seine Oma hatte ihr von diesen Wünschen im Brief erzählt und Nadine hatte sie erfüllt. Sie verdiente mittlerweile ein kleines Vermögen und deshalb taten ihr diese Geschenke finanziell auch nicht mehr weh.
Sie freute sich über die leuchtenden Kinderaugen und ab dem Zeitpunkt wusste sie, sie würde diesen Blick nie wieder missen wollen.
Nadine brachte beim Kaffeetisch das Gespräch auf den Punkt. „Ich möchte meinen Sohn öfter sehen, ich habe ein Auto und endlich auch den Führerschein, ich verdiene gutes Geld und zahle Dir im Monat 300.- DM Unterhalt, dafür darf ich meinen Sohn zweimal im Monat sehen und mit ihm etwas unternehmen.“ Ihre Mutter staunte nicht schlecht, als Nadine von sich

aus das Thema ansprach.
Nadine wusste, dass sie ihre Eltern nur über Geld ködern konnte und hatte daher vorher schon darüber nachgedacht. Stefano wusste bis zu diesem Zeitpunkt nichts davon, da er aber an seinen Sohn von ihrem Geld die gleiche Summe zahlte, stand ihr das ebenso zu. Ihre Mutter willigte ein und war sichtlich erleichtert, dass dieses Thema nun endlich vom Tisch war.
Nadine wollte alles Weitere danach mit Stefano unter vier Augen besprechen.
Sie hatten einen tollen Nachmittag und der Junge hatte sichtlich Spaß. Als sich Nadine von dem Kleinen verabschiedete, wusste sie das erste Mal, dass sie ihn wiedersehen würde und das sagte sie dem Kleinen mit einem lieben Kuss auf die Wange. Sie flüsterte leise: „Mama hat Dich lieb, bis bald mein Herz."

Ihr Leben verlief in ruhigen Bahnen, sie hatte ihren Rhythmus und lebte mit Stefano ein sehr angenehmes Leben. Zweimal im Monat hatte sie Samstag und Sonntag frei, das waren die Tage, die sie mit ihrem Sohn verbrachte. Mal waren sie in einem Zirkus, mal gingen sie in Augsburg in die Therme zum Schwimmen. Sie war glücklich und hoffte, dass alles so blieb, wie es war. Wie blind sie doch war, sie merkte gar nicht, dass man sie wie alle anderen vorher ausnutzte und belog. Erst viel später sollte sie auch aus dieser Beziehung um viele Erfahrungen reicher und verletzter hervorgehen. Ihre Eltern nutzten eine Gelegenheit nach der anderen, Nadine das Kind vorzuenthalten und eines Tages erklärte die Mutter wieder einmal via Brief, dass sie aus beruflichen Gründen Lutzingen verlassen und nach Oberfranken ziehen würden. Nadine war wie vor den Kopf geschlagen, 400 km von Augsburg entfernt. Da konnte man nicht alle zwei Wochen mal hinfahren. Nadine hasste ihren Stiefvater, dem es sowieso nicht recht war, dass sie nun doch Kontakt zu dem Kleinen hatte.

Und so kam, was kommen musste, was nun mehr als 1 Jahr funktioniert hat, wurde durch den Umzug der Eltern jäh beendet. Sie hatten wie immer die bessere Strategie, weit weg von Nadine, um ja keine wirklich feste Bindung aufkommen zu lassen.
Nadine hatte sich so auf den Geburtstag des Kleinen gefreut, stattdessen durfte sie jetzt zwar Unterhalt zahlen, aber sehen konnte sie ihn nicht mehr so, wie sie wollte.
Nadine war am Boden zerstört, hatte der Kleine doch gerade so wirklich Vertrauen gefasst.
Nadine hatte bei ihrem letzten Besuch schon gemerkt, dass irgendwas anders war. Ihre Mutter wollte nicht, dass sie mit dem Kleinen zum Burgeressen wegfuhr, sie sollte sich mit ihm im Kinderzimmer beschäftigen. Der Stiefvater war auch im Haus und als Nadine sich dann am Abend verabschiedete und sich für den Samstag in zwei Wochen ankündigte, lachte der Stiefvater nur und winkte ihr ganz provokativ und fies grinsend hinterher.
Sie hatte dem nicht so viel beigemessen und dachte, dass das mal wieder eine seiner allzu bekannten Gesten war, die er, so wie Nadine dachte, sich in den Arsch schieben konnte. Dass das aber einen Hintergedanken hatte, da wäre Nadine nie im Leben draufgekommen. Tja, wie immer war sie diejenige, die den Kürzeren zog und in diesem Fall trugen die Eltern mal wieder den Machtkampf auf dem Kopf ihres Sohnes aus.
Sie vermisste ihr Kind und sie ahnte nicht, wie sehr ihre Eltern dagegenhielten. Erst viel später sollte sie erfahren, dass man dem Kleinen jahrelang eingetrichtert hat, wie egal er doch für seine Mutter war. Man strafte ihn mit den Worten, wenn Du nicht brav bist, dann kommst Du zu Deiner Mutter nach Augsburg. Man erzog ihn mehr als 20 Jahre lang immer mit dem Wissen, dass seine Mutter ihn nie wollte. Und Nadine war machtlos, sich dagegen zu wehren, denn im Grunde genommen war sie eine Hure mit Kind. Liebe und Mutterglück stand ei-

nem Menschen wie Nadine nicht zu. Dass man ihr aber von Anbeginn nie wirklich eine Chance gegeben hatte und sie verbannt hat, das wurde nie zur Sprache gebracht, im Gegenteil, man hat das Kind, ihren Sohn, im Glauben gelassen, seine Mutter hätte kein Interesse an ihm. Sie war oft zu Weihnachten da, hat Geschenke gebracht und versucht, ihm eine Mutter zu sein, aber irgendwie wurde die Lücke zwischen ihnen immer größer und verlor sich irgendwo zwischen Augsburg und Oberfranken. Sie aufzubrechen wäre Nadines Aufgabe gewesen, es nicht getan zu haben, war ein Fehler, den sie lebenslang bereuen würde.

Biggy arbeitete nun auch in einem Club und so oft es ging trafen sich die Schwestern. Nadine hatte bemerkt, dass ihre kleine Schwester immer wieder mal kiffte, oder aber auch mal kokste. Sie hatte das Zeug schon lange nicht mehr angefasst, ihre Schwester hingegen war oft drauf und zeigte sich damit in aller Öffentlichkeit. Auch Rocco schien Gefallen an den Drogen gefunden zu haben, doch was eines schönen Vormittags passierte, damit hatte niemand gerechnet.
Rocco wohnte ja mit Biggy zusammen in dem Apartment neben ihnen und meistens standen beide erst am späten Nachmittag auf. Nadine hingegen zog es vor, schon am Vormittag ihre Hausarbeit zu erledigen und sie fuhr dann mit ihrem kleinen Flitzer zum Einkaufen. So also auch an jenem sonnigen Vormittag. Sie wollte heute mal wieder kochen und so besorgten Stefano und sie die benötigten Zutaten beim Discounter ganz in der Nähe. Als sie vom Einkaufen wiederkamen, trug Stefano die vollen Tüten wie immer und Nadine schloss gerade das Auto ab, als ein Fremder Stefano ansprach. Er fragte etwas leise: „Sind sie Herr De Marco?“ Stefano verstand nicht ganz und fragte „wie bitte?“, und der Fremde fragte noch einmal etwas lauter: „Sind sie der Herr De Marco?“ „Ja“, sagte Stefano und plötzlich ging alles ganz schnell. Der Fremde zog eine

Pistole und forderte Stefano auf, die Hände an die Mauer zu legen und um ihn herum wimmelte es auf einmal vor Polizisten. Vor lauter Schreck ließ Stefano alle Tüten fallen und Nadine schrie auf. Sie schrie den Polizisten an, was das soll, er hätte nichts getan und der Polizist schubste Nadine unsanft beiseite. Dann luden die Polizisten Stefano in einen Mannschaftswagen ein und durchsuchten Nadines und Stefanos Wohnung. Als sie nichts fanden, fuhren sie mit Stefano zur Wache und Nadine stand in der durchwühlten Wohnung und wusste nicht, was gerade passiert war. Alles ging so schnell und sie saß da und weinte.

Sie klopfte bei Rocco, doch keiner machte auf, dann rief sie sich ein Taxi, um zur Wache zu fahren. Sie wollte wissen, was passiert war. Als sie auf der Straße auf ihr Taxi wartete, sah sie, dass das Wohnzimmerfenster von Roccos Appartment sperrangelweit offenstand. Sie rief Biggy und plötzlich ging der Vorhang beiseite und Biggy fragte ganz leise: „Sind sie weg?“

Nadine schaute Biggy sprachlos an: „Wie, sind sie weg?“

„Na ja, die Polizei, die haben nach Rocco gesucht, der ist aber aus dem Fenster abgehauen. Nadine verstand jetzt erst recht nichts mehr. „Wie, die haben gar nicht nach Stefano gesucht, sondern nach Rocco?“

„Ja“, sagte Biggy, „die haben uns verfolgt, als wir Koks gekauft haben. Rocco konnte sie aber abhängen und dann haben wir bloß noch gesehen, wie sie hier herumgeschlichen sind. Rocco ist dann abgehauen und ich habe mich ganz ruhig verhalten.“

Nadine wurde wütend. „Na toll!“, brüllte sie, „und nun haben sie Stefano mitgenommen, weil sie glaubten, es sei Rocco.“

Biggy wurde kreidebleich, das klingt nach Ärger. „Ja“, sagte Nadine, „nach mächtig Ärger, denn Stefano kann nichts mit Drogen anfangen und hat damit auch nichts zu tun und wenn er erfährt, dass Rocco dieses Zeug nimmt, dann gibt es Stress.“

Das Taxi kam und Nadine wollte gerade einsteigen, als ein zweites Taxi kam und Stefano ausstieg. Er war kreidebleich und ging an Nadine wortlos vorbei. Biggy brüllte er an: „Wo ist Rocco?“
„Keine Ahnung“, sagte diese kreidebleich, „er ist abgehauen.“
„Wusstest Du davon?“, wollte er von Nadine wissen.
„Von was?“
„Na ja, dass mein Bruder ein Dealer ist?“
„Nein“, sagte sie, „ich wusste, dass er ab und zu mal mit Biggy kokst, aber dass er damit dealt, das wusste ich wirklich nicht.“
Er schaute Nadine an und schien ihr zu glauben. Sie gingen beide in die Wohnung und als Stefano das Chaos sah, schimpfte er wie ein Irrer. Es war gut, dass Rocco vorerst nicht zu finden war, denn in diesem Moment hätte er seinen Bruder in der Luft zerrissen.
Er griff zum Telefon und rief seinen Onkel in der Pizzeria an. Der sagte ihm, dass Rocco bei ihm sei und Stefano, sagte er, soll dableiben, er käme. Bevor er jedoch losfuhr, rief er seine Mutter in Italien an und schien ihr alles zu erzählen. Nach dem Gespräch war er aber schon erheblich ruhiger und er fuhr nun zur Pizzeria.
Nadine ging zu ihrer Schwester und auch sie sagte ihr die Meinung. „Ist dir eigentlich klar, in was du reinrasselst.“ Biggy sagte, sie habe nicht gewusst, dass er dealt. Zu ihr hätte er nur gesagt, dass er sich dort mit jemandem trifft, um Koks zu besorgen. Biggy war verzweifelt und hatte Angst um ihre große Liebe. Nadine sagte: „Komm, lass uns drüben aufräumen und wenn die beiden dann noch nicht da sind, dann fahren wir in die Pizzeria.“ Biggy zog sich an und half ihrer Schwester und dann machten sich die Mädchen auf den Weg.
Als die beiden dann in der Pizzeria ankamen, schienen die Wogen bereits geglättet zu sein. Stefano und Rocco saßen am Tisch und unterhielten sich in aller Ruhe.
Als Nadine sich mit an den Tisch setzte, erklärte ihr Stefano,

dass das alles nur ein Missverständnis zu sein schien, dass die Polizei keine wirklichen Beweise hatte, sondern nur vermutete, dass Rocco dealte.
Stefano würde mit Rocco jetzt gleich noch mal zur Polizei fahren und die Angelegenheit klären.
Zudem wollte Stefano mit Nadine sprechen, also verließ Rocco den Tisch und Biggy und er unterhielten sich an der Bar.
„Sag mal“, begann Stefano das Gespräch, „wie viel Miete zahlst Du eigentlich täglich an Drago im Club?“
Nadine überlegte kurz: Na ja“, sagte sie, „so ungefähr 100.- DM am Tag.“
„O. k.“, sagte Stefano, „hast Du Dir schon mal überlegt, wie viel das in der Woche ist?“
„Hm“, sagte sie, „fast 600.- DM.“
„Meinst Du nicht, dass wir da was anderes finden, wo Du gar keine Miete zahlen musst?“ Nadine schaute Stefano an. “Was meinst Du?“
„Na ja“, sagte er, „es ist schönes Wetter und nicht weit von unserer Wohnung ist die Riedingerstraße nahe von der MAN. Du kennst den Platz, es ist eine verlassene Tankstelle. Weiter oben am Haupteingang von der MAN steht Andrea und weiter unten wäre dann Dein Platz. Du könntest im Sommer draußen stehen und mit den Freiern in unsere Wohnung fahren, oder aber Du machst es im Auto.“
“Was?“, sagte Nadine erschrocken, „ich soll auf den Straßenstrich? Du weißt schon, dass das extrem gefährlich und unsauber ist.“
„Wieso unsauber?“
„Na ja, ich kann mir nirgendwo die Hände waschen und gefährlich, weil so viele Idioten unterwegs sind.“
„Überlege doch mal, zum Waschen kannst Du ja zwischendurch nach Hause fahren und wenn Du schlau bist, nimmst Du die Freier eh mit ins Apartment, da kannst Du sogar duschen und wenn Du Hunger hast, was essen oder trinken und du bist

sicherer."
Nadine war das alles nicht recht, sie sollte in ihrer Wohnung, in ihrem Zuhause anschaffen.
„Wo bleibt da die Privatsphäre?"
„Du musst ja nicht in unserem Schlafzimmer deine Freier abfertigen. Wir richten Dir im Wohnzimmer ein Bett her und das ist dann nur für die Freier. Am Tag klappen wir es zusammen."
Nadine wollte rebellieren, aber der Blick von Stefano sagte ihr, dass es keinen Sinn hatte. Im Grunde genommen hatte er schon entschieden und ihm war es egal, was Nadine davon hielt, er hatte entschieden, also würde es passieren, ob sie nun wollte oder nicht.

Er hatte sie bereits im Club abgemeldet und mit dieser Andrea gesprochen. Die war so gar nicht begeistert von der Konkurrenz und sträubte sich, Nadine als Straßenhure anzuerkennen.
Stefano hatte in den Tagen eine neue Schlafcouch gekauft und Nadine hatte Kondome und Kleenex platziert und ein großes Handtuch sowie ein paar Kissen auf der Couch drapiert, sodass es zumindest ein bisschen gemütlich aussah. Zudem stellte sie eine kleine Nachttischlampe auf den kleinen Ecktisch, um schummeriges Licht zu haben.
Nadine fuhr zu der stillgelegten Tankstelle, es war ihr peinlich, in so knappen Shorts und kurzer Jacke auf der Straße zu stehen. Ihr Auto parkte sie hinter der Tankstelle und als sie sich an den Laternenpfahl an der Straße stellte, fühlte sie sich nackt und unbehaglich. Sie hatte rote Heels an und wenn sie sich vorstellte, hier mehr als fünf Stunden zu stehen, dann würde sie am nächsten Tag nicht mehr laufen können, so taten ihr die Füße weh.
Sie stand nicht mal 10 Minuten an der besagten Stelle, als plötzlich ein Auto vor ihr hielt und eine dunkelhaarige Frau in weißer Strapscorsage und weißen Strümpfen mit schwarzen High Heels ausstieg und sich vor ihr aufbaute.

"Du bist also Nadine", sagte sie schnippisch, "ich habe Dir nicht erlaubt, hier zu stehen, sag deinem Stecher, das ist meine Straße und ich entscheide, wer hier außer mir anschaffen darf." Das Gehabe dieser Alten nervte Nadine gewaltig und sie konterte: „So, das ist also DEINE Straße, wo steht das geschrieben?“ Andrea, so hieß diese Dumpfbacke, begann sofort zu brüllen: "Ich zeige Dir, wo das geschrieben steht“, und sie wollte ausholen zu einem Schlag. Nadine jedoch erkannte die Situation sofort und hielt ihre Hand fest, mit der anderen Hand zog Nadine die Dunkelhaarige an den Haaren herunter und schrie zurück: „Du schlägst mich nicht, hau ab hier und geh auf deinen Platz zurück, bevor noch Schlimmeres passiert." Die Andere wollte zutreten, das klappte aber nicht und so holte Nadine mit ihrem Knie aus und schlug ihren Kopf auf Nadines Knie, man hörte förmlich, dass das sehr schmerzhaft war und die Andere sackte zu Boden. Nadine ließ locker und fuhr sie an: „Sieh zu, dass Du auf Deinen Platz kommst und lass mich gefälligst in Ruhe. Wir sind beide komplett verschieden und somit keine Konkurrenz. Augsburg hat genug Freier für uns beide.

Die Andere rappelte sich wieder hoch und schaute Nadine wütend an, diesmal hast Du gewonnen, aber das letzte Wort ist hier noch nicht gesprochen. Mit diesen Worten setzte sie sich ins Auto zurück und verschwand in die Nacht.

Nadine war völlig aufgebracht und stand am Straßenrand mit zitternden Knien. Sie ging zu ihrem Auto, öffnete die Tür und setzte sich rein, steckte sich eine Zigarette an und versuchte, sich zu beruhigen.

Es dauerte nicht lange und Stefano stand am Auto. "Was machst Du hier? Warum stehst Du nicht an Deinem Platz?" Sie riss die Autotür auf und brüllte zurück: "Wo warst Du, diese Andrea war hier und hat Theater gemacht."

"Na und?", fragte Stefano sichtlich gelangweilt. "Was heißt hier na und, die ist wie ’ne Furie auf mich los, ich hab sie ab-

wehren können, aber die wird keine Ruhe geben."
„Ich kläre das", versprach Stefano.
„Na, da bin ich ja mal gespannt." Nadine stieg aus, schloss das Auto ab und stampfte wütend wieder an ihren Platz. Stefano hingegen fuhr mit quietschenden Reifen davon. Arschloch, dachte Nadine laut, für was hat man 'nen Kerl, wenn man doch alles alleine machen muss.

An diesem Abend hatte Nadine ihre ersten vier Freier auf der Straße und irgendwie gefiel es ihr, weil es schnell ging und sie nicht viel dafür tun musste.
Sie hatte ihre Ruhe und Nadine glaubte, dass sich diese Andrea wohl damit abgefunden haben musste.
Nadine verdiente richtig gutes Geld, sie hatte den einen oder anderen Freier, der gerne mit zu ihr kam, aber auch im Auto hinter der Tankstelle lief das Geschäft nicht schlecht.
Die Arbeiter, die Nachtschicht hatten, standen auf der gegenüberliegenden Straßenseite am Zaun und schauten dem regen Treiben von Nadine zu. Ab und an brüllte einer mal rüber: "Hey, Kleine, wenn Du was trinken willst, sag Bescheid, wir haben hier 'nen Getränkeautomaten, mit Kaffee, Tee oder auch mal 'ne Cola."
Dankend nahm Nadine das Angebot an und so bekam sie ihren Kaffee jeden Abend von einem der Werksarbeiter von der MAN. Sie hatte den Jungs gesagt, dass sie, wenn sie konnten, auch ein bisschen auf sie aufpassen sollten und dass sie, wenn mal irgendwas sein sollte, sofort die Polizei holen sollten. Die Jungs versprachen Obacht zu geben und so hatte Nadine zusätzlich auch noch 'nen kleinen Schutz.

Sie gewöhnte sich schnell an den Straßenstrich und sie musste zugeben, es war amüsanter als im Club. Hier war immer was los, zwar musste sie sich auch oft dumme Sprüche und Aktionen gefallen lassen, aber im Großen und Ganzen verging die

Zeit wie im Flug.
Nun war Nadine schon drei Wochen auf der Straße und alles verlief recht normal, bis zu dem einen Abend, der ihr immer in Erinnerung bleiben wird.
Es war eine laue Sommernacht mitten in der Woche. Nadine stand wie immer an der Straße und hatte ihren Barhocker an der Laterne festgekettet, als schon der erste Freier mit einem grünen BMW bei ihr hielt.
Er wollte mit ihr für 150.- DM aufs Zimmer und Nadine freute sich, dass der Abend so gut begann.
Sie stieg zu ihm ins Auto und fuhr die paar Meter zu ihrer Wohnung. Sie stiegen beide aus und gingen seelenruhig beide die Hofeinfahrt rauf und stiegen die drei Stufen zu Nadines Wohnungstür empor. Nadine war gerade dabei, die Wohnungstür aufzuschließen, als plötzlich eine maskierte Person vom oberen Treppenabsatz heruntersprang und laut brüllend mit einer Eisenstange versuchte, auf Nadine einzuprügeln. Der Freier bekam Panik und rannte, was das Zeug hielt. Nadine jedoch kam ins Straucheln und fiel in ihre Wohnung, nun lag sie am Boden und der Maskierte versuchte immer wieder, mit kräftigen Hieben auf Nadines Beine einzuschlagen. Nadine jedoch wehrte geistesgegenwärtig die Hiebe so gut es ging mit den Fußsohlen und Händen ab, ein paar Schläge bekam sie in die Rippen und ein paar trafen sie an den Händen. Nadine schrie so laut es nur ging und nach kurzer Zeit und von Geräuschen im Treppenhaus alarmiert, zog der Maskierte sich zurück und rannte in die Nacht. Nadine war unfähig sich zu bewegen, sie schrie um Hilfe, aber keiner kam. Sie versuchte aufzustehen, aber immer wieder sackten ihre Beine weg.
Sie robbte auf dem Boden in die Wohnung und versuchte, das Telefon vom Tisch zu hangeln. Nach einer Weile gelang es ihr auch und sie rief die Polizei an und schilderte dem Mann am Telefon atemlos, was geschehen war. Es dauerte eine Ewigkeit, bis jemand die Treppe herunterkam und sie hörte, wie eine

männliche Stimme im Hausflur zu einer weiblichen sagte: „Das ist die Hure von unten, die hat man anscheinend überfallen." Die Frau kam die Treppe runter und fragte Nadine durch die Haustür, ob sie helfen konnte. Nadine sagte einfach nur ja und das junge Mädchen betrat die Wohnung. Als sie Nadine sah, eilte sie zu ihr und versuchte, ihr beim Aufstehen zu helfen.
Erst jetzt bemerkte Nadine, dass sie blutete. Ihre Hände waren verletzt und ihre Fußsohlen und Rippen auch, sie spürte den Schmerz kaum, aber überall war Blut.
Nadine wusste, wer ihr das angetan hatte, denn sie hatte die Stimme erkannt. Als die Polizei eintraf, kam einer der Polizisten mit der Maske, die der Täter trug, ins Wohnzimmer. Die Polizisten sahen Nadine an, die leicht bekleidet auf der Couch saß, und schmunzelten. Sie wollten alles zum Tathergang wissen, sagten aber auch, dass sie nicht glaubten, den Täter noch zu fassen, denn Nadines Aussage war ziemlich vage.
Die junge Frau, die Nadine zur Hilfe geeilt war, nahm man als Zeugin auf und nach kurzer Zeit, waren die Polizisten auch schon wieder weg.
Nadine wusste, als Straßenhure hatte sie keine Chance, dass auch nur einer von den beiden Polizisten sich die Finger krümmen würde, schon gar nicht in Bayern. Sie dachte, ein Mädchen, das sich auf der Straße anbot, musste damit rechnen, auch mal schlechte Erfahrungen zu machen.
Nadine bemerkte, dass eine Hure mit zweierlei Maß gemessen wurde und das würde ihr in der Zukunft immer wieder passieren.
Nadine hatte bewusst nichts Genaues geäußert, denn um diese Angelegenheit zu klären, bedurfte es keiner Polizei. Im Milieu klärte man Streitigkeiten unter sich und hier galt das Gesetz des Stärkeren.
Sie hatte keine Anzeige erstattet, denn sie wusste genau, dass diese Andrea dahintersteckte. Was ihr allerdings richtig stank, war, dass Stefano, der dafür ihr Geld kassierte, mal wieder

nicht zugegen war und sie beschützte.
Er war zu feige, hatte Angst vor der Polizei und traute sich nicht, für Klarheit auf der Straße zu sorgen.
Es dauerte nicht lange. Nadine wusch sich gerade das Blut aus dem Gesicht und den Händen, als die Tür aufging und Stefano kreidebleich im Türrahmen stand. "Was ist passiert?", wollte er wissen. Nadine war so erbost darüber, dass er mal wieder nicht da war, wenn sie ihn brauchte, daher gab sie ihm keine Antwort und verließ das Haus.
Sie lief in Richtung Tankstelle, als sie Stefanos Auto hinter sich hörte. "Komm, steig ein und erzähl mir, was los war."
Ein bisschen abgekühlt von dem Ganzen, stieg sie humpelnd ins Auto und erzählte ihm, was los war. Stefano fuhr Nadine ins Krankenhaus, denn ihr linkes Knie sah schlimm aus. Er wartete mit ihr zusammen in der Notaufnahme und sagte Nadine tausendmal, dass es ihm leid täte. Normalerweise war er ja auch immer in ihrer Nähe, all die Wochen, aber diesmal hatte er sich mit seinem Bruder bei seinem Onkel getroffen und als er nach dem Essen an Nadines Platz fuhr und wartete, hatte er schon befürchtet, dass irgendetwas passiert sein musste, denn Nadine war nie länger als 1 Stunde weg.
Als er dann sah, dass vor ihrer Wohnung die Polizei stand, ahnte er, was passiert war und wartete ab, bis die Polizei das Haus verlassen hatte. Zu groß war seine Angst, als Nadines Zuhälter erkannt zu werden. In Deutschland war Prostitution zwar geduldet, aber Zuhälterei war strafbar und er wusste, wenn er hier auch nur einen Funken der Polizei übergab, würde er mit einem Flächenbrand rechnen müssen. Die bayrische Polizei war streng und Zuhälterei für jeden Polizisten ein gefundenes Fressen. So verkroch er sich wie ein feiger Hund hinter dem Lenkrad und überließ Nadine ihrem Schicksal. Sie würde es schon richtig machen und er, er kam mal wieder mit einem blauen Auge davon.
Er war ein attraktiver Mann, das wusste er und Nadine liebte

ihn, das wusste er auch. Er machte sich diese Gefühle zunutze, langsam und sicher würde er Nadines Willen brechen und dann hätte er mit ihr ein leichtes Spiel. Sie hatte schon so gut wie verloren und das genoss er in vollen Zügen. Sie war eine attraktive Frau und ihre langen Beine sowie die blonden Haare machten sie zu einer Goldgrube. Er hatte von Anfang an gewusst, dass dieses Mädchen viel, ja so viel verdienen würde, dass er sich ein angenehmes Leben machen konnte. Er hatte von vielen Jungs im Milieu gesagt bekommen, wie er es anstellen musste, dass diese Kleine sein Leben finanziert und wie er es machen musste, um endlich seine Träume zu verwirklichen. Vieles davon hat er sich gemerkt und er würde aus Nadine seine erste Hure formen.

Sie ahnte von all den miesen Gedanken nichts, denn sie glaubte jahrelang, dass sie mit Stefano ihre große Liebe gefunden hatte und dass er, genau wie sie, auf eine schöne gemeinsame Zukunft mit ihr baut. Dass sie damit völlig danebenlag, sollte ihr erst 8 Jahre später bewusst werden und in diesen Jahren ging sie durch die Hölle.

Er schlug sie, wenn sie mal keine Lust hatte, Geld zu verdienen, er betrog sie und ließ sie in den billigsten Kaschemmen arbeiten. Er hielt sie wie eine Sklavin und Nadine ließ es sich gefallen.

4 Jahre lang hatte sie Tag für Tag auf der Straße angeschafft und Geld rangeschafft ohne Ende. Er war zu einem angesehenen Zuhälter herangewachsen, denn mittlerweile konnte er sich den 928-Porsche leisten und er trug wie jeder der Herren Cartier-Kettchen und einen Rolexring am Finger. Seine Zigaretten steckte er nicht mehr mit ’nem billigen Feuerzeug an, nein, ein Dupont-Feuerzeug mit schwarzen Chinalack zierte seine Zigarettenschachtel.

Man trank nicht mehr Bier, sondern genoss den Moet als Drink in der Bar und seine Frau bekam ab und an auch mal ein tolles Parfüm oder eine goldene Kette, denn man musste ja zeigen,

was man hat.
Nadine hatte aufgehört zu rebellieren, denn sie hatte Angst vor dem Ochsenziemer, mit dem Stefano sie schlug, wenn sie nicht das machte, was er von ihr verlangte. Sie hatte resigniert und war ihm vollkommen hörig.
Sie fuhren zweimal im Jahr nach Italien. Zwei Wochen Urlaub, wenn man mal davon absieht, dass sie seiner Mutter auch im Haus helfen musste, oder bei der Mandelernte mithelfen musste. Der feine Herr allerdings stolzierte wie ein Gockel in seinem kleinen Kuhkaff und protzte mit dem, was er in Deutschland alles erreicht hatte. Man nannte ihn in seinem Dorf, Borsalino con biondo Baffo, der Zuhälter mit dem blonden Bart.
Sie fuhr ab und an zu ihren Eltern, besuchte ihr Kind und dann stand sie wie immer an der Straße, um Kohle ranzuschaffen, die der Italiener in vollen Zügen auch wieder ausgab.

Eines Tages, Nadine war nun schon mehr als 4 Jahre in Augsburg, kam ihre kleine Schwester aufgeregt zu ihr und erzählte ihr, dass sie nach Berlin gehen würde. Sie und Rocco hätten sich verkracht und da ihre Eltern in Berlin eine Wohnung hatten, würde sie wieder in die Heimat ziehen.
Nadine war überrascht und konnte ihre kleine Schwester aber verstehen. Sie würde erst nach Oberfranken fahren und dann mit ihrem Stiefvater nach Berlin. Nadine war traurig, war Biggy doch die einzige Bezugsperson, die sie in Augsburg hatte. Aber sie konnte sie auch verstehen. Ihre Bindung zum Elternhaus war eine andere wie die von Nadine. Nadine brachte sie zum Bahnhof und verabschiedete sich herzlich von ihr. Biggy hatte die Nase voll von Bayern und auch wenn sie es nicht zugab, hatte sie Sehnsucht nach ihrem Elternhaus. Im Gegensatz zu Nadine verstand sie sich gut mit ihrem Vater, der Nadine immer wie ein Stiefkind behandelt hatte. Biggy jedoch war das Nesthäkchen und, egal wie viel Mist sie auch baute, man vergab ihr jeden Fehler.

Nadine hoffte, dass ihre kleine Schwester in Berlin einen Weg fand, um normal leben zu können. Die Kleine nahm Nadine bei der Hand, gab ihr einen Kuss und versprach, sich regelmäßig zu melden. Ansonsten wäre da ja noch Weihnachten und man träfe sich dann eben bei den Eltern in Oberfranken. Nadine war traurig, als der Zug einrollte. Sie nahm die kleine Schwester noch mal in den Arm und dann stieg sie ein.
Sie winkte dem Zug hinterher und als er in der Weite verschwunden war, war sie allein in Augsburg.
Stefano hatte Höhenflüge und immer wieder hatte Nadine das Gefühl, dass er sie betrügen würde. Eines Abends, als Nadine gerade mit einem Freier in die Wohnung wollte, da hörte sie von innen Gestöhne. Nadine sah ihren Stefano auf einer fremden Frau liegen und die beiden trieben es gerade kräftig. Wie versteinert stand sie in der Tür, knallte diese dann mit einem lauten Knall zu und ließ sich von dem verblüfften Freier wieder zu ihrem Platz fahren.
Sie stieg aus und in ihr Auto ein, sie musste sich erst einmal sammeln, um das Gesehene zu verarbeiten. Er fickte eine andere in ihrer Wohnung? Er musste doch damit rechnen, dass sie kam. Wollte er etwa, dass sie sieht, dass er 'ne andere hat? Es dauerte nicht lange und Stefano stand mit seinem 928 Porsche vor ihrem Auto, die Andere saß auf dem Beifahrersitz und grinste blöd. Er stieg aus und kam ans Auto, dann sagte er, Nadine konnte es kaum fassen: „So, die hier ist meine Zweitfrau, sie wird am Dehner stehen und auch anschaffen gehen.“ Nadine wollte rebellieren, aber an seinem Blick sah sie, dass das entschieden war, ob sie wollte oder nicht.
Nadine ließ den Motor ihres Autos an, gab Gas und hätte Stefano beinahe überfahren. Sie bretterte mit einem Affenzahn an ihm vorbei und ließ ihn kommentarlos mit seiner neuen Schnalle an der Straße stehen. Sie war außer sich vor Wut und ihre Liebe zu ihm war tief erschüttert. Was sollte sie nun tun? Ihn teilen mit einer anderen und dann auch noch eine, die sie

gar nicht kannte.
Als Nadine so durch die Stadt fuhr und ihr die Bilder durch den Kopf schossen, wie Stefano die Andere beglückte, wurde ihr übel. Er hatte ihr so weh getan. Sie dachte, er liebt sie und er ist glücklich mit ihr, aber anscheinend war er, wie jeder andere Kerl auch, nur daran interessiert, Kohle zu kassieren und das nun mit zwei Frauen. Nadine hatte eine Entscheidung getroffen. Sie hatte an dem Abend recht gut verdient und ein Auto hatte sie auch. Sie würde Stefano einen Denkzettel verpassen. Sie fuhr in die Wohnung, packte ganz schnell ein paar Sachen ein, nahm das Geld und stieg ins Auto. Sie wollte zu ihren Eltern fahren und ihr Kind sehen. Sollte der Idiot doch erst einmal schmoren. Sie wusste, dass sie so oder so großen Ärger bekäme, aber wenn dann sollte sich das für sie auch lohnen. Ihren Eltern würde sie sagen, dass sie sich ein paar Tage freigenommen hat, um ihre Eltern und den Kleinen zu sehen.
Sie fuhr die A9 in Richtung Nürnberg und freute sich auf ein paar freie Tage. An der nächsten Raststätte würde sie ’nen Kaffee genießen und ihre Mutter anrufen, um ihren Besuch anzukündigen. Es war noch vor 22 Uhr, also würde sie rangehen.
Als ihre Mutter hörte, was passiert war, sagte sie zu Nadine, dass sie jederzeit kommen kann. Der Stiefvater war in Berlin und somit war sie mit ihrer Mutter alleine. Sie würde den Schlüssel unter die Matte legen und das Bett im Wohnzimmer würde gemacht sein.
Nadine war froh, dass sie zumindest mit ihrer Mutter ein einigermaßen gutes Verhältnis hatte. Sie hatte sich geändert und irgendwie hatte Nadine das Gefühl, dass ihre Mutter an der Seite ihres Stiefvaters nicht mehr so zufrieden war.
Sie fuhr bis spät in die Nacht und als sie in der kleinen Ortschaft nahe der DDR-Grenze ankam, war es schon spät in der Nacht. Nadine suchte den Schlüssel und ging ins Haus. Sie wollte gerade das Licht anmachen, als ihre Mutter am obigen Treppenrand stand und sagte: „Ich habe nicht schlafen kön-

nen." Sie kam mit Nadine zusammen ins Esszimmer. Sie sah müde aus und Nadine tat es leid, aber ihre Mutter war, so schien es, glücklich, Nadine zu sehen.
Nadine erzählte ihrer Mutter alles, was passiert war und das erste Mal seit Jahren führten Mutter und Tochter ein wirklich tolles Gespräch. Sie waren aufgeblieben und als Nadine die Schritte im oberen Teil des Hauses hörte, wusste sie, der kleine Mann war auch schon wach. Als er im Esszimmer die Überraschung sah, freute er sich und kroch zu seiner Oma auf die Eckbank, die deckte den Frühstückstisch, denn der Kleine ging danach in den Kindergarten.
Nadine verbrachte tolle Tage mit ihrer Mutter und ihrem Sohn. Sie fuhren nach Hof und bummelten den Vormittag, dann holte man den Kleinen vom Kindergarten und bereitete das Mittagessen vor. Es war schön und so blieb Nadine fast eine Woche bei ihrer Mutter und ihrem Kind. Sie wusste, dass am nächsten Abend ihr Stiefvater fürs Wochenende nach Hause kommen würde und so entschied Nadine, um einem Streit aus dem Weg zu gehen, wieder zurück nach Augsburg zu fahren. Sie würde die Sache mit Stefano klären müssen, obwohl sie viel lieber einen Schlussstrich unter alles gezogen und das mit Stefano beendet hätte. So wusste sie, dass sie nur vor den Problemen davonlief und auf ihren Stiefvater zu treffen, war das Letzte, was sie wollte.

Sie kam in Augsburg an und fuhr zur Wohnung, sie schloss die Tür auf und ihr Herz klopfte wie verrückt.
Was würde er sagen, wenn sie nach einer Woche wieder in der Wohnung stand, aber zu ihrem Erstaunen war niemand da.
Sie ging in die Küche, machte sich einen Kaffee und überlegte, wo er sein könnte, sie hatte keine Ahnung. Dann fiel ihr auf, dass einige Sachen fehlten und plötzlich traf es sie wie ein Blitz. Sie stand auf, ging ins Schlafzimmer und schaute in den Kleiderschrank. Tatsächlich, die meisten seiner Sachen waren

fort. Im Bad waren auch all seine Utensilien verschwunden. Sie wusste nicht, ob sie nun erleichtert oder enttäuscht sein sollte, es war eine Mischung aus beidem.
Er ist also ausgezogen, was auch immer das für Nadine bedeutete. Sie legte sich ins Bett und als es in der Nebenwohnung rumpelte, klopfte sie an Roccos Tür, um zu erfahren, was los sei.
Rocco öffnete die Tür und grinste Nadine an. Er sagte ihr, dass Stefano zu dieser Neuen gezogen sei. Sie hieß Claudia und würde wohl nun an der Bürgermeister-Ackermann-Str. beim Dehner stehen und für Stefano anschaffen gehen. Er war stinksauer auf Nadine und nachdem sie nach ein paar Stunden letzte Woche nicht wiederkam, hat er eben seine Sachen gepackt und ist zu dieser Anderen gezogen. Na, fein dachte Nadine und nun? Rocco sollte ihm Bescheid sagen, wenn Nadine wieder zu Hause ist. Das hat er wohl gerade getan und es dauerte nicht lange, da stand auch Stefano schon in der Tür.
Er missachtete sie und fragte nur beiläufig, ob sie ’ne schöne Zeit hatte. Nadine erklärte ihm, dass sie für ein paar Tage ’ne Auszeit brauchte und dass sie bei ihrem Sohn war. Komischerweise war Stefano ruhig und zeigte sogar Verständnis. Er bat sie, mit ihm in die Wohnung zu gehen, damit man in Ruhe alles besprechen könnte. Nadine hatte Angst, aber sie ging mit ihm rüber.
Er stand wie immer an dem kleinen Ölofen und Nadine saß auf dem Freierbett, als er anfing zu reden. Erstaunt hörte Nadine zu. Er sagte, dass es ihm leidtäte, dass Nadine das so erfahren musste und er sagte, dass er sich große Sorgen gemacht hätte, als sie nachts nicht nach Hause gekommen sei. Er dachte sich schon, dass sie bei ihren Eltern war und hat deswegen auch keinen Stress gemacht und wollte auch jetzt keinen machen.
Nadine fragte ihn: „Liebst Du die andere?“, und er grinste und sagte: „Nein, ich liebe sie nicht, ich habe sie im Café bei Angelo kennengelernt und sie hat sich förmlich angeboten, für mich

anschaffen zu gehen. Ich habe dir nichts davon erzählt, weil ich wusste, dass Du ausrasten wirst.“
"Ich liebe Dich", sagte er leise, "und ich wollte, dass wir es leichter haben. Du musst dann nicht mehr jeden Abend raus und kannst mehr Zeit mit mir verbringen. Ich wollte, dass es Dir – uns besser geht. Zudem ist es doch ganz normal, dass ein Typ wie ich im Leben nicht nur ein Mädel laufen hat. Wenn Du mitspielst und Du das akzeptierst, schwöre ich Dir, dass Du nur noch 4 Tage in der Woche auf die Straße musst.“ Nadine traute ihren Ohren nicht. Sie sollte akzeptieren, dass er mit einer anderen in die Kiste steigt, um mehr Zeit mit ihm zu haben? Was ist das für eine Logik, aber ja, es stimmte, in Zuhälterkreisen war das normal. Es gab die Erstfrau, die mit dem Loddel zusammenlebte und da gab es diverse andere Hühner, die eben glaubten, die große Liebe gefunden zu haben. Nadine wollte auch keinen Streit und bat Stefano, ihr Zeit zu geben. Er lächelte, kein Problem, ich lass Dir alle Zeit der Welt und damit drehte er sich um und verließ die Wohnung.
Nadine saß wie geplättet auf der Couch und irgendwie wusste sie nichts mit dieser Situation anzufangen. Aber irgendwie gefiel ihr das auch, mehr frei zu haben und eben einen Typen zu haben, der nun komplett im Milieu zu sein schien. Er hatte nun zwei Mädels und das ließ ihn in seinen Kreisen erheblich nach oben steigen. Das bedeutete auch für Nadine mehr Schutz und ein besseres Ansehen unter den anderen Huren.
Sie bemerkte gar nicht, was für einen Quatsch sie sich da zurechtlegte und wie vollkommen daneben ihre Denkweise war. Ihre Naivität war ihr immer schon ein Verhängnis und auch diesmal spielte sie mit dem Feuer.
Sie ging wie immer ihren Gewohnheiten nach und stand am Abend dann eben auch an der Straße.
Sie verdiente gutes Geld und Stefano kam sie besuchen. "Wie lange machst Du heute?", wollte er wissen. "Keine Ahnung."
„O. k.,“ sagte er, „ich möchte, dass du um eins Schluss machst

und dann nach Hause fährst und dich schick machst, ich hole Dich dann ab."
Erstaunt schaute sie ihn an und er lachte. „Lass Dich überraschen."
Als es eins wurde, löschte Nadine ihre kleine rote Laterne und fuhr die paar Meter zu ihrer Wohnung. Als sie die Wohnung betrat, lagen zwei große Päckchen auf dem Tisch und eine kleine Schmuckschatulle dabei.
Freudig öffnete Nadine erst die großen Päckchen, es war das schwarze Nikowakleid mit dem Wahnsinnsrückenausschnitt und der Spitze an Ärmel und Saum. Sie hatte dieses Kleid einmal bei einem Bummel durch die Stadt entdeckt und Stefano davon vorgeschwärmt. Aber es war eben auch sauteuer und somit für Nadine nicht erschwinglich. Nun lag es vor ihr und sie weinte vor Freude. Dann, im zweiten Paket waren schwarze Samt-High-Heels mit Strasssteinchen am Absatz auch die fand Nadine so toll, er hatte sich das alles gemerkt und ihr gekauft, sie war hin und weg. Als sie dann aber die Schmuckschatulle öffnete, musste sie sich setzen. Dort war eine feine Panzerkette in Gold mit einem kleinen Cartier Panther. Wahnsinn dachte sie sich. Sie ging ins Bad, stylte sich und legte noch einmal Make-up auf, dann zog sie dieses zauberhafte schwarze, hautenge Kleid an und die Heels dazu. Als sie sich im Spiegel betrachtete, wusste sie, dass ihr das Kleid super stand. Sie hatte darin eine tolle Figur und der Rückenausschnitt ging fast bis zum Poansatz. Der lange Ärmel des Kleides war in der Mitte mit schwarzer Spitze zusammengehalten und am fessellangen Saum war ganz verführerisch die Spitze in Stufen drapiert. Das Kleid war in Nikowastretch, das hieß, man konnte jede Kontur des Körpers erkennen. Nur wer gertenschlank war, wie Nadine, machte in dem Kleid auch wirklich was her. Die schwarzen Heels und die tolle Kette rundeten das Gesamtbild ab. Nadine sah einfach nur toll aus. Als es draußen hupte, war Nadine nervös. Was würde Stefano zu diesem Aussehen sagen und als sie

auf das Auto zulief, pfiff er anerkennend. Sie stieg ein und gab ihm einen Kuss. „Danke“, sagte sie leise und er sagte: „Das ist meine Frau und Du wirst es auch immer bleiben. Glaubst Du wirklich, ich gebe so einen heißen Feger wie Dich auf. Du bist wunderschön und ich liebe Dich, wir haben uns geschworen, das gemeinsam zu schaffen und ich hoffe, Du hältst jetzt auch noch zu mir.“

Nadine war sprachlos und begann zu weinen, er nahm sie in den Arm und vergessen war all das, was vorher passiert war. Sie versuchte zu akzeptieren, dass sie den Mann, den sie von ganzem Herzen liebte, ab sofort teilen musste.

Sie fuhren in die Stadt und gingen ins Karat, dort traf sich regelmäßig die Zuhälterelite und Nadine war nur ganz selten dabei. Als Stefano und sie die Disco betraten, spürte sie die bewundernden Blicke im Rücken und Nadine begriff, nun gehörte sie dazu, zu dieser Gruppe, für die nur Understatements galten. Wer fuhr das größte Auto, wer hatte die meisten Frauen und wer den tollsten Schmuck. Das Geld wurde nicht im Geldbeutel getragen, nein, man hatte es in Bündeln gerollt in der Hosentasche und wenn man zahlte, zeigte man auch gleich, wo man stand. Auch der kleine, attraktive Pizzabäcker aus der Provinz Apulien trug nun Armanihosen und ein Boss-Jackett. Sein Cartierpanther war größer als Nadines und in den Augen trug das vergoldete Tier einen Brilli. Stefano war angekommen und Nadine war ein attraktives Beiwerk, mit dem man sich gerne schmückte.

Sie verbrachte mit Stefano eine schöne Nacht und auch im Bett lief es wieder. Als sie am Morgen sichtlich verkatert wach wurde, war er schon wieder weg. Aber das war Nadine egal, auf dem Tisch lag ein Zettel, auf dem stand, mach dir einen schönen Tag, dazu lagen 100,- DM. Wenn das so weitergeht, dachte Nadine, dann kann ich mit der zweiten Tusse sehr gut leben. Gut gelaunt ging sie ins Bad, machte sich frisch und stieg ins Auto, um ins Solarium zu fahren.

Danach wollte sie bei Angelo einen Cappuccino trinken und dann nach Hause, noch ein bisschen schlafen.
Als Nadine die Terrasse des Cafés betrat, sah sie Stefano mit der Anderen an der Bar sitzen und es versetzte ihr einen Stich. Sie nahm auf der Terrasse Platz. Angelo kam und sah Nadines Gesicht. "Hey, Bella", sagte er, "mach Dir keine Sorgen, die Alte ist brummelbleed und ist Dir keine Konkurrenz." Nadine lachte gequält und sagte: „Aber dennoch muss ich Dich mit ihr teilen und das tut weh.“ Angelo sagte: "Hey, Stefano, teilt dich auch und das mehrmals am Abend, hast Du darüber schon mal nachgedacht?"
Komisch, darüber hatte Nadine noch nie nachgedacht, wie es für ihn sein musste, wenn sie Abend für Abend mit mehreren Typen in die Kiste stieg. Wenn er sie wirklich liebte, dann würde ihm das genauso weh tun, wie ihr jetzt in diesem Moment mit dieser Claudia. Angelo hatte recht, wenn man es so betrachtete, dann machte Stefano nichts anderes als Nadine die ganzen Jahre zuvor.
Ein wenig beruhigt genoss sie ihren Cappuccino und vermied es, Blickkontakt zu den beiden zu haben.
Sie ging vor den beiden und fuhr nach Hause. Sie hatte noch Zeit, bis es wieder ans Arbeiten ging und so genoss sie vorher noch ein Bad.

Wochen vergingen und Nadine hatte die zweite Frau an Stefanos Seite akzeptiert. Sie war jetzt sehr oft allein zu Hause, ihr gefiel die Situation aber gut.
Sie war unabhängiger und hatte viel Zeit für sich. Stefano konzentrierte sich auf die Neue und Nadine hatte dadurch eben auch ’ne Menge Vorteile.
Sie konnte ab und an früher Feierabend machen und manchmal gönnte Stefano ihr auch mal einen freien Tag extra, wenn Sie besonders gut verdient hatte. Nichts hätte Nadine an dem ändern wollen, außer dem Gefühl der Eifersucht, das sehr oft an

ihr nagte. Sie liebte Stefano und das Teilen bereitete ihr von Tag zu Tag mehr Probleme, mehr als sie dachte. Ein Vorfall sollte Nadines Leben ändern und die Liebe zu Stefano gänzlich infrage stellen.

9. Kapitel
Raus aus dem Milieu

Es war eine laue Sommernacht. Nadine stand wie immer an ihrem Platz, als wieder einmal ein Auto hielt. Nadine ging ans offene Fenster und sah, dass zwei junge Typen im Auto saßen. Sie erklärte, dass sie nie ins Auto zu zwei Männern steigen würde. Die beiden versuchten, Nadine zu überreden, sie aber blieb standhaft und setzte sich wieder in ihr Auto. Die beiden Jungs fuhren davon.

Kurze Zeit später kam einer der beiden wieder zurück und fragte, ob es nun o. k. sei und Nadine sagte: „Ja klar."

Sie stieg in den dunkelgrünen Golf ein und sie fuhren wie immer hinter die Tankstelle. Zuerst ließ sie sich wie immer das Geld geben, dann zog sie ein Hosenbein ihrer Hotpants aus und der Typ zog sich den Gummi drüber. Doch bevor er zu Nadine rüberkletterte, ging auf einmal hinten die Kofferraumhaube auf und ein anderer Typ kletterte auf die Rücksitzbank. Nadine war völlig überrumpelt. Der Typ, der gefahren war, setzte sich zurück auf den Fahrersitz, während der andere Nadine von hinten an den Hals griff und zudrückte. „Wehre Dich nicht", flüsterte der hinter Nadine, während der andere das Auto startete und mit quietschenden Reifen von der Tankstelle raste. Jetzt begriff Nadine, was sie vorhatten und sie wehrte sich mit aller Kraft. Sie schrie und versuchte, die Hände vom Hals zu lösen. Mit einer Hand konnte Nadine nach dem Türgriff greifen und als ob Nadine einen riesigen Schutzengel hatte, öffnete sich die Tür während der Fahrt. Sie kämpfte um ihr Leben und der Typ hinter ihr hatte alle Mühe, sie festzuhalten. Sie bekam keine Luft und ihr wurde schwindelig, so fest drückte der Kerl hinter ihr zu. Doch plötzlich musste der Fahrer bremsen und für eine Sekunde hatte der hinter ihr nicht aufgepasst. Nadine riss sich los, dabei zerriss ihr Oberteil und sie ließ sich aus dem fahrenden Auto fallen. Sie hörte nur noch die Reifen quietschen und

spürte einen heftigen Schmerz, dann wurde es dunkel.
Nadine hatte großes Glück, denn beinah wäre sie von einem anderen Auto überrollt worden. Der Fahrer des anderen Autos sah, dass irgendetwas nicht stimmte, fuhr doch das Auto neben ihm mit offener Beifahrertür. Er wollte gerade überholen, als er das Mädchen aus dem Auto fallen sah. Er konnte gerade noch bremsen, erwischte sie aber trotzdem leicht. Das Auto, aus dem das Mädchen fiel, gab Vollgas und entfernte sich vom Unfallort. Vollkommen überrascht stieg der Mann aus und sah die junge Frau bewusstlos am Boden liegen. Sie blutete am Kopf und schien schwer verletzt zu sein. Passanten kamen zur Hilfe und einer rief einen Krankenwagen. Der Mann hörte, dass einer sagte: „Das ist doch die Nutte von da oben, die haben sie überfallen oder?“ Schon konnte man die Sirene des Krankenwagens hören und dann ging alles ganz schnell. Man lud die leicht bekleidete Frau in den Krankenwagen ein, ein Polizist notierte sich die Aussage des Helfers und fragte auch Passanten aus, die den Vorfall beobachtet hatten.
Nadine war immer noch bewusstlos und so fuhr man sie mit Sirene ins Krankenhaus.

Wieder einmal war um sie herum eine wohlige Wärme und wie immer spürte sie, dass sie an ihrem Lieblingsort war. Keine Schmerzen, nur dieses Wattewohlfühlgefühl. Sie sah wieder die Menschen, die sie liebte. Ihr Leben, ein einziges Chaos, sollte nun hoffentlich beendet sein. Sie wollte nicht zurück in diese Welt, sie wollte hier bleiben, hier wo niemand und nichts sich Sorgen machen musste. Hier an diesem Ort gab es keine Trauer, keinen Hass und keine Zwietracht, hier gab es nur Ruhe und Frieden.

Nadine spürte das Gewirr um sie herum. Sie bekam eine Nadel für den Tropf, langsam kam sie in die Realität zurück und sah sich in einem Krankenwagen liegen. Die Sanitäter taten alles,

um sie zurückzuholen und gegen den Willen von Nadine gelang es ihnen auch.
Sie hörte, wie der eine Sanitäter sagte: "Sie ist wieder da, hallo, hören Sie mich, können Sie mir sagen, wie Sie heißen?"
Nadine wollte sprechen, aber ihr Hals tat dermaßen weh, dass sie keinen Ton herausbrachte, stattdessen nur ein leises Krächzen.
Der Arzt schaute in ihren Hals und sagte: „Der Kehlkopf ist angegriffen, sie hat starke Würgemale am Hals.“ Deswegen bat er Nadine, nur zu nicken, wenn sie ihn verstand. „Wissen sie, wo sie sind?“ Nadine nickte. „Gut so“, sagte der Arzt, wir fahren sie jetzt in die Notaufnahme ins Krankenhaus und da wird man sich um sie kümmern.
Sie fuhren schnell und Nadine hörte, wie der eine Sani zum anderen sagte: „Die haben sie ganz schön zugerichtet.“
Im Krankenhaus angekommen nahmen sie ein paar Schwestern und ein Arzt in Empfang. Der Sanitäter sowie der Arzt verabschiedeten sich und Nadine wurde eingehend untersucht. Sie hatte höllische Schmerzen in der rechten Schulter und auch ihr Hals tat furchtbar weh. Sie wurde geröntgt und ein anderer Arzt schaute sich ihren Hals an. Nach einigen Stunden war Nadine auf ihrem Zimmer und die Diagnose lautete: Schulterknochenbruch sowie stark gereizte Stimmbänder und der Kehlkopf war angeschlagen. Zwei Finger waren gebrochen und eine schwere Gehirnerschütterung hatte sie auch. Nadine war am Ende, es ging ihr richtig schlecht. Eine Nachtschwester betrat das Zimmer und kam an ihr Bett. Sie lächelte freundlich und fragte, ob sie Nadine was zum Trinken bringen sollte. Nadine nickte, die Schwester schenkte ihr ein Glas Wasser ein und half ihr beim Trinken. Ausgerechnet die rechte Hand hatte Nadine im Gips, und auch die rechte Schulter war fixiert. Sie konnte also nur sehr wenig selber machen und nahm daher die Hilfe dankend an.
"Ein Polizist war da", sagte die Schwester, "er wollte eine Aus-

sage von Ihnen, wir haben ihm erklärt, dass Sie sowieso nicht sprechen können die nächsten Tage und dass Sie jetzt erst mal Ruhe brauchen. In zwei, drei Tagen werden Sie wieder sprechen dürfen und solange muss er eben warten."
Zwei Tage, nachdem Nadine ins Krankenhaus gebracht wurde, konnte sie zumindest wieder beschwerdefrei sprechen, sie hatte zwar noch ein wenig Kratzen in ihrer Stimme, aber es ging soweit ganz gut.
Ein Kriminalbeamter hatte Nadine zum Tathergang ausgefragt und Nadine versprochen, dass er sich darum kümmerte. Seine Aussage war, egal ob Prostituierte oder nicht, kein Mann der Welt hatte das Recht, einer Frau so etwas anzutun. Der Polizist war sehr nett und Nadine würde diesen Menschen mehrmals in ihrem Leben als Retter treffen. Er gab ihr eine Visitenkarte und Nadine las den Namen, er hieß Herr Dobler. Sie hatte ihn schon einmal getroffen, er war der, der sie damals als Prostituierte registrierte.
Nach einer Woche wurde Nadine aus dem Krankenhaus entlassen und Stefano hatte sie nicht einmal besucht. Nadine holte sich ein Taxi und fuhr in die Wohnung. Als sie den Zettel auf dem Tisch sah und las, wurde ihr schlecht und sie war wütend. Acht Jahre war sie nun mit Stefano zusammen und in den acht Jahren hatte er es nicht einmal geschafft, ihr in brenzligen Situationen zu helfen und auch dieses Mal war er nicht da und er hatte es nicht einmal geschafft, sie im Krankenhaus zu besuchen. Sie hatte mehrmals versucht, Stefano telefonisch zu erreichen, immer vergebens. Nun wusste sie warum, er war mit der Anderen im Urlaub. Er ist einfach gefahren, ohne Nadine davon in Kenntnis zu setzen. Er schrieb, dass es eine spontane Entscheidung war, weil die Andere wohl nicht arbeiten durfte, sie hatte wohl keinen Stempel in ihrem Gesundheitspass bekommen, weil sie eine Infektion hatte und somit sind sie für zwei Wochen zu seiner Mutter gefahren.
Nadine kochte vor Wut und Enttäuschung, nicht nur weil er

sich um Nadine gar keine Gedanken machte, sondern weil er sie mitnahm, dorthin, wo Nadine dachte, sie hätte den alleinigen Status als seine feste Freundin.
Nadine war am Boden zerstört, begriff sie doch endlich, dass sie ihm nichts wert war, dass er nur ihre Kohle wollte und dass sie sein billiges, dummes Flittchen war. Sie begriff, dass es keine Liebe war, die sie verband und nur sie das für ihn empfand. Nadine saß in der Wohnung und weinte. Ihre gebrochene Schulter tat weh und arbeiten konnte sie so auch nicht.
Sie wollte bei Rocco nachfragen, aber auch der schien wie vom Erdboden verschwunden.
Nadine wusste nicht, was sie tun sollte, denn arbeiten gehen konnte sie nicht.
Am Abend machte Nadine sich auf dem Weg ins Karat, sie wollte einfach auf andere Gedanken kommen und das plagende Gefühl der Eifersucht verlieren.

Sie saß an der Bar, als ein großer blonder Typ sie ansprach. „Du siehst so traurig aus“, sagte er freundlich und als Nadine sich umdrehte, stand ein recht attraktiver Typ vor ihr. Sein außergewöhnlicher Schnauzer und die blonden, längeren Haare machten ihn zu einem leicht verwegenen Typen. Sein Designeranzug und das weiße Hemd passten so gar nicht zu dem Bart und Nadines Neugier war geweckt.
Sie unterhielten sich den ganzen Abend und Nadine schüttete nach ein paar Drinks ihr ganzes Herz aus. Max, so hieß der Typ, hörte zu und erwies sich als Womanizer. Er wusste, dass Nadine zu einem Italiener gehörte und er wusste auch, dass es für ihn gefährlich werden könnte, sollte er ernste Absichten haben. Max arbeitete als Schlosser bei einer angesehenen Firma in Augsburg, war also Stino und hatte, so sagte er, nichts mit dem Milieu zu tun. Er kannte zwar viele Jungs, aber er selber war mehr in der Zockerszene bekannt als bei den Zuhältern.

Nadine gab ihm ihre Nummer und auch er gab ihr seine. Sie mochte diesen großen Jungen und hatte das Gefühl, hier einen echten Freund gefunden zu haben.
Er brachte sie mit seinem roten Camaro nach Hause. Im Auto erzählte er ihr, dass sein Hobby Dragsterrennen waren und dass dieses Auto dafür hergerichtet wurde.
Vor der Haustür von Nadine legte er zärtlich die Hand auf Nadines Schulter und begann, sie zu küssen, ein Kuss der Nadines Leben umkrempeln würde, das aber wusste sie zu diesem Zeitpunkt noch nicht. Sie genoss diese Zärtlichkeit, die sie nach diesem Tritt vom Stefano wirklich brauchen konnte.
Es vergingen Wochen, bis sie Max wieder sehen sollte. Stefano kam aus Italien zurück und ahnte nichts von der Verliebtheit Nadines, er wunderte sich nur darüber, dass sie keinen Stress machte. Es schien so, als hätte Nadine sich damit abgefunden, nicht mehr die erste Geige in seinem Leben zu spielen. Dass sie aber heimlich ein neues Leben für sich plante, davon ahnte er nichts. Nadine war fleißig und Stefano zählte jeden Freier, den Nadine abfertigte. Er lauschte am Schlafzimmerfenster, um zu sehen, welche Kohle sie von jedem Einzelnen bekam. Für Nadine war es schwer, Geld beiseite zu schaffen, sie tat es auch nicht, denn sie wusste, es hagelte Prügel, würde Stefano das merken. Aber das war ihr egal, sie war verliebt. Und irgendwie würde sie einen Neuanfang schon schaffen. Eines Tages kam Stefano auf eine geniale Idee. Er wollte Nadine mitten in der Stadt ein Apartment anmieten, da seine Mutter aus Italien zu Besuch kam und somit das Anschaffen in der Wohnung flachfiel. Damit hätte er erhebliche finanzielle Einbußen und so kam es, dass Nadine zu ihrem 29. Geburtstag ein kleines Apartment mitten in Augsburgs City bekam. Es wurde nett eingerichtet und sie hatte alles, was sie brauchte. Polizeilich meldete Nadine sich um und nun war Nadine offiziell Mieterin dieser kleinen, süßen Wohnung in Lechhausen. Sie hatte eine kleine Küche, die mit weißen Küchenschränken ausgestattet war. Ein

Herd und eine Spüle sowie ein Esstisch mit zwei Stühlen rundeten das Gesamtinventar ab. Der Flur hatte einen eingebauten Kleiderschrank inklusive Schuhschrank und eine Gegensprechanlage.
Das Badezimmer verfügte über eine große Badewanne und einen Waschtisch mit einem großen Spiegel sowie zwei tolle, große Regale, auf denen Nadine ihr ganzes Kosmetikzeugs sowie Handtücher platzieren konnte.
Auch einen Wäschetrockner hatte Stefano Nadine besorgt, so war sie unabhängig und hatte keine Probleme mit ihrer Wäsche.
Im Wohnzimmer hatte sie eine bequeme klappbare Schlafcouch und einen tollen Wohnzimmerschrank. Stereoanlage sowie Fernseher waren auch schon bestellt und würden die nächsten Tage kommen.
Nadine hatte sich ein kleines Paradies erschaffen und liebte ihre Wohnung. Sie tat Stefano gegenüber so, als wäre alles o. k. und der wiegte sich in Sicherheit. Das Doofe war nur, auch er hatte einen Schlüssel für die Wohnung und das würde Nadine irgendwann zum Verhängnis werden.
Nadine wusste, dass Stefano all das nur tat, um sie von sich wegzubekommen. Er versprach zwar, sie nie zu verlassen, dass er log, wusste Nadine, seitdem er mit dieser Anderen aus Italien zurückkam. Sie wusste, ihre Zeit an seiner Seite war vorbei. Es tat ihr nicht einmal weh, denn auch sie hatte sich von ihm abgenabelt, das Einzige, was die beiden noch verband, war die Kohle.
So hatte Nadine entschieden, dass sie tagsüber in ihrem Apartment über eine Anzeige Freier empfing, um die Miete, die doch sehr beträchtlich war, zu finanzieren, und abends würde sie wie immer an der Straße stehen.
Es lief alles super. Am Tag hatte Nadine so vier bis fünf Freier, das Geld legte sie zur Seite, um die Unkosten für die Wohnung und die Anzeigen bezahlen zu können und am Abend bekam

Stefano einen Teil des Geldes, sie behielt meist 50 DM, um einkaufen gehen zu können.

Es war Pfingsten und Nadine hatte frei, sie hielt es vor Sehnsucht nach Max kaum noch aus. Ihren Geburtstag hatte sie im Karat verbracht in der Hoffnung, Max wenigstens sehen zu können, aber er kam nicht. Manchmal fuhr er abends an ihrem Platz vorbei, hielt aber nie an, er hupte kurz und winkte ihr zu, das war alles. Nadine wusste nicht, was sie davon halten sollte. Sie hatte oft nachts seine Nummer gewählt und bis auf einmal hatte sie ihn nie erreicht. Als er tatsächlich einmal abhob, war Nadine so erschrocken, dass sie gleich wieder auflegte.
Sie sehnte sich nach diesem einen Wahnsinnskuss zurück und sehnte sich nach diesem Mann, der davon allerdings nichts wusste.
An diesem Pfingstsonntag sollte aber ihre Sehnsucht gestillt werden.
Stefano hatte ihr erzählt, dass seine Mutter bei ihm war und er kaum Zeit hatte, sich um die Mädels zu kümmern. Das war Nadine nur recht, denn sie hatte Pläne für diesen Abend.
Sie saß also alleine in ihrem Apartment und griff zum Telefon und wählte die Nummer von Max. Der hob nach ein paar Sekunden auch ab. Als er Nadines Stimme erkannte, spürte man förmlich sein Grinsen.
Nadine fragte, warum er sich nicht mehr bei ihr gemeldet hatte und der erzählte ihr, dass er keinen Stress mit Zuhältern haben wollte. Denn als sie damals das Karat zusammen verlassen hatten und er, nachdem er Nadine zu Hause abgesetzt hatte, wieder zurückkam, wurde er von einem der Jungs aufgeklärt. Der sagte ihm, dass er vorsichtig sein sollte mit mir. Ich sei die Hauptfrau von diesem Italiener und mit dem ist nicht gut Kirschen essen, wenn es um sein Blondchen ginge. Aus diesem Grund hielt er sich von Nadine fern. Wie es der Zufall dann auch noch wollte. lernte er Stefano aus der Ferne kennen. Denn

nachdem er wusste, wer er war, sah er ihn allzu oft im Karat, meist mit anderen Italienern oder eben mit dieser anderen Tusse, von der er wusste, dass das Nadines Erzfeindin ist.
Da er zwar in den Kreisen verkehrte, wusste Max auch, dass es ein unausgesprochenes Gesetz ist, kein Solider hat sich an eine Hure ranzumachen, es sei denn, er hat genügend Kohle, um Abstand zu zahlen oder genügend Eier in der Hose, um sich diesem Loddel zu stellen.

Nadine wurde in diesem Moment bewusst, wie aussichtslos so ein Neuanfang war und sie begann zu weinen. Sie erzählte Max, was in den letzten Monaten passiert war und dieser hörte aufmerksam zu. Er versuchte, Nadine zu trösten und aufzumuntern, das gelang ihm aber nicht, viel zu steinig war das, was sie vorhatte. Ohne Geld geht gar nichts, sagte sie leise zu ihm und er bejahte das. Nadine hatte ihm nicht gesagt, dass sie sich nach ihm sehnte und dass sie diesen einen Kuss nicht vergessen hatte in all den Monaten. Sie erzählte ihm auch nicht, dass sie hoffte, er würde ihr helfen, den Absprung aus dem Milieu zu machen. Zu all dem schwieg sie und legte nach ein paar Floskeln der Gleichgültigkeit einfach auf.
Sie weinte, weil ihr das erste Mal bewusst wurde, dass ein Gehen von Stefano schwieriger werden würde, als sie dachte. Er würde ihr nicht einen Pfennig geben und Bunkern war nicht möglich, da er immer genau wusste, was Nadine verdiente.
Sie war in einer Sackgasse und das wusste auch Stefano, er war sich seiner Sache so sicher. Da fiel Nadine dieser Satz ein, den er ihr einmal nachts an den Kopf schmiss, als sie ihm, so naiv sie auch war, erzählte, dass sie irgendwann gerne heiraten würde und dann auch noch mal ein Kind haben wollte. Damals lachte Stefano laut und sagte: "Du glaubst doch nicht allen Ernstes, dass jemand eine Hure wie dich heiraten würde, geschweige mit dir ein Kind haben wollte. Du kannst Dich ja nicht einmal um dein jetziges Kind kümmern, wie willst du es

dann schaffen mit zwei Kindern.“ Nadine fühlte sich nach dieser Aussage zutiefst verletzt, träumte sie doch damals noch davon, Stefanos Frau zu werden. Auch damals weinte sie sich in den Schlaf.

Sie schaute in ihr Portemonnaie und stellte fest, dass sie fast 800 DM verdient hatte, dann kam ihr eine Idee.
Sie rief bei Stefano an und erzählte ihm, dass sie gerade mit ihrer Mutter telefoniert hatte und sie für eine Woche nach Hof an der Saale fahren würde. Stefano war überrumpelt und fragte nach dem Grund. Sie sagte, dass ihr Vater einen Herzanfall hatte und ihre Mutter sie jetzt bräuchte. „Hast Du genügend Geld“, wollte er wissen. „Nein“, sagte sie.
„O. k., dann komme, bevor du losfährst, noch hier vorbei, ich gebe dir noch was.“ Gesagt, getan, sie packte in Windeseile ein paar Klamotten zusammen und verstaute sie im Cabrio, dann schloss sie die Wohnung ab und fuhr zu Stefano. Der wartete schon vor der Haustür, weil er nicht wollte, dass seine Mutter etwas mitbekam. „Wie viel Geld hast Du?“, wollte er wissen.
„800 DM“, sagte Nadine, „ich brauche aber noch etwas, weil ich ja 300 DM Unterhalt abgeben muss.“
„O. k., ich geb dir noch mal 300 DM, so hast Du 800 DM für Dich, Spritkosten etc. Wenn Du angekommen bist, ruf an, damit ich weiß, es ist alles o. k., hörst Du.“
Nadine gab ihm einen Kuss und versprach es. „Wann kommst Du wieder?“, wollte er noch wissen. „Keine Ahnung, ich denke so in einer Woche, sollte es länger werden, melde ich mich.“
„Alles klar, also fahr vorsichtig.“ Damit gab er ihr einen Klaps auf den Hintern und Nadine stieg ins Auto Richtung Hof an der Saale. Sie fuhr an der BGM-Ackermannstraße vorbei und sah die andere Tusse draußen stehen. Wie immer versetzte dieser Anblick Nadine einen schmerzhaften Stoß und gerade deswegen fühlte sie sich wohl, in Richtung ihrer Eltern zu fahren, die von Nadines Besuch nichts wussten.

Es war spät in der Nacht, als Nadine in dem kleinen Dorf ankam. Alles war still und ruhig und auch das Haus ihrer Eltern war fast gespenstisch still.
Sie parkte direkt vor dem Haus und der Hund ihrer Eltern, der im Keller schlief, schlug sofort an, als Nadine die Autotür zuschlug.
Plötzlich erhellte sich der Flur und ihr Erzeuger stand im Türrahmen. "Na, sag mal, was machst Du denn hier?"
„Die sind alle nicht da, ich bin mit Dirk alleine“, sagte er verschlafen. Der Alte arbeitet doch in Berlin und Mutter ist auch da. Birgit und sie haben dort mittlerweile eine Wohnung in Neukölln. Dirk muss ja in die Schule und deshalb bin ich allein hier. Wenn Rex nicht gebellt hätte, wäre ich gar nicht aufgestanden“, sagte er missmutig.
Er bat Nadine rein und schlurfte in die Küche, um Kaffee zu kochen. Von den ungewöhnlichen Geräuschen geweckt stand nun auch der Erstklässler, Nadines Sohnemann, in der Tür und blinzelte. „Mama“, sagte er verschlafen, „was machst Du denn hier?“ Sie lachte. "Na, kleiner Mann, habe ich Dich geweckt?"
„Nein, der blöde Hund hat mich geweckt.“ Er krabbelte auf Nadines Schoß und gab ihr einen Kuss. Nadine war überglücklich, als sie den kleinen Jungen auf den Arm nahm. Ihr leiblicher Vater lebte seit einigen Jahren im Hause ihrer Mutter. Der Stiefvater hatte ihn aufgenommen, als die Polizei nach ihm suchte. Ihr leiblicher Vater wurde von Nadines Verwandten immer nur ausgenutzt, denn er was als gelernter Pferdepfleger und Tischler ein begehrter Handwerker. Er musste sein Leben lang schuften, aber Geld sah er dafür nie. Man hielt ihn oft wie einen Sklaven, er hatte meist noch nicht einmal eine eigene Behausung und schlief in Kammern und in Scheunen. Dabei war er einmal sehr vermögend, zu jedem Anzug hatte er dazu passend Hemden, Schuhe und Krawatten. Man hat ihn immer nur ausgenutzt und seinen Unterhalt konnte er nie bezahlen. Mario, Frank und auch Nadine waren seine Kinder und die

Mutter bestand auf regelmäßige Zahlungen. Es interessierte sie nicht einen Deut, dass er kein Geld hatte, ganz im Gegenteil, sie erwirkte gegen ihn einen richterlichten Titel und dadurch kam er in Zugzwang und flüchtete von einem Obdachlosenheim ins nächste.

Als er dann völlig verwahrlost irgendwann einmal bei ihrem Onkel in Berlin-Rudow von der Polizei gefunden wurde, informierte man Nadines Eltern. Ihre Mutter und ihr Stiefvater sahen wieder einmal nur ihren Vorteil und holten Nadines leiblichen Vater zu sich.

Man ging davon aus, dass er sich in der Abwesenheit ums Haus kümmerte und überließ ihm dann auch die Erziehung seines leiblichen Enkels. Der aber dachte, es sei der Bruder der Oma, nicht sein leiblicher Opa. Er nannte ihn daher auch Onkel Klaus, was Nadine sehr traurig fand, belog man doch hier einen kleinen Jungen und nahm einem alten Mann damit immer mehr seine Würde. Ihr leiblicher Vater war der Spielball ihrer Eltern und ihr Stiefvater schlug ihn, wenn ihm irgendetwas nicht passte. Sie verstand nie, wieso er sich das gefallen ließ, aber im Grunde genommen war sie ja genauso gestrickt, denn Stefano schlug Nadine auch und sie blieb trotzdem bei ihm. Bei ihrem Vater nahm sie an, dass er einfach zufrieden war. Er hatte sein eigenes Zimmer, sein warmes Essen und er hatte eine Aufgabe. Er kümmerte sich liebevoll um seinen heimlichen Enkel und machte alles, damit es dem Kleinen gut ging. Der aber sah, weil er es eben auch vorgelebt bekam, den alten Mann als sein Eigentum an und kommandierte diesen hin und her. Nadine wollte sich da nicht einmischen, obwohl sie wusste, dass das Verhalten ihres Sohnes so nicht in Ordnung war. Es war kurz vor 7, als Nadine den Kleinen anzog und ihm versprach, ihn heute mal selber in die Schule zu bringen. Der Kleine tanzte vor Freude im Flur und Nadine hatte es schwer, ihn zu bändigen.

Gegen halb acht fuhr sie dann die paar Kilometer zur Schule,

sie parkte das Auto auf dem Parkplatz vor der Schule und begleitete den Kleinen ins Klassenzimmer.
Die Lehrerin sah Nadine neugierig an. Der Kleine zog Nadine am Ärmel und erklärte der Lehrerin, dass das seine Mama sei, die ihn heute in die Schule brachte. Wohlwollend lächelte die junge Frau und freute sich mit ihrem Schützling.
Nadine verabschiedete sich von ihrem Sohn und versprach, dass sie ihn nach der Schule auch abholen würde.

Sie fuhr wieder zurück zu ihrem Elternhaus und ihr Vater öffnete die Tür. „Du sollst Deine Mutter in Berlin anrufen", bat er.
„O. k.", mach ich.
Sie griff zum Hörer und wählte die Nummer, die auf dem kleinen Zettel stand.
Es dauerte nicht lange und sie hatte ihre Mutter am Apparat.
„Na, große Eule", sagte sie, „was machst Du denn?"
Nadine erzählte ihr, dass sie ein paar Tage Ruhe brauchte, um auf andere Gedanken zu kommen. „Warum kommst Du nicht nach Berlin, Birgit ist auch da, so kommst Du mal wieder in die alte Heimat." Daran hatte Nadine auch schon gedacht, nur wollte sie ihrem Stiefvater nicht über den Weg laufen. Ihre Mutter sagte, dass dieser gerade auf dem Weg nach Hof sei und dort bis Ende nächster Woche bleiben würde. Wenn Nadine also jetzt losfahren würde, käme sie ihrem Vater nicht in die Quere.
„Ich habe dem Kleinen versprochen, ihn von der Schule abzuholen."
„Hm", sagte ihre Mutter, „das macht der Alte sowieso immer, das wäre also nicht so gut."
„O. k., ich rufe ihn dann von Berlin aus an."
Sie bat ihren leiblichen Vater, dem Kleinen zu sagen, was passiert war und dass sie ihn heute Abend anrufen würde. Sie gab ihrem Vater 20 DM, mit der Bitte, es dem Kleinen zu geben. Dann nahm sie noch eine Tasse Kaffee zu sich und stieg dann

ins Auto Richtung Berlin. Wenn alles gut lief, es war ja gerade erst Vormittag und das mitten in der Woche, würde sie gegen 15 Uhr in Berlin ankommen.
Sie hatte keine Ahnung, wie sie sich in der Großstadt zurechtfinden sollte.
Gute 400 Kilometer lagen noch vor ihr. Sie fuhr, bevor sie die Grenze zur DDR erreichte, noch schnell an eine Tankstelle und tankte ihr Auto voll, holte sich eine Schachtel Zigaretten und einen Becher Kaffee. Sie aß schnell ein belegtes Brötchen und dann setzte sie sich ans Steuer und machte sich auf den Weg nach Berlin.
Die Fahrt schien unendlich, denn es ging immer nur geradeaus. Nadine machte das Radio an und nippte während der Fahrt hin und wieder an ihrem schon kalten Kaffee. Sie fuhr durchs Vogtland und dann durch Sachsen und nach einer ganzen Weile las sie endlich einmal Potsdam. Es waren nur noch knapp 100 Kilometer, dann hatte sie ihr Ziel erreicht.

In Berlin angekommen musste sie noch durch die Passkontrolle, bis sie dann endlich auf die Stadtautobahn in Richtung Neukölln fahren konnte.
Die Herrmannstraße kannte Nadine noch aus Kindertagen und sie hatte eine ungefähre Ahnung, wo sie lang musste.
Plötzlich kam ihr alles so bekannt vor und als sie den U-Bahnhof Leinestraße passierte, fiel es ihr wie Schuppen vor den Augen. Wehmut keimte in ihr auf, hier hatte sie Lucas immer abgeholt, wenn Nadine ihn besuchte. Er wohnte damals in der Leinestraße. Wie es ihm wohl ging? Sie sah ihn vor ihrem inneren Auge, als er damals in der Schweiz mit dieser schönen Blondine saß, seiner Frau. Ob er immer noch verheiratet ist? Wie kommt es, dass sie ihn in all den Jahren nie vergessen hatte. Sie stellte fest, weil es der einzige Mann in ihrem Leben war, der sie nie betrogen hatte. Er war zwar auch nicht einer der Männer, auf den man sich verlassen konnte, aber

wenn Nadine ihn damals brauchte, dann war er, egal wie spät oder wie weit es war, da.
Sie liebte ihn damals von ganzem Herzen und als sie mal wieder nicht wusste, wo sie schlafen sollte, rief sie ihn an, und er kam und holte sie ab.
Sie schlief mit ihm und danach war sie immer so voller Glück und voller Liebe. Sie fragte ihn damals, warum er sie nicht heiratete, denn für sie hätte sich damit ihr ganzes Leben geändert. Er aber sagte damals, dass er für eine Ehe nicht bereit wäre und dass sie ihn, wenn es eine Möglichkeit gäbe, das noch einmal in 20 Jahren fragen sollte. Sie rechnete nach, es lagen zwischen der Aussage und jetzt 15 Jahre dazwischen und so viel war in dieser Zeit passiert. Würde er sie überhaupt wieder erkennen? Damals war sie noch dunkelhaarig und hatte so wenig von einer Frau, sie war eben noch ein Teenager.
Heute ist sie eine attraktive Blondine geworden, die aber jegliche Hoffnung an das Leben verloren hatte. Für Nadine gab es nur das Rotlichtmilieu und den Straßenstrich. Sie hatte sich aufgegeben und sah in einem soliden Leben, mit einem normalen Job und einem normalen Mann an ihrer Seite, kein Rankommen. Sie wusste, dass sie nie im Leben ein ganz normales Leben führen würde. Stefano sagte immer, wer heiratet denn schon eine Nutte. Mittlerweile glaubte sie selber an diesen dämlichen Spruch und hatte sich damit abgefunden. Doch dieser Lucas kreiste immer wieder in ihren Gedanken und dieses verdammt süße Lächeln, machte ihr heute noch weiche Knie.
Sie hatte ihr Ziel erreicht und stand in der Hermannstraße 97. Das war alles gar nicht schwer, sie suchte sich einen Parkplatz und stieg aus.
Als sie bei ihrer Mutter vor der Haustür stand, sah sie in dem Imbiss ihre Schwester sitzen. Sie ging hinein und als Biggy ihre große Schwester sah, sprang sie kreischend vom Stuhl und nahm Nadine in den Arm.
Wie immer hatte Biggy viel zu erzählen, sie war auch schwan-

ger und bekam ihr erstes Kind, sie hatte einen kleinen süßen Babybauch. Nadine war begeistert und die beiden Mädels erzählten sich, was in den letzten Jahren alles passiert war.
Biggy nahm Nadine bei der Hand und ging hinauf zu ihrer Mutter, die sich auch freute, ihre große Tochter zu sehen.
Nadine war müde von der langen Fahrt und legte sich erst mal hin, sie schlief auch sofort ein. Es fehlten ihr auch ein paar Stunden, denn schließlich war sich ja nach Hof die ganze Nacht durchgefahren und nach Berlin auch. Sie hielt sich zwar mit Kaffee wach, aber die fehlenden Stunden machten sich beim Erreichen ihres Ziels dann doch bemerkbar, waren es doch fast 700 km, die Nadine gefahren war.

Als Nadine erwachte, war es schon dunkel und der Blick auf die Uhr sagte ihr, dass es gerade mal 19:35 Uhr war. In der Wohnung war es still und als Nadine in die Küche kam, fand sie einen Zettel auf dem Tisch: Wenn Du Hunger hast, komm runter zum Türken. Nadine wusch ihr Gesicht, zupfte sich ihre blonden Locken zurecht und ging die Treppe hinunter zum Imbiss.
Ihre Schwester und Mutter saßen schon am Tisch und genossen ihren Döner. Als Nadine den Imbiss betrat, wurde sie freundlich von dem Türken hinter dem Tresen begrüßt und ihre Mutter winkte sie zu sich.
Nadine bestellte sich ’ne Cola und dann auch einen Döner, ja, sie hatte richtig Hunger und war dankbar für diese Idee.
Sie unterhielten sich lange und Biggy erzählte von ihrer Schwangerschaft. Im Februar sollte das Kleine kommen und sie freute sich sehr auf das Kind.
Ihre Mutter hatte wie immer Bedenken und vermied es dabei, Nadine anzuschauen. Sie wusste, dass das immer ein wunder Punkt sein würde, denn sie hatte Nadine genau aus diesem Grund das Kind weggenommen und absichtlich entfremdet. Wobei Nadine eigentlich für die wenige Zeit, die sie mit ihrem

Sohn aufgrund der weiten Entfernung zusammen war, einen liebevollen Kontakt hatte. Ihrer Mutter gefiel das nicht, das wusste Nadine, ihre Mutter schien in vielen Dingen eifersüchtig zu sein. Auch als Nadine den neuen Wagen zeigte, hatte ihre Mutter keinen Blick dafür, sie sagte nur, dass man das viele Geld besser in Nadines Sohn hätte investieren können. Auch ihre Erklärung, dass sie ohne Auto gar nicht hätte kommen können, wurde weggewischt und mit einem zynischen Kommentar abgetan.
Manchmal verstand Nadine ihre Mutter nicht, sie wollte ihr immer gefallen und tat viel dafür, Nadine aber erntete immer nur böse Worte und Missgunst. Deshalb schwieg sie auch wieder, als ihre Mutter nach dem Unterhalt fragte und gab ihr das Geld wortlos.

Nadine suchte im Telefonbuch nach Lucas' Adresse und Biggy saß daneben und grinste. „Meinst Du wirklich, dass er Dich nach all den Jahren wiedersehen will. Du hast Dich verändert und er sich bestimmt auch. Mensch, Süße, seine Eltern sind hier in Neukölln eine angesagte Familie, er wird sich nicht mehr für dich interessieren." Nadine wollte Biggys Worten keinen Glauben schenken und packte allen Mut und jegliche Hoffnung zusammen und wählte die Nummer, die sie im Telefonbuch gefunden hatte.
Es klingelte eine Weile und dann hörte sie die so sehr vermisste tiefe, sinnliche Stimme von Lucas.
"Ja, hallo", meldete er sich wie immer. Nadine stockte der Atem, als sie leise fragte: "Lucas, bist Du es?", denn eigentlich kannte sie die Antwort. "Ja", sagte er, "wer ist denn da?" Nadine lachte leise, als sie ihren Namen nannte und dann kam nur Stille …
„Nadine?", fragte er ungläubig.
„Ja", sagte sie, „ich bin es." Wieder Stille …
„Wie geht es Dir?", wollte er nach einer Weile des Schweigens

wissen.
„Gut“, sagte Nadine, „ich mache gerade Urlaub und bin für ein paar Tage in Berlin. Ich dachte, wir könnten uns mal auf einen Kaffee treffen?“ Ihr Herz klopfte wie verrückt und sie hoffte so sehr, dass er zusagen würde. Doch auch diesmal wieder eine ganze Weile Schweigen …
„Bist Du noch da?“, fragte Nadine völlig nervös und er lachte.
„Ja klar, bin ich noch da. Wo bist Du denn jetzt?“, fragte er.
„Ich bin in Neukölln, ganz in Deiner Nähe.“ Wieder lachte er.
„Ich wohne schon lange nicht mehr in Neukölln, ich lebe in Steglitz und meine Firma ist noch in Neukölln.“
„Aha“, sagte Nadine nervös, „also was ist?“, fragte sie schon leicht genervt. „Hast Du Zeit, wollen wir uns treffen?“ Wieder sein Lachen, das Nadine immer wieder aus der Fassung brachte.
„Ja klar“, sagte er, „gerne.“
„Wann hast Du Zeit?“, fragte Nadine wieder und er sagte: „Morgen Nachmittag, ich komme dich holen, wenn Du willst.“
„Nein“, sagte sie, „das brauchst Du nicht, wir können uns hier treffen und ich fahre Dir mit dem Auto entgegen.“
„O. k.“, sagte er, „dann so gegen 3 bei Dir in der Herrmannstraße.“
„Ja“, sagte sie, „ich warte draußen, aber du sollst wissen, ich bin mittlerweile blond, nicht dass Du nach einer Dunkelhaarigen Ausschau hältst.“ Er lachte wieder.
„Super, dann treffe ich morgen die Blondine in der Herrmannstraße um 3.“ Nadine lachte auch und sagte: „Genau um drei. Bis morgen dann.“
Zitternd legte sie den Telefonhörer auf und dann kreischte sie und brüllte: “Ich hab es getan, ich hab es getan!“ Und auch ihre Schwester lachte mit ihr. „Also triffst Du ihn morgen.“
„Ja“, sagte sie und bestellte sich einen Feigling.

Nadine hatte die Nacht kaum geschlafen, sie rief nach dem

Gespräch mit Lucas noch Stefano an und auch ihren Sohn, wie versprochen. Dann ging sie mit ihrer Schwester noch ein wenig spazieren. Sie erzählte ihr, dass der Vater des Kindes im Gefängnis saß und dass sie gerne wieder nach Augsburg zurück wollte. Nadine erzählte ihrer Schwester den eigentlichen Grund ihrer Reise, dass sie mit Stefano nicht mehr glücklich sei, aber Angst hätte, ihn zu verlassen, weil sie dann nicht einen Pfennig bekäme. Biggy sah, wie unglücklich ihre Schwester war und beneidete sie keine Sekunde. Auch Biggy wusste, wie es im Milieu zuging und sie wusste auch, dass wenn Nadine Stefano verlassen würde, sie zum einen in Gefahr war und zum anderen mittellos war. Sie hasste diese scheiß Zuhälter, auch Biggy hatte hier in Berlin den einen oder anderen kennengelernt und wusste, mit denen war es kein Zuckerschlecken, gerade dann, wenn man vorhatte, sich aus dem Milieu zu verabschieden. Wenn Nadine das wirklich vorhatte, dann musste sie auch die Stadt wechseln, um genügend Abstand zu den Vollidioten zu bekommen, denn Stefano würde sie jagen und wenn er sie dann hatte, würde er sie fertigmachen.

Nadine war traurig, das spürte ihre Schwester. Vielleicht wollte sie sich ja gerade deswegen mit Lucas treffen. Biggy kannte die Geschichte, die die beiden verband und wünschte es ihrer großen Schwester von ganzem Herzen.

Die Mädels hatten die ganze Nacht geredet und als Nadine aufwachte, war es schon fast Mittag. Nervös sprang sie aus dem Gästebett und ging in die Dusche, dann begann sie sich anzuziehen und ging runter in den Imbiss, wo sie auch auf ihre Mutter und Biggy traf. „Na“, sagten die beiden, „gut geschlafen?“ Nadine lachte: „Ja, wie ein Murmeltier.“

"Hey", sagte ihre kleine Schwester, "Stefano hat hier angerufen, um dir auszurichten, dass er nach Italien muss. Seine Mutter sei wohl in Augsburg erkrankt und er und Claudia sowie seine Mutter würden heute wohl nach Italien fliegen.“ Schon wieder mit dieser Schlampe, dachte Nadine, sagte aber nichts weiter. „Er hat dir wohl noch mal Geld überwiesen und gesagt, Du könntest die nächsten zwei Wochen in Berlin bleiben und Urlaub machen.“ Nadine verstand nicht, wieso er wegen dem Kranksein seiner Mutter nach Italien musste, gab es doch auch in Augsburg genügend Ärzte. Dass er aber mit dieser Claudia sogar fliegen würde, das machte Nadine richtig sauer. Die ganze Nacht hatte sie gegrübelt, ob es nicht vielleicht besser wäre, sich von Stefano zu trennen. Nach fast 9 Jahren war einfach die Luft raus. Hinzu kam, seitdem er die Andere hatte, war Nadine nur noch zweite Wahl.

Als man sie vergewaltigt hatte, war er nie für sie da, er wollte gar nichts davon hören und die beiden Typen bekamen nur ein Jahr auf Bewährung, weil Nadine, so sagte der Richter, sich ja jeden Tag der Gefahr bewusst sein musste, wenn sie auf dem Straßenstrich stünde.

Nadines Anwalt war von der Aussage des Richters so perplex, dass er das Mandat niederlegte. Um zu ihrem Recht zu kommen, hätte Nadine einen neuen Anwalt beauftragen müssen, tat sie aber nicht, weil sie all das endlich vergessen wollte. Auch dabei fühlte sie sich wie so oft alleine gelassen. Er kam immer nur, um die Kohle zu holen, aber als Partner versagte er auf der ganzen Linie.

Nadine wollte Liebe und Geborgenheit, sie suchte ihr ganzen Leben danach und immer, immer wieder griff sie daneben. Sie fand nur Typen, die es auf ihr Geld abgesehen hatten, ein wirkliches Interesse an Nadines Gefühlswelt hatte keiner.

Nun stand ihr Date mit Lucas bevor, dem Mann, den Nadine in all den vielen Jahren nie vergessen hatte.

Sie war nervös und hoffte so sehr, dass er ihr eine Perspektive für die Zukunft geben könnte. Sie suchte nach einem handfesten Grund, Stefano zu verlassen und legte nun ihre ganze Hoffnung in das Date mit Lucas.

Nadine machte sich hübsch, sie zog eine weiße Jeans an und

dazu ein Jeanshemd im Westernstyle. Ihre blauen Pumps passten hervorragend dazu. Ihre langen blonden Haare band sie zu einem Zopf zusammen und das leichte Make-up unterstrich das Gesamtbild. Sie war bereit für das Abenteuer und freute sich, den Mann zu treffen, den sie seit ihrer Jugend kannte.
Sie trafen sich in einem Café nahe der Herrmannstraße und als er die Straße überquerte, erkannte Nadine ihn sofort. Ihr Herz schlug ihr bis zum Hals, er hatte immer noch den jugendlichen Charme.
Er stand vor ihr und sie konnte kaum ein Wort sprechen, als er das Wort ergriff.
"Du hast Dich verändert", sagte er, als er ihr einen Kuss auf die Wange hauchte. Nadine lächelte und sagte: "Ja, wir sind beide älter geworden."
Sie tranken den Kaffee in Ruhe und schauten sich einfach nur an. Nadine spürte diese vertraute Wärme wieder, die sie immer in seiner Nähe empfand. Sie sehnte sich nach seiner Nähe und als ob er ihre Gedanken lesen konnte, fragte er sie, ob sie zu ihm fahren wollen. Nadine nickte nur und so zahlte er den Kaffee, nahm sie bei der Hand und sie verließen gemeinsam das Café.
„Fahr einfach hinter mir her, wo steht Dein Auto?“ Nadine zeigte auf ihren schwarzen Cabrio und Lucas nickte anerkennend: „O. k., also dann lass uns fahren.“
Sie musste sich anstrengen, um Lucas im dichten Verkehr von Berlin nicht zu verlieren.
Sie fuhren Richtung Süden und Nadine staunte nicht schlecht, als sie in einer Straße mit schönen Jugendstilhäusern nach einem Parkplatz suchten.
Lucas war also aus Neukölln weggezogen, dachte sie. Sie konnte es verstehen, denn der Stadtteil war nicht mehr schön. Zu viele Ausländer machten ihn eher zu einem Juppieviertel. Nun lebte er da, wo er schon immer leben wollte. Damals hatte Lucas gesagt, in diesem Stadtteil leben die schönsten Frauen.

Nadine musste schmunzeln, als sie daran dachte. Sie stieg aus und Lucas kam auf sie zu. Diesmal küsste er sie auf den Mund und sagte: „Siehst Du, nun lebe ich hier."
„Ja, ja", sagte Nadine, „da wo die schönen Frauen leben." Sie lachte und er schaute sie erstaunt an: „Daran erinnerst Du dich noch?"
„Oh, ja", sagte Nadine, „ich erinnere mich an vieles, was Dich betrifft." Sein Gesicht wurde nachdenklich und so gingen sie gemeinsam die Stufen hinauf zu seiner Wohnung.

Sie betrat sein Reich und staunte nicht schlecht. Wieder einmal hatte er aus einer Wohnung ein kleines Paradies gemacht. Er besaß ein großes Hochbett und unter dem Hochbett war eine kleine Sitzecke, Nadine nahm Platz und er verschwand in der Küche.
Als er wieder kam, kredenzte er ihr einen Kaffee. Sie suchte nach der Toilette, um sich ein wenig frisch zu machen. Als sie den Raum betrat, erklang Musik, erschrocken blickte sie sich um. Aber ja, das kannte sie von seiner alten Wohnung, sobald man das Licht anmachte, ging auch das Radio im Bad an.
Nach ein paar Minuten saß Nadine neben ihm auf der Couch, ihr Herz pochte wie verrückt und schon fast schüchtern schaute sie ihn an. „Bist Du noch verheiratet?", fragte sie, um ein Gespräch zu beginnen. „Ja", sagte er, „mittlerweile schon das zweite Mal. Er hatte auch zwei Kinder, einen kleinen Sohn, der wohl mit der Mutter im Haus in einer anderen Wohnung lebte und eine Tochter, die schon älter war, aus einer kurzen Beziehung. „Deine Frau wohnt hier im Haus?", fragte Nadine ungläubig. „Ja", sagte er, „wir sind getrennt schon seit mehr als einem Jahr, aber um meinem Jungen das Ganze ein wenig leichter zu machen, bin ich ausgezogen und habe hier im Haus Gott sei Dank die Wohnung gefunden.
Nadine erzählte Lucas von ihrem gescheiterten Aufenthalt in der Schweiz und dass sie in Augsburg auf den Straßenstrich

gelandet war. Sie erzählte ihm von Stefano und dass sie mit dem Gedanken spielte, sich von ihm zu trennen, um etwas Eigenes aufzuziehen. Sie merkte gar nicht, dass sie mehr erzählte, als sie wollte und dass Lucas zusehends nachdenklicher wurde. Sie wollte, dass er wusste, dass sie vorhatte, mit dem ganzen Mist aufzuhören und hoffte auf seine Zustimmung. Nichts von alledem passierte. Er hörte ihr zwar zu, verstand Nadine aber nicht. Sie ging auf den Strich und suchte nach seiner Nähe, was sollte das?, fragte er sich immer wieder. Er war mittlerweile selber Geschäftsmann, hatte ein kleine Firma und versuchte, sich und auch seinem Sohn ein anständiges Leben zu bieten. Nadine und das Milieu hatten in dieser Welt keinen Platz. Er wusste das und nahm an, Nadine sei realistisch genug, um es auch zu wissen. Sie passte nicht in sein Leben, genau wie damals auch heute nicht. Sicherlich, er fand sie erregend und wie auch in den Jahren zuvor, war sie etwas Besonderes in seinem Leben, aber sie hatte nie den Stellenwert, den sie sich erhoffte. Es lag nicht an ihm, denn er lebte ein ganz normales Leben. Nein, es lag an Nadine selbst. Jedes Mal, wenn sie sich trafen, steckte sie in irgendeinem Schlamassel, ob es Drogen waren und der Bahnhof Zoo, oder aber wie jetzt in Bayern einen festen Zuhälter am Hintern und dann stand sie auch noch auf der Straße. Er konnte und wollte damit nichts zu tun haben, denn in seiner Welt war all das, was Nadine verkörperte, schlichtweg verrucht und gehörte zu den Früchten, die verboten waren.
Sicherlich lockte Nadine ihn und er spürte eine Anziehungskraft, die ihn schier in den Wahnsinn trieb. Ihn verlangte es danach, sie ins Bett zu zerren und einfach nur zu nehmen, ohne einen Gedanken daran zu verschwenden, wie es danach weitergehen würde.
Nadine saß da und sah, wie er grübelte. Sie fragte ihn, was los sei, doch ohne ihr eine Antwort zu geben, packte er sie an ihrem Zopf, zog das Gesicht zu sich und küsste sie leidenschaftlich.

Dieser Kuss zog Nadine den Boden unter den Füßen weg, sie ergab sich und ließ es geschehen.
Lucas ergriff die Initiative und begann, Nadine auszuziehen. Als sie fast nackt auf ihm lag, hob er sie hoch und trug sie zur Leiter seines Hochbettes. Nadine krabbelte die Stufen empor und ließ sich in die Kissen fallen.
Lucas kam nach ihr hoch und nahm sie wieder in den Arm und machte dort weiter, wo er unten aufgehört hatte.
Ganz nebenbei wollte er von Nadine wissen, ob sie Kondome dabei hatte und genau in diesem Moment war der erotische Moment von eventueller Zuneigung und Zukunft kaputt. Nadine schaute ihn unglaubwürdig an und er fühlte sich ertappt.
„Sag bloß, Du hast keine dabei?“
„Natürlich nicht“, sagte Nadine erbost, „wie auch, ich habe zum einen nicht darauf spekuliert, mit Dir zu schlafen und zum anderen sehe ich Dich nicht wie irgendeinen Freier.“
Etwas verlegen sagte Lucas: „Ich muss mich schützen, denn weiß ich, mit dem Du vorher das Vergnügen hattest?“
Nadine traute ihren Ohren nicht, was sollte das jetzt, dachte sie wütend. O. k., wenn er das so will, dann soll er eben die Hure Nadine kennenlernen.
Voller Wut kletterte Nadine die Treppen wieder hinunter, kramte in ihrer Handtasche nach einem Kondom. Fündig geworden, kam sie wieder zu ihm hoch und ab diesem Moment spielte sie die Hure Nadine, schluckte ihre bitteren Tränen hinunter und überließ Lucas den Rest des Spiels.
Es tat ihr weh, sie schloss die Augen und hoffte, dass es bald vorbei wäre.

Er drehte sich schwer atmend zur Seite und Nadine ging ins Bad. Sie wischte sich die Tränen aus den Augen. Ihr Traum, mit Lucas einen Neuanfang zu wagen, war binnen von Sekunden zerplatzt wie eine Seifenblase. Stattdessen hat er wie alle anderen Männer vor ihm auch nur das eine gewollt, ein schö-

nes Abenteuer in seinem Bett.
Nadine war am Boden zerstört und hätte am liebsten kommentarlos seine Wohnung verlassen. So ging sie, ohne ihn eines Blickes zu würdigen, ins Wohnzimmer, suchte ihre Sachen zusammen, zog sich im Bad wieder an und trank den Rest des schon kalten Kaffees aus. Dann sagte sie leise zu Lucas: "Ich muss wieder los." Er stand in der Unterhose vor ihr, wollte sie noch einmal in den Arm nehmen, sie jedoch drehte sich ohne ein Wort des Abschieds um und ließ die Wohnungstür leise hinter sich ins Schloss fallen.
Tränenüberströmt verließ sie das Haus und suchte nach ihrem Autoschlüssel, sie stieg ins Auto und fuhr davon.
Sie wusste nicht mehr, wo sie war, die ganze Zeit weinte sie im Auto und hasste Lucas. Wie konnte sie nur glauben, auch nur einen Hauch von einer Chance bei ihm zu haben. Es war doch klar, dass er mit einer wie ihr niemals etwas Ernstes planen würde.
Schon damals war sie doch nur sein Betthäschen und auch heute hatte er mal wieder bewiesen, dass er nur mit dem Schwanz dachte.
Und wieder hatte er ihr wehgetan, warum also suchte sie immer wieder nach ihm, warum gab sie ihm immer wieder die Möglichkeit, ihr zu zeigen, wie wenig wert sie ihm doch eigentlich war. Sie fuhr ziellos durch Berlin, bis ihre Tränen versiegten.

Lucas verstand die Welt nicht mehr. Sie hatte sich noch nicht einmal richtig verabschiedet. Ihr Gehen kam einer Flucht gleich und er wusste instinktiv, dass er einen Riesenfehler gemacht hatte. Verdammt, dachte er, warum kommt sie auch immer wieder zurück. Warum bekommt sie ihr scheiß Leben nicht auf die Reihe. Sie war jetzt 29 Jahre alt, alt genug um auf eigenen Beinen zu stehen. Stattdessen schwärmte sie vom Straßenstrich und ihrem Loddel. Das hatte ihn so verärgert,

dass er eben so getan hat, als wäre sie ihm egal. Er sah ihre Tränen nicht, daher war er davon überzeugt, es wäre alles in Ordnung und das kleine Spiel in seinem Bett für beide ein schönes letztes Erlebnis.
Hätte er gewusst, was Nadine dabei wirklich empfand, dann wäre es anders gelaufen, dann hätte er bestimmt versucht, sie aufzuhalten. Zu spät …

Nadine rief ihre Schwester von einer Telefonzelle aus an und bat sie, ihr den Weg nach Neukölln zu erklären.
Biggy spürte, dass irgendwas schiefgelaufen sein musste und fragte erst gar nicht, wie es gewesen war.
Sie bot ihrer Schwester an, zu ihr zu kommen, und so trafen sich die Mädels am U-Bahnhof Schlossstraße.
Als Biggy Nadine sah, wusste sie, dass das Date eine Katastrophe gewesen sein musste. Ihr Gesicht war tränenverschmiert und sie zitterte am ganzen Körper.
Nadine saß schweigend am Tisch und Biggy tat es in der Seele weh, ihre Schwester so zu sehen.
"Was ist passiert?", wollte sie wissen. Nadine rang nach Worten und erzählte immer wieder unter Tränen, was passiert war. Biggy hörte zu und konnte nachvollziehen, wie Nadine sich fühlte. Lucas konnte sie aber auch verstehen, es ist eben nicht einfach, das eine vom anderen zu trennen und gerade dann, wenn man etwas für den Menschen empfand, fiel es besonders schwer zu akzeptieren, dass eine Frau wie Nadine eben genau diesen Weg, diesen nach außen hin einfach wirkenden Weg eingeschlagen hatte.
Nadine hasste ihr Leben, sie wusste, dass sie als Frau, die auf den Strich geht, nie wirklich eine Chance hatte, die eine, große Liebe zu finden. Viel zu sehr war dieses Leben mit Klischees behaftet und aus diesem Grund hatte Lucas eben genau so reagiert.
"Schlag ihn Dir aus dem Kopf", sagte Biggy, „Ihr habt keine

Zukunft, geschweige denn eine Chance auf ein gemeinsames Leben."
Nadine wischte sich die Tränen aus dem Gesicht und sagte laut: „Er hat mich nicht verdient."
Damit war für Nadine das Thema Lucas beendet, insgeheim schwor sie sich, sich nie wieder bei ihm zu melden. Soll er doch glücklich werden ohne sie. Sie versprach sich selbst, alles, was ihn betraf, aus ihren Erinnerungen zu löschen.

Am nächsten Morgen hatte Nadine beschlossen, wieder nach Bayern zu fahren. Da Stefano noch mehr als eine Woche in Italien war, wollte sie die Zeit nutzen, um sich wieder zu sammeln. Sie hatte ja ihre kleine Wohnung und in die wollte sie zurück. Als sie ihrer Mutter und Biggy von ihrem Plan erzählte, waren sie zwar nicht begeistert, aber konnten Nadine auch verstehen. Ihrer Mutter war es recht, weil der Stiefvater sowieso kommen wollte. Nadines Sohn hatte Ferien und die sollte er mit seinen Großeltern in Berlin verbringen. Da Nadine immer noch kein gutes Verhältnis zu ihrem Stiefvater hatte, wäre ein Streit wieder einmal vorprogrammiert und daher war es besser, sie würde fahren.
Also packte Nadine ihre Sachen zusammen und verabschiedete sich von ihrer kleinen Schwester und ihrer Mutter.
Sie streichelte Biggy über den Schwangerschaftsbauch und sagte leise zu ihr: "Pass gut auf dich auf. Versprich mir, wenn Du dein Baby bekommst, dass Du Dich meldest." Die kleine Schwester lachte: "Ein Weihnachten haben wir noch vor uns, bevor das Kleine kommt. Die Ärztin sagte, er würde im Februar kommen, also keine Panik, wir packen das schon."
Nadine stieg ins Auto und machte sich davon, schließlich lagen noch 700 km vor ihr.

Es war spät in der Nacht, als Nadine in Augsburg ankam. Sie parkte ihren Wagen vor der Haustür, vorher hatte sie sich ver-

gewissert, dass Stefano tatsächlich noch nicht zurück war. Sie fuhr an seiner Wohnung vorbei, aber die Rollos waren unten und das tat er immer nur, wenn er längere Zeit weg war.
Sie stieg die Stufen empor und schloss die Tür zu ihrer Wohnung auf. Alles war, wie sie es verlassen hatte, nur der Anrufbeantworter blinkte. Nadine hatte keine Lust mehr, ihn abzuhören und ging sofort in Bad, danach gleich ins Bett.

Es war schon hell draußen, als Nadine erwachte. Sie fühlte sich ausgeschlafen und machte sich erst mal einen Kaffee. Dann sah sie wieder den Anrufbeantworter und diesmal drückte sie die Starttaste, um die Nachrichten abzuhören.
Sie hörte zweimal Stefano und dann sprach auf einmal Max seine Nachricht aufs Band. "Hey, Süße, sag mal, man hört so gar nichts von Dir. Ich habe Dir schon ein paar Mal aufs Band gesprochen, melde Dich bitte, sobald Du das abhörst."
Sie schlenderte mit der Kaffeetasse ins Wohnzimmer, bis der Anrufbeantworter alle Nachrichten abgespielt hatte. Komisch dachte sie, Max war nur einmal zu hören. Hatte er nicht gesagt, er hätte mehrmals draufgesprochen. Sie ging zurück zum Gerät und spulte wieder bis zu Max' Nachricht. Ja, stimmt, er war nur einmal drauf, wie konnte das sein? Sie ging auf die Taste, um die gelöschten Nachrichten abzufragen und da kam dann, sie haben 4 alte Nachrichten, die alle 4 von Max waren. Also hatte wohl jemand vor ihr den Anrufbeantworter abgehört. Stefano, dachte sie erbost, na toll, jetzt ahnt er etwas. Hat Max sich bedeckt gehalten, so konnte sie sagen, dass es ein Freier von ihr wäre.
Die Tatsache, dass Stefano während ihrer Abwesenheit in ihrer Wohnung war, störte Nadine gewaltig. Sie hatte ja auch keinen Schlüssel mehr zu seiner Wohnung. Sie musste sich etwas einfallen lassen, sie hatte da auch schon eine Idee.
Sie rief den Schlüsseldienst an und behauptete, dass sie aus Versehen die Tür zugeknallt hätte und dass sie Hilfe bräuchte.

Gesagt, getan, es dauerte nicht lange und ein junger Mann vom Schlüsseldienst kam, ließ sich von Nadine den Ausweis zeigen und mit ein paar Handgriffen öffnete er die Tür. Nadine fragte, ob es möglich wäre, ein neues Schloss einzubauen. Der Monteur schaute Nadine an und fragte, warum. Sie reagierte recht schnell und sagte, man hätte versucht, bei ihr einzubrechen. Der junge Mann verstand und erklärte, dass das aber ziemlich teuer wäre und er müsste das Geld sofort haben. Alles klar, Nadine ließ sich nun das neue Schloss einbauen und bezahlte eine enorme Summe dafür, dass sie nun drei neue Schlüssel hatte und Stefano so nicht mehr ungefragt in ihre Wohnung kommen konnte. Das Geld war es ihr wert. Sie wusste genau, dass es Ärger geben würde, wenn Stefano keinen Zugang mehr zur Wohnung hatte, aber das gehörte zu ihrem Plan. Sie hatte in der letzten Nacht in Berlin eine Entscheidung getroffen und die würde sie jetzt durchziehen mit allen Konsequenzen.

Sie hatte keinen Bock mehr auf Freier und deren Gelaber. Sie hatte keine Lust mehr ihren Körper tagtäglich zur Schau zu stellen und im tiefsten Winter sich den Arsch abzufrieren, damit der Mann an ihrer Seite noch mehr Kohle scheffeln konnte, um dann im Notfall doch nicht da zu sein. Nein, sie wollte dieses Leben nicht mehr, sie wollte endlich anfangen, an sich selbst zu denken und wenn das hieß, dass sie ohne einen Pfennig Geld dastehen würde, dann müsste sie eben mit diesen Konsequenzen leben. Ihre Mutter sagte immer: „Wenn Du glaubst, es geht nicht mehr, dann kommt von irgendwo ein Lichtlein her.“ Sie mochte diesen Spruch nicht, aber ein Körnchen Wahrheit steckte auch in diesem Satz.

Alles hatte sie sich zurechtgesponnen und war, je mehr sie darüber nachdachte, immer sicherer in ihren Gedanken geworden. Als Erstes brauchte sie einen Job, irgendwo als Kassiererin oder so, dann konnte sie die kleine Wohnung auch halten. Zweimal in der Woche würde sie am Abend den einen oder anderen Stammfreier noch bedienen, so war der Lebensunterhalt gesichert. Und wenn Stefano meinte, ihr einen Strich durch die Rechnung machen zu wollen, würde sie sich zu wehren wissen.

10. Kapitel
Der Ausstieg

Nadine saß im Straßencafé, als sie schon von Weitem den Motor des Camaros hörte. Sie ahnte, dass es Max war und richtig, er kam langsam die Straße hoch und schien etwas zu suchen. Nadine hatte ihr kleines Cabrio direkt vor dem Coffeeshop geparkt und als Max das Auto erblickte, stoppte er und parkte seinen Riesenschlitten daneben.

Er sah Nadine schon von Weitem und winkte ihr zu. Sie hatte ihn angerufen und um ein Treffen gebeten, er war gespannt, was sie ihm zu sagen hatte.

Er setzte sich neben sie und hauchte ihr einen Kuss auf die Wange. Sie sah wie immer toll aus und es freute ihn, dass sie den Kontakt zu ihm gesucht hatte. Sie klang sehr aufgeregt am Telefon und erklärte ihm knapp, dass es Neuigkeiten gäbe.

„Na“, sagte er, „was gibt es denn so Wichtiges?“ Nadine lachte und sagte: „Ich habe mich dazu entschlossen, solide zu werden. Das heißt, ich will mich von Stefano trennen und neu anfangen.“ Max verschluckte sich an seinem Wasser. „Wie bitte, Du willst was?“, stotterte er, „sag das noch mal.“ Nadine lachte wieder. „Ja, du hast richtig gehört, ich will mich von Stefano trennen und einen Neuanfang starten.“

Max sah sie verblüfft an und schwieg erst einmal dazu. Nadine erzählte ihm, was sie vorhatte und hoffte auf seine Zustimmung.

Er schaute sie eindringlich an und fragte: „Das hast Du Dir auch gut überlegt oder?“

„Ja“, sagte Nadine, „das ist keine Schnapsidee. Ich kann nicht mehr und zudem habe ich mir geschworen, dass ich zu meinem dreißigsten Geburtstag aufhören will. O. k., ich habe noch ein paar Monate Zeit, aber bis April sind es nur noch knapp 6 Monate und bis dahin muss mein Plan stehen, wenn nicht sogar so gut wie erfüllt sein.“

„Du weißt schon, dass, wenn Stefano erfährt, dass Du ihn verlassen willst, es mächtig Ärger gibt?“ „Ja, auch das habe ich eingeplant, sollte er mir wirklich Schwierigkeiten machen, dann gehe ich zu den Bullen. Der Dobler wartet nur darauf, ein Zeichen von mir zu bekommen.“ Max wurde aschfahl im Gesicht. „Spinnst Du, Du kannst ihm doch nicht mit der Polizei drohen, damit machst Du alles nur noch schlimmer.“

„Nein“, sagte Nadine, „ich gehe nicht zur Polizei, ich drohe ihm nur damit, da ich weiß, dass er Riesenangst davor hat, eingeknastet zu werden.“

Max grübelte. „Ich glaube nicht, dass das so eine gute Idee ist. Du bist seine Erstfrau und die lässt man nicht kampflos ziehen. Hinzu kommt noch, dass Du kein Geld von ihm erwarten kannst. Überlege doch mal, du hast ihm doch alles in den Rachen geschoben. Meinst Du, es ist richtig, ihm alles zu überlassen?“

„Ja, denn Geld ist ersetzbar. Wenn er meint, er müsste mir nichts geben, o. k., dann eben nicht. Ich will aber nicht mehr teilen müssen und habe auch keine Lust, jeden Abend auf der Straße zu stehen. Ich will endlich an mich denken und wenn er begreift, dass ich keinen anderen Kerl habe, sondern es wirklich nur darum geht, ein neues Leben zu beginnen, dann wird er, so hoffe ich, das auch akzeptieren.

„Dein Wort in Gottes Ohr“, sagte Max euphorisch.

„Mann, was will er denn machen“, sagte Nadine leise. „Er kann mich wieder prügeln und feststellen, dass das nichts an meiner Meinung ändern wird. Er kann mir andere Jungs auf den Hals hetzen, um dann noch mehr Ärger mit der Polizei zu riskieren. Ich denke, er wird schon Theater machen, aber gemäßigt, denn seine Angst vor einer Ausweisung ist viel zu hoch und wer weiß, vielleicht ist es ihm ja sogar recht, dann hat er freie Bahn, was seine Tussi anbetrifft. Ich werde ja sehen, was passiert, zunächst brauche ich erst einmal einen soliden Job, dann ist schon mal ein Grundstein gelegt.“ Max gefiel der

Gedanke nicht, dass sich Nadine so offensichtlich in Gefahr begab. Aber ihr Entschluss stand fest und er kannte sie soweit, dass er wusste, nichts und niemand konnte sie davon abhalten. Irgendwie bewunderte er sie aber auch, es gab nur wenige Mädchen aus dem Rotlichtmilieu, die zum einen den Arsch in der Hose hatten, dem Loddel die Stirn zu bieten und zum anderen eigene Entscheidungen treffen. Die Frauen, die er kannte, redeten immer nach dem Maul ihres Zuhälters, nicht eine von denen hatte ein wirkliches Ziel vor Augen, auch wenn sie immer von einem Kosmetiksalon träumten. Insgeheim wussten alle, dass es nie einen geben würde, solange es Puffs und dergleichen gab.
Nadine hingegen hatte nie von solchen Träumen gesprochen. Als Max sie einmal fragte, wie sie sich ihre Zukunft vorstellte, sagte sie nur: „Anders als das, was ich jetzt gerade mache.“
Ja, und genau das tat sie nun, sie legte sich den Grundstein für ein normales Leben und sie wusste sehr genau, was sie da tat.

Nadine stöberte gerade in der Tageszeitung, um nach Jobs zu suchen, als ihr Telefon klingelte. Stefano war am anderen Ende und fragte, ob alles o. k. sei. Nadine überlegte kurz, ob sie schon mal am Telefon damit beginnen sollte, solange er noch in Italien war, konnte er ihr nicht gefährlich werden. Sie sagte ihm leicht belustigt, dass sie das Türschloss hat auswechseln lassen und wartete nun auf eine Reaktion. Die kam prompt, sie hörte das Schnauben am Telefon und er fragte, was das soll. Nadine wusste, dass sie jetzt ihre Chance hatte, sie fing an und dann sprudelte es nur so aus ihr heraus, sie ließ Stefano nicht einmal Zeit, etwas zu erwidern. Sie plapperte ununterbrochen und schmiss ihm alles an den Kopf, was sie ihm schon längst hätte sagen sollen. So aber nahm sie ihm die Möglichkeit, dagegen zu halten und er, er ließ sie reden.
Als sie fertig war, fragte sie: "Bist Du noch da?"
"Ja", sagte er, "und das musstest Du mir jetzt alles am Telefon

sagen, meinst Du nicht, es wäre besser gewesen, abzuwarten, bis ich wieder in Augsburg bin."
"Nein", sagte Nadine, "ich will, dass Du vorbereitet bist."
"O. k.", sagte Stefano, "wenn Du meinst, dass es für Dich das Beste ist, dann ist es eben so. Ich werde Dir keine Steine in den Weg legen, aber Du sollst wissen, Du bekommst nichts von mir, nicht einen Heller. Es gibt auch kein Zurück für Dich, Dein Auto kannst Du behalten und die Wohnung auch, aber alles andere ist somit verwirkt. Ich will keine Schlampe, die nicht zu mir hält. Ich will nichts, was mich nicht will. Du wirst spätestens dann merken, dass der Weg der falsche ist, wenn Deine Kohle aufgebraucht ist und dann wirst Du bettelnd bei mir vor der Tür stehen.“ Er lachte höhnisch. „Und einen Kerl wirst Du auch nicht finden, wer will schon ’ne Muschi, die jeder haben könnte.“ Er lachte und legte auf, ohne dass Nadine etwas erwidern konnte.
Sie saß lange nach dem Gespräch auf ihrer Couch und war verunsichert. Hatte er recht, wenn er sagte, dass sie es nicht schaffen würde. Sie hatte das erste Mal wirklich Angst vor der Zukunft.
Sie wollte noch schnell zur Bank, bevor Stefano wieder zurück war und abklären, dass nur noch sie Zugriff aufs Konto hatte.
Sie fuhr sofort hin, denn sie ahnte, dass Stefano da zuerst versuchte, ranzukommen.
Der Banker war ein ganz Netter und er half Nadine, indem er ihr sagte, dass das sowieso ihr Konto sei und wenn sie sich von ihrem Freund getrennt hat, dann würde er die Zweitkarte sperren. Eine Unterschrift und es war besiegelt, ihr Konto war geschützt. Als sie dann Auszüge holte, schlich wieder diese Angst in ihr hoch. Noch 500 DM waren drauf, sie musste also schauen, dass sie so schnell wie möglich eine Arbeit fand.
Sie hatte in der Tageszeitung gelesen, dass ein Discounter eine Kassiererin suchte, sie wollte da gleich hinfahren und persönlich vorsprechen, vielleicht hatte sie ja Glück.

Sie parkte auf dem großen Parkplatz vor dem Supermarkt und ihr Herz klopfte wie wild. Sie war so gar nicht vorbereitet auf so ein Bewerbungsgespräch und dachte, allzu schlimm kann es ja nicht werden.
Am Empfang des Marktes fragte sie nach der Personalabteilung und die Dame dort rief auch gleich dort an. Nebenbei fragte sie Nadine, ob sie einen Termin hätte, sie schüttelte mit dem Kopf und die Dame nickte wohlwollend.
Nach ein paar Minuten saß Nadine in einem Büro und wartete auf den Personalchef.
Nadine wurde hineingebeten und freundlich begrüßt. Man fragte sie, ob sie schon einmal an der Kasse gesessen ist und ob sie schon Erfahrung im Verkauf hatte. "Nein", sagte Nadine, „ich habe jahrelang in der Pizzeria meines Freundes und seiner Familie gearbeitet und da ich mich von ihm getrennt habe, suche ich nun nach etwas Neuem."
Der Personalchef nickte verständnisvoll und sagte: „Nun gut, wir können es ja mal probieren, wir haben ja sowieso 6 Monate Probezeit, um festzustellen, ob sich die Tätigkeit für sie eignet."
Sie hatte einen 40-Stunden-Job im rollenden Schichtsystem, musste auch mal am Samstag arbeiten und bekam dafür 1200.-DM, war sozial- und krankenversichert.
Das hörte sich gut an und Nadine unterschrieb den Arbeitsvertrag. Man gab ihr noch eine Liste mit, dort hatte man ihr notiert, was sie noch alles brauchte. Eine Lohnsteuerkarte und ein polizeiliches Führungszeugnis, auch wo sie die Unterlagen anfordern konnte, war dort geschrieben.
Zum nächsten Ersten konnte sie anfangen, überglücklich setzte sie sich ins Auto und fuhr nach Hause.
Das Erste, das sie tat, als sie Haustür aufschloss, war der Griff zum Telefon. Sie wollte Max anrufen und ihm die Neuigkeiten mitteilen. Allerdings war mal wieder nur der AB dran. Sie wollte nicht draufsprechen, aber als sie auf die Uhr sah, wusste

sie, dass er noch arbeiten würde. O. k., dachte sie, dann fahre ich eben zu seiner Firma. Sie wusste ja, dass er als Schlosser arbeitete und so fuhr sie dorthin.
Sie wartete im Auto, so geparkt, dass sie sehen konnte, wenn er das Gelände verlässt. Er musste durch das große Eisentor kommen, also würde sie ihn sehen. Er hatte meist um 17:00 Uhr Feierabend, nun war es Viertel vor, also nicht mehr lange, er wird überrascht sein, mich hier zu sehen.
Und tatsächlich, er kam und war überrascht, als er Nadines Auto erblickte. „Was machst Du denn hier?“, wollte er wissen.
„Komm, lass uns irgendwo was trinken gehen“, lachte Nadine.
„So?“, fragte Max und blickte an sich hinunter? „So gehe ich nirgendwo hin, ich muss nach Hause, mich umziehen und vor allem vorher duschen, das dauert eine Weile, lass uns später irgendwo treffen.“
"O. k.", sagte Nadine, "dann so gegen 20:00 Uhr im Steakhaus in der Maximilianstraße, ich warte vor der Tür." Max grinste. „Gut, treffen wir uns da. Bis später.“
Nadine war enttäuscht, aber klar in dieser Arbeitsmontur konnte er nirgendwo hin, also musste sie sich noch gedulden.
Nadine stand wie verabredet vor dem Steakhaus, es war schon ziemlich kalt am Abend, der Herbst hatte dieses Jahr ziemlich früh begonnen, nichts war mit goldenem Oktober. Sie war, nachdem sie bei Max war, noch kurz ein Geschenk für ihren Sohn besorgen, der hatte nämlich auch in ein paar Tagen Geburtstag und da Nadine gerade erst in Berlin war, würde sie ihm sein Geschenk per Post senden und ihn dann anrufen.
Von Weitem hörte Nadine schon das Knattern des Camaros. Max war wie immer mal wieder unpünktlich, aber diesmal hielt es sich noch im Rahmen.
Er parkte an der gegenüberliegenden Seite und kam zu ihr rüber. „Ja, ja, ich bin wie immer mal wieder zu spät, komm, lass uns reingehen, bevor Du dir hier noch nen Schnupfen holst.“
Sie betraten das Lokal und fanden auch gleich einen Platz.

Beide bestellten sich ein Steak mit Folienkartoffel und während sie auf ihr Essen warteten, wollte Max nun endlich wissen, was los sei.
Nadine erzählte ihm von ihrem spontanen Bewerbungsgespräch und dass sie den Vertrag unterzeichnet hat. Auch hatte sie schon die erforderlichen Unterlagen geordert und zum ersten November würde sie anfangen. Max staunte nicht schlecht, als er das erfuhr. „Das ging ja fix“, freute er sich für Nadine, „und was sagt dein Ex dazu?“
„Ach ja, ich habe dir ja noch gar nicht von unserem Telefonat erzählt. Er hat gestern angerufen und ich dachte, ich erzähle ihm gleich alles am Telefon, bevor er wieder nach Deutschland kommt. Na ja, er war stinksauer und faselte, dass ich es sowieso nicht schaffen würde und dass ich nichts von ihm bekomme. Er brüllte so was wie, wenn ich jetzt gehen würde, gäbe es kein Zurück und ich könnte dann solange betteln, wie ich wollte.“
„Meinst Du, er lässt Dich in Ruhe?“, wollte Max besorgt wissen.
„Keine Ahnung“, sagte Nadine lapidar, „ich denke, das werde ich spätestens nächste Woche erfahren, wenn er wieder da ist.“
„Hast Du Angst?“, wollte Max wissen.
„Ja, ein bisschen“, sagte Nadine leise. „Aber dafür ist es jetzt zu spät, ich kann jetzt nur hoffen, dass seine anfängliche Wut in Italien verraucht und wenn er wieder in Augsburg ist, dass es keinen Stress gibt.“
Er sah Nadine an und obwohl dieser blonde Wuschelkopf so gar nicht sein Typ war, gefiel ihm diese Frau auf eine ganz besondere Art. Sein Beuteschema waren meist die Frauen, die in festen Händen waren, so konnte er gehen, wann immer es ihm passte und er war denen keine Rechenschaft schuldig.
Aber Max und Nadine? Nein, das würde nicht gut gehen, kam er doch aus eher ländlichen Verhältnissen. Sein Vater war bereits in Rente und bewirtschafte einen kleinen Hof, seine Mutter, die hoch katholisch war, lag krank zu Hause und hatte wohl

auch keine Chance auf Heilung. Eine Chaotin wie Nadine hatte in diesem Leben keinen Platz und außerdem, so dachte Max, wollte sie außer Freundschaft erst mal gar nichts. „Hey“, stupste Nadine ihn an, „träumst Du?“
„Nein, nein“, lachte er, „sorry ich war gerade mit meinen Gedanken woanders.“
„So, so“, lachte Nadine, „komm lass uns zahlen, ich bin auch müde und möchte nach Hause.“
Der Kellner kam und beide verließen das Lokal. Max nahm Nadine kurz in den Arm, hauchte ihr wie immer einen zarten Kuss auf die Wange und dann lief er rüber zum Auto. Auch Nadine stieg in ihr Auto ein und fuhr los.
Kaum in der Wohnung angekommen, klingelte ihr Telefon. Max war dran und redete aufgeregt von Stefano, der da war. Er hätte ihn am Auto abgepasst und bedroht. Dann hat er wohl einen seiner Autoreifen zerstochen und ihm klargemacht, dass er die Finger von ihr lassen sollte.
Oh, Mann, dachte Nadine, jetzt gehts los.
„Wie bist Du nach Hause gekommen?“
„Noch gar nicht“, sagte Max, „ein Kumpel kommt gleich mit ’nem Ersatzreifen und dann fahr ich heim.“
„Wo bist Du jetzt?“, wollte Nadine wissen.
„Ich geh noch mal ins Steakhaus zurück und trinke einen Whisky, um runterzukommen.“
„O. k.“, sagte Nadine, „soll ich kommen?“
„Nein, nein, bleib bloß zu Hause und mach niemandem die Tür auf. Ich komme nachher bei Dir vorbei, sobald der Reifen gewechselt ist. Du bleibst heute Nacht nicht allein in der Wohnung. Pack ein paar Sachen zusammen für die nächsten Tage, dann kommst Du erst mal zu mir. Er weiß ja nicht, wo ich wohne, ich habe ’ne Garage, da können wir unsere Autos parken. Mein Kumpel fährt mich zur Arbeit, dort hole ich einen Geschäftswagen und dann fahren wir zu dritt zu mir. Ich lass Dich jetzt nicht allein, wer weiß, zu was Dein Ex noch alles

fähig ist.“
Nadine raffte ein paar Sachen zusammen und wichtige Unterlagen, dann stand sie am Fenster und schaute auf die Straße, aber es war kein Stefano zu sehen. Dann sah sie Max im Auto vorfahren und sie schnappte sich die Tasche, verließ ihre Wohnung und schloss zweimal ab. Sie rannte die Treppe hinunter und stieg in ihr Auto. Sie fuhren los und hinter ihnen war der Transporter, der ihnen folgte.
Sie fuhren aus Augsburg raus nach Königsbrunn, dort hatte Max seine Wohnung. Vor dem Haus angekommen, schloss er die Garage auf. Nadine parkte ihr Auto in der Garage und Max sein Auto dahinter. Seinem Kumpel gab Max einen 20er und der fuhr mit ’nem Taxi wieder zurück nach Augsburg.
Nun stand Nadine das erste Mal in der Wohnung ihres einzigen Freundes. Es war eine typische Junggesellenbude, ein wenig chaotisch, aber auch toll. Er hatte zwei Zimmer, ein Wohn- und ein Schlafzimmer, ein schönes großes Bad und eine große geräumige Küche. Er wohnte unter dem Dach eines Dreifamilienhauses.
Nadine fand es urgemütlich und stand ein wenig verloren mit ihrem Koffer im Flur.
Max zeigte ihr einen Platz in seinem Kleiderschrank, da konnte Nadine vorerst ihre Sachen verstauen. Ihre Kosmetik räumte sie ins Bad und dann setzte sie sich ins Wohnzimmer auf die Couch.
Max kam mit zwei großen Tassen Tee, er gab Nadine eine, und setzte sich neben sie.
Er spürte, dass sie Angst hatte, sie war den Tränen nahe. Er nahm sie in den Arm. Das erste Mal seit die beiden sich kannten, begann Nadine zu weinen und er, er konnte sie nur festhalten und beruhigen. Sie wirkte so hilflos, so unbeholfen naiv und Max hatte das Gefühl, sie beschützen zu müssen. Er begann, sie zu streicheln und Nadine ließ es geschehen. Aus den Liebkosungen wurde wilde Leidenschaft, er trug sie in sein

Schlafzimmer, zog sie langsam aus und genoss jede Sekunde, sie zu erforschen und zu erobern. Nadine hatte noch nie zuvor solch eine Leidenschaft empfunden und sie gab sich seinen Berührungen völlig hin. Sie gierte nach Anerkennung und nach Sinnlichkeit, so kam es, dass diese erste Nacht erst am frühen Morgen ihr Ende fand und beide erschöpft einschliefen.

Am frühen Vormittag erwachte Nadine und spürte, das Bett neben ihr war leer.
Verschlafen stand sie auf und tappte in die Küche, auf dem Küchentisch lag ein kleiner Zettel, mit den Zeilen: „Guten Morgen meine Sonne, ich hoffe, Du hast gut geschlafen. Ich musste zur Arbeit und wollte Dich nicht wecken. Du findest alles, was Du brauchst, im Kühlschrank.
Einen dicken Kuss, Dein Max“

Nadine las die Zeilen und lächelte, er hatte ihr den Tisch gedeckt und Brötchen gekauft. Wahnsinn, dachte sie, das muss ein Traummann sein.
Sie kochte sich einen Kaffee und aß genüsslich ein Brötchen, dann ging sie ins Bad, um zu baden.
Als sie fertig war, begann sie, ein bisschen seine Wohnung zu putzen und sie räumte auf.
Dann schaltete Nadine den Fernseher an und machte es sich auf der Couch gemütlich, sie hatte den regionalen Sender an und wurde plötzlich stocksteif. Sie sah das Bild von einer sehr guten Bekannten auf dem Bildschirm. Sie hieß Angie und kam ursprünglich aus Ulm. Nadine hatte zu ihr ein sehr freundschaftliches Verhältnis und mochte diese kleine, naive Maus sehr gerne. Sie haben sich mal in einem Club kennengelernt, in dem beide Frauen anschafften. Mandy, ihr Zuhälter, und Stefano waren befreundet und sind damals eine Zeit lang gemeinsam um die Häuser gezogen. Als Nadine hörte, was passiert war, wurde ihr schlecht. Angelika Santiago, so hieß sie, wurde

in der vergangenen Nacht erschlagen an einem Bahngleis gefunden. Ein Spaziergänger, der mit seinem Hund unterwegs war, hat sie dort entdeckt. Nadine war schockiert und kreidebleich, sie saß da und sah die Bilder und irgendwie wusste wohl auch die Polizei nicht genau, wie es dazu kam. Man sagte, sie hatte Schmuck und auch Geld bei sich und nichts davon ist gestohlen worden.
Angie stand seit Jahren auf der Bürgermeister-Ackermann-Straße und war unter den Mädels zwar geduldet, aber nie wirklich geachtet worden. Sie war auch speziell, sie war anders als die anderen Huren, zum einen, weil sie trotz ihrer knapp 50 Jahre aussah wie 30 und weil sie durch den brasilianischen Touch eben auch für jede Hure eine riesige Konkurrenz war. Man hatte oft versucht, sie dort zu verjagen und ihr nachgesagt, sie würde ohne Gummi arbeiten, hatte ihr gedroht und sie verprügelt, aber Angie hatte um diesen Platz gekämpft und schließlich auch gewonnen. Nadine kannte die Neider im Milieu und wusste, dass da irgendwie etwas im Geheimen passiert war. Man hatte den Wagen von Angie, einen kleinen roten Golf, an ihrem Platz offen vorgefunden, selbst Handtasche und Schlüssel waren anscheinend unberührt, also was war passiert?
Nadine griff wieder zum Telefon und rief Bianca an, die stand genau auf der anderen Seite von der Straße und müsste eigentlich noch zu Hause sein.
Als sie ranging, brüllte Nadine sofort los: „Hey, hast Du das gesehen, man hat Angie ermordet, was ist los bei Euch auf dem Platz?“ Bianca weinte. „Ja", sagte sie, "ich weiß, die Bullerei war heute schon da und hat rumgenervt. Sie wurde heute Nacht wohl mit einem Stuhlbein erschlagen und einfach so liegen gelassen. Hätte man sie sofort ins Krankenhaus gebracht, würde sie noch leben.“ Nadine saß nur da und hörte zu, ihre stummen Tränen konnte nur sie spüren. Bianca erzählte, dass sie gestern aushilfsweise im Bunny Club war und als sie nach der Schicht zu ihrem Platz kam, war zwar das Auto von Angie da

und auch beleuchtet wie immer, aber von Angie fehlte jeder Spur. Bianca hat sich nichts dabei gedacht, denn Angie war oft mit ihrem Freier unterwegs und kam dann erst spät, um das Auto abzuschließen oder wegfahren zu lassen.
Man fand sie, nicht weit von ihrem Platz entfernt, an einem stillgelegten Bahngleis, ohne Spuren eines Raubmordes oder einer Vergewaltigung, selbst die Reporter fanden den Fund sehr mysteriös. Nadine saß da wie versteinert und weinte um die kleine, kecke Frau, die in Ulm zwei kleine Kinder hinterließ. Sie hatte die bei ihrer Mama in Obhut und so oft sie konnte, fuhr sie nach Ulm und kümmerte sich dann liebevoll um die beiden Kids. Angie war keine von den Huren, die anderen etwas Schlechtes wollte, ganz im Gegenteil, sie war schon so naiv, dass sie fast jedem, auch ihren Freiern, zu sehr vertraute und sich damit oft in Schwierigkeiten brachte. Die Männer hatten mit ihr immer ein leichtes Spiel und nutzten das Mädchen aus. Sie verdiente ein Wahnsinnsgeld und schob es wie jede, die einen Loddel hatte, in dessen Hals. Doch Nadine hatte ein halbes Jahr zuvor bei ihr mal angehalten, als sie von der Arbeit auf ihrem eigenen Straßenstrich kam und da hatte ihr Angie noch erzählt, dass sie aussteigen wollte. Sie hatte Nadine eigentlich erst auf die Idee gebracht und nun war sie tot. Hoffentlich, so dachte Nadine, würde sie es einfacher haben. Hoffentlich würde man sie nicht auch irgendwo totgeschlagen in der Gosse finden. War wirklich Angies Wille, aufzuhören der Grund für ihren Tod? Ein hoher Preis und vollkommen unverständlich. Nadine musste sich beruhigen, denn sie zitterte am ganzen Körper, sie hatte keine Ahnung, wie lange sie dort saß, aber als sie auf die Uhr schaute, war es schon Nachmittag.
Sie schaute in der Küche, was er zu essen da hatte. Sie würde für ihn kochen, sie fand ein Päckchen Nudeln und im Gefrierschrank hatte er noch Hähnchengeschnetzeltes.
Als sie das Schließen an der Haustür hörte, war sie auch fast fertig mit dem Kochen und freute sich auf ihn.

Er kam in die Küche und nahm sie in den Arm. "Hmm", sagte er, "das riecht aber lecker."
"Ja, ich dachte, Du würdest Hunger haben, wenn Du von der Arbeit kommst."
„Genau richtig“, sagte er, „ich geh nur schnell ins Bad und mach mich frisch.“ Währenddessen deckte Nadine den Tisch, er kam dazu und beide ließen es sich schmecken. Nadine erzählte Max von dem Geschehenen und auch wer Angie war und komischerweise kannte er Angie auch. Er war schockiert und wusste nicht recht, wie er mit dieser Information umgehen sollte, er versprach Nadine aber, sich umzuhören, um eventuelle Neuigkeiten zu erfahren.
Dann sah er, dass Nadine die ganze Wohnung auf Vordermann gebracht hatte. „Wow“, sagte er, „hier glänzt es ja wie schon lange nicht mehr. Daran könnte ich mich gewöhnen.“ Nadine lachte und sagte, dass sie schon ganz gerne wieder in ihre Wohnung wollte.
Max war betrübt, aber sie hatte recht, sie konnte nicht ewig vor ihrem Ex davonlaufen.
Sie hatte sich etwas überlegt, sie wollte sich auf neutralem Boden mit ihm treffen und ihm erklären, dass es keinen Zweck hatte, sich so quer zu stellen. Sie würde nicht mehr zu ihm zurückkommen und entweder er machte Theater und müsste in Kauf nehmen, dass Nadine sich wehrte und zur Polizei ging, oder aber er würde sie in Ruhe lassen und Nadine würde somit auf alles verzichten. Ihr Neuanfang war es ihr wert. Sie hatte ja in zwei Wochen einen Job und bis dahin würden die 500.- DM auch reichen.
Max war nicht begeistert von dem Plan, denn er ging davon aus, dass dieser Italiener ausrasten würde. Und so rang er Nadine das Versprechen ab, dass sie ihm ein Zeichen geben würde, wenn die Situation brenzlig werden sollte. Er würde in der Nähe bleiben und aufpassen, dass alles gut verlief.

Nadine rief ihn an und wider Erwarten ging er gleich ans Telefon. Sie wollten sich am Abend bei Angelo treffen.
Nadine war sehr nervös, als sie ihren Wagen direkt vor dem Café parkte. Max drehte noch eine Runde und stellte sein Auto etwas diskreter ab, sodass man zwar einen guten Blick auf den Biergarten hatte, aber seinen recht auffälligen Wagen nicht gleich sah.
Nadine setzte sich in dem Biergarten so hin, dass auch Max einen guten Blick hatte. Es dauerte nicht lange und der Porsche von Stefano war zu hören. Er kam nicht allein, seine Tusnelda war auch dabei, die allerdings ging ins Lokal und würdigte Nadine beim Vorbeigehen nicht eines Blickes. Gut so, dachte Nadine, ansonsten wäre sie aufgesprungen und hätte der Alten endlich mal eine aufs Maul hauen können. Sie gab dieser Frau die Schuld am Scheitern der Beziehung und Nadine hasste diese Frau bis aufs Blut.
Stefano kam und setzte sich ihr gegenüber. Er wirkte ruhig, aber sie kannte ihn gut genug, um zu wissen, dass es in ihm brodelte.
Sarkastisch sagte er: „Na, haste deinen neuen Stecher als Leibgarde auch dabei?“ Er hatte ihn also gesehen. Mist, dachte Nadine, das ist kein guter Anfang für ein Gespräch, das sie gewinnen wollte.
„Ja“, sagte sie, „weil ich Angst vor Dir habe und er einfach da ist, solltest Du mir was tun.“
Stefano grinste hämisch und sagte: „Glaubst Du allen Ernstes, ich habe Angst vor so einem halbseidenen Loddel wie dem da.“ Wieder konterte Nadine. "Er ist nicht da, um Dir eine reinzuhauen, er ist dafür da, dass wenn Du ausrastest, die Bullen zu holen."
Das hatte gesessen, sie merkte, wie er plötzlich zusammenzuckte und blass wurde. „Das würdest Du tun", fragte er leise?
„Ja, das würde ich, denn ich habe Dir genug zugesteckt und habe genug erduldet. Es reicht, ich will einfach nur gehen kön-

nen, ohne Theater und ohne Krieg. Wenn Du das nicht akzeptieren kannst, dann kannst Du es gerne darauf anlegen. Sollte mir oder aber auch Max etwas passieren, schwöre ich Dir, dass Du den Rest deines Lebens im Knast verbringst." Er spürte, wie ernst es Nadine war und erkannte diese Frau nicht mehr wieder.

Was war passiert, dass sie jetzt alles aufgab, was sie sich in den fast 10 Jahre hart erarbeitet hatte? Was war passiert, dass sie komplett anders war, als er sie kennen und lieben gelernt hatte. Er hatte immer auf sie zählen können und war sich ihrer so sicher und jetzt wurde er einfach vor vollendete Tatsachen gestellt. In ihm keimte Wut auf und Nadine sah es ihm an. Sie schaute ihm tief in die Augen und diese Augen waren kalt, eiskalt, als sie sagte: „Wage es ja nicht, sie nahm das Weinglas in die Hand und sagte wieder, wage es ja nicht mich anzufassen." Sie zitterte am ganzen Körper, aber diesmal nicht vor Angst, sondern vor Wut. „Ich warne Dich, solltest Du jetzt auch nur einen falschen Handgriff machen, ich schwöre Dir, ich werde dir dein Gesicht zerfetzen."

Ihm stockte der Atem, er saß da und war so verdattert und so erschrocken von diesem Blick, dass er sich langsam zurücklehnte und sie einfach nur ansah. Er wusste in diesem Moment, er hatte sie verloren und egal, was er tun würde, sie käme nicht zurück. Also entschied er sich, sie ziehen zu lassen, auch wenn er einen Teil seines Gesichtes vor den anderen verlieren würde, es hatte keinen Sinn mehr. Er hatte noch nie so viel Hass in Nadines Augen erkennen können und wusste, hier und jetzt hatte er den Kampf verloren.

Auch Nadine entspannte sich und endlich waren beide bereit, ein halbwegs vernünftiges Gespräch zu führen. Sie wollte nur ihre Wohnung und das Auto behalten. Mehr hätte er ihr sowieso nicht gegeben. Er stand auf und sagte noch beim Gehen: „Glaub nicht, dass Du wieder zurückkommen kannst. Du hast hiermit alles verwirkt und ganz ehrlich, ich bin froh, dass Du

weg bist, so eine Stresstusse wie Dich braucht keiner. Wer will schon ’nen alten Gebrauchtwagen, wenn er ’nen Ferrari haben kann.“ Damit spuckte er vor ihre Füße, drehte sich um und ging ins Lokal.
Nadine stand auf und ging schnell zu ihrem Wagen, stieg ein und fuhr davon.
Ein paar Meter weiter bog sie in eine Seitengasse und parkte. Ihre Knie zitterten und ihr war speiübel. Sie hatte endlich ihren Frieden und war frei. Keinen Pfennig in der Tasche, aber ihre Wohnung und das Auto durfte sie behalten. Sie war frei und konnte nun positiv in ihr neues Leben starten. Wie schwer das werden würde, ahnte sie zu diesem Zeitpunkt noch nicht. Max stand hinter ihr und nahm sie in den Arm. „Alles o. k.?“, wollte er wissen.
„Ja“, sagte Nadine, die Ära Stefano und Straßenstrich ist nun vorbei. Ich bin frei und zu haben. Fragend schaute Nadine Max an, der lächelte, küsste sie und sagte: „Zu haben? Nein, du bist vergeben, aber frei, um endlich wegzukommen vom Milieu.“ Wieder küsste er sie zärtlich, Nadine sagte ganz feierlich: „Komm lass uns das irgendwo feiern. Ich fahre nach Hause und wir treffen uns gegen 23:00 Uhr im Karat, o. k.?“
„O. k.“, sagte Max, noch ein Kuss und beide machten sich auf den Weg.

11.Kapitel
Ein neues Leben

Nadine stand an der Kasse, sie hatte heute ihren ersten Tag und war nervös. Sylvia, die Abteilungsleiterin, wies sie ein und war wirklich nett. Sie zeigte Nadine, wie sie sich an der Kasse anzumelden hatte und stand die ersten zwei Tage hinter ihr, um zu schauen, dass alles richtig ablief. Sie merkte, dass Nadine von Tag zu Tag sicherer wurde und auch das Obst und Gemüse schon recht gut zu kennen schien und so entschied sie, dass Nadine schon in der zweiten Woche alleine arbeiten konnte. Alles verlief super und Nadine hatte Spaß an ihren neuen Job, schnell knüpfte sie Kontakt zu den anderen und alles verlief in geregelten Bahnen. Max und sie waren ein Paar und Nadine genoss die Nähe zu ihm. Sie trafen sich meist am Wochenende oder aber er holte sie nach der Arbeit ab und sie gingen zum Essen oder in die Therme zum Schwimmen. Nadine hatte sich mit ihrem neuen Leben sehr gut arrangiert und war rundum zufrieden.

Sie war mit Max nun schon drei Monate zusammen und sie war glücklich an seiner Seite, heute sollte sie das erste Mal seine Eltern kennenlernen. Er kam aus einem kleinen Dorf südlich von Augsburg und hatte noch drei Geschwister. Seine Mutter war schwer krebskrank und sein Vater hatte einen kleinen Hof, auf dem er Schafe und Hühner züchtete. Seine beiden Schwestern waren schon verheiratet und hatten beide Kinder, sein jüngerer Bruder lebte noch beim Vater im Haus und arbeitet als Kranführer im Nachbarort.
Alles war sehr idyllisch und für Nadine eine komplett neue Welt. Alle waren irgendwie miteinander verbandelt und die Familienzusammengehörigkeit stand hier an erster Stelle. Für sie war das etwas völlig Neues, denn sie kannte so etwas aus ihrem Leben nicht. Waren ihre Eltern doch eher Eigenbrödler

und hatten so gar keinen Bezug als Familie. Nadine sehnte sich nach diesem Gefühl und fand es daher unheimlich schön, dazuzugehören. Sie hatte von Anfang an das Gefühl, dass man sie mochte. Der Vater von Max schien ihr wie der Almöli aus Heidis Geschichten. Er sah mit seinem Zauselbart und seinem mürrischen Blick auch wirklich so aus. Seine Mutter konnte Nadine nicht sehen, denn die lag im oberen Stockwerk im Bett und das war unausgesprochenes Hoheitsgebiet, außer den Kindern und dem Mann, durfte dort oben niemand rauf.
Nadine sah immer nur die besorgten Blicke und bekam am Rande mit, dass Maxens Mama nicht mehr lang zu leben hatte.
So kam, was kommen musste, eines späten Abends, es war im November, bekam Max einen Anruf von seiner Schwester, Nadine hatte frei und es war ein kalter Samstagmorgen.
Max sprang aus dem Bett und flitzte in der Wohnung rum wie ein aufgescheuchter Gockel. Den Tränen nahe erzählte er, was passiert war. Der Arzt war wohl in der Nacht bei seiner Mutter und der sagte wohl, dass es zu Ende ging. Alle Kinder wurden benachrichtigt und Max fuhr mit Nadine sofort hin. Er stieg die Treppen hinauf und Nadine saß derweil alleine in der Küche. Totenstille im Haus, plötzlich hörte Nadine das laute Weinen von seiner Schwester und das Getummel im oberen Stockwerk. Der Pastor hatte ihr die letzte Beichte abgenommen und sie gesegnet, danach wäre sie wohl ruhig eingeschlafen.
Als Erstes kam der Pfarrer die Treppen hinunter und danach dann die Geschwister. Max stützte seinen Vater und alle versammelten sich in der Küche. Die Stille war unerträglich für Nadine und die greifbare Trauer machten das Ganze noch schlimmer. Nadine stand auf und ging raus an die frische Luft, ein Wagen fuhr in die große Einfahrt und drei Männer in Schwarz stiegen aus. Nadine sah zum ersten Mal aus der Nähe einen Leichenwagen, es gruselte sie bei dem Gedanken. Hinter dem Leichenwagen hielt noch einmal ein Auto und ein Arzt stieg aus. Er eilte zum Haus und ging hinein. Max kam raus,

um nach Nadine zu sehen. Sie umarmte ihren Freund und sprach ihm ihre Trauer aus. Alles war so bedrückend und Nadine würde diesen Tag nie wieder vergessen, war es doch das erste Mal, dass sie so mit dem Tod konfrontiert wurde. Die drei Männer von dem Beerdigungsinstitut trugen den Sarg mit der Mutter aus dem Haus und als Nadine das sah, wurde ihr übel, sie rannte hinter das Haus und übergab sich. Das ganze Prozedere ging ihr so auf dem Magen, dass sie kreidebleich dastand und am ganzen Körper zitterte. Der Vater von Max tat ihr leid, er saß nur da und starrte vor sich hin. Er hatte seine Frau in all den Wochen des Dahinsiechens gepflegt. Nacht für Nacht hatte er an ihrem Bett gesessen und gehofft und gebetet, dass es bald vorbei sei. Zu sehr musste sich seine Frau in den letzten Wochen quälen. Er ist jeden Morgen in die gegenüberliegende Kirche gegangen und hat den Herrgott angefleht, seine Frau doch endlich zu befreien und jetzt, wo sie endlich ihren Frieden gefunden hatte, fühlte er sich so leer und allein. Sie waren mehr als 60 Jahre verheiratet und sind durch alle Zeiten gemeinsam gegangen. Jetzt, wo sie nicht mehr da war, spürte er den Verlust wie ein schneidendes Schwert und war der Ohnmacht nahe.

Max saß am Küchentisch, er wirkte irgendwie verloren, hatte er doch laut seinen Erzählungen einen ganz besonderen Bezug zu seiner Mutter. Der Abschied tat ihm sichtlich weh und die ganze Familie schien in eine Art Schockstarre verfallen zu sein. Sie saßen am Tisch und jeder war in seinen Gedanken versunken. Abrupt schien sich für alle das Leben komplett zu ändern, wie sehr, würde Nadine bald merken.

Es war später Abend, als Max und Nadine das Elternhaus verließen. Max bat Nadine, ihn allein zu lassen, sie tat ihm den Gefallen. Er fuhr sie zu ihrer Wohnung und als sie ausstieg, gab sie ihm einen liebevollen Kuss. Er erwiderte ihn nur halbherzig, viel zu groß war sein Kummer. Er gehörte nicht zu den Männern, die vor einer Frau weinten, er hatte oft genug von seinem Vater eingebläut bekommen, dass Männer nicht weinen dürfen und Nadine verstand, dass er alleine sein wollte. Beim Aussteigen sagte sie: "Ruf mich an, wenn Du mich sehen willst." Er nickte und rauschte davon. Sie saß in ihrer Wohnung und schaute fern, als ihr Telefon klingelte. Als sie ranging, war sie sichtlich erstaunt, war es doch ein Stammfreier von ihr. Nadine hatte wochenlang nicht mehr angeschafft. Sie war zwar immer noch regelmäßig beim Gesundheitsamt, aber seitdem sie sich von Stefano getrennt hatte und mit Max zusammen war, hatte sie gar nicht mehr an die Anzeige in der Tageszeitung gedacht. Sie hatte das in Auftrag gegeben und so buchte man monatlich bei ihr die Gebühr ab, irgendwie ist das bei Nadine gedanklich durchgerutscht. Zudem war sie die meiste Zeit bei Max und hatte den AB nicht abgehört. Was sollte sie tun, dieser Freier zahlte immer gut und Nadine konnte das Geld nebenbei gut brauchen. Also sagte sie zu und empfing ihn am späten Abend.

Max brauchte davon ja nichts wissen, er hatte momentan andere Probleme.

Der Freier kam und Nadine verbrachte zwei Stunden mit ihm, die 500.- DM waren ein gutes Taschengeld nebenbei. Wenn sie gewusst hätte, was diese Anzeige nach sich zieht, hätte Nadine niemals diesen Freier empfangen.

Als sie den AB abhörte, stellte sie fest, dass einige ihrer Freier den Kontakt zu ihr suchten. Nadine war überrascht und löschte die Nachrichten.

Eine Nachricht hatte ihre kleine Schwester hinterlassen. Als der Freier weg war, rief Nadine in Berlin an.

Es klingelte kurz und dann hörte sie die vertraute Stimme ihrer Schwester. "Hey", sagte sie, "wie geht es Dir?"

Sie hatten seit ihrem überstürzten Abschied in Berlin nicht mehr miteinander gesprochen. Auch der Kontakt zu ihren Eltern ist in der Zeit eingeschlafen. Fast 5 Monate war es her, dass Nadine sich bei ihren Eltern gemeldet hatte. Zum Geburtstag ihres Sohnes hatte sie zwar ein Päckchen geschickt und angerufen, aber sie hatte niemanden erreicht. Es war so viel passiert, dass Nadine es einfach vergessen hatte, sich zu melden.

Sie erzählte ihrer kleinen Schwester, was alles passiert war und die staunte nicht schlecht, als sie erfuhr, dass Nadine das Anschaffen an den Nagel gehängt hatte.

Ihre Schwester wollte wissen, ob sie zu Weihnachten nach Hof kommen würde und Nadine sagte zu. Es waren ja nur noch 4 Wochen und Nadine wollte einfach noch einmal ihre Schwester sehen, bevor sie ihr erstes Kind zur Welt brachte.

Biggy erzählte ihr von den Problemen mit ihren Eltern, sie hatte wohl erfahren, dass ihr eigener Vater auf Biggys Namen ein Geschäft eröffnet hat und damit dann in Konkurs gegangen war. Biggy erhielt Mahnungen und Rechnungen diverser Gläubiger und wusste nicht, was sie tun sollte. Ihr Vater war für sie nicht mehr erreichbar. Immer wenn sie das Thema ansprechen wollte, reagierte er gelassen und sagte, sie solle eine eidesstattliche Versicherung abgeben. Biggy war am Ende, sie wusste nicht, was sie mit den ganzen Schulden machen sollte, hatte sie sie doch gar nicht verursacht.

Als Nadine fragte, wie hoch diese Schulden waren, wurde ihr bei der Antwort ihrer Schwester schlecht. Das Mädchen war gerade mal 21 Jahre und hatte schon weit mehr als 60.000 DM Schulden und nur, weil ihre Eltern mal wieder ein fettes Leben auf Kosten anderer lebten.

Biggy war hochschwanger und der Vater des Kindes saß im Knast. Sie selbst hatte nichts gelernt und stand schon jetzt mit beiden Beinen in der Schuldenfalle. Sie würde da nie wieder alleine rauskommen und konnte noch nicht einmal was dafür.

Ihre Eltern hatten nicht den Schimmer von Ehrgefühl, geschweige denn von Verantwortung. Sie missbrauchten das Vertrauen ihrer Tochter und ließen sie mit dem Scherbenhaufen ihres Nichtkönnens im Regen stehen.

Nadine war sprachlos und wusste nicht, wie sie ihrer Schwester helfen konnte, denn Nadine hatte seit dem Ausstieg vom Straßenstrich selber erhebliche finanzielle Probleme. Sie versprach ihrer Schwester, Weihnachten das Thema zur Aussprache zu bringen und verabschiedete sich von ihr.

Max hatte sich drei Tage Auszeit gegönnt und holte Nadine von der Arbeit ab. Sie sah ihm an, dass es ihm immer noch sehr nahe ging, er sich aber wohl gefangen hatte. Nadine erzählte ihm von ihren Eltern und das Gehörte von ihrer Schwester. Max war geplättet, denn er selber kannte so etwas nicht, hatte er doch eine Familie, die immer da war, wenn er sie brauchte. Er sagte, dass ihre Schwester ihren Vater wegen Betrugs anzeigen könnte, so würde sie zumindest die Schulden vom Hals haben, dazu bräuchte sie einen Anwalt, der das für sie regelte. Nadine wollte Biggy noch mal anrufen, um ihr das zu sagen.
Sie hatte Biggy auch die Nummer von Max gegeben, falls sie zu Hause nicht erreichbar war.
Als sie bei Max in der Wohnung ankamen und Nadine gerade in der Küche stand, um etwas zu kochen, klingelte das Telefon. Max rief Nadine und flüsterte ihr zu: „Dein Stiefvater."
Nadines Herz pochte wie wild, wie immer, wenn sie mit diesem Mann sprach oder an ihn dachte.
Er fragte Nadine, wann der nächste Unterhalt käme, schließlich hätte sie ja schon seit zwei Monaten nichts mehr überwiesen.
Nadine erklärte ihrem Stiefvater, dass sie seit ein paar Wochen nicht mehr anschaffte und als Kassiererin in einem Discounter arbeitete.
Ihr Stiefvater schnaubte nach Luft und brüllte, dass ihn das nicht interessierte, ihr Kind will schließlich auch was essen und wenn Nadine 8 Jahre für 'nen Zuhälter anschaffen gehen konnte, dann könne sie das jetzt eben auch 8 Jahre für ihren Sohn tun. Nadine traute ihren Ohren nicht, war das wirklich wahr, was sie da gerade hörte? Ihr Stiefvater riet ihr, weiterhin anzu-

schaffen, damit sie weiterhin Kohle bekommen?
Max sah die Wut in Nadines Gesicht und als er hörte, worüber sie stritten, griff er nach dem Hörer und fragte, ob ihr Stiefvater überhaupt kein Fünkchen Ehrgefühl hatte. Max explodierte förmlich und erklärte ihm seine Meinung. Er sei in seinen Augen das Letzte und er solle sich schämen. Anstatt den Ausstieg aus dem Milieu für gut zu heißen, drängte er Nadine dazu, es weiterhin zu tun, nur damit seine Taschen gefüllt sind. Was für ein Mensch ist das und danach knallte Max erbost den Hörer auf mit den Worten: „Sei froh, dass Du so weit weg bist, sonst würde ich Dir Deinen Kopf einschlagen." Nadine saß am Tisch und schwieg, sie war verwirrt, denn sie hatte eigentlich gehofft, dass ihre Eltern sich freuten, dass sie endlich aus dem Milieu ausgestiegen war. Stattdessen schrie ihr Stiefvater sie an und verlangte, dass sie weiterhin auf den Strich gehen sollte, für ihren Sohn. Wie krank war das denn und was dachte ihre Mutter darüber?
Nadine war verzweifelt, sie tat sich sowieso schon schwer, mit dem bisschen Geld auszukommen, war sie doch all die Jahre daran gewöhnt, auf großem Fuß zu leben und jetzt musste sie mit 1200.- DM auskommen. Früher hatte sie das an einem Abend verdient, o. k., davon hatte sie auch nichts, aber wenn sie Stefano um Geld bat, bekam sie auch immer was. Nun war es anders, sie hatte, wenn sie alle Fixkosten abzog, noch 300 DM übrig und davon musste sie Benzin und Zigaretten zahlen, es war knapp, sehr knapp.
Oft hatte sie daran gedacht, so einen oder den anderen Freier einfach am Abend abzufertigen, dann konnte sie zumindest ein bisschen Luxus genießen, aber sie traute sich nicht, denn Max würde damit 100 % ein Problem haben.
Wenn er erfuhr, dass Nadine an dem Abend den Freier hatte kommen lassen, keine Ahnung wie er reagiert hätte, aber Nadine nahm an, er wäre enttäuscht von ihr.

Nadine packte gerade die Geschenke zusammen, als Max in der Tür stand. Sie sah an seinem Gesicht, dass irgendetwas nicht stimmte. Nadine sagte fröhlich: "Ich fahre in zwei Stunden nach Hof zu meinen Eltern, morgen ist Heilig Abend und ich habe über Weihnachten frei." Er reagierte gar nicht, sondern sah Nadine einfach nur an. "Was ist los?", wollte sie wissen. Max knallte eine Zeitung auf den Tisch und tippte auf eine ganz bestimmte Nummer. "Ist das hier nicht Deine Nummer?", fragte er verdächtig leise. Nadine wurde knallrot und sagte wie beiläufig: "Ja, ich habe es bisher vergessen, sie zu stornieren. Die Zeitung druckt das immer wieder und bucht von meinem Konto ab, ich habe es einfach vergessen."

Max wurde kreidebleich, denn er spürte, dass Nadine ihm nicht die Wahrheit sagte. „Wie oft hast Du in den letzten Wochen angeschafft?", wollte er unverblümt wissen. Nadine traute sich nicht, ihn anzusehen und sagte: „Kein Mal." Auch das war gelogen.

Sie wollte Weihnachtsgeschenke kaufen und das Geld, das sie vom Discounter bekam, langte hinten und vorne nicht, so hatte sie in den 4 Wochen sehr oft bei sich übernachtet und nebenbei einige Freier kommen lassen. Max hatte sich schon gewundert, warum sie ihm immer wieder fadenscheinig erklärte, sie müsste bei sich schlafen, aber er wäre nie im Leben darauf gekommen, dass sie immer noch, auch wenn nur nebenbei, anschaffen gehen würde.

Er sah, dass Nadine ihn belog und dass sie ihm, was das anbetraf, nicht vertraute.

So sagte er: „O. k., pack Deine ganzen Sachen zusammen, ab heute kannst Du wieder das tun, wozu Du Lust hast." Er packte, während er sie anbrüllte, im Schlafzimmer alles zusammen und auch im Bad.

Nadine stand da und sah zu, sie wusste, sie hatte einen Riesenfehler begangen, aber ihre Sturheit und auch ihr falscher Stolz hinderten sie daran, sich zu entschuldigen.

Sie lud ihren ganzen Krempel ins Auto und ließ Max einfach stehen.
Bevor sie nach Hof fuhr, brachte sie alles in ihre Wohnung und dann machte sie sich mitten in der Nacht auf, um zum Weihnachtsfest bei ihren Eltern und ihrer kleinen Schwester zu sein.
Sie verbrachte die Weihnachtsfeiertage bei ihren Eltern, es grauste ihr zwar, ihren Stiefvater zu sehen, aber da sie in den letzten Wochen genug Geld angeschafft hatte, konnte sie ihn mit 500.- DM zumindest soweit ruhig halten, um ein schönes Fest zu verbringen. Biggy war hochschwanger und hatte noch knapp 5 Wochen. Sie sah süß aus mit ihrem Babybauch und ihre Mutter freute sich sehr über den Kleinen. Nadines Sohn freute sich über den Besuch seiner Mutter. Das Weihnachtsfest verlief friedlich und als Nadine am zweiten Feiertag dann wieder los musste, nahm ihre Schwester sie in den Arm und sagte leise: „Rede mit Max, ich glaube, der tut Dir gut." Nadine war es richtig schlecht, sie wusste, sie war schuld an der Situation und sie musste Max irgendwie zurückbekommen. Er war immer da für sie und sie hatte sich so scheiße verhalten. Sie nahm sich vor, das, sobald sie in Augsburg war, zu regeln.
Als sie sich von ihrer Schwester verabschiedete, gab sie ihr einen fetten Kuss und winkte ihr zu, als sie die Straße in Richtung Augsburg verließ.
Sie wusste nicht, dass sie ihre Schwester hier ein letztes Mal gesehen hatte.

Nadine hatte tagelang versucht, Max zu erreichen, aber er ging nicht ans Telefon.
Sie ging wie gewohnt zur Arbeit und danach in ihre Wohnung. Sehnsüchtig hoffte sie, dass Max sich melden würde, aber nichts geschah. Sie hatte wirklich Liebeskummer und je mehr der Abstand wuchs, desto trauriger wurde sie. Sie hatte immer noch den einen oder anderen Freier, aber sie musste das tun, denn sie kam mit dem Geld, das sie auf normalem Weg ver-

diente, nicht zurecht.
Immer wieder versuchte sie, Max zu erreichen, sie sprach ellenlange Texte auf seinen AB, aber er reagierte nicht.
Sollte sie einfach mal zu ihm fahren und mit ihm reden, dazu fehlte ihr der Mut. Sie war zu feige, den einfacheren Weg zu gehen, stattdessen nahm sie in Kauf, dass sie den Mann, den sie liebte und der für sie da war, verlor.
Die Wochen vergingen und eines Abends klingelte Nadines Telefon. Es war ihre kleine Schwester, die gerade einen kleinen Sohn zur Welt gebracht hatte. Nadine war außer sich vor Freude, endlich hatte sie es geschafft. Biggy erzählte ihr, dass ihre Mutter mit bei der Entbindung war und dass der kleine Brian hieß. Sie lebte jetzt erst mal bei den Eltern und wenn alles gut lief, würde sie sich in Hof eine Wohnung suchen, um ein eigenes Leben mit ihrem Kind zu beginnen.
Nadine hoffte so sehr, dass ihre kleine Schwester das schaffte und sie versprach zu kommen, sobald es ihr möglich war. Sie redeten lange und Biggy sprach ihrer großen Schwester Mut zu. Beide Mädchen verband eine tiefe Liebe und nun waren auch beide endlich vom Mutterglück beseelt.

Für Nadine lief alles recht ruhig, sie ging in die Arbeit und am Wochenende hatte sie den einen oder anderen Freier. Finanziell war Nadine erst mal ganz gut dabei, sie hatte ihr Auskommen und soweit es ging, genoss sie die Zeit des Alleinseins.
An einem Wochenende, Nadine hatte frei, wollte sie mal wieder in die Disco.
Sie machte sich zu Hause fertig und stürzte sich dann ins Augsburger Nachtleben. Sie stand gerade mit einer Freundin aus vergangenen Zeiten auf der Tanzfläche, als Max die Disco betrat. Er war nicht alleine, eine recht attraktive dunkelhaarige Frau begleitete ihn. Nadine traf dieser Anblick mitten ins Herz. Sie sah zu ihm rüber und ihre Blicke trafen sich. Max lächelte nur kurz und kümmerte sich dann wieder um seine Begleitung.

Er küsste sanft ihr Haar und Nadine musste zusehen, wie er diese Frau anzuhimmeln schien. Nadine kannte diese Frau von irgendwoher und als ihr einfiel, wer sie war, keimte Wut in ihr auf. Hatte er sich doch wieder eine aus dem Milieu gesucht. Die allerdings, das wusste Nadine genau, würde nicht aufhören, anzuschaffen, denn sie besaß einen Club am Rand von Augsburg und war eine gemachte Frau. Sie galt als kalt und unnahbar und die Mädels, die in ihrem Laden anschaffen gingen, hatten nichts zu lachen.
Sie war eiskalt und nutzte jedes der Mädchen aus, sie mussten für alles, was sie im Club taten, bezahlen. Nadine mochte diese Frau nicht und verstand nicht, wieso ausgerechnet Max auf sie zu fliegen schien.
Der Abend war gelaufen, sie hatte gehofft, ihn zu treffen, aber dem war nicht so.
Sie packte ihre Tasche und lief tränenüberströmt an ihm vorbei. Als sie die Stufen nach oben rannte, hörte sie seine Stimme hinter sich. „Nadine warte“, schrie er. Sie rannte weiter, „bleib stehen“, brüllte er wieder, aber sie, sie wollte nur weg. Als sie auf der Straße ankam, hatte er sie gerade noch am Arm erwischt und er drehte sie zu sich rum. „Warum läufst Du weg?“, wollte er wissen, „ist es wegen Renate, das ist eine Freundin, nicht mehr und nicht weniger.“
Sie schaute ihn an und sagte leise: „Ich bin ja selber schuld. Aber wieso suchst Du Dir ausgerechnet so eine Frau, wo Du mir das Anschaffen vorwirfst“, wollte Nadine wissen.
Max sagte: „Ich habe Dir nicht das Anschaffen vorgeworfen, sondern dass Du mich belogen hast. Mir war klar, dass Du mit Deinem Geld vom Discounter kaum über die Runden kommst, aber als meine Freundin, hätte ich erwartet, dass Du mit mir darüber sprichst. Wir hätten einen Weg gefunden und Du hättest Schutz gehabt. Ich habe nichts gegen Frauen, die auf diese Weise Geld verdienen. Aber Ehrlichkeit ist ein oberstes Gebot in diesem Leben.“

„Na ja“, sagte Nadine beleidigt, „nun hast Du ja jemanden, der genug Geld hat und brauchst mich nicht mehr.“ Sie drehte sich auf den Absatz um und ließ Max stehen. Der verstand die Welt nicht mehr, war er mit dieser schwarzhaarigen Frau doch gar nicht zusammen, sie kannten sich nur schon sehr lange und sie war wie eine Schwester für ihn. Nadine plagte die Eifersucht und sie wusste im Grunde genommen genau, dass sie den Fehler gemacht hatte.
Nadine riss sich von ihm los und brüllte ihn an: „Soso, nur eine Freundin, was bin dann ich für Dich?“
Er schwieg und Nadine glaubte, auch ohne Worte zu verstehen, sie drehte sich um und lief zu ihrem Auto.
Sie stieg ein und fuhr nach Hause. Sie konnte lange nicht einschlafen und dann mitten in der Nacht klingelte das Telefon. Als Nadine abhob, hörte sie Max am anderen Ende. „Hey", sagte er, „lass uns noch mal reden."
„Was willst Du reden?“, wollte Nadine wissen. „Ich will, dass Du zurückkommst, lass uns beide endlich einen wirklichen Neustart machen, aber diesmal ohne zu lügen.“
Er erzählte ihr, dass er auch Hilfe brauchte, denn auch er verdiente nicht so gut und das Zockerleben kostete ihn ein Vermögen. Wenn Sie zusammenhielten, dann würden sie es gemeinsam schaffen.
„Du kannst ja deinen Job in Deiner Wohnung ab und zu machen“, sagte er versöhnlich, „ich habe da wirklich nichts dagegen, so kommen wir beide eben besser über die Runden.“
Nadine wurde hellhörig, wollte er auch nur wegen der Kohle was von ihr. Max war schwer durchschaubar. Auf der einen Seite arbeitete er schon seit seiner Ausbildung in einer Firma, war aber dennoch oft in Zuhälterkreisen aufzufinden. Er zockte gerne 17 + 4 und schien da hin und wieder recht gut zu gewinnen. Man sagte, er sei ein „Halbseidener“ also einer, der sowohl ein solides Leben führte, aber dennoch gerne mal wieder Rotlichtluft schnupperte.

Nadine liebte diesen Mann und so ließ sie sich auf den Vorschlag ein. Sie stieg in ihr Auto, mitten in der Nacht, und fuhr zu ihm. Sie schlief mit ihm und fuhr am nächsten Morgen überglücklich zur Arbeit.

Nadine war glücklich an der Seite von Max und so war sie immer mehr bei ihm zu finden als bei sich. Sie waren ein Herz und eine Seele, auch bei seiner Familie war sie gern gesehen. Der Vater mochte Nadine auf eine ganz besondere Art und Weise, er war nicht der Mensch, der viel redete, aber er merkte, dass Max, seitdem er mit Nadine zusammen war, nicht mehr allzu viel zu zocken schien und dass er wieder öfter vorbeikam, er hatte wieder zu seiner Familie gefunden und das rechnete er Nadine an.
Eines Tages, es war Spätsommer, wollten Max und seine Neffen mit Nadine in den Augsburger Zoo gehen. Nadine war es schon seit ein paar Tagen immer wieder schlecht und sie hatte ihre Regel nicht bekommen.
Sie ahnte, dass irgendetwas im Busch war, aber sie wollte Gewissheit. So kaufte sie sich heimlich einen Schwangerschaftstest und weihte die Schwester von Max ein. Die war natürlich hellauf begeistert, bei dem Gedanken ihr Bruder könnte bald Vater werden und wartete nun gespannt, dass Nadine endlich aus dem Klo kam.
Nadine allerdings, saß auf der Toilette und ihr Herz klopfte wie verrückt. Lieber Gott, lass es bitte nicht geschehen. Ein Kind, jetzt? Wäre kein guter Zeitpunkt, zumal sie mit Max ja noch nicht einmal ein Jahr zusammen war. Aber das Schicksal wollte es anders, der Schwangerschaftstest war positiv, sie sollte bald wieder Mutter werden. Ihr Sohn war nun 9 Jahre alt und nun bekam Nadine ihr zweites Kind. Sie flehte die Schwester an, Max erst mal nichts davon zu sagen, sie wollte es selber tun.
Während der Zeit im Zoo war Nadine mit ihren Gedanken ganz

woanders und auch Max merkte, dass mit Nadine etwas nicht stimmte. Sie war irgendwie komisch und er wollte wissen, was los war.
Nach dem Besuch lieferten sie die Jungs wieder bei der Schwester ab und sie fuhren zu Max nach Hause.
Dann hielt es Nadine nicht mehr aus und sie sagte zu Max: „Setz Dich bitte, ich muss Dir was erzählen.“ Max war gespannt, was nun kommen würde und als Nadine ihm erzählte, dass sie schwanger sei, wurde er kreidebleich und sagte erst mal gar nichts. Er wusste, dass Nadine immer nur mit Kondomen arbeitete und er wusste auch, dass sie schon lange keine Freier mehr hatte. Deshalb fragte er erst gar nicht, ob es von ihm war, er wusste nicht, wie er reagieren sollte, denn auch er wusste, dass ein Kind in der momentanen Situation eigentlich gar nicht passte. Aber man kann sich das eben oftmals nicht aussuchen und so entschied er, das Kind zu akzeptieren. Nadine saß neben ihm und er wusste, dass dieses Kind alles, aber auch wirklich alles für sie ändern würde. Sie würde nicht mehr anschaffen gehen können und müsste nun lernen, ein ganz solides und normales Leben zu führen. Er war sich nicht sicher, ob sie das schaffen würde. Er nahm Nadine in den Arm und sagte: „Dir ist schon klar, dass das eine Herausforderung für Dich wird. Wir müssen jetzt zusammenhalten, denn Du wirst Mutter und das wird ein harter Job.“
Nadine war sich unsicher, ob sie das so wollte, denn schließlich hatte man ihr das erste Kind ja auch weggenommen. Wenn sie jetzt wieder eins bekäme, müsste sie ihr Leben komplett ändern. Sie hatte ihren Job als Kassiererin und dadurch war sie rechtlich ja abgesichert, aber sie verdiente eben auch nicht sonderlich viel und Maxens Gehalt war auch nicht so, dass man da eine Familie von ernähren könnte, zumal beide ja auch noch eine Wohnung hatten. Wenn Nadine jetzt zu Max ziehen würde, wäre da schon mal ein großer Batzen an Geld gespart. Nadine hatte Angst, denn wenn Max sie verließ, würde sie am

Ende wieder alleine dastehen und dann?
Sie saßen auf der Couch und jeder war in seinen Gedanken versunken. Auch Max war sich im Klaren, dass er nun sein lockeres Leben aufgeben musste, sollte Nadine das Kind behalten wollen.
Vorsichtig fragte er: „Bist Du Dir sicher, dass Du das Kind haben willst.“ Nadine war sich überhaupt nicht sicher und sagte leise: „Ich weiß es nicht.“
Sie hatte große Angst davor, denn schließlich hatte sie bei ihrem Sohn auch gehofft, es hinzubekommen und hat kläglich versagt. Hinzu kam, wenn sie jetzt dieses Kind bekam, würden ihre Eltern auf die Barrikaden gehen, denn 2 x Unterhalt konnte Nadine sich beim besten Willen nicht leisten. Sie hatte die letzten Monate nur durch die wenigen Freier regelmäßig die 300 DM zahlen können. Wenn sie jetzt ihren Eltern erzählen müsste, dass sie schwanger sei und eben keinen Unterhalt mehr zahlen kann, dann wäre der Stress vorprogrammiert. Max verstand Nadines Zweifel, denn er kannte mittlerweile ihre Eltern und hasste sie abgrundtief. Nadine hatte ihm in den Monaten viel erzählt und das, was er da zu hören bekam, ließ ihn immer wütender werden. Hatte er doch eine schöne Kindheit mit allem, was dazugehörte. Eine intakte Familie war Gold wert. Er hatte auch schon viel Mist gebaut, aber seine Familie war immer für ihn da. Sein Vater hatte ihm schon oft aus der Patsche geholfen, wenn er sich mal wieder finanziell verzockt hatte und er kein Geld für die Miete hatte. Er konnte sich immer auf seine Familie verlassen und er wusste, auch dann, wenn er und Nadine sich für dieses Kind entscheiden würden, wäre er da und würde ihnen helfen. Nadine jedoch konnte in dieser Hinsicht nichts von ihren Eltern erwarten, ganz im Gegenteil, sie musste damit rechnen, das man ihr das Leben erschweren würde, sobald kein Geld mehr von ihr käme. Er verstand die Eltern nicht. Nach allem, was ihm Nadine erzählte, war die Denkweise der Eltern abscheulich. Dann hatte er plötzlich eine Idee:

"Was hältst Du davon, wenn wir heiraten?"
Nadine schaute ihn verblüfft an. „Du willst mich heiraten?“, fragte sie unsicher.
„Ja“, sagte er, „warum nicht? Das Kind ist von mir und ich habe mir immer geschworen, dass ich, wenn ich einmal Vater werde, immer für mein Kind da sein werde. Wir schaffen das, wenn Du Deine Wohnung kündigst und ganz zu mir ziehst, dann sparen wir da schon mal Geld. Zudem werde ich schon noch eine Möglichkeit finden, etwas dazuzuverdienen und Du kannst dann in Mutterschutz gehen. Zudem werden Deine Eltern es nicht wagen, gegen Dich vorzugehen, wenn Du verheiratet bist.“
Nadine saß da und begann zu weinen, immer hatte sie geglaubt, dass sie niemals heiraten würde, wer will denn schon eine ehemalige Junkiehure.
Dieser Max, sie sah ihn liebevoll an, war es, der sie aus dem Milieu geholt hatte, der zu ihr stand und sie anscheinend so sehr liebte, dass es ihm egal war, was die anderen dachten. Er wollte ihr und seinem Kind ein Zuhause geben und in diesem Moment begriff Nadine, dass sie dieses Kind haben wollte, sie wollte endlich beweisen, dass sie auch ohne all den Mist auskam.
Sie würde endlich eine kleine Familie haben und einen Ehemann, sie küsste ihn und sagte: „Ja, lass uns heiraten.“

12. Kapitel
Ehefrau mit Hindernissen

Voll im Hochzeitsstress, Nadine war mit ihrer zukünftigen Schwägerin dabei zu planen, wer kommen sollte. Nadine wollte ihre Eltern nicht einladen, denn es kam wie vorhergesehen. Max saß mit ihr am Abend im Wohnzimmer, als das Telefon klingelte und mal wieder ihr Stiefvater dran war. Nadine erzählte ihm von der Schwangerschaft und der anstehenden Hochzeit, aber das interessierte ihn nicht. Er drohte ihr damit, ihr auch das zweite Kind wegzunehmen, denn Max wäre auch ein Zuhälter und einer Nutte wie Nadine kann man kein Kind lassen. Als Max das hörte, rastete er vollkommen aus, so hatte sie ihn noch nie erlebt. Er brüllte, was das Zeug hielt, und erteilte ihren Eltern ein Hausverbot. Er drohte ihnen sogar mit einem Anwalt wegen übler Nachrede. Zudem sagte Max, dass er mit solchem Pack wie denen nichts zu tun haben wollte. Er würde dafür sorgen, dass Nadine jeglichen Kontakt zu ihnen abbricht und selber vor Gericht zieht, um das Sorgerecht für ihren Sohn zu bekommen. Max knallte den Hörer auf und damit war das Thema Nadines Familie für ihn Geschichte. Er wollte nichts mehr von ihnen hören und bat Nadine, ihre Eltern einfach zu meiden.

Sie hatte jetzt eine neue Familie, die da war, wenn sie sie brauchten. „Wer solche Eltern hat“, sagte er, „der braucht keine Feinde.“

Also lud Nadine niemanden aus ihrer Familie ein, denn ihre Schwester lebte immer noch bei ihren Eltern und Nadine kam nicht an sie heran. Es tat ihr zwar in der Seele weh, weder ihren Sohn, noch ihre kleine Schwester dabei haben zu können, aber sie konnte Max auch verstehen. Wie das wohl aussehen würde, ihre Eltern hier, zwischen den ganz normal denkenden Menschen. Womöglich würden sie zu viert kommen, Nadines Mutter, der Stiefvater, ihr Sohn und zu guter Letzt vielleicht sogar ihr Erzeuger, der seit Jahren den Haus- und Hofdeppen spielte. Der richtige Vater, der sich nie um sie gekümmert hatte und den man jetzt ihrem Sohn als Onkel Klaus verkaufte, obwohl es eigentlich der leibliche Opa von Nadines Sohn war. Ihre Mutter lebte also mit dem Ex-Mann und Vater der drei ersten Kinder und mit dem jetzigen Mann unter einem Dach. Nadine musste schmunzeln, als sie daran dachte, wie komisch das bei anderen wirken musste. Nadines Familie war der reinste Horror. Mario, ihr großer Bruder, war drogenabhängig und so oft im Knast, dass Nadine gar nicht wusste, wo er momentan gerade war. Der kleine Bruder Frank verkehrte in der Schwulenszene und auch der nahm alles, was antörnte und sein Strafregister war noch gewaltiger als das des anderen Bruders. Biggy und auch Nadine waren Prostituierte, also keines der Kinder hatte auch nur ansatzweise ein normales Leben. Alle waren missraten und das konnte nicht nur an ihnen selbst liegen, da kam ganz viel zusammen.

So kam es, dass Nadines schönster Tag im Leben eben ohne ihre Familie stattfand. Eine kirchliche Hochzeit kam schon aus finanziellen Gründen nicht infrage, zudem wäre es schon ein wenig makaber, wenn Nadine als ehemalige Hure plötzlich ganz in Weiß und auch noch schwanger vor den Altar treten würde. Nein, das war auch für Max keine Option, denn er wurde hochkatholisch erzogen und so war das eine unausgesprochene Feststellung, die Nadine verstand, auch wenn sie gerne eine richtige Braut gewesen wäre. Sie war ja schon froh, dass Max' Familie die Heirat akzeptierte. Irgendwie hatte die Schwester erfahren, dass Nadine auf den Strich gegangen ist und dass Max ihr geholfen hatte, auszusteigen. Die Jüngere seiner beiden Schwestern war Nadine wohlgesonnen, die ältere Schwester war eher distanziert und der jüngere Bruder von Max war der Einzige, der Nadine wirklich mochte. Oft war er mit seiner Freundin zum Canaster spielen bei Nadine und Max zu Hause und sie hatten immer großen Spaß. Carola, die jüngere Schwester, half Nadine beim Kochen und erklärte, wie das eine oder andere funktionierte. Nadine war froh, dass sie von ihr Hilfe bekam, denn bis auf das, was sie im Gasthof damals erlernt hatte, war Kochen so gar nicht ihr Ding.

Die Hochzeit wurde im kleinen Rahmen geplant und Nadine wollte einfach keinen großen Aufwand. Sie war schwanger und zu viel Stress war für sie und dem kleinen Wurm in ihr nicht gut. Nadine hatte am Anfang der Schwangerschaft immer wieder Kotzattacken, die sich aber nach der 12. Woche legten.

Das Kleid, das Nadine trug, war ein tolles Dirndl. Sie hatte das ausgewählt, weil Max aber auch in Lederhose und Trachtenhemd heiraten wollte. So kauften die beiden bei Trachten-Scherer in Augsburg für Nadine ein schönes Dirndl mit burgunderfarbener Schürze. Sie hatte erheblich zugenommen und auch ihr Busen war enorm gewachsen. Das Dirndl versteckte ein wenig die Schwangerschaftskugel und das pralle Dekolleté war passend für die Tracht. Ihre blonden Locken wurden hochgesteckt und mit kleinen Blüten versehen. Und der Brautstrauß war ein Bukett aus lilafarbenen Anemonen und weißen Rosen. Auch der Brautwagen, ein dunkelblauer Mercedes SL, wurde mit den gleichen Blumen geschmückt und auch die Trauzeugen sowie der Bräutigam bekamen am Revers kleine Sträußchen angesteckt.

Man traf sich beim Vater von Max und fuhr dann gemeinsam nach Untermeitingen zum Standesamt. Nadine war nervös und plapperte nur doofes Zeug. Am Standesamt angekommen warteten schon alle Verwandten von Max, nur Nadine stand ohne einen Part aus ihrer Familie da. Sie war traurig und schämte sich ein wenig dafür. Max sah, dass Nadines Stimmung umschlug, als sie die vielen Menschen vor dem Standesamt sah und er versuchte, sie zu trösten. „Komm“, sagte er, „Deine Eltern haben es nicht verdient, dass Du traurig bist und an sie denkst. Sie waren nie für Dich da und ab jetzt brauchst Du sie nicht mehr. Du hast eine eigene Familie und bald sogar auch noch ein Kind, das man Dir nicht mehr nehmen kann, also komm und lass uns heiraten."

Nadines Miene hellte sich bei den Worten auf und beide betraten nun den feierlich geschmückten Raum, wo an einem kleinen Altar der Standesbeamte wartete.

Ab heute würde sie Max' Nachnamen tragen und nichts mehr würde sie an ihre Vergangenheit erinnern. Sie würde ab jetzt ein solides Leben führen und sich voll und ganz auf ihre Ehe konzentrieren. Als Nadine und Max als Mann und Frau das Standesamt verließen, sah Nadine doch ein paar Menschen, die nur wegen ihr gekommen waren. Ihre Chefin hatte sie nicht vergessen und sie kam tatsächlich, um sie in ihrem neuen Leben zu begrüßen. Etwas verwirrt sah Nadine dann auch noch Stefano, ihren Ex, der auch gekommen war, um ihr alles Gute zu wünschen. Nadine war echt überrascht und freute sich sehr.
Sie fuhren alle zu Max' Vater und feierten dort, es gab Kaffee und Kuchen und alle waren ausgelassen und fröhlich. Am späten Nachmittag mussten beide noch mal nach Bobingen zum Fotografen, um die Hochzeitsbilder zu machen. Man hatte das Glück, dass die Sonne schien und so wurden es sehr, sehr schöne Fotos. Nun war Nadine verheiratet und der Entbindung stand nichts mehr im Weg. Sie würde endlich ein eheliches Kind zur Welt bringen und nichts und niemand konnte ihr dieses Glück streitig machen. Wie sehr sich doch täuschte …
Max führte ein Doppelleben und keiner aus seiner Familie wusste das, nur Nadine kam nach und nach dahinter. Er handelte mit allem, was ihm unter die Finger kam. Das wäre ja auch o. k. gewesen, wenn da nicht seine dubiosen Geschäftspartner wären.

Von einem namhaften Zuhälter bekam er immer wieder Schmuck und Swatch-Uhren in Kommission und von einem anderen ausländischen Zuhälter kaufte er angeblich Lederjacken. Er verschuldete sich und merkte es gar nicht. Nadine nahm Kredite auf, um die Summen zu tilgen, aber Max hörte nicht auf und griff in ein Desaster nach dem anderen.
Immer wieder hörte Nadine, dass Max es auch mit der Treue nicht so genau nahm und oft wilde Partys in diversen Kneipen und Discos feierte. Nadine versuchte, ihn zur Rede zu stellen, aber er hörte ihr nicht zu. Wurde es ihm zu viel, verließ er die Wohnung und kommentierte die Kritik mit den Worten: „Mit Deinen Pissgroschen kommen wir auch nicht weiter.“ Nadine war verzweifelt und in vieler Hinsicht allein. Sie liebte Max, er aber entfernte sich immer mehr von ihr.

Es war spät am Abend, Nadine hatte gerade mit Max zu Abend gegessen und sie sahen sich die neue Daily Soap „Gute Zeiten, schlechte Zeiten“ an, als Nadine plötzlich immer wieder ein Ziehen im Rücken verspürte. Max lachte und sagte: "Glaubst Du, es geht los?" Nadine war sich nicht sicher, denn diese Schwangerschaft verlief so ganz anders als die von ihrem Sohn. Es war ein schöner Sommerabend und Nadine hatte so gar keine Lust auf Entbindung. Hinzu kam, dass es Montag war und Max musste am nächsten Tag arbeiten, also absolut unpassend, dachte Nadine. Die gepackte Tasche stand im Flur und Andrea, ihre beste Freundin, wollte sie eigentlich begleiten.

Andrea, ja, sie hatte endlich eine richtige Freundin. Sie kannte Andrea schon lange, beide hatten mal angeschafft, damals konnten sich die beiden Frauen nicht leiden. Nadine fand Andrea total überheblich und für Andrea war Nadine einfach zu viel Hure, die für einen Zuhälter anschaffen ging. Andrea kannte das so nicht, sie war immer darauf bedacht, für sich anzuschaffen und nicht das Geld in den Rachen eines Typen zu stecken, der sie eh nicht liebte. Damals war Nadine nicht zu überzeugen, heute jedoch wusste Nadine, dass Andrea damals recht hatte. Sie hatten sich nach Nadines Hochzeit durch einen Zufall in der Stadt wieder getroffen. Andrea war wie Nadine ausgestiegen und arbeitete wieder im Bereich Buchhandel. Nadine hatte gerade Feierabend und wollte noch schnell die Wohnungsübergabe ihres Apartments machen, da sah sie Andrea plötzlich vor sich stehen. Beide Frauen erkannten sich sofort und als Nadine erzählte, was in den letzten Jahren passiert war, staunte Andrea nicht schlecht. Sie wollten sich wieder treffen und so kam es, dass Nadine immer wieder und immer öfter mit Andrea sprach und sich beide so gut verstanden, dass eine tolle und tiefe Freundschaft entstand.

Andrea war für Nadine da, auch in der schwierigen Zeit mit Max, denn der hatte sich von Nadine immer mehr entfernt. Ganz schlimm war es, als Nadine endlich in den Schwangerschaftsurlaub gehen konnte. Ab diesem Tag war Max kaum noch zu Hause, unter der Woche war er auf Montage und wenn er dann am Wochenende mal zu Hause war, verbrachte er die Zeit mit Renate, seiner Freundin aus alten Zeiten. Sie hatten sich beide ein kleines Geschäft aufgebaut. Renate hatte gute Beziehungen zu einer Schneiderei, die mit Seidenstoffen arbeitete und Max und Renate entwarfen Blousons, Hemden und Overalls aus dem tollen Stoff. Diese wurden dann noch aufwendig mit Strasssteinchen und Nieten versehen. Am Wochenende verkauften sie diese Sachen in Clubs und Discotheken.

Zwischendurch fuhren sie beide auch in die Schweiz, um auf Messen die Klamotten an den Mann zu bringen. Nadine tat sich mit dieser Situation schwer und obwohl sie von Renate ein Versprechen bekam, traute sie den beiden nicht. Nadine plagte jedes Wochenende die Eifersucht und es wurde von Mal zu Mal schlimmer. Andrea hörte zu und war da für sie, verstand sie Max doch nicht. Er ließ seine hochschwangere Frau jedes Wochenende allein zu Haus, das war kein gutes Omen für eine

funktionierende Ehe und dann sogar mit Kind.
Sie hatte Andrea versprochen, dass sie anrufen würde, sobald sie das Gefühl hatte, dass die Entbindung losgehen würde.
So saß Nadine am Abend des 10. Juni vor dem Fernseher und zählte die Minuten zwischen den Abständen der Wehen. Sie hatte noch Zeit, denn zum einem waren die Schmerzen zum Aushalten und zum anderen kamen sie alle 10-12 Minuten, das würde also noch dauern. Max ging ins Bett und Nadine machte es sich auf der Couch bequem.
So gegen 24 Uhr rief sie dann Andrea an, um ihr zu sagen, dass ihre Wehen nun alle 9 Minuten kamen und dass sie sich darauf einstellen konnte, dass sie am frühen Morgen wohl ihr Kind bekäme. Da Andrea bei der Entbindung dabei sein wollte, freute sie sich richtig auf den Ablauf der Entbindung. Nadine versprach, sich wieder zu melden, sie wollte jetzt erst mal in die Badewanne und dann ihre Hebamme anrufen, um den weiteren Ablauf zu klären.
Die fragte nach den Abständen der Wehen, dann sagte sie, dass Nadine sich entspannen sollte und wenn die Wehen in kürzeren Abständen regelmäßig kämen, sollte sie sich auf den Weg ins Krankenhaus machen. Sie lag entspannt in der Wanne und hörte über den Walkman leise Musik. Das Kerzenlicht flackerte schon fast im Takt. Nadine spürte die Schmerzen nicht mehr so heftig und nach einer Stunde stieg sie aus der Wanne und kuschelte sich auf die Couch.
Sie schien sogar ein wenig eingeschlafen zu sein, denn als sie erwachte, war es schon hell draußen und der Blick auf die Uhr zeigte ihr, dass es schon fast 6 Uhr war. Sie rief wieder Andrea an und sagte ihr Bescheid, dass sie gegen 8 Uhr ins Krankenhaus fahren würde. Max schlief noch und als Nadine ins Schlafzimmer schlich, um sich anzuziehen, wachte Max auf. Nadine sagte ihm, dass sie nun los müssten. Er sprang aus dem Bett, hastete ins Bad und zog sich an. Er sah Nadine an, dass sie Schmerzen hatte und er war sicher, dass sie wusste, was sie

tat. So packte er ihre Tasche und beide stiegen ins Auto.
Die Fahrt war für Nadine die Hölle, immer wieder wurde sie von Wehen geschüttelt und Max wusste nicht, was er tun sollte. Er konzentrierte sich auf die Autofahrt, denn schließlich mussten sie noch 15 km ins Krankenhaus fahren.

In der Klinik angekommen wurden sie auch gleich von der Hebamme in Empfang genommen. Max suchte sich gleich ein Telefon, um in der Firma anzurufen, dass er heute nicht käme.
Nadine hatte fürchterliche Schmerzen und sie hoffte, dass dieser Albtraum von Entbindung bald vorbei wäre. Sie hatte die ganze Schwangerschaft über nicht geraucht und nun hatte sie so eine Lust auf eine Zigarette, dass es schier nicht mehr auszuhalten war.
Sie wartete auf Andrea, die auch gleich kommen müsste und während der Zeit des Wartens untersuchte die Hebamme Nadine. „Das dauert noch bis heute Abend“, sagte diese, denn der Muttermund war noch nicht geöffnet. „Gehen Sie ein bisschen im Park spazieren und versuchen sie zu entspannen“, riet ihr die rothaarige Hebamme.
Nadine wollte gerade mit dem Fahrstuhl nach unten fahren, als sie Andrea in die Arme lief. "Hey", sagte sie, "wie geht es Dir?" Nadine verzog das Gesicht und wurde genau zu diesem Moment von einer heftigen Wehe geschüttelt. Andrea verstand und half ihrer Freundin in den Fahrstuhl. Unten angekommen sah Nadine Max. "Du kannst noch mal nach Hause fahren, vor heute Abend wird das Kleine nicht kommen, leg Dich hin, sobald es wichtig wird, ruft Andrea dich an und dann kannst Du ja kommen." Max war sichtlich erleichtert und gab Nadine einen Kuss. Ich fahre zu meiner Schwester, er gab Andrea die Nummer und diese versprach, ihn sofort anzurufen, sobald sich Nadine dazu entschließen würde, das Kleine zu gebären. Sie ging mit Andrea im Krankenhausgarten spazieren und wieder kam die gierige Lust auf eine Zigarette. Andrea schaute sie

vorwurfsvoll an und gab ihr eine von ihren Zigaretten, Nadine setzte sich auf eine Bank und genoss den Geschmack des Glimmstängels. Immer wieder kamen Wehen und immer wieder versuchte Nadine, diese wie im Vorbereitungskurs wegzuatmen. Sie stand auf und lief zwischendurch ein paar Schritte. Dann setzte sie sich wieder und rauchte wieder eine, die Gier nach den Zigaretten war komisch und Andrea musste lachen. "Sag mal, du frisst die Dinger ja förmlich." „Keine Ahnung", entgegnete Nadine, „irgendwie habe ich so richtig Lust darauf. Ich habe die ganze Zeit der Schwangerschaft nicht eine Zigarette geraucht und jetzt süchtel ich richtig danach."
Sie waren fast zwei Stunden im Garten und die frische Luft tat Nadine gut.
Es war fast Mittag, als die beiden Frauen wieder zur Entbindungsstation herauffuhren. Die Hebamme sagte, dass Nadine nun ein Vollbad nehmen sollte, um den Entbindungsvorgang zu beschleunigen. Bevor sie in die Wanne ging, wollte sie allerdings noch mal nachschauen, ob sich der Muttermund schon etwas geöffnet hatte. Nadine hatte heftige Wehen und ließ die Untersuchung über sich ergehen. Die Hebamme war erstaunt, nach so kurzer Zeit war der Muttermund so weit, dass Nadine bald entbinden konnte. Sie bat die Freundin, den Mann zu benachrichtigen. Nadine saß in ihrem Zimmer und wartete auf Andrea. Als diese kam, hatte Nadine von den doofen Zigaretten, höllisches Sodbrennen und daher bat Nadine, dass Andrea die Hebamme fragen sollte, ob es etwas zur Linderung gäbe.
Nadine saß im Bad auf einem Stuhl und kämpfte gerade wieder mit einer fürchterlichen Wehe und fluchte auf die Männer, was das Zeug hielt, als Andrea mit dem Tütchen Maaloxan ins Bad kam. Nadine riss das Tütchen auf und sog die milchige Flüssigkeit aus der Verpackung. Sie spürte sofort, wie das Medikament wirkte und atmete auf. Andrea ließ Badewasser einlaufen und Nadine krümmte sich vor den immer wiederkehrenden Schmerzen. Sie waren nun in ganz kurzen Abständen da und

Nadine hatte kaum Zeit, sich zwischen den Wehen zu entspannen.
Das Badewasser war fertig und Max betrat das Bad. Er sah, dass seine Frau Qualen litt und musste lachen, als sie ihn verfluchte. Andrea und auch Max standen im Bad und bettelten darum, dass Nadine endlich in die Wanne stieg. Die aber wusste, wenn sie sich jetzt von diesem Stuhl erhob, würde sie eine heftige Wehe bekommen und so weigerte sie sich, aufzustehen. Als die Wehe vorüber war, stand Nadine auf und stieg schnell in die Badewanne. Das warme Wasser tat so gut und Nadine konnte endlich ein wenig entspannen. Sie war müde von diesen Strapazen und schloss die Augen. Immer wieder bekam sie leichte Wehen, das Wasser linderte die Heftigkeit und Nadine schlief immer wieder zwischen den Wehen ein.
Doch plötzlich spürte Nadine einen heftigen Schmerz und einen enormen Druck und sie schrie: „Hol die Hebamme, mein Kind kommt." Ungläubig schauten sich Max und Andrea an und wieder kam die heftige Welle und Nadine schrie fordernder: "HOL DIE HEBAMME SOFORT!!" Als Max in die Badewanne schaute und sah, dass das Wasser sich vom Blut rot färbte, bekam er es mit der Angst zu tun und rannte aus dem Bad zum Flur. Am anderen Ende des Flurs sah er die Hebamme stehen, die gerade vollgepackt mit Toilettenpapier und Kleenex dabei war, die Päckchen einzusortieren. Als sie Max aber brüllen hörte, es sei Blut in der Wanne und seine Frau bekäme gerade ihr Kind, ließ die Hebamme alles fallen und rannte den Flur entlang zu Nadines Zimmer. Im Bad angekommen sah die Hebamme, dass hier höchste Eile geboten war. Das Köpfchen war schon zu sehen, wie aber holte man nun die Hochschwangere unversehrt aus der Wanne? Sie durfte das Baby auf keinen Fall in der Wanne gebären, ein falscher lauter Ton oder eine Erschütterung und es hätte fatale Folgen. Sicherlich es gab Wassergeburten, aber die waren auch in einer speziell dafür vorgesehenen und geschützten Badewanne und

nicht in so einer herkömmlichen wie die, in der Nadine gerade kreischend lag.
Nach einer kurzen Rücksprache mit dem Arzt hievte man nun zu viert Nadine aus der Wanne und legte sie, auf den für sie extra ins Bad transportierten Entbindungsstuhl.
Nach drei Presswehen war Nadines Tochter endlich auf der Welt. Erleichtert und glücklich sah sie ihre Tochter an und weinte über das neu gewonnene Glück. Max und Nadine waren sich einig, die Kleine sollte Melina heißen und den Namen seiner erst kürzlich verstorbenen Mutter als Zweitnamen bekommen.
Andrea war immer noch überwältigt von der Geburt und sah den beiden frischgebackenen Eltern das Glück an. Sie war froh und dankbar, diese Erfahrung gemacht zu haben und würde um nichts in der Welt je darauf verzichten wollen. Sie verabschiedete sich von den beiden, die die kleine Melina glücklich in den Armen hielten.
Nadine blieb noch ein paar Tage im Krankenhaus. Sie bekam von der Hebamme noch wertvolle Tipps, wie sich am besten für die nächsten Tage in ihrem Zuhause wappnete und dann wurde Nadine von Max abgeholt und das neue Leben zu dritt konnte beginnen.

13. Kapitel
Adieu Schwesterherz

Die Zeit verging und Nadine und Max waren glücklich, die Kleine wuchs heran und wurde zu einem süßen, kleinen Fratz.
Alle in der Familie verhätschelten das süße blonde Mädchen und jeder mochte den Zwerg.
Nadine war überglücklich, endlich wirkliche Mama sein zu dürfen und ihr wurde klar, dass sie bei ihrem Sohn eine ganze Menge versäumt hatte. All die schönen Dinge wie das erste Lachen und den ersten Zahn, sowie die ersten Gehversuche, all das durfte sie bei ihrem ersten Kind nicht miterleben und gerade deshalb nahm sie es bei ihrer Tochter ganz besonders wahr.
Sie genoss jede freie Sekunde mit ihrem Mädchen und liebte es mit der ganzen Kraft ihres Herzens.
Sie gab dem Kind all die Liebe, die sie so gerne empfangen hätte und mutierte schon fast zur Übermutter. Sie schmiss den Haushalt, kochte und backte und hatte sich selbst eine kleine heile Welt erschaffen. Max hingegen war nur selten zu Hause, entweder war er auf Montage, oder aber er war am Wochenende bis in die Puppen unterwegs. Nadine hatte das Meckern aufgegeben, denn sie wusste, sie konnte an der Situation nichts ändern. Max sah seine Tochter nur sehr selten und wenn er dann einmal da war, dann kümmerte er sich rührend um sie.
Nadine hatte gar keine Lust fortzugehen und so kam es, dass sich die beiden erwachsenen Menschen immer mehr auseinanderlebten. Heimlich und schleichend kündigte sich das Ende der Beziehung an und keiner wollte es wirklich sehen. Biggy, Nadines Schwester, war froh darüber, dass Nadine endlich aus dem Milieu herausgefunden hatte.
Beide Schwestern telefonierten regelmäßig. Eines Tages erzählte ihr die kleine Schwester, dass ihre Eltern mal wieder Stress machten und Biggy sich eine kleine Wohnung in Hof genommen hatte. Untertags arbeitete sie in einer kleinen

Cafébar mitten in der Stadt. Ihr Sohnemann war währenddessen bei einer Freundin, die auf ihn aufpasste. Die kleine Schwester hatte es nicht leicht, denn sie durfte nur so viel verdienen, dass es gerade mal zum Leben der beiden reichte. Alles, was darüber hinausging, holte sich der Pfänder. Biggy hatte durch die Pleite des Vaters enorm viel Schulden an der Backe und ihr Vater tat so, als wäre er gar nicht daran schuld. Immer wieder flatterten Mahnungen ins Haus und Biggy hatte Angst, jeden Morgen an den Briefkasten zu gehen. Ihre Eltern scherten sich einen Scheiß um die Schulden, ganz im Gegenteil, es wurden immer mehr.
Oft weinte sie, als sie mit ihrer Schwester sprach und nicht wusste, wie es weitergehen soll.
Nadine hingegen plagten ähnliche Sorgen, holte auch sie mittlerweile die Vergangenheit ein, auch sie hatte oft mehr ausgegeben, als sie verdiente und in der Vergangenheit einmal einen Kredit aufgenommen, den sie bisher nicht bezahlt hatte. Stefano hatte sie damals dazu überredet und Nadine hatte nun den ganzen Schlamassel an der Backe. Mit Max konnte sie darüber nicht reden. Wenn er wüsste, was Nadine da noch mit in die Ehe geschleppt hatte, dann würde das noch mehr zu der schon angespannten Situation beitragen. Jede Mahnung, die bei Nadine ankam, wanderte sofort in den Mülleimer und Nadine ignorierte einfach alles, was ihre Schulden anbetraf. Dass das ein fataler Fehler war, würde sie schon bald merken.
Die Wochen und Monate verliefen ruhig. Nadine schickte zu jedem Anlass Briefe und Pakete zu ihrem Sohn und auch die kleine Melina machte ihr große Freunde. Bald stand der zweite Geburtstag vor der Tür und Nadine hatte ein paar Freunde eingeladen. Die Kleine freute sich sehr auf die Geschenke und Nadine hatte alle Hände voll zu tun.
Max war wie immer mal wieder nicht zugegen und an Nadine blieb alles hängen. Sie hatte nach dem Frühstücksbrunch eine Fahrt in den nahegelegenen Märchenwald geplant und jeder,

der Lust hatte, sollte mitkommen.
Das Wetter war herrlich und Klein-Melina tobte ausgelassen im Garten.
Die Erwachsenen tranken gerade ihren Kaffee, als Nadine vom Klingeln des Telefons die Gruppe im Garten verließ und zum Telefon eilte. Es war ihre kleine Schwester, die aufgebracht erzählte, dass ihr der Sohn vom Jugendamt weggenommen wurde. Ihre Eltern hatten dafür gesorgt und Biggy wurde einfach vor vollendete Tatsachen gestellt. Gemeinsam mit ihrer angeblichen Freundin hatten die Eltern einen fiesen Plan geschmiedet und Biggy, die an die Freundschaft und die Loyalität ihrer Freundin glaubte, ist in die Falle getappt.
Eines Abends wollte Biggy mal seit langer Zeit rausgehen, sie hatte einen netten Typen kennengelernt und daher bat sie die angebliche Freundin, auf den Kleinen aufzupassen. Die versprach, sich um ihn zu kümmern. Biggy ging also fort und ließ es sich gut gehen, sie hatte mal wieder einen Joint geraucht und landete mit dem Typen im Bett. Sie gingen zu Biggy nach Hause und alles war super. Biggy war glücklich wie schon lange nicht mehr. Der Typ haute mitten in der Nacht auch wieder ab, mit den Worten: „Meine Nummer hast Du ja, lass uns die Tage mal telefonieren." Schlaftrunken winkte Biggy ihm zu und dann war er auch schon weg. Angeschlagen vom Joint und der Menge Alkohol fiel Biggy in einen Tiefschlaf und wurde erst am Nachmittag des nächsten Tages wach. Etwas gerädert stand sie auf und als sie auf die Uhr schaute, bekam sie Panik und hastete in ihre Klamotten. Sie rannte die Treppen runter und fiel dabei so unglücklich hin, dass sie mit dem Kopf auf die Stufen knallte und bewusstlos am Boden lag. Eine Nachbarin wurde auf den Fall aufmerksam und sah die junge Frau im Treppenhaus liegen. Sie holte sofort den Krankenwagen und man schaffte Biggy sofort ins Krankenhaus. Nach ein paar Stunden, es war schon früher Abend, kam die Schwester wieder zu sich, sie lag im Krankenzimmer und nur schemenhaft

konnte sie sich erinnern, was passiert war.
Als die Nachtschwester ins Zimmer kam, bat Biggy, sofort telefonieren zu dürfen. Sie erklärte ihr, dass sie ein Kind hätte und unbedingt Bescheid geben müsste, was passiert war.
Die Krankenschwester sagte, dass Biggy nicht aufstehen dürfte, sie aber versuchen würde, Biggys Freundin zu erreichen.
Nach einer Weile erschien die Schwester wieder und erklärte Biggy, dass niemand ans Telefon gehen würde. Dann gab sie der Schwester die Nummer der Eltern und wieder versuchte sie, dort jemand zu erreichen. Auch dort ging niemand ran. Biggy war verzweifelt, verdammt, dachte sie, was sollte sie tun?
Vor lauter Panik um ihr Kind zog sich Biggy an und packte ihre kleine Handtasche, dann schlich sie sich aus dem Krankenhaus und versuchte, den Typen, mit dem sie sich die Nacht zuvor getroffen hatte, zu erreichen. Endlich, sie hatte Glück, er ging ans Telefon. Biggy erklärte ihm ihre Situation und er versprach, sofort zu kommen.
Sie musste nicht lange warten, schon hielt der BMW vor ihr und Biggy stieg ein.
Sofort fuhren sie zu ihrer Freundin, niemand war da, dann fuhren sie zu Biggys Wohnung und an der Haustür fand sie einen Brief, anhand der Handschrift erkannte Biggy, dass die Zeilen von ihrer Mutter sein mussten.

Hallo kleine Eule,
wir haben versucht, Dich zu erreichen, leider bist Du wie immer mal wieder nicht für Deinen Sohn da.
Deine Freundin hat uns angerufen und uns mitgeteilt, dass sie seit Stunden versucht, Dich zu erreichen.
Schämst Du dich denn gar nicht. Du lässt Dein Kind seit zwei Tagen bei wildfremden Leuten. Wir haben das Jugendamt informiert und die haben den Kleinen nun abgeholt. Er befindet sich bei einer Pflegefamilie und Du wirst ihn nicht mehr wieder

bekommen. Du bist wie Deine große Schwester einfach nur auf Dich bedacht. Da, wo der Kleine nun ist, wird es ihm besser gehen und Du hast deine ach so wichtige Freiheit wieder. Du bist selber schuld. Dein Suff und deine Liebschaften waren Dir immer schon wichtiger als Dein Kind.
Wir wünschen Dir alles Gute,
Vater und Mutter

Biggy traute ihren Augen nicht, man hatte ihr tatsächlich das Kind weggenommen. Sie schloss ihre Wohnungstür auf und setzte sich auf die Couch und weinte.
Nadine traute ihren Ohren nicht, als sie hörte, was passiert war. Ihre Schwester war verzweifelt und sie wusste, sie hatte keine Chance, ihren Sohn wiederzusehen.
Nadine hätte sie so gern in den Arm genommen und verstand sehr gut, wie es ihrer kleinen Schwester ging. Sie selbst ist durch dieselbe Hölle gegangen, nur mit dem einen Unterschied, dass Nadine lediglich 4 Monate mit ihrem Kind hatte, Biggy hingegen durfte drei Jahre mit dem Kleinen verbringen. Umso schlimmer war nun das Gefühl, das Biggy erleben musste. "Was willst Du jetzt tun?", fragte Nadine ihre Schwester. "Keine Ahnung", sagte sie, ich weiß noch nicht genau, vielleicht gehe ich wieder zurück nach Berlin. Dort leben Menschen, die mich lieb haben, meine Oma lebt ja noch und Tante Daggy ist auch noch da. Nadine verstand, dass Biggy wieder in die Heimat wollte, denn da hatte sie all die Jahre in ihrer Kindheit Harmonie erleben dürfen, waren doch Oma und Tante immer für sie da.
Nadine tat ihre Schwester leid und sie wusste nicht, wie sie ihr helfen konnte. Biggy sollte nach Berlin gehen, das war wohl das Beste für sie. Nach einem langen Gespräch verabschiedeten sich die Schwestern mit dem Versprechen, in Kontakt zu bleiben.

Max war wir immer mal wieder nicht zu sehen, er hatte die Nacht zuvor irgendwo gefeiert und lag wie besinnungslos im Bett. Die Geburtstagsgäste saßen alle vergnügt im Garten und als Nadine wieder zur Gruppe stieß, kam Ludwig, Max' Bruder, auf sie zu und fragte nach seinem Bruder. Nadine erzählte ihm, dass er kaum noch zu Hause war und dass er sich nicht einen Deut um sie und Melina kümmerte. Ludwig sah Nadines Verzweiflung und bewunderte die Mühe, die sie sich gab, ein normales und harmonisches Leben zu führen. Er kannte seinen Bruder nur zu gut und wusste, dass hier bald das Ende einer sehr kurzen Ehe bevorstand.
Ihm tat es leid um die beiden, denn eigentlich waren sie ein tolles Paar. Aber irgendwo ist die Liebe auf der Strecke geblieben. Max war der großen Verantwortung, eine Familie zu haben, nicht gewachsen. Hinzu kam, dass Nadine eben eine ehemalige Hure war und auf dem Land wusste fast jeder darüber Bescheid. Die Leute redeten und auch Max, der viel unterwegs war, bekam die fiesen Lästerattacken gegen Nadine mit. Aber anstatt sie zu verteidigen und darüber zu stehen, zog er den Kopf ein und schien sich schon fast dafür zu schämen, mit einer ehemaligen Hure verheiratet zu sein.
Nadine bekam von all dem nichts mit, sie lebte in ihrer eigenen kleinen Welt und kapselte sich ab. Sie wollte sich und ihr Mädchen schützen und war blind für all das, was um sie herum geschah. Sie belog sich jeden Tag aus Neue, wenn sie sagte, es ginge ihr gut und sie wäre glücklich. Denn glücklich war sie nicht, sie hielt sich an Strohhalmen fest und nur ein kleiner Windstoß würde ihr und auch Melina den Boden unter den Füßen wegreißen.
Die Geburtstagsgruppe versammelte sich und man fuhr nun wie geplant zum nahegelegenen Märchenwald. Melina kam aus dem Staunen nicht mehr heraus. Sie und die anderen Kinder fuhren mit der Bimmelbahn und die Kleine juxte und freute sich. Der Nachmittag verging schnell und man spürte, dass

Melina reif fürs Bett war und so verabschiedeten sich alle und fuhren nach Hause.
Als Nadine zu Hause ankam, war Max mal wieder nicht mehr da und so saß Nadine, nachdem sie die Kleine ins Bett gebracht hatte, wieder allein zu Hause. Sie räumte den Garten auf und wusch die Wäsche und dann war auch für Nadine der Tag vorbei.

Es war mitten in der Nacht, als Nadine vom Klingeln des Telefons geweckt wurde.
Sie hatte zwei Wochen zuvor mit ihrer kleinen Schwester telefoniert und erfahren, dass Biggy sich mit HIV infiziert hatte. Sie war bei ihren Eltern in Oberfranken zu Besuch und musste aufgrund eines Asthmaanfalls mit dem Notarztwagen ins Krankenhaus nach Naila.
Biggy war verzweifelt und weinte die ganze Zeit während des Gespräches. Nadine hatte Mühe, sie zu verstehen. Sie erzählte Nadine, was vorgefallen war und dass der Arzt ziemlich herzlos nach der Blutuntersuchung gesagt hatte, dass sie sich durch ihr Lotterleben selbst zerstören würde und dass das Blutbild eben auch gezeigt hätte, dass sie außer den THC-Werten positiv auf HIV getestet wurde. Er riet ihr, sich einer Therapie zu unterziehen, um ihren Drogenkonsum und ihr Leben in den Griff zu bekommen. Nadine fragte ihre Schwester, ob sie immer noch Drogen nehmen würde und Biggy sagte leise ja. Sie würde wohl Heroin drücken und alles nehmen, was sie von ihrem Scheißleben ablenkte. Sie hatte doch nichts mehr, was sie auf dieser Welt hielt, und wäre Nichts und Niemandem Rechenschaft schuldig. Nun hatte sie ihr eigenes Todesurteil unterschrieben und damit müsste sie nun leben.
Biggy war nun die Zweite in der Familie, die an dieser Immunschwäche litt. Nadine war verzweifelt, dass ihre kleine Schwester nun auch krank war und keiner konnte gegen diese Krankheit etwas tun. Man konnte nur hoffen, dass sie mit dem HIV-

Virus lange leben würde und dass die kleine Schwester endlich vernünftig würde. Sie war wieder in Berlin und trotzdem kam sie von diesem Mist nicht los. Sie hatte aufgegeben, nachdem ihre Eltern dafür gesorgt hatten, dass sie ihren Halt verlor und ihr den Sohn nahmen, der nun irgendwo in Bayern bei wildfremden Menschen lebte.
Egal was war, immer wieder zerstörten die Eltern das Leben anderer und Nadine begann, ihren Stiefvater und auch die Mutter immer mehr zu verachten.
Sie bat ihre Schwester inständig, sich einer Therapie zu unterziehen, um endlich von dem Mist wegzukommen und sie sprach ihr Mut zu, denn nicht jeder HIV-positive Mensch musste auch gleich sterben. Ihr großer Bruder war daran schon seit 6 Jahren erkrankt und lebte recht gut damit. Er allerdings war auch in einem Metadonprogramm und fand endlich den Weg raus aus den Drogen. Sie hoffte so sehr, dass ihre kleine Schwester das auch schaffte und endlich vernünftig würde. Sie betete auf Biggy ein und sagte, sie solle kämpfen. Als die kleine Schwester aber vom Tod und vom letzten Mal sehen sprach, wurde Nadine sauer, denn für sie klang es so, als hätte sich die kleine Schwester schon aufgegeben.
Nadine brüllte sie unter Tränen an und sagte, sie solle kämpfen, schließlich wäre sie das ihrem Sohn schuldig. Biggy knallte danach den Hörer auf. Nadine saß da und wusste nicht, was sie tun sollte. Hätte sie gewusst, dass das ihr letztes Gespräch gewesen war, wäre sie wahrscheinlich anders mit der Situation umgegangen.

Nadine tappte im Dunkeln ans Telefon und griff zum Hörer, Max schien nicht da zu sein. Völlig verschlafen hörte sie ein tiefes Schluchzen und dann die Stimme ihrer Mutter: „Birgit ist tot!", brüllte sie ins Telefon, "Birgit ist heute Nacht gestorben." Nadine traute ihren Ohren nicht. „Willst Du mich verarschen“, fragte sie ihre Mutter erzürnt. „Wie viel Baccardis hast Du in-

tus?“
Ihre Mutter schrie. „Nein, Biggy ist heute Nacht in ihrer Wohnung erstickt, mehr weiß ich nicht“, schrie ihre Mutter ins Telefon. Nadine stand in dieser kalten Dezembernacht im Flur und hörte nur noch ihr Herz pochen. Sie glaubte das, was sie da hörte, nicht und legte den Hörer ohne etwas zu sagen auf.

Wie versteinert stand sie da, sie spürte gar nichts, tiefe Leere und ein Dröhnen im Kopf sagten ihr, dass hier etwas passiert sein musste, das ihr Kopf nicht verstand.
Sie hatte doch vor zwei Wochen noch mit ihr gesprochen? Sie hatte ihr doch gesagt, sie sollte auf sich aufpassen und jetzt sollte dieser kleine, pummelige, sommersprossenbehaftete Mensch, der ihr so wichtig war im Leben, nicht mehr da sein?
Nein, sagte sie sich immer wieder, nein, das kann nicht stimmen. Andere Menschen leben mit dieser Immunschwäche Jahre, warum sollte ausgerechnet ihre kleine Schwester daran kaputtgehen. O. k., sie ist ja nicht an dem HIV-Erreger gestorben, nein, sie ist nicht tot.
Nadine setzte sich ins Esszimmer und steckte eine Kerze vom Adventskranz an. Sie blickte in die Flamme und versuchte zu begreifen, was gerade passierte. Biggy tot?, fragte sie sich immer wieder, sie holte das Telefon noch mal zu sich und wählte die Nummer ihrer Eltern, ihre Mutter ging sofort ran. „Sag mir bitte, dass das vorhin bloß ein dummer Scherz war.“
Leise hörte sie ihre Mutter weinen. „Nein“, sagte sie, „das ist kein Scherz, große Eule, Deine Schwester ist heute Nacht an einer Lungenembolie gestorben. Ich fahre morgen nach Berlin. Deinem Stiefvater geht es sehr schlecht“, sagte sie noch dazu. Nadine kam es hoch und sie sagte leise, dass es ihr egal sei, wie es ihrem Stiefvater ginge, denn schließlich war er nicht ganz unschuldig an dem, was passiert war. Nadine kochte und die Wut und die Trauer übermannten sie. Sie schrie nur noch ins Telefon und sagte ihren Eltern, dass sie schuld seien am

Tod der Tochter. Sie weinte und schrie sich alles von der Seele. Ihre Eltern waren schuld an allem und Nadine wollte nichts mehr mit ihnen zu tun haben. Sie hasste ihre Mutter und ihren Stiefvater in diesem Moment so abgrundtief, dass es ihr schlecht wurde.

Es war alles gesagt und sie knallte den Telefonhörer auf. Von dem Geschrei geweckt stand auf einmal Melina in der Tür. Nadine nahm ihre kleine Tochter auf den Arm und weinte. „Ach, mein Schatz“, flüsterte Nadine dem kleinen Mädchen ins Ohr, „ich bin so glücklich, dich zu haben.“ "Mami, warum weinst Du", fragte die Kleine. Nadine sagte leise: "Weil Tante Biggy, Mamas Schwester, nun ein Engel ist."

Es war schon fast 6 Uhr früh und Nadine saß mit der Kleinen im Esszimmer, als Max plötzlich in der Tür stand. Besoffen wie meist in der letzten Zeit, ohne auch nur einen Satz zu sagen, verschwand er ins Schlafzimmer und Nadine saß mit ihrer Tochter und ihrem Kummer alleine da. Diesen 3. Dezember würde Nadine nie vergessen. Es war ein trauriger, verregneter Tag und Nadine saß da und hörte nur zum Teil dem Gebrabbel ihrer kleinen Tochter zu, ganz weit entfernt ließ sie die gemeinsamen Erlebnisse mit ihrer kleinen Schwester an sich vorüberziehen. Sie sah sich und Biggy und die vielen gemeinsamen Stunden, oft hatten sie gestritten und mehr jedoch hatten sie gelacht und gemeinsam viel erlebt. Sie war nicht mehr da und für Nadine brach eine kleine Welt zusammen. Nie wieder würde sie diese kleine Kotterschnauze hören und nie wieder würde sie nach ihrem Rat fragen können. Sie ist gegangen und Nadine hatte noch nicht einmal die Möglichkeit gehabt, sich von ihr zu verabschieden.

Sie war zwar nur ihre Halbschwester aber zu dieser, kleinen, pummeligen Rotznase hatte sie in all den Jahren eine tiefe und innige Beziehung. Sie hatte sich immer auf sie verlassen können und beide hatten in all den Jahren immer zueinander gehalten. Biggy war zwar das Nesthäkchen, aber ihr ausgeprägter

Gerechtigkeitssinn hatte sie immer wieder in Schwierigkeiten gebracht und machte sie zu einem der wichtigsten Menschen in Nadines Leben. Dass sie jetzt nicht mehr da sein sollte, war für Nadine so niederschmetternd, dass sie Monate brauchen würde, um diesen Verlust zu verkraften. Tränen liefen über Nadines Gesicht und sie hoffte, dass es ihr da, wo sie nun war, besser gehen würde. Was würde nun mit ihrem kleinen Sohn passieren? Er hatte doch nur seine Mutter, der Vater saß irgendwo in Berlin im Knast.

Nadine wurde vom Läuten des Telefons aus ihren Gedanken gerissen und als sie den Hörer abhob, hörte sie ihre Mutter schluchzen.

Sie war wohl gerade in Berlin angekommen, dort erfuhr sie, dass Biggy im Schlaf erstickt war, so erklärte man es ihrer Mutter auf dem Polizeirevier. Alles Weitere würde sie nach der Obduktion erfahren. Ihre Mutter war nervlich am Ende und als Nadine fragte, ob der Stiefvater auch dabei sei, sagte die Mutter: „Nein, er ist zu Hause geblieben, um sich um Dirk zu kümmern."

Auch das erzürnte Nadine mal wieder, normalerweise, wenn es um berufliches Reisen ging, blieb Nadines Sohn bei Klaus, dem Erzeuger von Nadine, der seit Jahren mit ihrer Mutter und dem Stiefvater unter einem Dach lebte. Er war der Haussklave der Eltern. Nadine wusste schon lange, dass dieser Mann ihr leiblicher Vater war und er tat ihr leid. Er war ein kleiner, gebrochener Mann und hatte sein Leben lang nur für andere den Buckel krumm gemacht, gedankt hatte man es diesem Mann nie. Ganz im Gegenteil, man hat ihn geschlagen, erniedrigt und missbraucht. Er war sein Leben lang immer für andere da gewesen und hatte meist nicht mehr als einen Schlafplatz in irgendeiner Scheune oder Abstellkammer bekommen. Nadines Mutter hatte damals dafür gesorgt, dass diesem Mann nichts mehr blieb und da sie von ihm in all den Jahren keinen Unterhalt für die drei Kinder bekam, nahm sie ihn bei sich im Haus

auf, um überhaupt etwas von ihm zu erhalten und wenn es nur seine billige Arbeitskraft war. Er hatte aufgegeben, sich dagegen zu wehren, er hatte sein Leben, so wie es war, selbst zu verantworten, dachte er und nahm es deshalb als gegeben hin. Nadine mochte diesen kleinen Mann, er war kaum zu bemerken im Haus. Leise schlich er durch die Räume und auch so hatte er selten etwas zu erzählen. Er stand frühmorgens auf, kochte den Kaffee und dann kümmerte er sich um die Hunde, danach sah man ihn oft Holz holen, um die Öfen im Haus in Gang zu bekommen. Erst dann, wenn soweit alles fertig war, standen die beiden Hoheiten auf. Der Stiefvater hasste diesen kleinen Mann und oft trat er nach ihm, manchmal nur verbal, manchmal aber eben auch mit den Beinen. Der Stiefvater benutzte Nadines leiblichen Vater immer wieder als Fußabtreter und Ventil für seine cholerisch schlechte Laune. Er schlug ihn oft grundlos und machte ihn fertig, die Mutter sah zu, schwieg aber.
Nadine verstand nicht, wie man so mit einem Menschen umgehen konnte, und nahm ihren Vater oft in Schutz. Dieser dankte es Nadine oftmals mit einem versteckten Lächeln oder einer lieben Geste wie das Streicheln über Nadines Arm. Wenn er Geburtstag hatte, kaufte Nadine oftmals Sachen, die er sich so nie hätte leisten können und dieser sah sie dann mit Tränen in den Augen an und sagte: „Das habe ich nicht verdient, Nadine, denn ich durfte nie wirklich Dein Vater sein.“ Nadine hatte ihm schon lange verziehen und liebte ihn auf ihre eigene Art. War er doch das, was Nadine gerne gehabt hätte, als sie noch Kind war, ihr Vater.

Nun hatte man der Mutter ihr jüngstes Kind genommen und sie musste lernen, mit dieser Strafe umzugehen. Hinzu kam, dass es das leibliche Kind ihres Stiefvaters war und dieser nun begriff, dass man ihm sein „Liebstes“ genommen hatte, umso mehr hasste er Nadine. In seinen Augen war sie an dem Tod

ihrer kleinen Schwester schuld und das verbreitete er auch in der ganzen Familie. So kam es, dass Nadine eines Morgens von ihrem Onkel aus Berlin angerufen wurde, er beschimpfte Nadine auf üble Art und Weise. Nadine kam kaum zu Wort und sie stellte fest, dass wohl alle so in der Familie dachten. Wie sehr sie unter dem Tod ihrer Schwester litt, wollte niemand wissen und jeder glaubte, Nadine sei es egal. Sie jedoch weinte sich jede Nacht in den Schlaf und betete jeden Abend darum, dass es ihrer Kleinen da oben besser ging. Was hatte sie denn hier schon zu erwarten. Nadine wusste, dass ihre kleine Schwester keinen Lebensmut mehr hatte, ihre Eltern hatten der Kleinen alles genommen, was ihr einst wichtig war, zuerst das Kind, dann hatte man ihr einen großen Berg an Schulden aufgedrängt und danach fallen gelassen wie eine heiße Kartoffel, gerade da wo sie Hilfe gebraucht hätte. Birgit war genau wie Nadine ein sehr labiler Mensch und hatte in ihrem Leben immer nur um die Gunst der Eltern gebettelt. Sie wurde auch abgeschoben, zwar nicht wie Nadine in ein Heim, nein, sie schickte man nach Berlin zu ihrer Großmutter. Jetzt, wo es zu spät war, und man nichts mehr tun konnte, war das Gejammer groß, aber Nadine war ehrlich und brüllte die Mutter an, dass sie nicht rumjammern soll, denn schließlich war sie genauso daran schuld wie der Stiefvater. Nadine knallte erbost den Hörer auf und setzte sich hin, um erst mal wieder runterzukommen.
Eins war klar, Nadine würde nicht zur Beerdigung nach Hof fahren. Sie wusste, wenn sie dort erscheinen würde, gäbe es Mord und Totschlag. Sie wusste, dass alle, die dort erscheinen, nie das sagen würden, was sie wirklich denken, denn jeder Einzelne dort kannte die Geschichte der Familie und jeder, der dort an dem großen Esstisch saß, war ein Lügner oder Feigling, der nicht den Mumm hatte, das auszusprechen, was Fakt war. Dieser Tod hätte verhindert werden können, wenn einer von denen auch nur einmal den Hilfeschrei der Kleinen gehört und reagiert hätte. Stattdessen sitzen sie nun alle am Tisch und

trauern … Der Blitz soll sie treffen, dachte Nadine.
Sie würde zum Vesperbild fahren, mit Melina um ihre kleine Schwester trauern und einen Strauß Blumen vor Maria legen und für sie beten.

Maria Vesperbild, ja, das war Nadines Rückzugsort. Immer dann, wenn es ihr nicht gut ging oder wenn sie traurig war, fuhr sie die paar Kilometer zu diesem Wallfahrtsort. Ein kleines verschlafenes Nest mit einer so schönen Kirche und einer Gedenkstätte, die so viel Ruhe und Vergebung ausstrahlte. Nadine war schon einmal dort gewesen, als Max' Mutter im Sterben lag. Dort hatte sie mit diesem Ort eine wundersame Begegnung gehabt. Nadine glaubte zu diesem Zeitpunkt an keinen Gott oder eine höhere Macht, sie dachte immer, das wäre nur Humbug und Schönrederei. Damals aber, als sie mit Max' Schwester und deren Kinder dort hinfuhren, um für die Mutter zu beten, stand Nadine erst einmal da und staunte nicht schlecht.
An dieser Marienstatue standen lauter Kerzen und Dankesschilder aus allen Herrenländern. Man konnte lesen: „Maria hat geholfen", oder „Maria sei Dank". Viele Blumen waren vor dieser großen weißen Marienfigur niedergelegt, schon allein das war sehr einschüchternd. Was aber Nadine zum Umdenken gebracht hat, war eine ganz eigene spirituelle Erfahrung und Nadine denkt heute noch gerne an dieses Erlebnis zurück. Andy, der Neffe von Max, war damals gerade 7 oder 8 Jahre alt, er lief neben Nadine, als sie diesen großen Platz mitten im Wald betraten. Es standen viele Menschen vor dieser Marienstatue und Max sowie auch seine Schwester steckten eine Kerze an und knieten sich auf die dafür vorgesehenen Holzbänke, senkten den Kopf und beteten. Andy und Nadine liefen umher und Nadine las die vielen Gedenksteine und Tafeln. Der kleine Junge nahm Nadine an die Hand und sagte: „Hey, kennst Du den Pater Pius schon?" Nadine schüttelte den Kopf und ließ sich mitzerren. Plötzlich standen sie vor einer großen unter

einem Dach auf dem Podest stehenden Wachsfigur. Ein Mönch in toller Robe schaute ziemlich grimmig auf die beiden herab. Nadine fand, dass dieser Pater ruhig etwas freundlicher hätte gemacht werden können. Andy kramte in seiner Tasche nach ein paar Münzen, um die in die Büchse neben der Figur werfen zu können und dafür dann eine Kerze zu bekommen. Nadine tat es ihm gleich und in diesem Moment, als sie die Kerze anstecken wollte, blies ein heftiger Wind die Kerzen aus. Nadine schimpfte und schaute diesen Pater Pius an und plötzlich schien er Nadine förmlich anzugrinsen. Eiskalt lief es Nadine in diesem Moment den Rücken runter und sie fühlte sich von diesem grimmigen Pater berührt. Sie spürte seine warme Hand auf ihrer Stirn. Es war ein eigenartiges Gefühl und hatte in Nadine irgendetwas verändert. Sie sah ihn an und begann zu weinen. Lange hatte sie nicht mehr geweint und hier stand sie nun, ohne einen ersichtlichen Grund, mit einer Kerze in der Hand und weinte. Sie schämte sich und drehte sich von Andy weg. Er hatte die Tränen allerdings gesehen, lächelte Nadine an und nahm ihre Hand mit den Worten: „Dieser Ort hier ist heilig und das schon ganz, ganz lange." Beide gingen Hand in Hand zurück zu Max und seiner Schwester. Nadine war wie benommen nach diesem Besuch und fühlte sich auch irgendwie erleichtert und beschwingt. Seither besuchte sie diesen Ort immer wieder alleine und verweilte dort oft Stunden, um in sich wie damals diesen Frieden zu finden. Pater Pius war immer da und immer hatte Nadine das Gefühl, er würde lächeln, wenn er sie sah. Deshalb mochte sie diesen Wallfahrtsort so sehr und da wollte sie eben auch von ihrer kleinen Schwester Abschied nehmen.
Sie ging den Rosenkranzweg bis hin zur Maria und tat das, was sie so vorher noch nie getan hatte, sie legte die Blumen nieder und kniete sich auf die Holzbank und betete. Sie hoffte von Herzen, dass es der kleinen Schwester, dort wo sie jetzt war, besser gehen würde. Sie betete für Biggys Sohn und für die Kraft, dass er den Tod seiner Mutter irgendwann verstehen

würde. Nadine weinte und die Welt um sie herum war still, es schien, als würde jeder Vogel, jeder leise Windstoß mit ihr trauern und den Atem anhalten. Und wieder hatte sie das Gefühl, hier in den Arm genommen zu werden, sie spürte die verständnisvolle Wärme, die diesen Ort ausmachte und wusste, hier hört man die Wünsche der Menschen. Hier gab es etwas, was man göttlich nennen musste, denn anders war das, was an diesem Ort passierte, nicht zu erklären. Eine innere Stimme sagte, Nadine, du musst verzeihen, aber dazu war Nadine noch nicht bereit, denn zu viel wurde ihr und auch ihrer kleinen Schwester angetan, diese Wunden mussten erst heilen.

Eins war sicher, den Tod ihrer Schwester würde sie ihren Eltern nie verzeihen und sie hoffte von ganzem Herzen, dass ihre Mutter nun endlich begriff, wie es ist, allein zu sein. Von ihrem Mann konnte sie keine große Unterstützung erwarten, denn der war noch nie da, wenn sie ihn brauchte. Sie begriff nicht, dass sie als Ehefrau nichts wert war und als Mutter hatte sie bei all ihren Kindern versagt. Alle vier waren ihr entwichen und keiner der vier hatte auch nur einen Funken Vertrauen in sie. Sie war eher die Letzte aller Menschen, an die sich eines ihrer Kinder wenden würde. Als sie das begriff, brach in ihr eine Welt zusammen, sie hatte sich jahrelang selbst belogen, den falschen Mann geliebt und nun war ihr Nesthäkchen tot, die Kleine, die sie so sehr liebte und die ihrer damals schon gescheiterten Ehe wieder einen Sinn geben sollte; sie war nicht mehr da. Sie hatte diesem Mann vertraut, aber immer wieder hatte er sie enttäuscht und belogen, hatte eine Firma nach der anderen an die Wand gefahren, weil er einfach immer wieder über seine Verhältnisse gelebt hatte. Er hatte mit den Geldern anderer gespielt und immer wieder verloren. Jedes Mal nach einer finanziellen Niederlage sind sie umgezogen und sie hatte nach dem zwanzigsten Umzug aufgehört zu zählen, wie oft sie Kartons und Kisten zusammengepackt hatte. Sie standen jedes Mal vor den Trümmern seiner geplatzten Träume und oft hatte

er seine Wut an ihr ausgelassen. Sie hatte seine Demütigungen ertragen, seine Schläge, seinen Alkohol und seine Eskapaden, weil sie glaubte, sie würde es alleine mit drei Kindern nicht schaffen. Heute waren die Kinder erwachsen und sie stand nun alleine da, sie würde einen Weg finden, um von ihm loszukommen. Dass das noch Jahre dauern würde, war ihr damals nicht bewusst. Heute lebte sie für ihr Enkelkind und dann, wenn der aus dem Haus wäre, dann würde sie einen Weg finden, endlich die paar Jahre ihres Lebens alleine zu leben.
Die Beerdigung ihres Kindes kostete sie viel Kraft. Sie stand am Grab und hatte keine Tränen mehr. Sie sah nur stur vor sich hin und nahm alles wie durch eine graue Wolke wahr. Sie spürte die Blicke auf ihren Rücken und sie spürte auch die Verachtung einiger Menschen hier am Grab. Sie spürte, dass sie nicht nur ein Kind verloren hatte, sondern auch die Achtung, für die sie so sehr gelebt hatte. Sie hatte verloren, sie hatte alles verloren, was für sie einmal wichtig war.

14. Kapitel
Alleinerziehend

Nadine brauchte lange, um den Tod ihrer Schwester zu akzeptieren und Max war ihr keine große Hilfe. Er lebte in seiner eigenen Welt, in der Nadine keinen Platz mehr hatte. Sie war nur noch die Mutter seiner Tochter und die, die zu Hause dafür da war, um zu putzen und auf die Kleine zu achten. Melina bekam von dem Ganzen nichts mit. Nadine saß nur nachts am Esszimmertisch und weinte, wenn die Kleine schlief. Ihr Vater sagte einmal zu ihr: „Starke Frauen weinen heimlich“, und diesen Satz hatte Nadine immer beherzigt.
Melina war nun fast drei Jahre alt und Nadine liebte die Kleine über alles. Sie gab ihr Halt in ihrem komplizierten Leben und wenn es Nadine mal wieder richtig mies ging, dann schaute sie das kleine blonde Mädchen an und wusste, sie hatte bis hierher alles richtig gemacht. Sie würde kämpfen für dieses kleine Menschenkind und würde durch die Hölle gehen, damit es diesem Mädchen mal besser erginge als ihr.
Es war ein heller Frühlingstag und Nadine war wie so oft mit Melina spazieren. Max hatte sie nur einmal in der Woche gesehen, er kam nur noch selten zu den tagesüblichen Zeiten, meist schlich er sich nachts ins Bett, oder aber er schlief im Wohnzimmer auf der Couch und fuhr früh am Morgen zur Arbeit. An den Wochenenden sah Nadine ihn so gut wie gar nicht. Er kam, zog sich um und dann fuhr er schon wieder zu irgendwelchen Freunden. Er fragte Nadine gar nicht, ob sie mitkommen wolle oder ob sie irgendetwas brauchte. Nadine hatte ihr Fahrrad, mit dem sie meist einkaufen fuhr, oder aber sie ging mit Melina zu Fuß, was natürlich anstrengend war. All das interessierte ihn nicht. Nadine war ihm egal und das ließ er sie auch Tag für Tag spüren. Manchmal hatte Nadine das Gefühl, er würde sie verachten. Sie hatte keine Ahnung, was schiefgelaufen war und obwohl sie ihn oft gefragt hatte, was los sei und warum er so zu

ihr war, reagierte er nicht. Er ließ sie mit den Fragen einfach stehen und tat so, als wäre alles in Ordnung. Er sah nicht, wie sehr Nadine darunter litt.
Nadine hatte von einer Bekannten Tropfen bekommen, die wohl zum einem beim Abnehmen halfen und zum anderen eben auch die trübe Stimmung aufhellen sollten. Diese Tropfen hatte Nadine bisher ignoriert und in den Medikamentenschrank verbannt. Sie hatte gehofft, all das auch ohne Hilfe zu schaffen, aber sie merkte, dass es immer schlimmer wurde und Nadine immer mehr Kraft verlor. Sie hatte Melina, die sie voll und ganz in Anspruch nahm und sie als Mensch und Frau stellte sich immer wieder hintenan. Nadine hatte schon oft darüber nachgedacht, wie es wäre, mit Melina allein zu leben, aber Nadine traute sich nicht. Sie hatte wie ihre Schwester eine Menge Schulden und ein Neustart würde viel Geld kosten.
Sie hatte ja nichts und Geld erst recht nicht. Wohin sollte sie also gehen? Andrea, ihre beste Freundin, lebte mittlerweile in Hamburg und ihren Eltern wollte Nadine diese Genugtuung nicht gönnen. Zumal ihr Stiefvater sowieso nur Stress machen würde, weil Nadine nicht auf der Beerdigung erschien. Auch gab er ihr die Schuld am Tod ihrer Schwester, wenn sie nun also dort aufschlagen würde und das sogar mit einem weiteren Kind. Sie musste also damit rechnen, dass man ihr auch dieses Kind wegnehmen würde. Ihr Stiefvater würde alles daransetzen, sie unglücklich zu machen, koste es, was es wolle. Sie war sich sicher, er ging auch diesmal über Leichen und es war ihm egal, was andere davon hielten. Nadine stellte sich das Horrorszenario vor und beschloss für sich, nie so tief sinken zu müssen, dass sie ihre Eltern um Hilfe bitten musste. Sie wollte sich und Melina schützen und sie würde versuchen, ihre Ehe irgendwie zu retten.

Es war mal wieder ein lauer Frühlingsabend, als Nadine mit ihrem Hund spazieren ging. Melina schlief und Nadine wollte

eine kurze Runde laufen, damit sie schnell wieder zu Hause war. Sie hatte das Babyfon mit, das zumindest 300 Meter vom Haus entfernt noch funktionierte. Nadine war ganz in Gedanken und hörte in einem der Nachbargärten leises Gelächter. Je näher sie dem Garten kam, umso lauter und deutlicher wurden die Stimmen. Sie glaubte, die Stimme von Max zu hören und so wurde sie von der Neugier getrieben. Das Babyfon begann zu rauschen und der Empfang war somit abgeschnitten, dennoch lief sie die Schritte in die Richtung, aus der sie das lustige Treiben vernahm.
Sie sah Max in einem Gartenstuhl auf einer Terrasse sitzen und ihn vergnügt mit einem anderen Typen reden, Nadine beobachtete das Szenario, es tat ihr in der Seele weh, Max so entspannt und gut gelaunt zu sehen. Plötzlich kam eine dunkelhaarige, schlanke Frau aus dem Haus, sie stellte eine große Schüssel auf den Tisch und setzte sich dann wie selbstverständlich auf Max' Schoß. Er nahm sie in den Arm und küsste sie wie selbstverständlich auf den Mund. Nadine trieb es die Tränen in die Augen, plötzlich entdeckte der Hund sein Herrchen und rannte in den Garten auf Max zu. Nadine stand wie versteinert da und versuchte, sich nicht zu bewegen, um nicht entdeckt zu werden. Max sah den Hund und schaute verwirrt zu dem Gartenzaun in Nadines Richtung, konnte aber, so schien es, sie nicht ausmachen. Er stand auf und packte den Hund und in diesem Moment ergriff Nadine die Chance, sich ungesehen aus der Situation zu befreien. Sie rannte, was das Zeug hielt nach Hause und stand dann völlig aufgelöst wieder in ihrem eigenen Garten. Sie setzte sich auf die Stufen und ließ das eben Gesehene vor ihrem inneren Auge Revue passieren. Das war also der Grund, warum Max kaum noch zu Hause war. Diese dunkelhaarige Frau kannte Nadine, sie hatte sie schon ein paar Mal an ihrem Haus vorbeifahren sehen, sich dabei aber nichts weiter gedacht. Sie hatte so einen froschgrünen Honda, ja genau, das war sie. Nadine saß auf der Treppe und war so verzweifelt wie schon lange

nicht mehr. Was sollte sie nun tun? Stand sie nun endgültig vor den Trümmern ihrer Ehe? Sie stand auf und ging ins Haus. Melina schlief tief und fest, leise schloss sie die Tür und griff zum Telefon. Mehr als fünf Monate waren vergangen. Nach dem Tod ihrer Schwester hatte Nadine sich nicht mehr bei ihren Eltern gemeldet. Sie hatte ihrem Sohn zu Weihnachten ein Paket geschickt und eine Karte für die Mutter dazu getan, aber sie hatte sich nach der Beerdigung auch nicht mehr getraut, dort anzurufen, denn für ihren Stiefvater war sie für den Tod der Schwester verantwortlich und Nadine wusste, dass er sie das spüren lassen würde. Nun aber saß sie so tief in der Patsche und brauchte Hilfe. Sie hatte ja niemanden und so nahm Nadine allen Mut zusammen und wählte die Nummer ihrer Eltern.
Es dauerte nicht lange und ihre Mutter war am Telefon. Als sie Nadine hörte, spürte Nadine, dass sie sich freute, von der großen Tochter etwas zu hören. Ihre Mutter klang irgendwie anders als sonst, es kamen keine Vorwürfe, sondern endlich einmal die Frage, wie es Nadine ging. Sie wollte tatsächlich wissen, wie es Nadine ging. Nadine erzählte ihrer Mutter alles, was in den letzten 5 Monaten passiert war und weinte, als sie ihr sagte, dass es mit Max wohl vorbei zu sein schien.
Dann kam etwas, mit dem Nadine nie gerechnet hätte. Ihr Stiefvater kam ans Telefon, der wohl über den Lautsprecher mitgehört hatte und sagte in einem ungewohnt versöhnlichen Ton: „Packe Deine Sachen und komm her.“ Nadine traute ihren Ohren nicht, war das wirklich ihr Stiefvater, der diese Worte sagte? Nadine hakte nach und ja, er sagte das tatsächlich. „Wir haben hier mehr als genug Platz, pack deine Sachen und komm nach Hof, wir werden eine Lösung finden. Du hast genug Scheiße erlebt, es wird Zeit, dass wir endlich als Familie zusammenhalten. Ich will nicht noch ein Kind verlieren.“ Nadine war sprachlos, war das ihr Stiefvater? Er schien gelernt zu haben aus dem Tod seiner Tochter, so hatte sie ihn in all den Jahren nicht erlebt, er hatte Nadine noch nie so angesprochen.

Sollten die Gebete erhört worden sein und ihre Eltern endlich begriffen haben, dass sie noch Kinder haben und die sie brauchen, mehr denn je?
Die Mutter übernahm wieder das Gespräch und man spürte, wie sie lächelte: „Ja", sagte sie, "Vater hat sich sehr verändert, er ist ruhiger und liebevoller geworden, auch zu mir", sagte sie leise. Wir haben uns lange über Dich unterhalten und er hat eingesehen, dass er, was Dich betrifft, viel falsch gemacht hat. Er wollte es Dir schon zu Weihnachten sagen, aber da Du nicht gekommen bist, sagte er es Dir eben jetzt.
Nadine saß nach dem Gespräch noch lange am Küchentisch. Sie war mit ihren Eltern so verblieben, dass sie, sobald Max nach Hause käme, mit ihm reden wollte und wenn es wirklich aussichtslos ist, dann würde sie morgen ihre privaten Sachen zusammenpacken und mit Melina nach Hof kommen, in der Hoffnung, dass Max sich noch besinnt und sie zurückholen würde.
Nadine saß nach dem Gespräch noch eine Weile in der Küche und ließ in Gedanken die Zukunft abspielen. Sie allein mit Melina, würde sie das schaffen? Sie hatte große Angst vor dem Alleinsein und wusste, dass sie sich jetzt wieder von ihren Eltern abhängig machen würde. Doch was sollte sie tun? Weiter so mit Max leben und sich alles gefallen lassen? Er, der kaum zu Hause war, sein Geld verzockte, mit anderen Frauen rummachte und sich einen Scheiß um seine Familie sorgte. Sollte Nadine das alles für Melina ertragen und bleiben? Nadine wusste nicht, was sie tun sollte, sie liebte ihr Zuhause, sie liebte Max und sie war so unglücklich an seiner Seite und er, er sah das nicht einmal. Sicherlich, sie hatte viel falsch gemacht, sie hätte auch zusehen müssen, Geld zu verdienen, denn der Job als Putze in der Kneipe und im Fitnessstudio brachte nicht viel, er sagte immer, das seien nur Pisskröten. Aber mit Kind konnte sie eben nur ein paar Stunden arbeiten, sie wollte eben auch für Melina da sein. Er hingegen hatte seinen Job, da verdiente er

zwar auch nicht die Welt, aber wenn sie beide hätten mit Geld umgehen können, wäre es machbar gewesen. Max allerdings gab immer mehr aus, als er verdiente und Nadine, sie gab meist das aus, was sie bekam. So häuften sich die Schulden auf seinem Konto und Nadines Schulden stiegen auch an. Würde sie all das alleine stemmen können, wohl eher nicht.
Aber hier zu bleiben, war auch keine Option, solange wie Max nicht zur Besinnung kam, also musste sie etwas tun. Sie ging ins Bett und hoffte, dass Max nach Hause kam.
Es dauerte nicht lange und Nadine hörte die Schlüssel in der Haustür. Dann spürte sie, wie er ins Bett kam. Nadine fasste allen Mut zusammen, drehte sich zu ihm um und versuchte seine Hand zu greifen, er aber entzog sie ihr. So fragte sie ihn leise und voller Hoffnung: "Was kann ich tun, um unsere Ehe zu retten?" Ihr Herz pochte wie wild, es kam keine Reaktion und wieder fragte sie etwas lauter: "Sag mir, was kann ich tun, um unsere Ehe zu retten?" Und dann kam das, was Nadine nie vergessen würde, er sagte laut und verständlich: "NICHTS, es gibt nichts, das Du ändern kannst, es ist, wie es ist." Und mit diesen Worten drehte er sich um und ließ Nadine einfach so liegen.
Sie weinte sich in den Schlaf und am nächsten Morgen wurde sie von Melina geweckt. Die Kleine stand an ihrem Bett und streichelte ihr Gesicht. Nadine sah die Kleine und dann wurde ihr bewusst, was gestern Nacht geschah, es war das Ende ihrer Ehe und Nadine musste handeln.
Sie sagte zu Melina, dass sie eine große Reise machen würden. Melina sollte ihr Spielzeug zusammenpacken und Nadine würde zwei große Reisetaschen einpacken und dann mit dem Zug zur Oma nach Hof fahren. Die Kleine sprang aufgeregt in ihrem Zimmer umher.
Nadine rief ihre Eltern an und sagte, dass sie käme, sie hatte zuvor bei der Zugauskunft herausbekommen, wann der Zug nach Nürnberg losfuhr und dort zwei Sitzplätze reserviert. Na-

dine packte alles hastig zusammen. Sie nahm Papiere mit und Schmuck, ihre Klamotten und Sparbücher. Dieses Geld würde sie brauchen, um einen Neuanfang in Hof starten zu können. Sie hoffte, dass Max zur Besinnung kam und spüren würde, wie sehr er seine kleine Familie vermissen würde und dann eventuell mit Nadine und Melina einen Neuanfang wagen. Sie hoffte so sehr, dass ihre Liebe dafür noch ausreichen würde und er merkt, was er verliert.
So packte Nadine die Reisetaschen ins Auto, setzte sich an den Küchentisch und schrieb Max einen Brief, in dem sie ihm erklärte, wie es in ihr aussah. Sie konnte meist besser schreiben als reden und in diesen Zeilen lag so viel Gefühl und Ehrlichkeit, die musste er einfach verstehen.
Melina stand in der Küchentür und hatte ihren kleinen Rucksack auf den Rücken, Benny Bunny und Lämmchen, ihre beiden Lieblingskuscheltiere, im Arm und eine kleine Reisetasche in der Hand, sie sah zum Schießen aus. Nadine lachte, als sie die Kleine abreisebereit vor sich sah und war stolz auf ihr kleines Mädchen. Sie liebte dieses Kind über alles und nur für sie war es wert, einen Neuanfang zu wagen, sie würde mit Melina Berge versetzen können, denn die kleine Tochter war Nadines Halt und der Sinn ihres Lebens. Sie setzte die Kleine in den Kindersitz und fuhr noch schnell zur Bank, hob das ganze Geld vom gemeinsamen Konto ab, gerade mal 400 DM und auch das Geld vom Sparbuch, 1000.- DM, hob sie ab. Das verstaute Nadine in der Tasche bei den Unterlagen und dann fuhren sie zum Bahnhof. Nadine hatte schwer zu schleppen, die beiden Reisetaschen und noch zwei Rucksäcke, aber all das war machbar. Sie holte sich einen Kofferkuli und packte das ganze Zeug drauf. Melina wollte, dass Chico, der Hund, auch mitkam, aber Nadine versprach, dass sie ihn bald abholen würde. "Erst mal", so sagte Nadine, "machen wir Urlaub bei Oma und dann schauen wir mal." Melina freute sich auf das Abenteuer, kannte sie doch die Oma nur vom Erzählen.

Sie waren fast 7 Stunden unterwegs und als sie in Hof am Bahnhof ankamen, war Nadine nicht mehr so Feuer und Flamme von ihrem Handeln.
Melina war auch müde und quengelte rum, es war Zeit, dass die Kleine normalen Boden unter den Füßen spürte, trotzdem war sie wirklich süß während der Fahrt. Sie hatte fast den ganzen Zug unterhalten und sogar einen kleinen Jungen als Freund gefunden, der allerdings musste schon in Nürnberg aussteigen und somit waren sie die Fahrt in Richtung Hof fast alleine im Zug.
Als der Zug in den Bahnhof einrollte, sah Nadine schon ihre Eltern am Bahnsteig warten und auch Nadines Sohn war mitgekommen. Als er Nadine und Melina sah, merkte man sofort, dass er sehr überrascht war. Man hatte ihrem Sohn nichts gesagt, sondern wollte ihn überraschen, das schien gelungen zu sein. Sie stieg aus dem Zug aus und ging nach hinten zum Gepäckwagen, dort standen ihre Klamotten schon auf dem Bahnsteig. Nadine packte alles auf einen Rollwagen und fuhr diesen mit Melina im Schlepptau zu ihren Eltern. Ihr Stiefvater nahm ihr den Wagen ab und umarmte sie kurz und ihre Mutter nahm Melina auf den Arm. Sie begrüßte Nadine herzlich und flüsterte ihr ins Ohr: „Kopf hoch, wir schaffen das."
„Dein Wort in Gottes Ohr", sagte Nadine leise und nahm ihren Sohn in den Arm.

Sie stiegen ins Auto und fuhren in Richtung Untertiefengrün, einem kleinen Kuhkaff bei Hof.
Die Landschaft war schön und Melina kam aus dem Staunen nicht mehr raus. Sie plapperte in einer Tour und Nadine hörte nur mit einem halben Ohr zu. Nadines Sohn neckte seine kleine Schwester, die beiden verstanden sich auf Anhieb und so hatte Nadine Zeit, sich Gedanken zu machen. Sie hatte noch nie in ihrem Leben so eine tiefe Existenzangst verspürt, ging es doch diesmal nicht nur um sie, sondern um ihr Kind. Sie hatte Ver-

antwortung und sie wusste, dass dieser Schritt, diese Entscheidung, schwer werden würde. Dass sie fast daran zerbrechen würde, ahnte Nadine zu diesem Zeitpunkt noch nicht.
Im Haus der Eltern angekommen, zeigte Klaus, ihr richtiger Vater, Nadines und Melinas Zimmer. Ihre Mutter hatte sich echt Mühe gegeben. Ein großes Bett auf der einen Seite, alles war mit Kinderbettwäsche bezogen und ein großer Stoffteddy saß auf dem Bett, Melina war begeistert. Nadines Seite hatte eine tolle Bettwäsche in Pink und Schwarz. Das Zimmer verfügte über einen Fernseher und ein kleines Waschbecken. Die Toilette befand sich auf dem Flur. Nadine und Melina hatten sogar ihr eigenes Bad. Ihr Vater streichelte Nadine über den Arm und sagte leise: "Wenn Du was brauchst, sag Bescheid, ich bin für Dich da." Damit verließ er Nadines neue Bleibe und die beiden waren allein. Melina lag auf dem Bett und platzierte Benny Bunny und das Lämmchen am Kopfende. Nadine sah dem Mädchen zu und Verzweiflung übermannte sie. Sie nahm ihre kleine Tochter in den Arm und flüsterte leise: "Mama hat dich so doll lieb." Die Kleine drückte sie fest und sagte: "Ich liebe Dich auch." Nadine weinte leise und versprach ihrem Kind: „Gemeinsam sind wir stark."

Nadine saß im Esszimmer und Melina war mit ihrem Bruder draußen vor dem Haus spielen. Nadine wollte nicht, dass die Kleine alles mit anhörte und so nutzte sie die freie Zeit und besprach mit ihren Eltern, wie es weitergehen sollte. Als Erstes brauchte Nadine einen Anwalt, dann müsste sie zum Amt um Sozialhilfe zu beantragen. Sie kannte sich nicht aus mit dem ganzen Behördenmist und ihr Stiefvater, der in solchen Sachen ja gewieft war, versprach, sie zu begleiten.
Ihre Mutter hatte im Telefonbuch schon einen Anwalt ausgesucht, der auch in der Nähe war. Nadine machte dort einen Termin für den nächsten Tag. Da Donnerstag die Ämter immer länger offen hatten, wollte Nadine gleich heute zum Sozialamt

fahren. Ihr Stiefvater kam mit. Sie nahm alle Unterlagen mit, die sie hatte. Auf dem Amt angekommen, hatte sie eine nette Dame, die ihre Sachlage verstand und Nadine aufklärte, was ihr alles zustünde. Als Erstes jedoch brauchte die Dame vom Anwalt ein Schreiben, in dem erkenntlich war, dass Nadine die Scheidung einreichen wollte. Es ging schließlich um Unterhaltszahlungen für sie und Melina, Max müsste für beide aufkommen. Dass sie damit einen Schlussstrich unter alles ziehen würde, war ihr bewusst, aber ihr blieb nichts anderes übrig. Wollte sie mit ihrer Tochter überleben, musste sie zu solch drastischen Mitteln greifen. Die Dame vom Amt versprach Nadine, sich um eine Sozialwohnung zu kümmern. Nadine sollte aber auch selber schauen, ob sie etwas Geeignetes finden würde, für die Kleine brauchte man einen Kindergartenplatz und Nadine hatte dann auch die Möglichkeit, entweder wieder zu arbeiten oder aber eine Schulungsmaßnahme zu bekommen, um sich weiterzubilden und dann eventuell so viel zu verdienen, dass sie sich und die Kleine ohne Hilfe vom Amt ernähren konnte.

Nadine war der Dame sehr dankbar und wusste nun, dass es immer eine zweite Chance und einen Ausweg gab. Und für Melina war es wichtig, endlich einen Kindergarten zu besuchen. Sie war drei Jahre alt und sie brauchte den Kontakt zu Gleichaltrigen. Nadine ahnte, dass das die ersten Wochen ein tägliches Drama geben würde, denn Melina war es nicht gewohnt, ohne Mama bei Fremden zu bleiben. Na ja, da musste wohl jede Familie durch und Nadine würde Melina die Zeit geben, sich an die ganz neue Situation zu gewöhnen.

Als Nadine und ihr Stiefvater wieder im Haus der Eltern ankamen, lag Melina im Bett und machte Mittagsschlaf. Sie war ihrer Mutter sehr dankbar, dass sie Melina übernahm, wenn Nadine Behördengänge machte.

Ihre Mutter schien zu spüren, wie schlecht es Nadine ging und sie versuchte wirklich das erste Mal in ihrem Leben, Nadine eine gute Mutter zu sein. Nadine kannte diese Familienkonstellation nicht, fand aber, dass es so wirklich gut lief zwischen allen. Selbst ihr Stiefvater griff Nadine unter die Arme, wo es nur ging und Nadine erkannte diesen Mann nicht wieder. Der Tod seines leiblichen Kindes schien ihn sanfter gemacht zu haben und so hatte er in den Monaten danach zum einen eine sehr intensive Beziehung zu Nadines Sohn aufgebaut und gab sich zusätzlich wirklich Mühe auch die Beziehung zu seiner Frau wieder zu kitten. Das mit Nadine sah sie so, er half ihr, ohne zu murren, um Nadines Mutter zu zeigen, hey, schau her, auch dazu bin ich bereit, das Kriegsbeil zu begraben und Deinen Kindern ein Vater zu sein. Nadine fand diese Verwandlung sehr befremdlich, aber sie wollte auch, dass alles harmonischer abläuft und nahm die Veränderung dankend an. Sie hoffte inständig, dass ihr Stiefvater dabei blieb und nicht wieder irgendwann einen Sinneswandel bekam und gegen Nadine schießen würde. Nadine und Melina wuchsen in den Tagen noch mehr zusammen und Melina schien es zu gefallen, von Oma und Opa und Onkel Klaus umsorgt zu werden. Oma kochte für Melina und kaufte für Melina alles das ein, was die Kleine gerne aß. Melina wurde wie eine kleine Prinzessin behandelt und auch der Opa (Stiefopa) versuchte, Melina für sich zu gewinnen. Aus irgendeinem Grund hatte Melina aber Probleme mit ihrem Stiefopa. Nadine spürte, dass ihre kleine Tochter Angst vor ihm hatte. Solange wie die Oma in der Nähe war, war alles o. k., aber sobald Melina alleine mit ihm war, suchte sie das Weite. Keine Ahnung, warum, aber ihr kindlicher Instinkt warnte sie vor diesem Mann und dass sie damit genau richtig lag, würde sich Monate später bewahrheiten.

Max hatte sich nicht gemeldet, schon mehr als zwei Wochen nicht. Nadine war beim Anwalt und der hat Nadine versprochen, die Sache in die Hand zu nehmen. Vom Sozialamt hatte Nadine zum einen die Kostenübernahme des Scheidungsver-

fahrens bekommen und zum anderen den Bescheid, dass Nadine und Melina nun regelmäßig Geld vom Amt erhielten. Sobald Nadine eine Wohnung gefunden hätte, würde die Miete dann auch vom Amt übernommen. Sie durfte sich eine Zweizimmerwohnung suchen, die nicht mehr als 450 DM warm kosten dürfte.
Na, das waren doch mal tolle Nachrichten, jetzt konnte Nadine endlich auf Wohnungssuche gehen. Das Geld, das sie von Melinas Sparbuch abgehoben hatte, würde Nadine dann in Melinas Zimmer investieren. Ihr Stiefvater versprach, die Wohnung zu streichen und wenn nötig, alles Weitere zu tun, damit die beiden es schön hatten. Ihre Mutter hingegen wollte sie mit Handtüchern und Bettwäsche sowie Gardinen und Geschirr versorgen. Also gingen sie auf Wohnungssuche in Hof und Umgebung. Nach ein paar Tagen las Nadine eine Anzeige im Hofer Tagesblatt. Man suchte einen Mieter für eine kleine 46-qm-Wohnung in Oberkotzau. Die Miete lag bei 400.- warm und für den Strom noch mal 50.- DM zusätzlich. Oberkotzau lag ca. 7 km von Hof entfernt und war eine kleine schnuckelige Ortschaft, mit allem, was man brauchte. Also rief Nadine die Vermieterin an. Es war ein nettes Gespräch und sie erhielt einen Besichtigungstermin. Sie freute sich, am nächsten Tag die Wohnung anschauen zu können und Melina sollte auch dabei sein. Also fuhr die ganze Familie am kommenden Tag zu dieser Wohnung und als sie vor der Einfahrt standen, war Melina diejenige, die gleich vollauf begeistert war. Oh Mama, schau mal, ein riesengroßer Garten wie bei uns und Papa. Nadine war erschrocken, als sie die Worte von Melina hörte. Sie spürte förmlich wie Melina ihren Garten und all das, was dazugehörte, vermisste. Nadine nahm die Kleine auf den Arm und begrüßte die Vermieterin freundlich. Die war von Melina entzückt und so stieg man die Treppen in dem Dreifamilienhaus empor, um die Wohnung unter dem Dach zu besichtigen. Nadine war sofort begeistert, sie hatte sich die Wohnung nicht so

schnuckelig vorgestellt, Melina hätte ihr eigenes Zimmer und Nadine würde sich eine Schlafcouch fürs Wohnzimmer kaufen. Die Küche war voll ausgestattet und man hatte dort auch noch mal die Möglichkeit, eine Sitzgruppe für sie beide zu platzieren. Im Bad war alles in Rot und Weiß gehalten, leider keine Badewanne, aber dafür eine schöne, große Dusche und auch Platz für eine Waschmaschine. Melinas Zimmer war groß und zudem durfte Nadine den Garten mit benutzen und hatte für später auch noch eine kleine Garage. Der einzige Nachteil, den die Wohnung hatte, war, dass man sie mit einem Ölofen beheizen musste und im Bad lief das heiße Wasser über einen externen Durchlauferhitzer, der kostete Strom und das konnte erheblich teuer werden. Ihr Stiefvater sah die Zweifel in Nadines Blick und verhandelte mit der Vermieterin. Statt der 400.- DM musste Nadine nun nur 300.- DM zahlen und somit hatte Nadine genug Geld, um den Öltank, der sich im Keller befand, im Winter zu betanken. Sie zahlte also trotzdem 400.- DM und die Vermieterin ließ dafür zum Herbst hin den Öltank befüllen. Nadine musste dann im Keller mit einer Kanne den Ofen auffüllen und die Türen zu Melinas Zimmer offen lassen. O. k., dachte Nadine, das würde klappen, ihr Stiefvater würde ihr den Ofen zum ersten Mal einheizen und Nadine zeigen, wie es geht. Ganz geheuer war ihr dieser Ofen trotzdem nicht. Aber sie nahm die Wohnung, denn Nadine hatte sie in Gedanken auch schon eingerichtet. Ihr Stiefvater würde sie nach den Wünschen von Nadine streichen und die Möbel würde Nadine zum Teil auch vom Amt bekommen. Also unterschrieb Nadine den Mietvertrag und freute sich, dass sie, sobald alles gestrichen war, einziehen konnte.

Melina war begeistert und auch Nadine freute sich über den Neuanfang und den tollen Start ins neue Leben. In der Wohnung waren eine Menge schräge Wände und das musste beim Möbelkauf bedacht werden.

Am nächsten Tag fuhr Nadine zum Amt, um mit der netten

Dame zu sprechen und ihr den Mietvertrag vorzulegen.
Die Dame freute sich für Nadine und war bereit, nun auch Geld dafür zu bewilligen. So konnte Nadine in einem dafür vorgesehenen Laden in Hof einkaufen. Dort gab es gebrauchte Möbel und Elektrogeräte, die zu einem erschwinglichen Preis zu erwerben waren. Das Einzige, was Nadine neu kaufen wollte, waren Melinas Bett und ihre Couch, sie hatte ja noch die 1000.- DM und die wollte Nadine für einen gesunden und besseren Schlaf investieren.
Ihr Stiefvater hatte am nächsten Tag auch noch eine Überraschung für die beiden, er stand am Frühstückstisch und grinste über beide Ohren. Als Nadine fragte, was los sei, lachte er und sagte: „Hast Du 150 DM für mich?“
„Hä?“, fragte sie, „für was? Ich brauch das Geld für Melinas Bett und meine Couch.“
„Aha“, sagte er, „meinst Du nicht, dass Du auch mit 850 DM das bekommst?“
Nadine überlegte kurz und war nun doch neugierig. „Sag mir doch endlich, für was Du das Geld brauchst?“
„Nicht ich brauche das Geld“, und nun musste die Mutter auch lachen: „Komm, sag ihr schon, worum es geht und spann sie nicht so auf die Folter.“
„Also erst die Kohle“, lachte er wieder.
Na gut, lachte nun auch Nadine, also sie rannte nach oben und holte die 150.- DM. Sie gab sie ihrem Stiefvater und wartete nun, was passierte. Er drückte ihr dafür einen Schlüssel in die Hand, mit den Worten: „Versicherung und Steuer sind für ein Jahr bezahlt.“ Nadine traute ihren Ohren nicht. „Wie bitte, für was?“ Dann schob der Stiefvater Nadine aus dem Haus und vor dem stand ein roter Ford Escort. Er war zwar nicht mehr der Neueste, aber er lief, so schien es. „Na los“, sagte der Stiefvater, „steig schon ein und dreh ’ne Runde.“ Nadine freute sich sehr über die Überraschung und nahm den Schlüssel in Empfang. Sie stieg ins Auto und startete es. Ja, dachte sie, den wür-

de sie brauchen, sie war somit unabhängig und konnte auch einen Job annehmen. Sie fuhr ein Stück und parkte dann den Wagen wieder vor dem Haus ihrer Eltern. Das erste Mal seit sie ihren Stiefvater kannte, hatte er ihr etwas gegeben ohne wirklich groß etwas dafür zu verlangen. Sie nahm ihre Mutter in den Arm und sagte leise: „Danke, danke für alles."
„Danke nicht mir, sondern Deinem Vater." Der stand da und aus einer Laune heraus nahm er Nadine zum ersten Mal in ihrem Leben in den Arm und sie gab ihm einen Kuss auf die Wange. Der war so gerührt von dieser Geste, dass auch er Nadine das erste Mal drückte und beide empfanden so etwas wie Familie. Der Tag war so gut gelaufen, dass Nadine mit einem tollen Gefühl neben Melina einschlief und das erste Mal, seitdem sie aus Augsburg hierhergekommen war, fühlte Nadine sich stark und hatte keine Angst vor der Zukunft. Sie schlief ein und hielt dabei Melinas Hand.

15. Kapitel
Schritt für Schritt

Die Wohnung war perfekt. Melinas Zimmer war in kunterbunten Farben gestrichen und die Möbel standen auch schon. Nadine war gerade dabei, die Bilder zu platzieren, als Melina dastand und fragte: „Mama, kommt der Papa gar nicht mehr wieder?" Nadine sah die traurigen Augen ihres Kindes und nahm sie in den Arm, dann setzten sich beide aufs Bett und Nadine versuchte nun, dem kleinen Mädchen zu erklären, was passiert war. Sie sagte, dass sich der Papa und die Mama gestritten hatten und dass der Papa die Mama nicht mehr lieb hatte. Die Kleine fing an zu weinen, aber Nadine beruhigte sie und sagte: „Dich wird der Papa immer lieb haben“, und sobald sie in den Kindergarten gehen würde, hätte sie dann auch wieder Freunde, mit denen sie draußen im Garten spielen könnte.
Melina beruhigte sich wieder und Nadine machte weiter. Im Nachbarhaus lebte ein älteres Ehepaar, das den Einzug der beiden verfolgt hatte. Sie waren ganz begeistert von dem blonden Mädchen und als Melina wieder im Garten rumtollte, kam der Nachbar mit einem rosafarbenen Kinderfahrrad und schenkte es Melina. Die rannte begeistert die Treppen hinauf und schrie ganz aufgeregt: "Mama, Mama, ich habe ein Fahrrad." Nadine musste lachen, als sie die Kleine sah, so aufgeregt hatte sie sie schon lange nicht mehr gesehen. Nadine ging mit der Kleinen nach unten. Das Fahrrad sah aus wie neu, es hatte Stützräder und einen kleinen Korb am Lenker. Nadine sagte, dass sie das nicht annehmen könne, aber der ältere Herr sagte, dass es sowieso nur im Keller stehen würde und die Kleine kann es gebrauchen. Somit ist es in guten Händen und er hatte Melina versprochen, dass sie mit seiner Hilfe dann auch bald ohne Stützräder fahren könnte. Die Kleine war begeistert von den beiden und so kam es, dass sie oft bei den Nachbarn war und sich da nach kurzer Zeit schon wie zu Hause fühlte.

Nun waren sie schon fast 6 Wochen in Hof und Max hatte bis auf einen Anruf nichts mehr von sich hören lassen.
Diesen Anruf bekam Nadine nach 2 Wochen, als sie noch im Haus ihrer Eltern lebte. Er schien angetrunken zu sein und war auf Streit aus. Er beschimpfte sie als Hure und dass sie auch immer eine bleiben würde. Nadine hatte dieses Gespräch einfach beendet, danach war sie fix und fertig und hatte nur geweint. Ihre Mutter versuchte, sie zu trösten und sagte ihr, dass sie nun ihr Leben allein in die Hand nehmen musste, schon allein um Melinas willen. Der Anwalt würde alles Weitere klären und das tat er auch. Fast täglich erhielt Nadine Post von ihm, in dem er ihr den Briefverkehr zwischen Max' Anwalt und dem Ihrigen mitteilte. In einem Brief stand, dass Nadine sehr wohl alle Sachen aus dem Haus holen könnte, die sie brauchte und dann den Schlüssel vom Haus hinterlegen sollte.
Nadine wusste nicht, wie sie jetzt noch mal ohne große Kosten nach Augsburg kommen sollte, aber auch da half ihr der Stiefvater. Er hatte einen Transporter und mit dem würden sie nach Augsburg fahren und die Sachen von Max holen. Auch der Hund musste endlich wieder zu Melina, denn den vermisste die Kleine auch sehr. Nadine wählte mit ihrem Stiefvater einen Tag in der Woche, denn da musste Max arbeiten und Nadine musste ihm nicht begegnen. Der Anwalt schrieb das genaue Datum und Nadine wartete nun auf die Zusage, dass sie kommen könnte. Melina blieb währenddessen bei der Oma und ihrem Bruder.

Es war am späten Abend, Nadine hatte Melina noch ins Bett gebracht und gewartet bis sie tief schlief, dann ging sie hinunter, wo der Stiefvater schon auf sie wartete. Ihre Mutter hatte ein große Kanne Kaffee gekocht und ein paar Brote geschmiert. Alles packte sie in einen Korb und dann machten sich die beiden auf den Weg in Richtung Augsburg.
Es war eine lange Fahrt und Nadine hatte nun endlich einmal

die Gelegenheit, mit ihrem Stiefvater zu sprechen. Die beiden redeten die ganze Nacht und es war, als hätte es die Streitigkeiten nie gegeben. Er erklärte ihr, was ihn auf Nadine so böse hat werden lassen und Nadine schüttete auch ihre Ängste und Sorgen aus. Beide stellten fest, dass sie viel mehr miteinander hätten reden müssen und Nadine hatte das Gefühl, dass endlich alles geklärt war zwischen ihnen. Das dass ein großer Irrtum sein würde, musste Nadine später noch bitter spüren.

Es war früh am Morgen, als Nadine vor dem Haus von Max stand, der Firmenwagen war nicht mehr zu sehen, also war Max auch nicht mehr zu Hause.
Ihr Herz klopfte wie wild als sie die Tür zur Wohnung aufschloss. Chico kam wie ein Geisteskranker auf Nadine zugerannt. Er war abgemagert und Nadine nahm das Fellknäuel auf den Arm. "Hey, mein Kleiner", sagte sie, "ich freue mich, auch dich zu sehen."
Sie ging ins Esszimmer und sah den Brief auf dem Tisch, nur ein paar Zeilen und ein Umschlag.

Liebe Nadine,
Das ist nun das Ende unserer Ehe, bitte lege den Schlüssel auf den Tisch und nehme alles mit, was Du und Melina brauchen. In dem Umschlag ist noch der Rest Deines Gehaltes von Mario, der sehr erbost darüber war, dass Du nicht mehr gekommen bist. Er musste somit ganz schnell eine andere Putzkraft für Dich finden. Den Ehering kannst Du behalten, ich habe für ihn keine Verwendung.
Pass gut auf Melina auf, Gruß Max

Nadine schaute fassungslos auf die Zeilen, war das wirklich alles? Was hatte sie erwartet, war es doch sie, die die Scheidung eingereicht hatte. Sie saß da und war den Tränen nahe. Hier war sie einmal so glücklich, hier war sie Frau und Mutter

und hätte alles dafür gegeben, die Zeit zurückzudrehen, um noch mal von vorne zu beginnen, aber es war zu spät.
Ihr Vater packte schon mal das Bettzeug von Melina in die mitgebrachten Müllsäcke und Nadine fing im Schlafzimmer an. Es war eine Menge und der Wagen war in einer Stunde voll. Nadine sah sich noch mal um und ging durch die Räume. Nun hatte sie endlich auch ihre Klamotten und das notwendige Geschirr, das ihr noch fehlte. Ein paar kleine Möbel aus Melinas Zimmer und private Unterlagen sowie ihren restlichen Schmuck. Sie ließ zwar noch eine Menge dort, aber all das war ersetzbar und Nadine war froh, auch hier endlich einen Schlussstrich ziehen zu können. Sie ging zum Schluss noch an den Medikamentenschrank, um ihre Pille einzupacken, als ihr dieses Fläschchen in die Hände fiel, die Abnehmtropfen. Nadine packte alles in ihre Handtasche und legte den Schlüssel auf den Esszimmertisch. Dann schnappte sie sich Chico und zog die Haustür hinter sich zu.
Ihr Stiefvater war noch am Rumräumen im Auto und so setzte sich Nadine auf die Stufen und ließ ihrer Trauer um das Geschehene freien Lauf, sie nahm ihren Wollknäuel in den Arm und weinte. Sie gab sich die Schuld am Scheitern ihrer Ehe, sie hätte mehr kämpfen müssen, denn schließlich liebte sie Max immer noch sehr. Aber irgendwie war das alles an ihr vorbeigerauscht und sie hatte gar nicht bemerkt, dass auch Max an ihrer Seite sehr unglücklich war. Sicherlich, sie hatten auch viele schöne Momente, aber diese 4 Jahre Ehe waren dann wohl gerade am Schluss ein Gräuel für beide. Sie hatte über vieles hinweggesehen und ihm seine Fehltritte wie das Fremdgehen und das dauernde Verzocken von Geld verziehen, dabei wäre es womöglich besser gewesen, ihm eine Szene zu machen. Sie hatte sich so sehr an dieses Haus und den tollen Garten gewöhnt und hatte Angst, es zu verlieren. Und nun? Stand sie im Endeffekt auch da und musste mit ein paar Habseligkeiten einen Neuanfang wagen, vor dem sie noch immer höllische

Angst hatte. Max konnte im Grunde genommen genauso weitermachen, wie vor seiner Ehe, denn das Kind war bei Nadine und sie war auch ehrlich zu sich selbst. Ohne dieses Mädchen hätte Nadine nie die Kraft gehabt, überhaupt neu anzufangen. Melina war ihr Halt in diesen schwierigen Tagen und sie war froh, nicht allein sein zu müssen, wer weiß vielleicht wäre sie schon aus Bequemlichkeit ins Milieu zurückgekehrt. So aber hatte sie die Kleine und musste nun endlich einmal Verantwortung tragen, nicht für sich, sondern als Mutter für ihr Kind.
Ihr Stiefvater war fertig und so stieg Nadine ein, nahm den Hund auf den Arm und warf einen letzten Blick auf das Haus, in dem sie einmal sehr glücklich war.
Es war spät in der Nacht, als sie in der kleinen Ortschaft bei Hof wieder ankamen. Sie hatten zwischendurch mehrmals gehalten, um den Motor des fast schon überladenen Bullys abzukühlen und um auch eine Kleinigkeit zu essen. Dem Hund schien der Umzug nichts auszumachen und Nadine wusste, wenn Melinas Lieblingskuscheltier wieder bei ihr war, dann hatte sie schon mal wieder eine Sorge weniger.
Ihre Mutter hatte die ganze Zeit gewartet und saß im Esszimmer, als sie ankamen. Melina schlief schon tief und fest und am nächsten Morgen wollte man dann das Zeug nach Oberkotzau fahren, zu Nadines und Melinas neuem Zuhause.
Die Woche darauf sollte Melina dann das erste Mal in den Kindergarten gehen und Nadine war gespannt, inwieweit Melina nun loslassen würde. Ziemlich viel auf einmal für diese kleine Seele, erst der Wegzug vom tiefsten Bayern nach Oberfranken und dann ein neues Zuhause, alleine mit der Mutter, na ja, und dann der Kindergarten, alles neue Menschen. Nadine hoffte inständig, das Richtige zu tun und war wahrscheinlich noch nervöser als Melina selbst.
Für Nadine war das eine schwere Zeit, war sie doch das erste Mal in ihrem Leben wirklich allein auf sich gestellt. Hinzu kam, dass sie nun nicht allein war, sondern sie trug die Ver-

antwortung für sich und die Kleine. Sie hoffte inständig darauf, dass sie sich diesmal auf ihre Eltern verlassen konnte und sie hoffte auf dauerhaften Frieden in der Familie. Ihrem Sohn schien das alles nicht zu gefallen. War doch nun auch noch ein Enkelkind da und dann die Mutter, gegen die man jahrelang gewettert hatte, sie sei eine Schlampe und nicht fähig ein Kind zu erziehen. Für den Jungen, der nun gerade in die Pubertät kam, sah das alles sehr merkwürdig aus und irgendwie war ihm die Unsicherheit anzusehen. Hatte er bisher seinen heißgeliebten Opa für sich allein, musste er nun mit einem dreijährigen Mädchen teilen und auch seine Oma schien seine kleinere Halbschwester mehr lieb zu haben als ihn. Er war ein wenig durcheinander und Nadine, die seine Mutter war, fand keinen Weg zu ihm. Viel zu oft hatten die Großeltern gegen seine Mutter gekämpft und sie schlecht gemacht, sie als Hure bezeichnet und dem kleinen Jungen erzählt, dass seine Mutter ihn nicht lieb haben würde, deswegen wäre er bei seiner Oma und seinem Opa. Nun war sie aber in seiner Nähe und seine Großeltern taten so, als wäre nie etwas gewesen.
Nadine hatte gehofft, nun auch einen Weg zu finden, um ihren Sohn ein wenig für sich zu gewinnen, aber der, der verkroch sich in seinem Zimmer und war nur ganz selten für Nadine greifbar.

Als Melina vor dem Kindergarten stand, sah man dem Mädchen an, dass es ihr nicht wohl war bei der Sache. Sie hielt die Hand ihrer Mutter fest und sie redete nur ganz wenig. Nadine hatte der Kleinen vorher alles erklärt und für Melina einen kleinen Rucksack gekauft, in dem alles verstaut wurde, auch ihren Benny Bunny konnte sie mitnehmen, das war das Wichtigste überhaupt. Dieser Hase mit den ellenlangen Ohren war überall dabei und durfte im Kindergarten nicht fehlen. Nadine brachte die Kleine in ihre Gruppe, sie war eines der Bärenkinder und die Erzieherin eine ganz nette junge Dame.

Melina sah die ganzen Kinder und lief zurück zur Mutter, sie wollte nicht dableiben. Sie weinte und sträubte sich. Nadine blieb die ersten Tage bei der Kleinen und von Tag zu Tag wurde es besser.

Nach ca. 2 Wochen ging die Kleine, so als hätte es die anfänglichen Schwierigkeiten nie gegeben, gerne in den Kindergarten und fand auch endlich Freunde. Nun war Nadine gewappnet, sich um ihre Zukunft zu kümmern und sie sprach noch mal beim Sozialamt vor, um eventuell eine Umschulung zu machen. Sie bekam auch sofort vom Arbeitsamt eine Einladung zu einem Gespräch. Als Erstes musste sie natürlich erst einmal am Computer fit gemacht werden. Nadine hatte da schon von gehört, dass es diese Dinger gab, aber sich selber mit so etwas nie beschäftigt. Auch Handys waren immer mehr im Kommen.
Nadine hatte mal ein Mobiltelefon für ihr Auto, das war aber so ein riesen Kasten, dass sie damit nur wenig anfangen konnte. Handys waren eine teure Angelegenheit, denn zum einen waren die Gebühren für ein Telefongespräch sehr teuer und zum anderen war auch die Anschaffung nicht gerade billig.
Nadine war begeistert, der PC-Kurs war echt toll und wenn sie den fertig hätte, wäre eine Ausbildung zur Bürokauffrau auch noch in Aussicht. Also lernte sie, wie man mit WIN 95 und den dazugehörigen Programmen umging. Sie bekam vom Amt die Miete bezahlt, Fahrgeld erstattet und hatte noch für sich und die Kleine 400 DM zum Leben. Das war nicht viel, aber das langte erst mal.
Die Monate verliefen recht problemlos. Nadine hatte sich an ihren Alltag gewöhnt und Melina hatte nun ein kleines eigenes Leben am Vormittag.
Abends saßen die beiden auf der Couch und aßen Abendbrot, währenddessen schaute man gemeinsam „Gute Zeiten, schlechte Zeiten“ und danach war es für Melina Zeit, ins Bett zu gehen.

Nadine saß dann oft alleine in ihrem kleinen Reich und fühlte sich einsam.

16. Kapitel
Kampf um Melina

Es vergingen die Monate und Nadine hatte sich an ihr Leben in Armut und Stress gewöhnt. Sie versuchte alles, um es Melina und ihr schön zu machen. Ab und an half sie in der Kneipe aus. Sie hatte Maria durch ihre Mutter kennengelernt. Die hatte seit ein paar Monaten auf einem Campingplatz einen kleinen Wohnwagen gekauft und hielt sich dort in den Sommermonaten oft mit Nadines leiblichem Vater auf. So hatte sie Ruhe vor dem Alten, der oft sehr jähzornig und ungehalten zu beiden war. Das war die Wohlfühloase ihrer Mutter. Maria, die dort am Campingplatz eine Pizzeria besaß, und auch diese in den Sommermonaten bewirtschaftete, wurde in der Zeit zu einer guten Freundin ihrer Mutter und so kam es, wie der Zufall wollte, dass Maria eben auch in Oberkotzau ansässig war und da zusätzlich noch eine Eisdiele und eine kleine Bar besaß, in der man auch wunderbar leckere Pizzas essen konnte. Der kleine Familienbetrieb bestand aus Gino, dem Patrone der Familie, aus Rosa der hübschen Tochter des Hauses und dessen Mann, sowie Gabi der ehemaligen Schwiegertochter von Maria, die ihr trotz der Trennung vom großen Sohn immer noch aushalf, wo sie nur konnte. Nadine mochte diese Familie, besaßen sie doch all das, was Nadine nie verspüren durfte, einen engen Zusammenhalt und viele Traditionen. Gino, war Italiener und gab Nadine in der Sprache oft Nachhilfe. Der kleine, etwas schrullige Italiener war ein Mann mit großem Herz und Nadine mochte ihn sehr. Er war ihr Vaterersatz. Maria war eine kleine, etwas dickliche typisch südländische Frau, die zwar aus Portugal stammte, aber so fließend Italienisch sprach, dass man kaum bemerkte, dass sie keine Italienerin war. Sie kochte wie eine Göttin und auch sie war für Nadine eine Art Mutterersatz. Nadine war oft alleine und Melina hatte sich mit vielen Kindern im Ort angefreundet, so hatte Nadine immer mal wieder

die Gelegenheit, in der Eisdiele oder in der Bar auszuhelfen, das Geld konnte sie gut gebrauchen und ein Zeitvertreib war es zusätzlich.
Ihre Eltern waren gerade im Umzugsstress, hatte Nadines Sohn nun endlich erfolgreich seine Schule abgeschlossen und eine Ausbildung zum Bierbrauer und Melzer begonnen. Dem Stiefvater war die ständige Fahrerei von dem kleinen Ort nach Hof zu viel und jeder konnte ihn verstehen, denn er musste jeden Morgen um 4 Uhr aufstehen, um Nadines Sohn in die Arbeit zu bringen. Der Umzug sollte es ihm erleichtern, denn so hatte der Junge die Möglichkeit, mit der Bahn zu fahren, wenn der Opa mal nicht konnte.
Sie hatten ein schönes, großes Haus in Rehau gefunden, auf mehreren Etagen. Früher nannte man so ein Anwesen Stadthaus, da es direkt an der Straße lag und aussah wie ein Wohnsitz von Leuten, die sich früher auch noch Hauspersonal leisten konnten. Es war alt, aber wirklich schön und Melina war gerne bei ihrer Oma, hatte sie doch für Melina immer irgendetwas Schönes bereit.
Alles in allem verlief Nadines Leben recht unkompliziert, sie hatte ihren Computerschein bestanden und befand sich nun mitten in der Ausbildung zur Bürokauffrau. Melina besuchte den Kindergarten und zum Vater hatten sie nur über den Anwalt Kontakt. Immer öfter ging Nadine am Wochenende fort, auf der Suche nach der Liebe ihres Lebens, denn im Grunde genommen trauerte sie immer noch Max hinterher. Der aber, so hatte Nadine erfahren, war nun tatsächlich mit dieser schwarzhaarigen Frau zusammen, die Nadine damals auf seinem Schoß hat sitzen sehen und diese Erinnerung daran tat immer noch weh. Sie hatte Max, als sie nach Hof zu ihren Eltern gezogen war, einen vier Seiten langen Brief geschrieben und ihr ganzes Herz ausgeschüttet. Um dann dreist einen Brief von eben dieser dunkelhaarigen Frau zu bekommen, in dem sie Nadine mitteilte, dass sie nicht möchte, dass Nadine ihm weiterhin schreibt,

dass sie nicht an der Trennung der beiden schuld sei und dass Nadine zum damaligen Zeitpunkt besser einen Eheberater hinzuziehen hätte sollen, als leichtfertig die Ehe aufzugeben. Damals war Nadine von diesen Zeilen zutiefst verletzt und hatte diese Frau verflucht, mittlerweile aber redete Nadine sich ein, dass sie irgendwann selber merken würde, was Max für ein Lebemann ist und entweder sie kann damit umgehen oder aber sie würde genau wie Nadine irgendwann einmal einsam und alleine dasitzen und sich vielleicht genauso fühlen wie Nadine in den letzten Monaten.

Nadine wusste, sie war nicht perfekt und machte viele Fehler, oft war sie ungeduldig mit Melina und schimpfte sie ohne einen wirklichen Grund. Dann tat es Nadine wieder leid und sie nahm die Kleine in den Arm und bat um Verzeihung, denn Melina konnte am allerwenigsten für die Trennung und war im Grunde für Nadine das Wichtigste im Leben. Sie wollte dem Mädchen eine gute Mutter sein und gab so gut wie alles dafür.

Auch Nadine hatte Freundschaften geknüpft und Sabine kennengelernt, das war auch so eine komische Situation und die beiden Frauen lachten oft darüber. Nadine kam durch eine gemeinsame Bekannte zu Sabine, die auch in Oberkotzau wohnte und auch Kinder hatte. Melina und ihr Sohn besuchten den gleichen Kindergarten und irgendwann stand Nadine dann einmal in Sabines Wohnung. Als Nadine die Freundin das erste Mal sah, bekam sie einen Riesenschreck, sah sie doch so aus wie ihre Konkurrenz in Bayern, die Neue vom Max. Damals dachte Nadine, dass sie diese Frau nie leiden könnte, doch in all den Monaten stellte Nadine fest, dass Sabine der herzlichste Mensch war, den sie kannte. Sabine war in vielerlei Hinsicht ein Vorbild für Nadine, sie war unheimlich sauber und konnte wahnsinnig gut mit Geld umgehen. Sie hatte auch zwei Kinder, Daniel und Stefanie, die beiden kamen auch mit Melina super aus und so kam es, dass sich die beiden Frauen immer öfter trafen und da Sabine auch kellnerte, half man sich gegenseitig, wo man konnte. Eine wahre und ehrliche Freundschaft entwickelte sich und Nadine war dankbar, Sabine an ihrer Seite zu wissen.

Wie viel die beiden Frauen verbinden wird, ahnen sie zum Zeitpunkt des Kennenlernens noch nicht.
Nadine jobbte zusätzlich überall da, wo man sie ließ, denn jeden Pfennig konnte sie gebrauchen. Melina hatte Wünsche und Nadine konnte ihr die meisten nicht erfüllen, so sah sie zu, dass sie zumindest ab und an der Kleinen einen dieser Wünsche erfüllen konnte.
Das Auto, die Miete, inklusive Nebenkosten, Telefon etc., all das musste gestemmt werden und Nadine hatte eh schon immer Probleme, mit Geld umzugehen. Meist war am Ende des Geldes noch so viel Monat übrig.
Irgendwie hangelte sie sich von Monat zu Monat durch und irgendwie schaffte sie es immer wieder. Manchmal war sie am Ende ihrer Nerven und sie hatte Angst vor dem neuen Morgen. Nadine fühlte sich einsam und wenn sie Melina nicht gehabt hätte, dann wäre sie wohl dem Alkohol oder den Drogen verfallen. Immer wieder griff Nadine zum Wein und immer wieder ging es ihr am nächsten Morgen mies. In der Bar, in der sie arbeitete, leistete sie sich einen Ausraster nach dem anderen und ihr Ruf im Dorf wurde zunehmend beschissener. Die Suche nach einem neuen Mann, ließ sie als Schlampe im Ort wirken und auch ihr Styling, die Heels und das offenherzige Dekolleté, das Nadine gerne zeigte, verstanden viele als bloße Provokation und Nadine als Mama wurde oft vergessen. Es hieß im Ort, dass Nadine sich kaum noch um Melina kümmerte und alles andere für sie wichtiger sei. Nadine hatte alles versucht, um es sich und Melina so schön wie möglich zu machen, aber es gelang ihr nicht. Sie war überfordert mit allem, ob es das wenige Geld war oder aber die ständigen Schreiben von irgendwelchen Amtsgerichten, wo Gläubiger auf ihr Geld

pochten. Nadine hatte nicht eins der Schreiben geöffnet und so kam es, dass man ihr zuerst das Telefon sperrte und dann wollte man ihr auch noch den Strom sperren. Wobei das mit dem Strom so eine unfaire Sache war, denn hier zahlte Nadine für die kleine Wohnung jeden Monat einen Abschlag von 50 DM und plötzlich bekam sie eine Rechnung über fast 5.000 DM Nachzahlung. Irgendetwas ging da nicht mit rechten Dingen zu. Sie setzte sich auch sofort mit dem Anbieter in Verbindung, aber die Frau am Telefon war so was von unhöflich, dass sich Nadine nicht mehr anders zu helfen wusste und beim Amt ihr Anliegen vorbrachte. Die nette Dame verstand den Sachverhalt auch nicht und so rief sie selber beim Stromanbieter an, auch zu der Dame vom Amt war die Frau sehr unhöflich und so kam es zu einer ellenlangen Diskussion um Nadines Verbrauch innerhalb eines Jahres und die viel zu hohen geforderten Zahlungen, bis sich schließlich der Landrat einschaltete und dem Stromanbieter mit einer Klage drohte. Also wollte man Nadines Stromzähler testen und der Ursache auf dem Grund gehen.
Verzweiflung und Angst machten sich breit und Nadine hoffte, dass dieser Albtraum bald ein Ende hatte, ohne Strom war nichts mehr möglich, man hatte ihr schon das Telefon abgestellt, nun aber war das Wichtigste im Haushalt gesperrt und das mit einem Kleinkind, die volle Katastrophe.
An einem Vormittag, Nadine hatte sich extra in der Schule freigenommen, kam dieser Techniker und schaute sich den Sicherungskasten an. Er war überrascht, wie schnell der Stromzähler lief, obwohl Nadine nur den Kühlschrank angeschlossen hatte. Er kappte den Strom in Nadines Wohnung und trotzdem lief der Zähler weiter. Der Techniker stellte fest, dass alle Wohnungen auf Nadines Zähler liefen. Das hieß, die Nachtspeicheröfen der beiden anderen Wohnungen waren auf Nadines Zähler gepolt und Nadine zahlte seit Monaten die Heizung der nichtbewohnten Wohnungen mit. Man hatte wohl vergessen, beim Vermieten die Zähler wieder zu begrenzen und hatte

Nadine ins offene Messer laufen lassen. Die Eigentümerin des Hauses lebte mittlerweile in einem Altenheim und die Schwiegertochter kümmerte sich um das Anwesen. Die wurde sofort benachrichtigt und informiert, dass die Vorgehensweise rechtswidrig ist und dass die Eigentümerin nun dazu verpflichtet ist, sich um die Stromzähler zu kümmern und die Differenz beim Stromanbieter zu zahlen. Die Schwiegertochter der Eigentümerin war schon immer gegen die Vermietung der Wohnungen und Nadine war ihr schon immer ein Dorn im Auge. Sie mochte Nadine nicht und hätte sie gerne gekündigt. Dem kam Nadine allerdings zuvor. Nach dem ganzen Theater mit der Wohnung und dem offensichtlichen Betrug hatte Nadine sich umgehört und Maria die Freundin ihrer Mutter kannte einen Berliner der drei, vier Häuser weiter nette Wohnungen für wenig Geld vermietete. Nadine rief ihn an und siehe da Herr Berger, der Berliner, hatte eine Wohnung frei.
Zwei Zimmer, Küche, Bad und sogar einen kleinen Garten. Nadine war begeistert und nahm das Angebot sofort an, einen Monat später konnte sie die neue Wohnung beziehen. Melina hatte ein großes, tolles Zimmer und Nadine auch. Die Küche war komplett eingerichtet und eine Waschmaschine hatte sie auch. Da Nadine einen triftigen Grund für die Kündigung hatte, konnte die alte Vermieterin nichts machen als einfach hinzunehmen, dass Nadine fristlos kündigen konnte. So ersparte sie sich die drei Monate Miete und der Umzug konnte problemlos vonstatten gehen.
Sabine half Nadine beim Umziehen und innerhalb von drei Tagen waren sie fertig. Die nette Dame vom Amt steuerte sogar noch Geld bei, so hatte Nadine eine neue Schlafcouch und einen neuen tollen Kühlschrank. Melina bekam ein neues super Bett und einen Schreibtisch. Nadine war glücklich, sie hatte ein tolles Zuhause und sie fühlte sich pudelwohl.

Wenn sie gewusst hätte, wie sich ihr Leben in all den kom-

menden Jahren entwickelte, dann hätte sie bestimmt einiges anders gemacht.
Aber Nadine lief von einem Fettnäpfchen ins andere und ihre wechselnden Männergeschichten machten die Sache auch nicht besser.
Nadine hatte ein Kind und manchmal, so hatte man das Gefühl, war sie das Muttersein leid.
Sie ging bis spät in der Nacht fort, ihre Tochter verfrachtete sie dann meist bei Freunden von Melina und morgens, wenn Nadine eigentlich hätte da sein sollen fürs Kind, lag sie meist fast besinnungslos auf ihrer Couch und die Kleine musste sich um sich selbst kümmern.
Nadine fiel in ein großes Loch und keiner, wirklich keiner kam mit den Ermahnungen an sie ran. Nadine glaubte sich im Recht und hatte nur noch sich im Kopf. Melina lief nebenher, obwohl sie sich schwor, es besser zu machen als ihre Eltern.
Es kam, wie es kommen musste, alle hatten Sie gewarnt, alles hatte still mit angesehen wie sehr Nadine wieder in ihre alten Verhaltensmuster abrutschte und keiner, aber auch wirklich keiner wollte, dass Melina all das miterleben musste.
Eines Morgens, Nadine hatte ein paar Schlaftabletten zu viel mit dem billigen Wein hinuntergespült und dann wie immer im Delirium ihre Eltern angerufen und damit gedroht, sich umzubringen. Ihre Mutter war außer sich vor Sorge, nicht um Nadine, sondern um Melina, die dieses Leid wie immer hautnah miterleben musste. Sie hatte die Polizei verständigt und man hatte dann, weil niemand die Tür geöffnet hatte, zusätzlich noch einen Krankenwagen kommen lassen, um die Haustür zu Nadines Wohnung gewaltsam zu öffnen.
Melina stand noch im Schlafanzug an der Tür und weinte. Nadine lag wie tot auf ihrer Couch und bekam von all dem nichts mit. Der Notarzt rüttelte Nadine, bis sie wieder zu sich kam und erst dann bemerkte er, dass hier irgendetwas gewaltig schieflief. Sie schreckte hoch und kippte auch gleich wieder

zur Seite, ihr war schwindelig von dem ganzen Gepansche. Tabletten und Alkohol vertrugen sich nun mal nicht.
Der Arzt beschloss, Nadine stationär zu versorgen und so kam es, dass ihre Mutter die Kleine anzog und ein paar Sachen für sie zusammensuchte und sie mitnahm. Unterdessen wurde Nadine in den Krankenwagen geschoben und ins nahegelegene Krankenhaus nach Hof gefahren.
Nadine wusste, das hier würde ein riesen Nachspiel haben, denn sie kannte ihre Eltern, die würden nicht eher Ruhe geben, bis jeder, aber wirklich jeder davon erfuhr und sie sich in allem, was nun kommen würde, bestätigt fühlten.
Als Erstes rief man Max an, man erzählte ihm von der dramatischen, blutigen und abscheulichen Tat vor dem Kind und dieser glaubte natürlich jedes Wort.
Dann benachrichtigte man das Jugendamt und eben auch das Sozialamt und ehe sich Nadine auch nur wehren konnte, brannte die Luft um sie herum lichterloh.
Von alledem wusste Nadine noch nichts, aber ihre Intuition sagte ihr, dass sie schnellstmöglich wieder nach Hause musste, um Melina zu sich zu holen und um zu kämpfen.
Dazu brauchte sie alle Kraft, um an ihre Eltern heranzukommen.
Sie rief Sabine an, die holte sie vom Krankenhaus ab – Nadine hatte sich selbst entlassen.
Dann fuhren die beiden Frauen zu dem Haus der Eltern. Melina spielte mit dem Hund im Garten, Nadine setzte das Mädchen liebevoll ins Auto und betrat das Haus. Ihre Mutter saß wie immer telefonierend in der Küche. Als sie Nadine erblickte, sagte sie zu dem Anrufer: „Ich rufe dich gleich noch mal an“, und blickte Nadine erbost und erschrocken zugleich an. "Was machst Du hier?", wollte sie wissen. „Mein Kind abholen“, erwiderte Nadine schnippisch.
„Bist Du Dir sicher, dass Du dazu fähig bist, die Kleine zu erziehen?“

„Genauso sicher wie ich der Meinung bin, dass DU sie nicht erziehst“, sagte Nadine hasserfüllt.
„Du hast es nicht geschafft, uns vier gut zu erziehen und auch Deine beiden anderen Enkel schlagen aus der Art, weil Du und Dein geliebter Mann, alles, aber auch wirklich alles falsch gemacht haben und nun willst Du Dich auch noch an meiner Tochter versuchen und ihr Leben versauen, so wie ihr meins versaut habt. Nein, Mutter diesmal nicht, ihr habt mir meinen Sohn genommen, um meine Tochter werde ich bis zum letzten Atemzug kämpfen, koste es, was es wolle.“
Sie schnappte sich Melinas Rucksack und drehte sich um und verließ das Haus. Sabine gab Gas, um so schnell wie möglich beide Mädels wieder nach Hause zu bringen. Kaum zu Hause angekommen, klingelte auch schon das Telefon und als Nadine abhob, hörte sie schon den tobenden Stiefvater. Er drohte mit allem, was ihm gerade einfiel und Nadine tat so, als würde sie das alles nicht interessieren. Nach einer kurzen Weile legte sie einfach auf. Sie stellte den Anrufbeantworter an und stellte sich selbst auf stur. Das war ein fataler Fehler, wie sie zwei Wochen später beim Öffnen des Briefkastens feststellen sollte.
Amtsgericht Hof, dann ein Rechtsanwalt aus Augsburg und dazu noch ein Brief vom Jugendamt, all das an einem Tag, bittere Kost.
Nadines Herz klopfte bis zum Hals und Melina war Gott sei Dank im Kindergarten. Sie bekam von all dem nichts mit. In einer Woche war Gerichtstermin, die Scheidung. Der Anwalt von Max war auch sehr fleißig, der wollte nämlich, dass Melina für immer und das so schnell wie möglich, zu ihrem Vater kam. Nadine schwante Böses, als sie den Brief vom Jugendamt öffnete. Hier kündigte sich eine Dame vom Amt an, die die schlimmen Verhältnisse von Nadine und Melina prüfen wollte. Denn laut Aussage der Großeltern, wäre Melina aggressiv, verstört und geistig zurückgeblieben.
Die Dame vom Jugendamt wollte am nächsten Tag kommen

und Melina sollte auch anwesend sein. Der Kindergarten war informiert und der Bericht von diesem lag dem Amt bereits vor.
Nadine war am Ende, aber sie war auch selber schuld, sie hatte mit ihrem dubiosen Selbstmordversuch alles auf eine Karte gesetzt und so wie es aussah haushoch verloren.
Nadine holte die Kleine vom Kindergarten ab und steckte sie danach erst mal unter die Dusche, danach kuschelten sich die beiden auf die Couch und Nadine erzählte ihrer Tochter, was am nächsten Tag geschehen sollte. Melina war ganz aufgeregt und so schlief die Kleine, wie in vielen Nächten zuvor auch, bei Nadine.
Am nächsten Morgen half Melina beim Aufräumen und als es 11 Uhr war, warteten beide gespannt auf den hohen Besuch.
Die Dame vom Jugendamt war nett und sie versprach Nadine, dass sie nichts zu befürchten hätte.
Nadine hatte ihr ihr Leid geklagt und die Frau hatte Verständnis.
Sie wollte sich für die beiden einsetzen und dem Gericht ein wohlwollendes Statement liefern.

Am Tag der Verhandlung zog Nadine Melina extrafein an und auch Nadine richtete sich solide her.
Sabine holte sie von zu Hause ab und versprach, Nadine zu unterstützen, wo sie nur konnte. Es war ein warmer Sommertag und als sie das Gerichtsgebäude betreten wollte, mit Melina an der Hand, sah sie Max schon am Eingang stehen. Melina sah ihn und wollte zu ihm laufen, aber irgendwie schien sein Gesichtsausdruck die Kleine zu erschrecken, sie hielt stattdessen Nadines Hand ganz fest. Als er die beiden sah, erntete Nadine nur Blicke der tiefen Verachtung von ihm und seine Worte schnitten Nadine mitten ins Herz, nicht weil sie verletzend waren, nein, weil er sie laut und deutlich vor Melina aussprach: „Du bist eine Hure und wirst immer eine bleiben. Die Kleine

wirst Du nach dieser Verhandlung nie wieder sehen, das verspreche ich Dir.“ Dann spuckte er vor Nadines Füße, drehte sich um und ging ins Gebäude zurück.
Nadine war kreidebleich und Melina fragte ganz leise: „Mami, was ist eine Hure?“ Nadine schaute das kleine blonde Mädchen liebevoll an und sagte: „Das ist ein ganz, ganz böses Wort, Melina, so was sagt man nur, wenn man dem anderen ganz doll weh tun möchte.“
„Warum sagt der Papa denn so was zu Dir?“, hakte die Kleine nach und Nadine sah sie mit Tränen in den Augen an und sagte leise: „Weil der Papa nicht will, dass Du bei mir bist.“
Die beiden kamen nun auch vor dem Verhandlungssaal an und Nadine sah erschrocken, dass ihr Stiefvater samt Max’ neuer Flamme davorsaßen und lachten. Als sie Nadine kommen sahen, wurde es still, nur der Stiefvater sagte laut: „Da kommt ja die Schlampe.“ Nadine versuchte, ihre Tränen im Keim zu ersticken, aber das gelang ihr nur schwer.
Nadines Anwalt kam zu ihr und klopfte ihr auf die Schulter. „Lassen sie sich nicht provozieren, heute werden erst mal Unterhaltsfragen sowie Aufenthaltsrecht geklärt, die endgültige Scheidung ist dann in ein paar Monaten.
Nadine war geschockt von dem Verhalten ihrer Familie, aber sie hätte es wissen müssen, war es doch jedes Mal so.
Jedes Mal fiel man ihr in den Rücken und jedes Mal waren ihre Eltern nie da, wenn man sie wirklich brauchte.
Tränen der Verzweiflung, aber sie schluckte sie runter und wappnete sich für den Kampf.

3 Stunden wurde verhandelt, drei Stunden wurde Nadine hingestellt, als wäre sie die letzte Schlampe. In vielen Dingen hatte die Richterin recht, ja, sie fühlte sich überfordert und ja, sie hatte oft über die Stränge geschlagen. Ihre Männergeschichten und das späte Ausgehen abends und Melina abzuschieben, ja, das waren Riesenfehler. Nadine wusste, dass sie großen Mist

gebaut hatte und war auch gegenüber der Richterin ehrlich. Die schien zu merken, dass aber auch ein ziemlich krummes Ding von ihren Eltern eingefädelt wurde. Sie ermahnte Nadines Stiefvater, der oftmals ungehalten dazwischenredete, zur Ruhe und drohte ihm sogar ein Strafgeld an. Der aber war wie immer aufbrausend und herablassend, wenn es um Nadine ging, das stellte er demonstrativ zur Schau. Max berief sich immer wieder nur auf die Aussagen von Nadines Eltern und so kam die Richterin zu dem Entschluss, auch wenn es unüblich war, Melina zum Verhältnis ihrer Mutter zu befragen.

Melina stand vor der Richterin und hielt Nadines Hand fest, als sie in ihrer kindlichen Art der Richterin sagte, sie weiß das Mama und Papa sich nicht mehr vertragen, aber sie möchte bei der Mama bleiben und den Papa immer wieder besuchen fahren. Die Richterin lächelte der Kleinen zu und sagte: „Dann werden wir es so machen." Der Stiefvater wollte schon wieder toben, aber die Richterin schenkte ihm nur einen bösen Blick und der Alte schwieg.

So kam es, dass Nadine und Max das gemeinsame Sorgerecht für Melina bekamen und das Aufenthaltsbestimmungsrecht jedoch allein bei Nadine lag. Zudem mussten sich die beiden Eltern auf einen gemeinsamen Urlaub mit dem Vater einigen und der Vater musste ab sofort und das auch rückwirkend Unterhalt für Melina zahlen. Nadine fiel ein Stein vom Herzen, hatte sie doch wirklich noch einmal Glück gehabt, man nahm ihr Melina nicht weg. Ihr Stiefvater verließ erbost den Gerichtssaal und würdigte Nadine keines Blickes mehr.

Max kam auf Nadine zu, doch diese drehte sich um und ging mit Melina Richtung Ausgang. Vor dem Gebäude wartete sie dann doch und sagte zu Max: „Also in den Sommerferien für drei Wochen bei Dir. Ich fahre nach Nürnberg und da kannst Du Melina dann übernehmen. Genauso machen wir es dann auch, wenn Du sie wieder bringst." Max stimmte zu und versprach, ihr das Geld die nächsten Tage zu überweisen und Na-

dine drehte sich um und lief erhobenen Hauptes in Richtung Auto.
Sabine hatte die ganze Zeit gewartet und als sie Nadine sah, stieg sie aus dem Auto und fragte aufgeregt, wie es gelaufen ist.
Melina antwortet stattdessen: „Der Papa hat ganz viele böse Dinge über Mama gesagt und der Opa hat gesagt, ich wäre schlecht erzogen.“ Sabine schaute Nadine fragend an. „Komm“, sagte sie, „lass uns irgendwo einen Kaffee trinken gehen und ich erzähl Dir alles.“

Als Sabine, Nadine und die Kleine sich ins Straßencafé setzten und Melina zum Brunnen lief, um zu plantschen, erzählte Nadine Sabine den ganzen Ablauf, wie sich der Stiefvater aufgeführt hatte und was man ihr alles vorwarf, dass sogar die eigene Mutter beim Gericht zu Protokoll gegeben hat, dass Melina ein aggressives Kind sei und Nadine wieder irgendwo anschaffen ging. Sabine war kreidebleich vor Wut: „Wie können Eltern so sein, wer die als Eltern hat, braucht keine Feinde.“
Sabine sah ihre Freundin ernst an und sagte: „Du musst mir jetzt sofort versprechen, dass Du zum einen die Finger vom Alkohol und den Tabletten lässt. Dann will ich, dass Du Dir einen gescheiten Job suchst und endlich anfängst, Mutter zu sein. Das heute war ein Warnschuss und wenn Dir Dein Kind wirklich lieb ist, dann änderst Du Dein Leben komplett. Du bist alkohol- und tablettensüchtig, sieh zu, dass Du einen Arzt findest, der Dir hilft, so kannst Du nicht weitermachen, du gehst kaputt.“
Nadine weinte, aber sie wusste, die Freundin hatte recht, sie musste wegkommen von dem Scheiß und irgendwie wieder neue Ziele finden, nur wie?

17. Kapitel
Schlussstrich

Nach einigen Monaten hatte Nadine endlich wieder Boden unter den Füßen. Es war eine extrem schwierige Zeit, aber sie hat es geschafft.
Der Kontakt zu ihren Eltern war gänzlich abgebrochen und Melina hatte ihren ersten Besuch bei ihrem Vater gut verbracht.
In der Zeit als Melina die drei Wochen bei ihrem Vater war, hatte Nadine entzogen. Sie hatte keinen Arzt aufgesucht und versucht, es alleine zu schaffen. Sie lenkte sich mit dem Erlernen von Computer-Kenntnissen ab und bekam auch die Möglichkeit, einen kleinen PC zu Hause zu nutzen. So saß sie Abend für Abend in ihrem kleinen Wohnzimmer und lernte entweder am PC Excel-Tabellen oder aber sie spielte Siedler. Anstatt Wein trank Nadine Unmengen an Limo und Wasser und sie spürte immer mehr, wie sie wieder zu sich selber fand.
Sie war es Melina schuldig und die dankte es ihr jeden Tag aufs Neue. Nadine fühlte sich immer noch sehr einsam und ab und an hatte sie so richtig Lust auf ein Glas Wein, aber sie unterdrückte das Verlangen und schaffte es jeden Tag, Schritt für Schritt von Alkohol und Tabletten Abstand zu bekommen.
Sie hatte dennoch große Sorgen, denn finanziell sah es düster aus, immer wieder flatterten Briefe von Inkassobüros und Anwälten ins Haus und Nadine hatte keine Ahnung, wie sie jemals von diesen Schulden wegkommen sollte. Hier kam dann wieder ihre typische Art ans Licht: Schrank auf, Brief rein, Schrank zu, sie verdrängte. Der Gerichtsvollzieher konnte nichts holen und so machte sie einen Offenbarungseid nach dem nächsten. Jobtechnisch bekam sie auch nichts auf die Reihe, mal putzte sie für ein paar Mark oder aber sie half Maria aus, aber alles in allem reichte es hinten und vorne nicht.
In Oberfranken war fast jeder Dritte arbeitslos, wie sollte also eine junge alleinerziehende Mutter, ohne Ausbildung, einen

Job finden.
Wenn sie doch nur irgendwie was tun könnte. Sie las die Zeitung und da fiel ihr ein Stellenangebot ins Auge, Putzfrau für großes Umspannwerk gesucht.
Nadine schrieb sich die Nummer auf, denn ein Telefon hatte sie nicht mehr. Man hatte ihren Anschluss gesperrt, weil sie sich die Gebühren nicht mehr leisten konnte. So musste sie gegenüber ihrer Wohnung zur Telefonzelle düsen und dann rief sie dort an.
Ein Mann ging ran und war furchtbar nett. Sie erklärte ihm, dass sie leider kein Auto habe, um zum Umspannwerk zu kommen. Ihr Auto stand seit Wochen in der Garage, der Auspuff war kaputt und auch so hätte einiges reingesteckt werden müssen, daher war sie nun an dieses Kuhkaff gänzlich gebunden. Der Mann am anderen Ende der Leitung schien Verständnis zu haben und so verabredeten sie sich auf einen Kaffee bei Maria. In einer Stunde. Sie war nervös und zog sich vernünftig an. Sabine versprach, Melina vom Kindergarten abzuholen und sie drückte Nadine die Daumen, dass es diesmal mit dem klappte.
Sie saß schon bei Maria, als die Tür aufging und ein großer Typ mit schütterem Haar die Kneipe /Pizzeria betrat. Er lächelte freundlich und fragte Maria nach Nadine. Die kleine, rundliche Frau nickte zu Nadine und der Typ kam auf sie zu und begrüßte sie freundlich. „Hallo, ich bin Karl-Heinz und der Leiter des Umspannwerks.“ Nervös gab Nadine ihm die Hand und sagte: „Und ich bin Nadine.“
Er wirkte äußerst sympathisch und erklärte Nadine, was zu machen wäre. Allerdings war dieses Umspannwerk fast 30 km entfernt und Nadine sah ihrer Chancen schwinden. Es wäre ja auch zu schön gewesen, denn mit dem Gehalt, das er ihr anbot für 4 Stunden täglich, hätte Nadine keine Sozialhilfe mehr gebraucht, eventuell noch Wohngeld, aber kein Amt mehr.
Er sah, dass sie unbedingt Hilfe brauchte und die junge Frau

gefiel ihm. Deshalb hatte er sich auf der Herfahrt auch schon Gedanken zur Mobilität gemacht und bot Nadine an, einen Geschäftswagen zu bekommen. Der würde ihr zwar an das Gehalt angerechnet, aber würde nicht groß ins Gewicht fallen. Er würde ihr sogar anbieten, aus dem 4-Stunden-Job einen 6-Stunden-Job zu machen, sie könnte zusätzlich die Mails und Briefe beantworten und ein klein wenig im Büro aushelfen. Als er ihr strahlendes Gesicht sah, war für ihn klar, die Frau würde er einstellen und er würde ihr helfen. Er erfuhr von ihr, dass sie eine kleine Tochter hatte und spürte, dass sie es nicht einfach im Leben gehabt hatte. Er war von Natur aus ein Mensch, der gerne half und so kam es, dass Nadine nun ab dem nächsten Monat ein Teil der E-on-Gruppe war, wenn auch nur Hilfskraft, aber eine Frau mit Job, mit einem, den Sie sogar mit Melina machen konnte.
Die beiden saßen noch eine Weile zusammen und Nadine sah man an, dass heute wohl ihr Glückstag war. Als dieser Karl-Heinz sich verabschiedete, sagte er: „Ich komme in drei Wochen zu Ihnen und bringe Ihnen das Auto und den Arbeitsvertrag. Dann fahren wir beide nach Mechlenreuth und ich zeige Ihnen ihren neuen Arbeitsplatz.“ Nadine freute sich und sagte aus vollem Herzen Danke, danach verließ er das Lokal und Nadine kreischte wie ein kleines Kind vor Freunde. Maria musste lachen, lange hatte sie die junge Frau nicht mehr so ausgelassen gesehen und als sie erfuhr, dass Nadine ab nächstem Monat nun endlich einen richtigen Job hatte, freute sie sich für sie. Nadine lief nach Hause und Sabine wartete schon gespannt. Als sie Nadines Gesicht sah, sprang sie auf und nahm sie in den Arm und auch Melina freute sich.
Die beiden Frauen saßen am Tisch und Nadine erzählte ihr, was sie in Zukunft tun musste. Sabine schaute Nadine skeptisch an: „Glaubst Du wirklich, der Typ kommt in drei Wochen. Ich kann mir nicht vorstellen, dass das alles wahr ist, ohne einen Haken?“ Nadine hoffte so sehr, dass das alles wahr

wurde und konnte vor Aufregung kaum schlafen, immer wieder malte sie sich aus, wie es nun sein würde. Endlich ein Job, 1500.- DM und ein Auto, das sie auch privat nutzen durfte. Kann das wirklich sein, ohne irgendeinen Haken? Sie musste sich gedulden und das war so gar nicht ihre Stärke. Vielleicht hatte er das alles auch nur gesagt, um Nadine nicht das Gefühl zu geben, dass sie nichts kann. Vielleicht wollte er ja nur sehen, wer sie war, und hatte deswegen irgendein Märchen erfunden. Auf der anderen Seite jedoch, warum sollte er, er hätte ja auch sagen können, dass sie sich dafür nicht eignete. Drei Wochen waren eine lange Zeit, er wollte die letzte Woche vor dem Ersten kommen. Ihre Adresse hatte er, sie hatten sich für 17 Uhr verabredet und Nadine schaute alle fünf Minuten zur Uhr.

Pünktlich um 17 Uhr kam er, Nadine sah den kleinen roten Ford, vor der Tür parken. Ihr Herz klopfte wie verrückt, also war doch alles o. k., die ganzen Sorgen der letzten drei Wochen waren umsonst. Er hatte es doch ernst gemeint.
Melina sprang rum und war voll aufgedreht. "Mami hat einen Job", juxte sie die ganze Zeit und als es an der Tür klingelte, rannte die Kleine zur Tür und machte auf. Sie begrüßte ihn mit ihrer süßen, kindlichen Art und sagte: "Du bist also Mamis neuer Chef?" Er musste lachen und sagte: „Ja, und wer bist Du?“
„Ich heiße Melina und bin Mamis Tochter.“ Nadine stand hinter Melina und musste nun auch lachen. „Kommen Sie doch rein“, bat Nadine und alle drei betraten das Wohnzimmer.
Karl-Heinz sah die kleine Wohnung und fand sie nett und sauber eingerichtet. Auch das kleine Mädchen machte auf ihn einen anständigen und lebhaften Eindruck, er mochte beide auf Anhieb. Ja, dachte er sich, das war genau die richtige Entscheidung. Er würde, so hoffte er, eine zuverlässige Kraft gewonnen haben und endlich auch jemanden, der im Büro den Kleinkram

erledigen würde. Er sah ihren alten PC in der Ecke stehen und fragte Nadine, inwieweit Sie damit umgehen konnte.
„Na ja“, sagte sie, „ich hatte vor einem Jahr eine Maßnahme vom Arbeitsamt und den Rest habe ich mir selber beigebracht, ich kann ganz gut mit den Office-Programmen umgehen und auch so komme ich mit dem Ding ganz gut zurecht. Nur Internet, damit habe ich keine Erfahrung, zum einen, weil ich keinen Zugang habe und zum anderen, weil es mir zu teuer ist.“
Er lächelte. „Ja, das kann ganz schön ins Geld gehen, aber das ist auch nicht so wichtig, Hauptsache, Sie können mit den gängigen Programmen umgehen. Den Rest zeige ich Ihnen dann schon, wollen wir los?“
Melina schnappte sich ihre Jacke und sprang im Flur hin und her, sie war kaum zu bändigen und diesem Karl-Heinz schien das wohl auch zu gefallen. Nadine ging in ihre Garage und holte den Kindersitz. Als Karl-Heinz sah, dass sie ein Auto hatte, fragte er neugierig: „Was ist mit dem Wagen?“
„Das ist meiner, ich müsste etwas Geld in die Hand nehmen und ihn reparieren lassen. Laut Werkstatt ca. 1500.- DM, die hab ich nicht und deshalb steht er nun nutzlos rum.“
„Ist er denn noch angemeldet?“, wollte Karl-Heinz wissen,
„Nein“, sagte Nadine, „ich hab ihn abgemeldet, weil ich auch das Geld nicht hatte. Ich habe Sozialhilfe bekommen, die haben das Auto zwar akzeptiert, weil ich auf dem Land lebe, aber die Reparatur, die hätte ich dann doch selber zahlen müssen.“
Er schwieg und stieg ins Auto ein. Melina wurde auf den Rücksitz verfrachtet und dann ging es los zum neuen Job.

„Das war eine ganz schöne Strecke“, sagte Nadine, als sie ausstieg und sich umsah.
Mitten in der Wallachei ein Riesengelände mit mehreren Gebäuden. Als er das Tor aufschloss, kam ein riesiger Schäferhund bellend und schwanzwedelnd auf sie zu. „Das ist Rambo“, sagte Karl-Heinz, „mein Hund, den ich tagsüber hier habe.

Manchmal bleibt er nachts hier zum Aufpassen.“ Melina sah den großen Hund und versteckte sich hinter Nadine, sie hatte Angst vor dem Gebelle. Als das Tor offen war, kam er raus und sprang herum wie ein junger Welpe. Er ließ sich von Nadine streicheln und als er Melina sah, war er völlig aus dem Häuschen, er schleckte ihr Gesicht ab und Melina musste lachen. Vorsichtig streichelte sie den rotbraunen Hund und ab diesem Zeitpunkt war zwischen den beiden das Eis gebrochen, es schien wie Liebe auf den ersten Blick. Rambo holte seinen Ball und legte ihn Melina vor die Füße und dann waren die beiden nicht mehr zu sehen. Ein riesiges Gelände und Melina hatte einen Freund, mit dem sie es erkunden konnte. Für Nadine eine erhebliche Erleichterung, denn sie konnte ihren Job machen und wenn Melina aus zeitlichen Gründen mal mit musste, hatte sie ja diesen Hund. Sie gingen durchs Gelände und Karl-Heinz zeigte ihr alles. Sie hatte zwei große Hallen zu wischen, die Toiletten zu reinigen, die Küche und noch ein paar Räume waren zu putzen. Dann kamen sie in ein anderes Gebäude, in dem die eigentlichen Büros waren. Dort hatte man Nadine schon einen Platz mit PC und Telefon eingerichtet. Sie setzten sich an einen großen Tisch und Karl-Heinz gab ihr ihren Arbeitsvertrag. Nadine war als Büro- und Putzkraft eingestellt, hatte eine 5-Tage-Woche à 6 Stunden, sie verdiente 1500.- DM im Monat und bekam den Wagen inkl. Tankkarte dazu. Nadine kam sich vor wie im Traum. Endlich wuchs der Boden unter Nadine wieder zu und das große Loch, vor dem sie jahrelang stand, schien langsam kleiner zu werden.

Nadine unterzeichnete den Vertrag und in diesem Moment kamen Melina und der Hund zu Tür rein. Melina sah aus, als wäre sie in ein riesiges Schlammloch gefallen, sie war von oben bis unten voller Matsch, selbst die blonden Haare konnte man kaum noch erkennen. "Wie siehst Du denn aus?!" "Mami, bitte schimpfe nicht, Rambo hat den Ball nicht aus dem Wasserloch holen wollen, er stand nur davor und hat gebellt, als ich den

Ball dann aus der Pfütze geholt habe, kam er und hat mich wieder reingeschupst." Nadine musste lachen, der Hund sah nicht besser aus und beide standen in dem Büro wie zwei Vagabunden. Melina war pitschepatsche nass und Nadine musste sehen, wie sie dieses kleine Matschpaket nun ins Auto bekam, ohne es einzusauen. Karl-Heinz holte eine riesige Plastikplane aus einer der Hallen und wickelte diese dann ins Auto, sodass Melina in ihren Kindersitz passte und das Auto somit verschont blieb. Nadine setzte sich ans Lenkrad und startete den Wagen. Karl-Heinz verabschiedete sich mit den Worten: „Dann bis nächste Woche Montag, pünktlich um 8 Uhr.“ Nadine lachte: „Ja, ich freue mich.“ Sie winkte beim Rausfahren und er und Rambo standen am Tor und winkten zurück.

Monate später, Nadine hatte sich an ihren Job und an den damit verbundenen neuen Ablauf gewöhnt, alles lief prima und sie hatte endlich einen geregelten Tagesablauf. Nun stand die nächste Hürde vor ihr, der Scheidungstermin stand bevor.
Melina blieb bei Sabine und Nadine stand pünktlich vor dem Gerichtsgebäude. Als sie Max erblickte, wurde Nadine nervös, diesmal kam er alleine ohne ihren Stiefvater und schien auch zugänglicher zu sein. Melina war ja nun auch schon einmal zum Urlaub bei ihm und das klappte alles hervorragend. Die Verhandlung verlief relativ schnell und danach gingen beide noch auf einen Kaffee.
Max sah, dass Nadine sich irgendwie verändert hatte, sie sah erholt aus und auch ihre Art war nicht mehr so aggressiv wie im ersten Jahr der Trennung. Sie sprachen darüber, was damals beim ersten Termin alles schief lief und Nadine erzählte ihm endlich, was in ihr damals vorging. Max hörte ihr zu und er spürte, in Nadine hatte es eine große Veränderung gegeben. Sie besprachen den nächsten Ferientermin für Melina und dann beschlossen beide spontan, Melina gemeinsam vom Kindergarten abzuholen.

Als Nadine mit Max vor dem Kindergarten stand und Melina ihren Vater sah, lief sie freudestrahlend auf ihn zu und nahm ihn in den Arm.

Nadine ließ die beiden allein, denn schließlich hatten sie nur zwei Stunden.

Der Vater nahm die Kleine auf den Arm und dann gingen sie gemeinsam spazieren. Nadine wartete im Auto vor dem Kindergarten.

Nach einer Stunde waren sie wieder da. Melina hatte eine Tüte dabei und eine große Überraschung im Gepäck. Max verabschiedete sich von den beiden und versprach Melina, sie im September dann in den ersten zwei Wochen der Ferien abzuholen.

Danach würde Melina dann auch ihren ersten Schritt in ein neues Leben wagen, die Einschulung stand bevor.

Melina erzählte ihrer Mama, dass sie nun ein kleines Schwesterchen hat. Max und seine eigentliche Affäre, mit der er sie damals betrogen hatte, waren nun Eltern. Irgendwie wollte Nadine nicht eifersüchtig sein, aber insgeheim war sie es doch, denn diese Frau hatte nun das, was sie ihr damals genommen hatte. Sie hatte Nadines Mann und nun ein Kind von ihm und eine Familie, sie selber war allein und in diesem Moment wurde ihr das schmerzhaft bewusst. Sie nahm die Kleine in den Arm und sagte: „Melina, mein Schatz, das freut mich für Dich und wenn Du in den Ferien bei deinem Papa bist, siehst Du Dein Schwesterchen." Im Inneren von Nadine sah es aber ganz anders aus. Sie sehnte sich auch nach Familie, einem Heim und eben einem Mann an ihrer Seite, der sie liebte und sie so nahm, wie sie nun mal war, chaotisch, innerlich zerfressen und dennoch bereit, ganz viel Liebe zu geben. Aber jeder verdammte Kerl sah in ihr nur das nette, hübsche Blondchen, toll fürs Bett, aber meist nicht mehr. Die wirkliche Liebe, die hatte Nadine immer und überall gesucht, aber entweder stand sie sich selbst im Weg und nahm Reißaus, wenn es zu eng wurde, oder aber

sie war dabei, sich Hals über Kopf zu verlieben und der Typ, um den es dann ging, ließ sie links liegen.
Nadine hatte so viele Affären und so viele Männer an sich herangelassen, dass sie schon gar nicht mehr wusste, was wirkliche Liebe ist. Wie auch, sie hatte sie ja nie kennengelernt.

Der September nahte und Karl-Heinz, ihr Chef, schien sich irgendwie für Nadine zu interessieren. Immer wieder kam er und fragte nach Melina und immer wieder schenkte er ihr mal ein paar Blumen oder aber er lud sie ein auf einen Kaffee während der Arbeit.
Nadine hatte gar kein Blick für ihn, denn so rein optisch war dieser Mann so gar nicht das, was Nadine als attraktiv bezeichnet hätte. Als die Ferien von Melina begannen, kam auch der Tag, an dem sie Melina zum Bahnhof nach Nürnberg bringen musste. Dieser Abschied, auch wenn es immer nur zwei Wochen waren, fiel Nadine schwer. Sie hatte doch nur Melina und sie war es, die Nadines Leben beherrschte. Auch wenn sie immer wieder Fehler machte, so liebte sie dieses Kind aus tiefsten Herzen. Sie schämte sich manchmal dafür, denn sie hatte ja schließlich zwei Kinder und ihr Sohn, zu dem hatte sie jeden Kontakt verloren. Nadine wusste, dass sie gerade bei ihm den größten Fehler ihres Lebens gemacht hatte, in dem sie ihn damals in die Obhut ihrer Eltern gegeben hatte. Aber damals, da glaubte sie, dass sie es nie schaffen würde, ein Kind alleine groß zu ziehen und es tat ihr weh, wenn sie daran dachte, wie sehr er sie dafür hassen würde. Sie hatte dieses feine Band zwischen Mutter und Sohn verloren und das war die größte Sünde in ihrem Leben.
Egal, ob Strich oder Drogen, egal, ob Alkohol oder Männer, all das hatte sie mit sich selbst zu verantworten, denn es betraf nur sie selbst. Aber das Abgeben eines Kindes in die Hände der Menschen, die Nadine selber im Stich gelassen hatten, als sie noch ein Kind war, ist für Nadine der größte Fehler gewesen,

den sie jemals gemacht hatte. Melina wuchs bei ihr auf, sie bekam die Liebe, die Nadine auch ihrem Sohn hätte geben müssen und sie hat ihn aus reiner Bequemlichkeit und falschem Vertrauen zu Menschen gegeben, die obwohl es ihre Eltern waren, genau das getan hatten, das Nadine nie wollte, es Nadine bewusst entfremdet.
Nadine hatte Melina früh zum Bahnhof gebracht und fuhr danach gleich zur Arbeit. Als sie dort ankam, war sie völlig müde und Karl-Heinz sah ihr an, dass irgendetwas nicht stimmte. "Was ist denn los?", wollte er wissen. Nadine erzählte ihm, dass die Kleine nun zwei Wochen nicht da wäre und dass sie diese Zeit hasste.
Karl-Heinz sah sie an und sagte: "Wenn Du möchtest, dann lass uns heute Abend doch mal was trinken gehen." Aus Angst vor der Einsamkeit sagte Nadine zu. Sie maß dem Ganzen nicht sehr viel Bedeutung bei, denn dieser Mann würde ihr nicht gefährlich werden und so machte sie ihren Job und fuhr heim, zog sich um, machte sich nur ein wenig zurecht und ließ sich dann von ihm abholen.
Dieser Typ war so was von vernünftig und gut erzogen, schon fast langweilig, aber dennoch nahm Nadine die Abwechslung dankend an.
Er brachte sie brav nach Hause und so ging das eine Woche lang, jeden Abend unternahmen sie etwas, mal Kino, mal Essen, mal mit dem Hund ausgedehnte Spaziergänge. Diese Sorte Mann war Nadine so völlig fremd, hatte sie doch selbst in Max, der ja eigentlich auch sehr solide war, aber dennoch irgendwo etwas Verruchtes hatte, nie so etwas Vernünftiges kennengelernt. Karl-Heinz war bodenständig, hatte eine Eigentumswohnung in Nürnberg und wohnte mit seinem Hund nicht weit von seiner Arbeitsstätte entfernt in einer gemütlichen Zweizimmer-Wohnung. Er hatte Elektronik studiert und arbeitet jetzt für einen großen Elektrokonzern als Außenstellenleiter und verdiente richtig gutes Geld. Eigentlich war er der Typ Mann, dem

Nadine noch vor ein paar Jahren das Geld aus der Tasche geleiert hätte, um ihm ihre sexuellen Dienste anzubieten. Innerlich musste sie über den Gedanken schmunzeln und heute ging sie freiwillig mit so einem Typ essen oder ins Kino.
Wenn er wüsste, was sie einmal gearbeitet hat, dann würde er wahrscheinlich rote Ohren bekommen und mit Nadine kein Wort mehr reden können, ohne dabei ins Stottern zu kommen. Aber er war nett und bei ihm hatte sie das erste Mal seit Langem das Gefühl, ihrer selbst willen gemocht zu werden. Sie passten zwar charakterlich so gar nicht zusammen, aber Nadine hatte bei ihm das Gefühl, geerdet zu sein. Er gab sich große Mühe, sie für sich zu gewinnen und machte ihr Geschenke. Erst kaufte er ihr eine kleine Stereoanlage, dann ging er mit ihr shoppen und irgendwie fand Nadine Gefallen daran, verwöhnt zu werden. Sie ließ sich kaufen, sie tat nichts anderes wie in den Jahren ihrer Milieuzeit. Er kaufte, sie schlief mit ihm und als Melina aus den Ferien zurückkam, war Nadine mit ihm zusammen und sie holten Melina gemeinsam vom Bahnhof ab. Alles ging so irrsinnig schnell und aus ihrem Chef wurde dann Ehegatte Nummer zwei. Eine Ehe, die zum Scheitern verurteilt war, denn er war zu gut für Nadine, er war ihr schon fast hörig.
Nadine konnte mit diesem Gefühl von Vergötterung nichts anfangen. Er, er liebte sie, sie hingegen hatte für sich und ihre Tochter ein Heim und einen Mann. Liebe, nein, eher eine Form des gut Aufgehobenseins, war das, was Nadine in ihm sah. Nadine war es wichtig, Melina etwas bieten zu können. Sie wollte, dass ihre Tochter ein wenig so etwas wie eine Familie spürte. Wenn sie schon ihren Vater nicht mehr hatte, so sollte sie doch wie alle anderen Kinder auch sonntags zu dritt frühstücken können oder aber Ausflüge machen dürfen. Auch solche banalen Dinge wie von einem Mann aus der Schule abgeholt werden. Nadine hatte einfach gehofft, dass Melina in einer idyllischen Gegend mit einem Haus und vielen Tieren so normal wie möglich aufwachsen kann. Sie ließ den Sex mit ihm

über sich ergehen und leistete sich dafür dann irgendwie woanders etwas Schönes. Wenn es sie nervte, weil er wieder mal besoffen war, dann setzte sie sich an den PC und spielte oder schrieb Gedichte. Hauptsache Melina ging es gut. Diese Ehe hielt 6 Jahre und das Ende war für alle die Hölle. Nadine hatte diesem Mann mehr als nur einmal wehgetan, sie hatte ihn ausgenutzt und schlecht behandelt und als es zu Ende war, hatte sie reumütig mit einer fadenscheinigen Erklärung Melina gegenüber ihre Sachen gepackt und ist in eine kleine Wohnung gezogen. Sie hatte alles, ein Haus, ein tolles Auto, einen Mann, der sie so sehr liebte, dass er sich beinahe selbst verlor, das alles hatte sie nicht zu würdigen gewusst und ihn verlassen, als er begann, sie zu hassen.

Melina war zwölf und wieder in den Ferien bei ihrem Vater, als Nadine für sich entschied, nachdem sie auch mal wieder arbeitslos war, Oberfranken den Rücken zu kehren. Nadine wollte einen Neuanfang, sie hatte außer ihrem beachtlichen Hausstand nichts mehr, was sie hier hielt. Den Kontakt zu ihren Eltern hatte sie zwar zwischenzeitlich mal wieder hergestellt, aber auch ihre Mutter hatte sich von ihrem Stiefvater nach einer Krebs-OP getrennt, ihr Sohn war bei der Bundeswehr und Nadine hatte keinen Kontakt zu ihm aufbauen können. Zu tief saßen die Wurzeln des Hasses, die der Stiefvater in all den Jahren gepflanzt hatte und alle Versuche ihm näherzukommen, wurden im Keim erstickt, sobald er in der Nähe war.

Also entschied Nadine in den Sommerferien, ganz spontan, dass sie zurück nach Augsburg gehen würde. Für Melina war es toll, denn sie wäre somit näher bei ihrem Vater und Nadine könnte einfach irgendwo einen Job suchen und dann noch mal ganz von vorne anfangen. Sie wollte einfach alles hinter sich lassen. Max und seine Freundin sowie die Tochter, die sie hatten, wohnten immer noch im selben Ort und Nadine würde schauen, ob sie irgendwo in der Nähe einen Job finden würde.

Sie hatte gute Arbeitszeugnisse, denn in den 6 Jahren war sie

nicht untätig. Sie hatte ja genügend Geld, um zum einen noch mal zusätzliche Weiterbildungskurse zu machen und hatte dann eben auch hier und da gearbeitet. Als Versicherungskauffrau im Außendienst und dann der Start in die Telefonie, da fand sie ihre Stärke und merkte sehr schnell, dass es das ist, was sie kann und was sie erfolgreich machte. Also suchte sie sich einen Job in München. Alles ging blitzschnell, das Bewerben verlief reibungslos und ein Unternehmen in München wollte sie kennenlernen.
Das Arbeitsamt spielte mit und so kam es, dass Nadine schon zwei Wochen später einen Job hatte und das mit der Wohnung war auch geregelt. Sie konnte, bis sie eine eigene Wohnung hatte, erst mal bei einer alten Bekannten unterkommen.
Es stand eine Wohnung leer im Haus, die einem Freund der Bekannten gehörte und so zog Nadine dort erst einmal ein.

18. Kapitel
Steh zu Deinen Fehlern

Melina war begeistert. Nadine hatte ihr nichts von all dem erzählt. Sie hatte den Umzug gut über die Bühne gebracht mit Unterstützung vom Arbeitsamt.
Der Umzugswagen brachte ihr die Sachen und nun hatte sie noch zwei Wochen, um alles einzurichten. Max war geschockt, als er erfuhr, dass Nadine wieder in Augsburg war und es schien ihm so gar nicht zu gefallen.
Eines Morgens, es war ein Sonntag, stand er mit seiner Tusnelda plötzlich vor Nadines Wohnungstür. Er machte ihr eine riesige Szene und wollte, dass Melina in ein Internat kam. Nadine wurde wütend und erklärte ihm, dass sie sehr wohl wusste, was sie tat, und dass sie sich scheiden ließ von Karl-Heinz, das war einzig und allein ihre Sache. Alle kannten diesen gutmütigen Ex-Mann von Nadine nur von seiner positiven Seite. Ja klar, sie hatte echt ein tolles Leben an seiner Seite, wenn man es vor dem materiellen Hintergrund sah. Sie hatten ein schönes, großes Haus, mit 3000 qm Grundstück dazu, sie hatte ein eigenes Auto, einen kleinen Golf Cabrio und sie hatte im Grunde genommen alles, was jedes Frauenherz begehrte. Irgendwann allerdings hatte Nadine sich gefragt, ob das wirklich alles ist, was glücklich macht? Oft war sie nach dem Sex mit Karl-Heinz traurig, weil er sie auch nur benutzte, um sich zu befriedigen, Nadine kam dabei oft zu kurz oder an sie wurde gar nicht gedacht. Einmal hatte er in seinen vielen Räuschen zu ihr gesagt, dass er sich davor ekelte, mit ihr zu schlafen, da er ja nicht wüsste wie viele Männerschwänze schon in ihr gesteckt hätten. Dann hat er sie einmal beim Oralsex so sehr verletzt, dass sie tagelang starke Schmerzen an der Klitoris hatte, weil er meinte, sie stünde auf harte Sachen, schließlich war das ja jahrelang ihr Job.
Oft musste sie auch morgens die Bettwäsche samt Matratze

trocknen, weil er im Suff mal wieder eingepisst hatte. Und so kam es, dass sie nach zwei Jahren Beziehung einfach ein eigenes Zimmer haben wollte, weil er, wenn er besoffen war, unfair und unkontrolliert war und dazu noch schnarchte, dass man es vom ersten Stockwerk bis runter in den Garten hörte. Nadine war keine einfache Frau, das wusste sie selber, aber seine Demütigungen hatte sie nicht verdient. Sie liebte ihn nicht und war mit ihm zusammen, weil sie für Melina damals einfach ein bodenständiges Leben führen wollte und das hat sie mit all ihrer Kraft auch versucht. Aber Karl-Heinz war auch kein Engel und so kam es, dass Nadine sich immer wieder nach anderen Gelegenheiten umsah und hier und da fremdging. Der ganze Mist fing damit an, als Nadine eines schönen Tages mit ihm zum Einkaufen fuhr und sie im Handschuhfach seines Autos Kondome fand. Als sie fragte, was er damit wollte, wurde er ausfallend und schrie sie an. Nadine war geschockt, auch wenn sie ihn nicht liebte, wovon er ja nichts wusste, empfand sie diese Kondome und die Reaktion darauf sehr verletzend. Sie bohrte nach und dann platzte er damit raus. Er würde regelmäßig nach Tschechien fahren, um sich da einer bestimmten Prostituierten anzubieten. Nadine war leichenblass, als sie das erfuhr.
Ihr machte er den impotenten Mann, weil er sich vor ihr ekelte, aber er schlief mit einer Hure von der Straße? Sie verstand den Sinn nicht und war völlig irritiert.
Verletzt suchte sie nun im Netz und wurde auch fündig und so kam es, dass Karl-Heinz und auch sie sexuell fremde Wege gingen. Sie trennten sich Melina zuliebe nicht, aber sie hatten ab diesem Zeitpunkt jeder sein eigenes Reich. Nadine wohnte im oberen Stockwerk des Hauses und Karl-Heinz lebte unten. Es war die Hölle, denn aus der einst recht harmonischen Beziehung wurde immer mehr eine Mischung aus Chaos und Abneigung. Nadine mochte Karl-Heinz und er? Sie weiß es bis heute nicht. Es kam, wie es kommen musste. Im Suff rastete er

einmal völlig aus und schubste Nadine die steile Treppe hinunter. Sie hatte Glück und fiel in einen Wäschekorb, der am Ende der Treppe geparkt war. Das bekam auch Melina mit und sie schrie wie am Spieß. Das war für Nadine der Zeitpunkt, in dem sie sich dazu entschied zu gehen. Sie wollte nicht mehr geschlagen und beleidigt werden und sie wollte nicht mehr wegen ihrer Vergangenheit in einer Ehe als Angeklagte dastehen. Sie hatte zwar alles, was im Normalfall als Glück bezeichnet wurde, aber das Leben an der Seite eines Quartalsäufers mit Minderwertigkeitskomplexen war nicht aushaltbar.
Nadine hatte lange gebraucht, um sich aus dieser Chaosehe zu lösen, sie hatte selber viel falsch gemacht und sich während dieser Ehe immer wieder in neue Abenteuer gestürzt. Sie hoffte, ihren Prinzen zu finden und merkte gar nicht, dass sie sich immer wieder selbst verlor und Karl-Heinz und sich immer mehr verletzte. Er hatte auch seine Liebschaften und seine tschechischen Huren. Nadine ist nie fremdgegangen, aber in der Ehe von Karl-Heinz lernte sie, wie kalt man sich fühlen kann und wie benutzt. Jeder der gesagt hatte, Nadine hatte alles, was eine Frau sich nur wünschen konnte, der sah nur das, was er nach außen hin sehen wollte. Wie es hinter den Wänden des ach so schönen Hauses aussah, das wollten oder konnten sie nicht sehen. Sie hatte für Melina oft eingesteckt und sich zurückgehalten, weil sie glaubte, diese Idylle aufrechtzuerhalten. Karl-Heinz wusste genau, dass Nadine es für ihr Kind tat und nutzte das auch oft für sich aus. Nein, auch wenn jeder sagte, der Schritt, sich von ihm zu trennen, sei falsch, Nadine wusste, er war richtig. Sie würde wieder eine harte Zeit vor sich haben, aber mittlerweile war sie beruflich so gefestigt, dass sie jederzeit einen Job finden würde und somit war das größte Problem gelöst und alles andere würde sie mit der Zeit auch schaffen.

Max und seine Tusnelda sahen, dass Nadine auf 180 war und

zogen von dannen. Sie wussten, Nadine würde alles tun, um Melina nicht auf ein Internat schicken zu müssen, zumal das auch eine finanzielle Geschichte gewesen wäre. Max hatte genauso wenig Geld dafür wie Nadine und er kannte seine Ex mittlerweile so gut, dass er wusste, hier würde er auf Granit beißen.
Er war erschrocken darüber, wie schlecht es anscheinend Nadine ergangen ist an der Seite des Mannes, dem er sein Kind anvertraute. Nadine hatte in all den Jahren nicht einmal etwas gesagt und auch Melina schien von all dem nichts gemerkt zu haben, denn sonst hätte sie ja irgendwann einmal in den Ferien irgendeine Bemerkung gemacht. Er glaubte Nadine nicht, er glaubte, dass sie diejenige war, die am Scheitern der Ehe die Schuld trug. Wie sollte sie auch jemals eine vernünftige Partnerschaft führen können, mit ihrem Vorleben. War sie überhaupt fähig zu lieben? Er verstand diese Frau immer noch nicht, er verstand nicht, wie sie all das hat aufgeben können. Wütend darüber, mit dieser Frau ein gemeinsames Kind zu haben und wütend darüber, dass ausgerechnet sie ihn noch so erboste, wischte er seine Gedanken fort und nahm sich vor, Abstand von Nadine zu nehmen und wenn es sein musste auch von Melina. Er wollte sein Kind mit der neuen Beziehung nicht gefährden und weiterhin in Ruhe leben. Er hoffte so sehr, dass das funktionierte mit Nadine im gleichen Ort.

Melina ging nach den Ferien in die ortsansässige Schule und das Leben nahm seinen Lauf. Routine und Alltag auch für Nadine, die ewige Fahrerei nach München kostete viel Zeit und so suchte sie sich einen Job in Augsburg. So hatte sie nur noch ein paar Kilometer täglich zu fahren und verdiente durch die höhere Position auch mehr.
Durch einen Zufall lernte Nadine Tina kennen. Die wohnte über Max im selben Haus und Nadine erfuhr von ihr, dass Max ziemlich mies über Nadine redete. Tina war eine Nette und der

Kontakt zu Nadine erschwerte ihr auch das Zusammenwohnen mit Max. Als der erfuhr, dass Tina sich mit Nadine angefreundet hatte, wurde Tina förmlich aus dem Haus gegrault. Sie konnte doch gar nichts dafür und Nadine fand die Aktion ziemlich daneben.
Das aber schweißte die beiden Frauen noch mehr zusammen und Tina fand auch recht schnell eine Wohnung weit weg von der Familie von Max. Nadine war froh, wenn sie ihn nicht sah. Viel zu groß war die Wut auf ihn, sie damals verarscht zu haben und viel zu groß war die Wut darüber, dass er Nadine bei jeder Gelegenheit damit drohte, ihr das Kind zu nehmen. Seine „Neue" war sowieso ein Ekel, hat sie sich doch kurz nach der Trennung erdreistet, Nadine zu schreiben und ihr Ratschläge zu erteilen. Sie hätte mit Max zur Paarberatung gehen sollen, lächerlich dachte Nadine damals. Hätte sie sich nicht in die Ehe eingemischt, hätte Nadine eventuell noch eine Chance für sich und Melina gehabt, aber sie hat sich vögeln lassen und sich somit zwischen Nadine und Max gedrängt und heute will sie so tun, als wäre das alles nicht wahr. Ganz im Gegenteil, sie besaß sogar noch die Frechheit, Nadine überall, egal wo, als Hure zu outen und empfand Spaß daran, sich als die bessere Partie feiern zu lassen. Sei es ihr gegönnt, hätte Nadine gerne gedacht, aber sie hasste diese Frau abgrundtief und empfand für diesen Menschen mit den langen schwarzen Haaren und dem verbrauchten Gesicht einfach nur Abscheu. Jedes Mal wenn Nadine dieser Furie begegnete, hätte sie am liebsten vor ihre Füße gekotzt. Aber sie widerstand dem Gefühl und rauschte dann meist erhobenen Hauptes an ihr vorbei.
Nadine fand nach ein paar Monaten auch eine kleine Wohnung und konnte aus der riesigen Wohnung endlich ausziehen. Eine kleine, nette Wohnung mit Terrasse und Melina hatte in der Zweizimmerwohnung ihr eigenes Reich. Nadine schlief auf ihrer Schlafcouch wie immer im Wohnzimmer. Der Umzug war schnell gemacht. Tina und ihr Mann Hassan halfen Nadi-

ne, das ganze Zeug in Nadines neues Reich zu transportieren. Hassan war Türke und ein feiner, ruhiger Kerl. Nachdem alles fertig war, lud Nadine die beiden zum Essen ein.
Melina fand schnell Anbindung im Ort und einige ihrer Freundinnen wohnten sogar im selben Block. Alles in allem fühlte sich Nadine rundum wohl, wenn da nicht der riesige Schuldenberg gewesen wäre.
Sie hatte so gar keine Ahnung, wie viel sich im Laufe der Jahre angesammelt hatte, aber sie wusste, jedes Mal, wenn sie jetzt Geld verdienen würde, käme irgendein Gläubiger, der ihr von dem eh schon wenigen Geld einen Teil abzweigen würde. Statt sich damit auseinanderzusetzen, steckte Nadine den Kopf immer tiefer in den Sand und all die Mahnungen und Briefe von Gerichten und Inkassobüros wanderten ungeöffnet in Nadines große Kommode.
Immer wieder liebäugelte Nadine mit dem einen oder anderen Teil aus irgendwelchen Katalogen und das Internet verleitete noch mehr. Bestellen und nicht zahlen, eigentlich Betrug, aber Nadine war süchtig nach Kaufen, und das Erhalten von irgendwelchen Paketen mit schönem, neuem Tand, gab ihr den Kick, den sie sonst nur in Drogen fand. Sie verstrickte sich immer tiefer in den Schuldensumpf und als sie selber nirgendwo etwas bekam, bestellte sie auf Melinas Namen.
Dass ihr das mal ganz gewaltig auf die Füße fallen würde, war ihr zu diesem Zeitpunkt noch nicht bewusst, sie nahm sich vor, das Bestellte auch sofort zu bezahlen, damit Melina nicht in Schwierigkeiten kam. Das ging bei den ersten Päckchen auch gut, aber wie immer war die Sucht nach mehr größer als der Verstand und so bestellte sie Dinge, die ihren finanziellen Rahmen auch diesmal überstiegen.
Sie hatte zu diesem Zeitpunkt noch kein schlechtes Gewissen, weil sie immer glaubte, das alleine stemmen zu können. Aber je mehr Zeit verging, umso weniger dachte sie an die offenen Rechnungen von Melina und irgendwann landeten auch diese

Mahnungen in der großen Kommode in Vergessenheit.
Nadine war fleißig, sie arbeitete jeden Tag und Melina, fühlte sich wohl. Das Einzige, was den Alltag von Melina trübte, war die Distanz ihres Vaters. Der zog sich immer mehr zurück und Melina litt sehr unter dieser Situation.
Nadine war immer wieder auf Partnersuche im Internet, sie traf sich mindestens einmal in der Woche mit irgendwelchen Typen aus dem Netz. Ab und zu hatte Nadine das Gefühl, dass sich alles nur um Sex drehte. Kein Typ war dabei, der auch nur im Geringsten die Absicht hatte, eine Bindung einzugehen, schon gar nicht mit einer recht attraktiven, alleinerziehenden Mutter. Nadine hatte die eine oder andere Affäre, aber entweder es endete mit Liebeskummer oder aber Nadine nahm Abstand, weil irgendetwas nicht stimmte. Nadines Devise war Sex, ja, aber frühstücken tat sie meistens alleine.
Eines Tages, es war Nadines 45. Geburtstag, kam Melina völlig aufgeregt nach Hause. Nadine hatte Besuch von einigen Freundinnen unter anderem auch Tina und Hassan, als Melina weinend berichtete, was passiert war.
Sie und eine Freundin waren auf dem nahegelegenen Spielplatz und Melinas kleine Schwester, Max' Tochter, war auch dort mit einigen Freunden. Die beiden Mädchen hatten Streit, weil die Kleine gegenüber Melina gehässig behauptete, dass der Vater nichts mehr mit Melina zu tun haben wollte, weil ja Melinas Mama eine ehemalige Nutte war. Melina war dermaßen außer sich, dass sie die Kleine schupste und schlug, die rannte daraufhin zu ihrem Vater, der dann sofort zum Spielplatz kam. Als Melina sein wutverzerrtes Gesicht sah, bekam sie Angst und rannte so schnell es ging nach Hause.
Als Melina zu Ende berichtet hatte, klingelte es auch schon an der Haustür und ein tobender Max war zu hören. Alle im Haus bekamen die Szenerie mit. Nadine öffnete die Tür und wütend schrie er Nadine an. Die stand in der Tür und lächelte herablassend, sein Auftritt war lächerlich. Seine Jogginghose aus den

90ern, seine Bomberjacke und die Turnschuhe dazu ließen ihn wie einen in den 90ern stehengebliebenen Möchtegernlude wirken. Er war so außer Puste, dass es einen Moment brauchte, bis Nadine schließlich seiner Gebärdensprache folgen konnte. Er zweifelte wie immer an der Erziehung von Melina und an alledem was Nadine tat. Die letzten Worte jedoch konnte jeder hören und Nadine wurde kreidebleich. Ich habe Dir schon vor der Geburt von Melina gesagt, Du bist eine Hure und wirst immer eine bleiben. In diesem Moment vergaß Nadine alles um sich herum, holte aus und schlug Max mitten ins Gesicht. Ganz ruhig sagte sie dann, ich warne Dich, noch einmal so eine Aussage und wir sehen uns beide vor dem Gericht, schließlich hast Du all die Jahre unserer Ehe selbst davon profitiert und machst heute einen auf Heiliger. Du und Deine Tusnelda, Ihr solltet Euch schämen, so etwas vor einem 14-jährigen Kind zu behaupten. Meine Entscheidung, hier nach Schwabmünchen zu ziehen, lag daran, dass ich wollte, dass Melina und Du endlich eine Beziehung aufbauen könnt. Ich hatte gehofft, Du wärst so vernünftig und würdest Dich über diese Geste freuen und Melina mehr in Dein Leben einbeziehen. Ich muss nicht mit Dir befreundet sein, aber eine gewisse Loyalität gegenüber der Mutter deines ersten Kindes hätte ich schon erwartet. Stattdessen aber distanzierst Du Dich und gibst alles dafür, dass Melina Dich hasst und noch was: Ich muss dieses Kind trösten, wenn es vor Sehnsucht nach ihrem Vater beinah zerbricht." Mit diesen Worten knallte Nadine die Tür vor seiner Nase zu und wandte sich wieder ihren Gästen zu. Die saßen alles wie versteinert an der Kaffeetafel und schauten Nadine bewundernd, aber auch skeptisch an. Melina saß in ihrem Zimmer und weinte, Nadine ging zu ihr und nahm sie in den Arm. "Ich hasse ihn!", schrie sie, "ich hasse ihn so sehr." Nadine hielt die Kleine im Arm und ließ sie gewähren.

Nach ein paar Minuten hatte sie sich wieder beruhigt und sie bat Nadine um 5 Euro. Nadine gab sie ihr und Melina ging wieder raus zu ihren Freunden.

Nadine wechselte zwischenzeitlich immer mal wieder den Job und hatte sich dann endlich einen Traum erfüllt.
Sie wurde Leitung eines Call Centers, sie verdiente gutes Geld, hatte ein Auto als Geschäftswagen, denn das Cabrio, das sie von Karl-Heinz hatte, zeigte seine ersten Macken.
Zudem bekam sie von seinem Anwalt einen Brief, in dem er das Auto einforderte.
Er hatte es zwar Nadine geschenkt, nachdem er ihren kleinen Peugeot als Neuwagen zu Schrott gefahren hatte, aber Nadine konnte es nicht beweisen. Der Brief lag bei Karl-Heinz, sie zahlte zwar Steuern und Versicherungen, aber offiziell war es sein Wagen.
Es kam, wie es kommen musste. Nadine fuhr mit dem Cabrio zur Arbeit, als er plötzlich anfing zu qualmen und zu rauchen. Langsam stotterte das Auto Richtung Seitenstreifen und Nadine ahnte, dass ihr Auto nun dem Ende nahe war. Sie rief einen Abschleppdienst und dieser fuhr sie zur nahegelegenen Werkstatt.
Der Arbeitstag war hinüber, als Nadine ihren Vorgesetzten anrief und ihm schilderte, was passiert war. Er sagte, sie soll sich keine Sorgen machen, schließlich hätte sie ein Anrecht auf einen Geschäftswagen, man würde ihr diesen bringen. So wartete sie also in der Werkstatt und sendete Karl-Heinz eine SMS, in der sie im erklärte, dass er den Wagen, wenn er möchte, eben von dieser Werkstatt abholen könnte. Innerlich musste sie schmunzeln, denn sie wusste, dass ihm das gewaltig stinken würde. 400 km wegen eines kaputten Fahrzeugs, zumal es auch eine teure Angelegenheit werden könnte. Denn schließlich war es sein Auto und in diesem Moment fand Nadine es auch gerechtfertigt. Er wollte ihn, sie grinste, nun hat er ihn und sie war damit fein aus dem Schneider.

Nadine sah ihr neues Fahrzeug auf den Hof rollen, ein kleiner Mercedes A-Klasse, silber und ganz viel Platz. Dazu eine Tankkarte und einen Vertrag, der die 1-%-Regelung bestätigte. Sie durfte das Auto auch privat nutzen und war megastolz, nun auch zur Chefetage zu gehören. Sie genoss ihren freien Tag und holte Melina von der Schule ab. Die staunte nicht schlecht, als sie das neue Auto sah.

Lange währte das Glück nicht. Die Chefetage war kompliziert und Nadine empfand den Job als sehr stressig. Sie hatte 40 Mitarbeiter zu leiten, einzuteilen und zu schulen. Hinzu kam, dass sie auch die gemachten Termine nochmals telefonisch bestätigen musste. Also jeden Tag volles Programm. Zudem hatte sie zwei Damen, die sie als Leitung des Call Centers nicht wirklich akzeptierten und es immer wieder zu Auseinandersetzungen kam. Heute würde man solche Mädels Bitches nennen, denn sie hatten, und das wusste Nadine nicht, alle beide einen "guten“ Draht zum Chef. Jedes Fehlverhalten, das Nadine an den Tag legte, wurde getreu der Masche, "die sägen wir ab" , an den Chef weitergegeben und eines schönen Abends, als eine der beiden mal wieder anrief, um sich krank zu melden, riss bei Nadine der Geduldsfaden und sie kündigte der einen. Kurz nach diesem heftigen Telefongespräch stand auf einmal, was er sonst nie tat, der Big Boss im Call Center und bat Nadine brüsk um ein Gespräch. Was sie da zu hören bekam, ließ Nadine vom Glauben abfallen. Diese Mistviecher hatten einen ausgeklügelten Plan und Nadine die Doofnuss war auch voll darauf reingefallen. Er drohte Nadine nicht nur mit einer Abmahnung, sondern auch damit, sie zu kündigen, sollte nicht bald Ruhe im Call Center einkehren.

Sie hoffte, dass sie diesen beiden Weibern Herr werden würde und versprach ihrem Chef eine Aussprache mit den beiden Mädels.

Wohl war ihr bei dem Ganzen nicht, denn innerlich ahnte Na-

dine, dass sie hier wohl den Kürzeren ziehen würde.
Egal, sie machte weiter wie bisher und war auch erfolgreich, denn die anderen der Truppe stärkten Nadine den Rücken und versprachen, zu ihr zu stehen, sollte es eng werden. Aber wie es meistens ist, jeder ist sich selbst der Nächste und einen Arbeitsplatz zu riskieren, um der Leitung beizustehen? Nein das war dann doch zu viel.
Es kam, wie es kommen musste, Nadine stand auf der Abschussliste und wurde an einem schönen sonnigen Nachmittag zum Chef zitiert.
Sie ahnte, was kommen würde und wappnete sich. Zuerst nur dubioses Geplänkel und als Nadine dann um klare Worte bat, spürte sie die Feindseligkeit in seinen Worten. Nadine hörte sich an, was er zu sagen hatte und musste unwillkürlich schmunzeln, denn das, was er als Erklärung da von sich gab, war so was von unlogisch und dreist, dass Nadine das erste Mal seit Langem der Kragen platzte. Es platzte förmlich aus ihr heraus und wie so oft waren einige Aussagen von ihr genau das, was alle von ihm dachten. Niemand hatte den Schneid, es ihm einmal deutlich zu machen, was er doch für ein Arsch war und Nadine war es eine Herzensangelegenheit, endlich einmal Klartext zu sprechen, nein, nicht zu sprechen, sie knallte es ihm vor die Füße und erklärte ihm ganz genau, was sie von ihm hielt.
Er saß da in seinem feinen Zwirn und schaute sie nur mit offenem Mund an. Mit allem hatte er gerechnet, aber nicht mit einer dermaßen klaren Ansage von einer Frau, die ihm, so schien es, haushoch überlegen war. Sie stand da in ihren Heels und dem attraktiven dunkelblauen Kostüm, mit dem offenen, langen dunklen Haaren und sah ihn spöttisch an. Als sie ihre Tirade beendet hatte, drehte sie sich um und beim Rausgehen sagte sie hochnäsig: „Ich erwarte ein angemessenes Arbeitszeugnis, meine Bonuszahlungen sowie mein Gehalt bis zum Ende des Monats." Daraufhin verließ sie mit einem lauten Knall der Bü-

rotür das Zimmer und ließ einen total verdatterten Chef zurück. So hatte er sich den Gesprächsverlauf bestimmt nicht vorgestellt, aber er kam auch nicht dazu, das zu ändern.
Nadine stieg in den Fahrstuhl und fuhr nach unten zu ihren Leuten. Sie überlegte, wie sie denen nun beibringen sollte, dass sie ab dem nächsten Ersten nicht mehr die Leitung hatte. Sie beraumte kurzfristig ein Meeting an und schloss das Büro währenddessen von innen ab. So konnte sie sicher sein, dass sie zum einem nicht unterbrochen wurde und sie wusste, dass sie hier nun ungestört über das Passierte reden konnte.

Alle der 40 Mitarbeiter waren enttäuscht über das Verhalten der Geschäftsführung und verstanden deren Entscheid überhaupt nicht. Nadine jedoch stand zu ihren Fehlern und erklärte es der Belegschaft. Sie hatte in vielen Situationen überreagiert und Mitarbeiter gekündigt ohne Absprache mit der oberen Ebene. Sie hatte Dinge vergessen zu erledigen, die wirklich wichtig waren und es gab immer wieder Beschwerden über die unzulängliche Erreichbarkeit von Nadine.
Sie wusste, sie musste noch sehr viel lernen und auch das sagte sie den Anwesenden. Enttäuscht über das Weggehen von Nadine waren alle, aber man konnte Nadines Entscheidung auch verstehen. So sahen alle traurig zu, als Nadine langsam ihre Sachen packte, um dann ihren Resturlaub in Anspruch zu nehmen. Einer der Mitarbeiter fragte, wie es weitergehen würde. Nadine zuckte mit den Schultern, keine Ahnung, das hat man mir auch nicht gesagt.
Nadine brachte den Schlüssel vom Auto sowie vom Call Center in die Personalabteilung und fuhr dann mit dem Bus nach Hause.
Niedergeschlagen legte sie sich wie meist in solchen Situationen aufs Bett und grübelte darüber nach, wie es nun weitergehen sollte.
Sie hatte kein Geld für die Miete und auch ohne Auto war sie

aufgeschmissen. Sie musste schnell eine Lösung finden, denn eines war sicher, die große Wohnung musste weg, irgendwie musste sie etwas kleines Passendes finden. Auch beruflich musste sie einen neuen effektiven Weg finden.

Sie bewarb sich bei einem großen Verlag für den Bereich Disposition und Verkauf am Telefon. Das Gespräch lief super. Kerstin, ihre Freundin, fuhr sie hin und wartete unten auf dem Parkplatz. Nadine war eine von fünf Bewerberinnen und hoffte inständig, den Job zu bekommen, zum einen, weil er sehr gut bezahlt wurde, zum anderen hatte sie geregelte Arbeitszeiten und konnte neben dem Job endlich eine Ausbildung machen zur Kauffrau für Dialogmarketing. Melina hatte Schule und kam meist erst am späten Nachmittag nach Hause. Nadine hatte veranlasst, dass sie nach der regulären Schulzeit noch bis 17 Uhr dort blieb, um ihre Hausaufgaben zu erledigen. Zudem hatte Nadine Melina auch noch bei der Schülerhilfe angemeldet, um Melinas Mathe- und Deutschschwäche in den Griff zu bekommen. Die Betreuung war also gewährleistet. Nadine arbeitete bis 16:30 Uhr und war dann meist mit Melina zusammen zu Hause. So hatten beide noch genügend Zeit, um miteinander zu reden und zu kuscheln.
Nadine war heilfroh, dass Melina da war, sie war ihr ganzer Halt und ganzer Stolz. Nadine liebte dieses blonde, große schlanke Mädchen von ganzen Herzen und versuchte, ihr jeden Wunsch von den Augen abzulesen. Melina hatte zu ihrer Mutter einen ganz besonderen Draht und beide waren nicht nur Mutter und Tochter, sondern auch Freundinnen. Sie redeten über alles und beide vertrauten sich.
Nadine fand schnell ein neues Dach über dem Kopf, allerdings war diese Wohnung alles andere als geräumig. Nadine musste im Wohnzimmer schlafen, das irgendwie auch ein Durchgangszimmer war. Melina bekam dafür ihr eigenes Zimmer. Eine offene Küche und ein Essbereich rundeten das Bild des

kleinen, gemütlichen neuen Zuhauses ab. Eine große Terrasse und ein kleiner Vorgarten ließen Nadine die Entscheidung leichter fallen.
Die Miete war angemessen und Nadine hatte sogar noch ein kleines Budget für ein Auto, das natürlich alles ein wenig leichter machte.
Der Nachteil war, dass dieser Wohnblock im amerikanischen Stil ganz in der Nähe von Max lag und so war es auch klar, dass man sich dann und wann über den Weg laufen würde. Allein schon der Gedanke an Max ließ Nadine schaudern. Melina litt sehr unter dieser Trennung und sie konnte nicht verstehen, wieso ihr Vater, obwohl sie nun so nah beieinander wohnten, keinen Kontakt zu ihr hatte. Der Vater mied Melina und das ließ sie immer wieder bei jeder Gelegenheit in Wut oder Traurigkeit ausbrechen. Nadine versuchte, sie zu trösten und stand immer hinter ihrer Tochter. Sie ermutigte das Mädchen, sich vielleicht mit einem Brief an ihren Papa zu wenden, aber was sie auch versuchten, nichts brachte die beiden näher.

Eines Tages, es war warmes sonniges Frühlingswetter, Melina war draußen spielen und Nadine hatte Besuch von Bettina und Hassan, die ihr halfen, den Rest vom Umzug zu erledigen. Hassan montierte gerade eine Lampe, als Melina total aufgelöst in die Wohnung kam. Sie weinte und schrie: "Der Papa ist hinter mir her, er hat mir gedroht, er will mich schlagen, weil ich seine Tochter in den Dreck geschupst habe. Sie hat gesagt, dass Du eine Hure bist und Claudia, die neue von Papa, würde das jedem erzählen. Melina war völlig verwirrt und aufgelöst, als es wieder an der Tür klingelte.
Sie hörte schon von Weitem, dass es Max war, der vor der Haustür tobte wie ein Rohrspatz. Alle im Haus bekamen das Theater mit. Nadine war neu hier und jeder im Haus war natürlich neugierig. Er schrie dermaßen rum, dass Nadine erst gar nicht die Tür öffnen wollte, aber Hassan sagte: "Komm, mach

schon auf, bevor er hier noch dein ganzes Leben ausbreitet." Nadine öffnete also die Tür einen Spalt und sah ihren EX in Jogginghose, Bomberjacke und Turnschuhe vor sich stehen. Kreidebleich rang er nach Luft. „Deine Tochter …“ Nadine unterbrach ihn: „UNSERE Tochter“, sagte sie ruhig, und er redete weiter, „hat meine Tochter geschlagen und in den Matsch geschupst.“ Nadine lächelte und sagte ruhig: „Das ist es, was Kinder tun, wenn sie streiten.“ Das machte Max noch rasender. “Wenn Du Dein Kind nicht im Griff hast, dann solltest Du es dem Jugendamt übergeben.“ Jetzt wurde Nadine sauer. „Du glaubst allen Ernstes, dass ich mein Kind nicht im Griff habe? Ganz ehrlich, Max, Melina und ich wir haben ein tolles Leben und mein Umzug hierher hatte nur einen Grund, ich wollte Dich und Melina einfach nur zusammenbringen. Du jedoch stellst Dich quer, missachtest Dein eigenes Kind und hältst es nicht für nötig, Dich um sie zu kümmern. Stattdessen sagst Du dreist, ich wäre nicht in der Lage, mein Kind zu erziehen. Ich schlage mein Kind nicht und ich mische mich auch nicht in Streitigkeiten unter Kindern ein, weil ich weiß, dass die sich auch ganz schnell wieder vertragen. Zudem weiß ich nicht, was vorgefallen ist und deswegen halte ich mich zurück. Du hast kein Recht auf Melinas Erziehung und schon allein die Drohung, sie schlagen zu wollen, ist ja wohl erbärmlich. Halte Dich in Zukunft aus unserem Leben raus, ansonsten mache ich Dir DEIN Leben zur Hölle.“ Damit knallte sie ihm die Haustür vor der Nase zu und ging wieder zurück ins Esszimmer. Sie hörte noch, wie er brüllte, sie sei asozial und immer noch die Hure, die sie schon immer war.
Nadine zitterte am ganzen Körper und am liebsten wäre sie Max an die Gurgel gegangen, aber ihr Stolz sagte ihr, Ignoranz ist hier der bessere Weg.
Melina saß in ihrem Zimmer und weinte. Nadine setzte sich zu ihr und nun war es an der Zeit, Melina die ganze Wahrheit zu erzählen und Nadine musste nun das erste Mal zu ihren vielen

Fehlern stehen.

Sie begann das Gespräch mit einer Frage an Melina: „Sag mal, Süße, weißt Du eigentlich, was eine Hure ist?“ Melina schaute auf den Boden und nickte. „Komm, erzähl mir, was Du weißt.“ Melina sagte leise, das ist eine Frau, die für Geld mit Männern schläft.
„Genau“, sagte Nadine, „nur nennt man diese Frauen nur dann Huren, wenn sie auch noch schmutzig und unkultiviert sind. Eine Frau, die für Geld mit Männern schläft, ist eigentlich eine Prostituierte und Menschen, die böse darüber denken, nennen sie eben auch Hure oder Nutte.
Melina schaute Nadine an und fragte: „Warst Du eine Prostituierte?“ Nadine nahm Melinas Gesicht in die Hand und sagte leise: „Ja, das war ich einmal.“
Melina begann wieder zu weinen und Nadine kuschelte sich mit ihr in ihr Bett und erzählte Melina in der Kurzfassung, wie es dazu kam und was Max damit zu tun hatte. Melina schwieg die ganze Zeit und streichelte dabei hin und wieder Nadines Hand. Nadine weinte die ganze Zeit bei diesem Geständnis und Melina spürte, wie wichtig es Nadine war, dass Melina verstand, warum und wieso alles so kam und was Nadine erlebte.
Ganz versunken saßen beide in Melinas Zimmer und Melinas Fragen wurden von Nadine wahrheitsgemäß beantwortet. Für Nadine war das einer der wertvollsten Tage in dem Zusammenleben mit Melina, endlich hatte sie ihre Seele erleichtert und endlich musste Nadine sich nicht mehr hinter Lügen verstecken. Melina mit ihren knapp 13 Jahren verstand Nadine und nahm ihre Mutter nach dem Gespräch in den Arm und flüsterte leise: „Gemeinsam sind wir stark, Mama.“ Danach wischten sich die beiden Frauen die Tränen weg und gingen wieder zu Tina und Hassan. Bettina sah, dass die beiden endlich klar Schiff gemacht hatten und bewunderte Nadine für ihre Ehrlichkeit. Sie hatte noch nie eine Frau gekannt, die so ehrlich mit

dem Thema Drogen und Strich umging, wie Nadine. Sie war auch neugierig, war es doch ein Thema, das alle immer mieden und verschwiegen, dabei war es doch auch spannend und verrucht zugleich.

Bettina mochte Nadine so, wie sie war und sie wusste, dass diese Frau ein Scheißleben hinter sich hatte. Umso mehr bewunderte sie sie dafür, wie sehr sie sich ins Leben zurückgekämpft hatte und nun mit jeder Faser ihres Seins darum kämpfte, dass es ihre Tochter einmal besser hatte als sie selbst. Der erste Schritt war getan, sie stand zu ihren Fehlern …

19. Kapitel
Das Gericht, eigene Schuld

Die Wochen vergingen wie im Flug. Nadine lebte sich in ihrem neuen Job gut ein und war auch erfolgreich. Das Gehalt kam regelmäßig und Melina hatte wieder Spaß an der Schule und auch schon Freundinnen gefunden. Jeden Tag war die Bude voll. Melina machte meist zusammen mit ein paar Mädchen Hausaufgaben und danach waren sie dann meist draußen beim Spielen.

Wenn Nadine nach Hause kam, kochte sie und räumte noch ein bisschen auf und dann ließ sie sich auf die Couch fallen und läutete somit den Abend ein. Es war jeden Tag das gleiche Prozedere und Nadine hatte endlich wieder Boden unter den Füßen, wäre da nicht ständig dieser leidige Gang zum Briefkasten gewesen und die Angst, wieder Mahnungen und Rechnungen zu bekommen. Schon lange hatte sie den Überblick verloren und wusste gar nicht mehr, was sie eigentlich an Schulden so mit sich trug. Die Briefe, die kamen, wanderten in die braune Truhe, zwei Stunden Bauchweh und dann waren sie auch schon wieder vergessen.

Eines Nachmittags, Nadine hatte frei, war Tina zu Besuch und wunderte sich über Nadines lässige Art, mit ihren Mahnungen umzugehen. Sie fragte, was das für Rechnungen seien. Nadine lachte und sagte, dass sie es selber nicht wüsste und es sie auch nicht interessierte. Sie hat nichts, also kann man bei ihr auch nichts holen.

Tina nahm Nadine beim Gewissen und sagte, dass das noch mal ein böses Ende haben würde, wenn Nadine so weitermachte. Und sie sollte recht behalten, das wusste Nadine da nur noch nicht.

Sie hasste diesen Papierkrieg und noch mehr hasste sie sich dafür, immer nie wirklich darüber nachgedacht zu haben und den ganzen Mist dermaßen auflaufen zu lassen. Sie wusste,

eines Tages würde sie dafür bitter bezahlen, aber heute ist nicht morgen, sie knallte die Schranktür zu und ihr schlechtes Gewissen war verflogen.
Sie hatte nicht nur sich in den Schlamassel bugsiert, nein, auch Melina. Sie war kaufsüchtig und das Internet machte die Sache so einfach. Da sie aber nichts mehr auf sich bestellen konnte, da sie ja mehr als nur 'ne schlechte Schufa hatte, bestellte sie auf Melinas Namen. Sie nahm sich vor, das Bestellte auch zu bezahlen. Sie versprach sich bei jedem Mal, sie würde alles auf Heller und Pfennig zurückzahlen, aber auch hier belog sie sich wie immer selbst und über kurz oder lang wanderten auch die Mahnungen in die große Kommode. Dass das Nadine einmal den Kragen brechen würde, das wusste sie und verdrängte dennoch diese Gedanken. Ganz oft nachts, wenn Sie allein war, bekam sie wahnsinnige Angst. Sie wusste, dass das, was in dieser Kommode lauerte, das war eine tickende Zeitbombe und wenn sie sich darum nicht kümmerte, würde diese Zeitbombe ihr ganzes Leben zerstören. Nadine wälzte sich in diesen Nächten schweißgebadet hin und her und schaffte es nicht, sich endlich zu diesen Schulden zu bekennen, um hier reinen Tisch zu machen. Sie hasste sich dafür und anstatt der Bestellerei ein Ende zu machen, sank sie immer tiefer und befriedigte ihre Depressionen mit neuem, schönem Schnickschnack, den eigentlich keiner brauchte.
Tina sah das Ganze mit Argusaugen und hätte ihrer neuen Freundin so gern geholfen, aber was sie auch sagte, sie drang durch Nadine nicht durch. Dann kam der erste Stolperstein. Nadine konnte die Miete nicht mehr bezahlen. Tina half Nadine, eine noch günstigere Wohnung zu finden.
Und so kam es, dass Nadine in dasselbe Haus zog wie Tina. Die Wohnung war bezahlbar und klein und schnuckelig unterm Dach.
Auch Melina gefiel die Wohnung und auch, dass sie mit Tina unter einem Dach lebten.

Die beiden mochten sich und Nadine war heilfroh, endlich, zumindest was Miete, Strom und Telefon anbetraf, wieder im grünen Bereich zu sein. Es sollte aber nicht lange dauern, da wartete schon der nächste Hammer auf Nadine. Sie war selber schuld und langsam begriff Nadine, dass sie etwas ändern musste.

Sie konnte Melina kein Leben bieten, weil es immer am Geld haderte. Melina war in dem Alter, in dem sie eben auch schon viel verstand und Nadine musste immer mehr zu Heimlichkeiten greifen, um das Schuldendesaster vor Melina zu verbergen. Melina wusste nicht, dass ihre Mutter immer wieder am finanziellen Bankrott vorbeischlich und sie wusste auch nicht, dass ihre Mutter eigentlich gar kein Geld mehr haben dürfte. Sie verdiente zwar gut, aber die Gläubiger griffen immer wieder auf ihr Konto zu und pfändeten, was das Zeug hielt. Nadine nahm ihre alte Verhaltensweise auf, sie sah sehr gut aus für ihr Alter und jeden Typen, der auch nur ein wenig nach Geld aussah, den schleppte Nadine ab und sorgte dafür, dass Monat für Monat zumindest der Lebensunterhalt gedeckt war. Im Grunde genommen tat sie wieder das, was sie in ihrer Jugend gelernt hatte. Sie prostituierte sich heimlich und tat so, als wäre jeder dieser Kerle die große Liebe. Sie tat es um Melinas Herzenswünsche zu erfüllen, sie tat es um den Schein einer glücklichen Mutter zu wahren, sie tat es, um allen zu zeigen, ich schaffe das auch alleine. Aber sie verlor immer mehr die Achtung vor sich selbst und mutete Melina zu, dass immer wieder ein neuer Typ auftauchte, der dann um ein paar Euros leichter wieder aus dem Leben der beiden zu verschwand.

Melina litt, sie litt unter der Situation, dass jeder im Dorf Nadine als Schlampe bezeichnete und sie litt darunter, ihre Mutter immer wieder in den Armen verschiedener Männer zu sehen. Sie sagte, sie wäre glücklich, aber Melina wusste mit ihren 14 Jahren, dass ihre Mutter sich Tag für Tag selbst belog und sie wusste auch, dass da irgendetwas sein musste, das ihre Mutter

so handeln ließ.
Sicherlich, es war immer genügend zu essen da, auch das Auto war immer fahrbereit und so wie es aussah, waren Telefon und Internet auch bezahlt, aber für andere Sachen war nie Geld da. Sie wusste, ihre Mutter arbeitete hart und sie wusste auch, dass sie Schulden hatte, aber Melina ahnte nicht, wie viel und woher.
Eines Abends, Melina schlief schon, waren Tina und Nadine wie so oft dabei, ein Glas Wein zu genießen, als Tina Nadine direkt darauf ansprach. „Sag mal, wie willst Du weiterleben, so wie es momentan aussieht, geht es nicht. Die Leute reden und Melina hat in der Schule wirkliche Probleme. Du brauchst Hilfe und du musst zusehen, dass Du Dein Leben in den Griff bekommst. Deine Schulden fressen Dich auf und Melina leidet auch sehr darunter. Sieh zu, dass Du endlich eine Insolvenz anmeldest, um da schon mal Ruhe zu haben und dann brauchst Du psychologische Hilfe, du bist kaufsüchtig und man muss Dir Einhalt gebieten, bevor Du noch wegen Betrugs in den Knast gehst. Ein gefundenes Fressen für Max, der Dich nur scheitern sehen will."
Nadine brach in Tränen aus, Tina hatte recht, aber wie sollte sie das alles bewerkstelligen. Sie war nach außen hin immer diese starke Frau, aber innerlich ein komplettes Wrack, sie hatte so viel Narben, die nie wirklich heilen konnten, weil immer wieder neue dazukamen und zum größten Teil war Nadine selber daran schuld. Oftmals tat sie sich selber weh, eine ganz eigene Form des Borderlining. Sie litt still und heimlich und tat so, als wäre das alles normal. Dass es das nicht war, kündigte die nächste Hiobsbotschaft an.
Sie hatte vor ein paar Monaten, Druckerpatronen im Internet bestellt und wie immer diese nicht bezahlt. Der Verkäufer jedoch wollte das nicht auf sich beruhen lassen, sondern zeigte Nadine wegen Betrugs an.
Sie erschrak, als sie den Brief von der Polizei öffnete. Sie sollte

zur Aussage aufs ansässige Polizeipräsidium. Nadine wurde kreidebleich, Tina hatte recht, jetzt ging es ihr an den Kragen. Noch zwei Tage dann war der Termin. Nadine grübelte die Nächte, um zu einer Ausrede zu gelangen, immer wieder wälzte sie sich hin und her. Oh, mein Gott, dachte sie, jetzt werde ich angeklagt. Am Morgen des Termins stand Nadine früh auf und suchte den Bestellschein sowie die vergeblich versuchte Abbuchung von ihrem Konto auf dem dazugehörigen Auszug raus. Sie würde ehrlich sein und dem Polizisten, der ihre Aussage aufnehmen wird, die Wahrheit sagen.

Sie betrat das Polizeizimmer, dort saß ein älterer, recht netter Typ, der Nadine begrüßte. Nadine hatte feuchte Hände und setzte sich auf den ihr zugewiesenen Stuhl. Der Beamte las Nadine vor, was ihr vorgeworfen wurde und sie hörte still zu. Dann kam die Frage, wie sie sich zu den Vorwürfen äußern will, denn schließlich ginge es hier nicht mehr um eine Bagatelle, sondern um Internetbetrug. Nadine schluckte, denn ihre Kehle war wie zugeschnürt, sie begann zu zittern und sie konnte ihren Tränen keinen Einhalt mehr gebieten. Unter Tränen erzählte sie dem Polizisten, wie es dazu kam und sagte ihm auch, dass sie endlich dafür sorgen will, ihr finanzielles Desaster zu klären. Der Beamte schien Mitleid zu haben und er versprach ihr, sich selbst um die Angelegenheit zu kümmern. Nadine sollte den Betrag binnen einer Woche auf das Konto des Verkäufers überweisen und dem Beamten dann den Kontoauszug vorbeibringen. Er versprach ihr nichts, aber er wollte versuchen, die Anzeige wegen Betrugs bei der Staatsanwaltschaft einstellen zu lassen, denn hier ging es ja schließlich nur um knapp 40.- €. Nadine bedankte sich herzlich und versprach, das Geld sofort anzuweisen und am nächsten Tag dann den Auszug zu bringen.

Sie redete mit Tina. Die lieh ihr das Geld und Nadine überwies den Betrag noch am gleichen Tag. Sie fuhr gleich wieder zur Polizei und hatte Glück. Der nette Beamte war noch da, sie gab ihm den Beleg, er machte sich eine Kopie und entließ Nadine mit den mahnenden Worten, wie ein Vater, der es gut meinte: „So, meine Dame ich möchte Sie hier wegen so einem Mist nicht mehr sehen." Ein ernster Blick, ein kleines verschmitztes Lächeln und Nadine war erlöst. Guten Mutes fuhr sie nach Hause und trank mit Tina einen Kaffee, die sagte, dass sie mächtig Glück gehabt hatte und dass sie aus diesem ganzen Dilemma endlich ihre Konsequenzen ziehen und Insolvenz anmelden sollte. Nadine behagte dieser Gedanke überhaupt nicht, aber Tina hatte recht, sie musste etwas tun, aber sie hatte keine Ahnung wo und wie sie es anfangen sollte.

Es war mitten im November, Nadine hatte in ihrem Job Megaerfolg und bei ihrem letzten Projekt bekam sie zusätzlich zu ihrem Gehalt auch noch 'ne große Provision. Nun aber kam wie immer das Problem, sobald Nadine auch nur einen Pfennig über dem Sozialmindestsatz auf ihrem Konto haben würde, wäre es weg, denn Onkel Pfänder war schnell in solchen Dingen.

Nadine musste nach einer Lösung suchen, denn schließlich ging es hier um viel Geld, 6.500 Euro auf einen Schlag.

Sie hatte ihr Herzblut in dieses Objekt gesetzt und mit Bravour gemeistert. Das hat sie auch 'ne Menge Stress gekostet, viele Überstunden, neidische Blicke der Kollegen, die diesem Projekt nicht einen Cent gegeben hätten. Die Chefin hatte Nadine damals zu einem ganz privaten Gespräch geordert und sie mit dem Anliegen, etwas Neues zu wagen, betraut. Sie stellte Nadine alle Hilfsmittel zur Verfügung, um diese hochwertigen Broschüren herzustellen. Sie bekam alle Adressen, die sie benötigte und ein dafür eigens erstelltes Mailaccount sowie die Prokura, hier frei agieren zu dürfen. Und Nadine tat, was sie am besten konnte, sie telefonierte und verkaufte, was das Zeug

hielt. Ein Bestätigungsfax mit Aufträgen nach dem anderen flatterte rein und je mehr sie Erfolg hatte, desto mehr schmiss sie das Projekt. Sie war, ohne dass sie es wirklich wusste, ganz oben angekommen. Niemand hatte damit gerechnet und ihre Chefin war stolz auf das, was Nadine vollbracht hatte.
Nun war es an der Zeit, den Lohn dafür zu kassieren, doch wie?

Sie hatte eine Idee. Ihre Mutter hatte sich ja vom Stiefvater getrennt und lebte nun mit ihrem Erzeuger in einer kleinen Wohnung in Oberfranken. Das Verhältnis zu ihrer Mutter hatte sich seitdem erheblich gebessert. Nadine hatte Frieden mit ihr geschlossen, denn ihre schwere Krebs-OP an der Lunge, die sie fast das Leben gekostet hatte, hat Nadine sanft gestimmt.
Sie hatte ihre Mutter in der großen Klinik nahe Bamberg besucht und man hatte sich ausgesprochen. Nadines Kontakt war seitdem fast täglich und seitdem der Stiefvater nur noch am Rande existierte, lief es zwischen den beiden Frauen auch gut. Sie telefonierten regelmäßig und ihre Mutter versorgte Nadine, wenn es mal wieder eng war, mit Zigaretten aus der Tschechei.
Ihre Mutter war nach der räumlichen Trennung von dem gehassten Stiefvater eine andere geworden, auch der Tod der Schwester schien ihre Mutter verändert zu haben. Zumindest hatte Nadine das Gefühl, ihre Mutter wusste, wie sehr Nadine unter der Machenschaft des Stiefvaters gelitten hatte und sie war auch diejenige, die jetzt, auch wenn es schon fast zu spät schien, versuchte, die Bindung zwischen Mutter und Sohn irgendwie zu kitten.
Immer mal wieder telefonierte Nadine mit ihrem Sohn, aber irgendwie war da der Wurm drin.
Sie fand keinen Weg zu ihm und ihrer Mutter tat das immer wieder leid. Der Junge war so sehr von den beiden geimpft worden, dass selbst jetzt nach mehr als 20 Jahren es keinen Weg gab, ihn im Herzen zu erreichen.

Hinzu kam, dass Melina alles hatte, was er gerne von seiner Mutter gehabt hätte und jedes Mal, wenn dann die Oma von Sonne, so nannte sie Melina, sprach, keimte in ihm Eifersucht auf. Nadine verstand die Reaktion, denn schließlich hatte sie dieses Kind verloren und sie glaubte auch jetzt noch, dass sie viel zu wenig gekämpft hatte. Jetzt war der Sohn erwachsen, hatte selber eine Freundin und die stand kurz davor, ihr erstes Kind zu bekommen. Das hieß, Nadine würde mit knapp 45 Jahren das erste Mal Oma. Sie wusste, dass es ihr das Herz zerreißen würde, weil es hier schon vorprogrammiert war, dass sie niemals die Oma sein könnte, die sie gerne wäre. Man würde sehen, was passiert.
Dieser Junge war in seinem ganzen Leben zwar mit sehr viel Liebe der Großeltern erzogen worden und es wurde ihm jeder Wunsch erfüllt, aber die Liebe der Mutter, die fehlte ihm gänzlich und das saß tief in ihm.
Nadine wollte Frieden und sie tat alles dafür, irgendwie einen guten Draht zu ihrer Mutter zu finden und somit hatten die beiden Frauen im Laufe der letzten Jahre doch irgendwie so etwas wie Freundschaft entwickelt.
Nadine bat ihre Mutter, das Geld auf dem Konto ihres Erzeugers verschwinden zu lassen. So hatte Onkel Pfänder keine Chance, an das Geld zu kommen und dann, wenn es auf dem Konto eingezahlt wurde, könnte ihre Mutter ja mit dem Zug für ein paar Tage nach Augsburg kommen. Gesagt, getan und es sollte für Nadine und Melina eine der schönsten zwei Wochen mit Oma bzw. Mutter sein.
Sie kam am Augsburger Hauptbahnhof an und man sah ihr an, dass sie irgendwie nervös war.
„Hallo, große Eule“, sagte sie und nahm Nadine und auch Melina liebevoll in den Arm. "Ich bin froh, endlich hier zu sein", sagte sie leise, "das viele Geld in meiner Tasche macht mir Angst." Nadine lachte und sagte leise: "Zur Feier des Tages gehen wir jetzt erst mal anständig Mittagessen."

Die drei Frauen kehrten in einer Pizzeria ein und ihre Mutter übergab Nadine den Briefumschlag mit dem Geld. Nadine nahm das Geld an sich.
Nadine hatte einen Plan. Sie wollte Melina endlich einen Herzenswunsch erfüllen. Sie durfte sich ein Handy aussuchen und ihre Mama sollte auch etwas Schönes bekommen. Dann wollte Nadine für Melina ein paar neue Möbel kaufen, damit das neue Zimmer für Melina einen Anreiz zum Aufräumen hatte. Melina war mitten in der Pubertät und in ihrem Zimmer sah es aus wie in einem Schweinestall. Sie war 15 Jahre und auch in der Schule gab es immer wieder Theater. Nadine hatte so ihre Last mit ihr und ihre Mutter sagte immer, sie würde das Mädchen zu sehr verwöhnen. In mancher Hinsicht hatte sie recht, aber Melina war Nadines Leben und nur für sie ging sie Tag für Tag durch diese Hölle. Die Frauen verbrachten die ersten Tage ruhig und entspannt. Sie hatten eine schöne Zeit. Die Oma schlief in Nadines Bett und Nadine hatte sich von Tina eine Luftmatratze geliehen, auf der schlief Nadine. Am Abend vor der Abreise, es war am 21. Oktober, klingelte Omas Handy und dann kam nur ein Schluchzen von ihr. Sie drehte sich zu Nadine um und sagte: „Herzlichen Glückwunsch, große Eule, du bist vor einer halben Stunde das erste Mal Oma geworden." Nadine stand da und ihr liefen die Tränen übers Gesicht. Sie wollte ihrem Sohn etwas sagen, doch der hatte am anderen Ende der Leitung schon wieder aufgelegt. Ihre Mutter gab ihr Ratschläge, wie sie jetzt eventuell wieder an ihn rankommen könnte, aber insgeheim dachte Nadine, dass das alles nicht hätte sein müssen. Dieses ganze Desaster mit Nadines Sohn hatten alle drei verzapft, Oma, Opa und auch Nadine selbst. Und jetzt, jetzt war es nur noch eine Lüge, weil keiner der Großeltern und auch Nadine seine Fehler eingestand. Nadine war Oma und durfte keine sein. Sie war traurig und hoffte, dass sie wenigstens einmal die Chance bekam, ihren Enkel zu sehen. Sie hatten zwei schöne Wochen und man kann sagen, das war die

schönste Zeit, die Nadine mit ihrer Mutter jemals verbracht hatte. Die Oma hatte Melinas Zimmer geputzt, nachdem die neuen Schränke und das schwarze Metallbett aufgebaut waren. Mit viel Liebe hatte die Oma hier gewerkelt und das Zimmer konnte sich wirklich sehen lassen. Nadine wusste, dass das nur leider nicht lange so aussehen würde, denn Melina hatte diese Nullbockphase und Nadine war machtlos. Nadine wusste, warum Melina so war und sie fühlte sich schuldig. Jeder wusste, was Nadine in der Vergangenheit gemacht hatte, dass sie als Nutte in Augsburg angeschafft hatte, dafür haben Max und seine Neue gesorgt. Sie haben alles getan, um Nadine das Leben in Schwabmünchen so schwer wie möglich zu machen und zum größten Teil hatten sie es auch geschafft. Was Nadine nur nicht verstand, ist, dass er Melina dafür hernahm. Es war immerhin seine Tochter, aber eben auch Nadines wunder Punkt. Wenn man sie angriff, tat man damit auch Nadine weh und das war es, was er erreichen wollte, warum auch immer. Als die beiden Frauen sich voneinander am Bahnhof verabschiedeten, sagte ihre Mutter noch mal mahnend: „Steck Deiner Tochter nicht so viel in den Hintern, das wird irgendwann nach hinten losgehen." Nadine ahnte zu dem Zeitpunkt noch nicht, wie recht sie damit haben sollte.

Ein paar Tage später hatte Nadine mal wieder Post vom Gericht, doch diesmal war es nicht einfach nur ein Mahnschreiben, nein, diesmal war es eine Vorladung, sie musste vors Gericht wegen Nichtbezahlen der Miete. Der Typ, der sie damals in die Wohnung gelassen hatte, um von Oberfranken in Augsburg Fuß zu fassen, hatte Nadine angezeigt, obwohl sie nie einen Mietvertrag erhalten hatte. Er konnte zu dem Zeitpunkt keine Miete verlangen, weil er mit seiner Exfrau im Clinch lag und keine Einnahmen haben durfte. Nun aber hat er wohl Lunte gerochen und wollte im Nachhinein noch Geld, das Nadine ja offiziell nicht hatte, also musste sie vor Gericht. Sie dachte,

was soll’s, ich kann es nicht bezahlen, also kann man auch nichts holen. Es kamen nur noch mehr Schulden zu den Schulden und wie immer ignorierte Nadine diese Situation. Sie wusste, dass sie all das, was da in dieser Truhe schlummerte, dass sie das sowieso nie im Leben auf die Reihe bekommen würde. Sie hatte ab und zu mal versucht zu zahlen, aber all das war dann immer wieder nur ein Tropfen auf den heißen Stein und am Ende resignierte sie und verdrängte die Probleme.
Der Gerichtstermin sollte Nadines Leben drastisch verändern, das wusste sie nur noch nicht.

Als der Tag kam, zog sich Nadine wie immer sorgfältig an und erschien um 9:00 Uhr als Angeklagte im Gerichtsgebäude. Da saß er, der der von ihr mehr als 9.000,- € haben wollte und Nadine ging an ihm vorbei, als würde sie ihn nicht kennen. Er war mit Anwalt da. Nadine hatte nicht das Geld und den Mut, sich einen Anwalt zu nehmen. Sie dachte, dass sie sowieso im Unrecht war und damit eine Strafe bekommen würde, oder eben diese Summe zahlen müsste.
Die Richterin sah zum Fürchten aus und der Anwalt war auch ’ne raue Sau. Nadine wurde hingestellt, als hätte sie von Anfang an geplant, die Miete nicht bezahlen zu wollen. Das stimmte nicht, dieser Typ hatte ihr nie gesagt, was er für die Wohnung haben wollte und als Nadine dann erfuhr, dass er vorhatte, einen Mietvertrag rückwirkend über 1000,- € Miete zu erstellen, hatte sie sich eben so schnell wie möglich etwas gesucht, das sie sich auch leisten konnte. Er hatte dann die Wohnung einfach gesperrt, indem er das Schloss ausgetauscht hatte. Nur war Nadine schneller und hatte alle Sachen, die wichtig waren, schon im Vorfeld mit einer Freundin und Tina abgeholt und in die damalige Wohnung gebracht. Er war sauer auf Nadine, das wusste sie, denn sie hatte ihn damals abgewiesen. Dieser hässliche geile Bock stand nachts bei ihr vor der Tür und wollte mit ihr in die Kiste. Nadine allerdings konnte

diesen Typen, der sich für unwiderstehlich hielt und der seine Frau in einer Tour schlechtmachte, nicht leiden, hatte ihn abgewiesen und als Ausrede, weil sie die Wohnung ja brauchte, gesagt, sie hätte ihre Tage. Immer wieder klingelte er nachts meist besoffen mit ’ner Flasche Wein in der Hand und als er beim letzten Mal wieder nicht zum Zug kam, hörte sie ihn an der Haustür brüllen: „Du Votze, hast doch sonst auch für viel weniger die Beine breitgemacht und jetzt machst Du sie breit, um hier wohnen zu dürfen." Das war der Hauptgrund für Nadine, die Wohnung heimlich und so schnell wie möglich zu verlassen. Nadine saß auf dem Stuhl vor der Richterin und die schien Nadine nicht leiden zu können. Nadine hatte einen trockenen Mund und zitterte am ganzen Leib.

Aber sie hielt den bohrenden Blicken stand und erzählte der Richterin, wie es wirklich war. Dieser Anwalt jedoch zog alle Register und erklärte der Anwältin, dass Nadine bis vor ein paar Jahren als Prostituierte in Augsburg gearbeitet hätte und dass man von so einer Person nicht erwarten könnte, dass alles stimmen würde, was sie erzählt und dass sein ach so toller Mandant, so unbescholten und arm war, aufgrund seiner Scheidung und dass er Nadine helfen wollte und so schamlos ausgenutzt wurde. Nadine dachte, sie höre nicht richtig, hatte aber wenig Schlagfertigkeit, um dagegen zu argumentieren. Die Richterin sagte, dass man Nadines finanziellen Leumund geprüft hätte und dass es anscheinend eine Masche von ihr sei zu kaufen und zu mieten, ohne dafür zu zahlen und dass sie sich vorbehält, Nadine des Betruges in vielen Dingen zu outen, um sie dann zu verurteilen. Bei diesem Satz wurde es Nadine das erste Mal so richtig bewusst, dass die Richterin recht hatte und sie knickte ein. Sie begann zu weinen und das erste Mal seit so vielen Jahren stand sie zu ihren Fehlern und schrie sich ihren Unmut aus der Seele. Sie erzählte der Richterin, dass sie aufgrund ihrer Vorgeschichte kaufsüchtig sei und sie versprach, die Dinge endlich auf die Reihe zu bekommen. Die Richterin

verurteilte Nadine dazu, die ausstehende Miete samt Zinsen sowie die Gerichtskosten zu tragen und entließ den Anwalt und seinen Klienten. Nadine jedoch sollte noch bleiben, die Richterin wollte Nadine noch sprechen. Als der Gerichtssaal dann bis auf die Schöffen und die Richterin geräumt war, lächelte diese das erste Mal und sagte zu Nadine: „Ich werde sie nicht wegen Betrugs anklagen und auch nicht verurteilen, ich möchte, und das meine ich als Mensch und nicht als Richterin, dass sie sich einer Psychotherapie unterziehen und dass sie eine Insolvenz beantragen. Ich bewundere sie dafür, dass sie den Ausstieg aus dem Milieu geschafft haben und ich bewundere sie dafür, dass sie einen ganz normalen Beruf ausüben und ein Kind allein erziehen. Ich sehe auch das, was hinter ihnen liegt und lass daher Gnade vor Recht walten. Ich möchte allerdings, dass sie binnen 14 Tagen beim Insolvenzgericht waren und möchte eine Überweisung sehen, die eine Psychotherapie anordnet.
Das, was hier heute passiert ist, können Sie in die Insolvenz mit einfließen lassen und nach 7 Jahren sind sie dann die knapp 100.000 € los und können zumindest finanziell noch mal ganz von vorne anfangen.“ Nadine war es schwindelig, hatte sie gerade richtig gehört? 100.000 €, sie war blass, aber nun sackte sie zusammen und blickte nur noch verloren ins Leere.
„Ich ahnte“, sagte die Richterin, „dass sie gar keine Ahnung haben, wie hoch der Berg eigentlich ist, daher war es mir wichtig, Ihnen die Augen zu öffnen. Es ist allerhöchste Eisenbahn.“ Sie kritzelte die Adresse des Insolvenzgerichts auf einen Zettel und erklärte Nadine, was sie zu tun hatte. Unter Tränen stand Nadine auf, wackelig auf den Beinen und ging zu dem Richterpult, nahm den Zettel entgegen und bedankte sich. Sie verließ wie in Trance das Gerichtsgebäude und setzte sich auf die Bank davor. Ihr ging der Satz nicht mehr aus dem Kopf. 100.000 €, alles hätte sie gedacht, aber doch niemals so viel. Sie saß da und rauchte wie benommen eine Zigarette nach der anderen.

Nadine hatte die Welt um sich herum völlig vergessen und saß nur da, um all das Passierte sacken zu lassen.
Sie war am Ende, nie im Leben hätte sie gedacht so viel Schulden zu haben, aber wenn sie ehrlich zu sich selbst war und mal genau überlegte, ja, dann läpperte sich da Einiges zusammen. Angefangen als knapp 18-Jährige, die erste Wohnung nach oder zwischen der Milieuzeit, Kredite bei diversen Banken, dann Stefano, der sie auch hin und wieder auf dem Konto mit Geld belastet hatte. Max und seine Spielsucht, mal eben 700.-DM versoffen und falsche Lederjacken für 10.000 Euro auf Nadines Konto belastet. Dann Karl-Heinz, das gemeinsame Haus, von dem sie nichts hat, weil man sie nicht ins Grundbuchamt eintragen ließ. Sie durfte zwar arbeiten und zum Lebensunterhalt beitragen, na ja, aber er hatte damit am Allerwenigsten zu tun. Nein, sie musste ehrlich bleiben, der größte Teil ist ihre eigene Schuld, denn sie hatte damals in Oberfranken auch für einen Typen, der noch nicht einmal ihr Freund war, sondern ein Bekannter, Sachen bestellt, die auch er nie gezahlt hatte, dann der Bestellrausch, als sie sich damals von Max trennte und für eine kurze Zeit bei ihren Eltern wohnte. Da hatte sie auch für knapp 10.000 DM für ihren Sohn ein Fahrrad und einen PC sowie etwas für die damalige Wohnung bestellt und nie auch nur einen Cent davon bezahlt. Im Grunde genommen hatte sie sich all die Jahre nur selbst belogen und nicht nur sich, sondern auch ihre Tochter da mit reingezogen. Siedend heiß fiel ihr auf einmal ein, scheiße Melina, sie hatte auch sie in die Schuldenfalle getrieben, sie musste irgendwie zusehen, dass sie all das irgendwie in den Griff bekam.
Sie ging nach Hause und Melina schien auch schon zu Hause gewesen zu sein. „Hallo Mama, ich bin bei Jenny und bleibe da über Nacht. Hab Dich lieb, Melina." Nadine las den Zettel und war irgendwie froh, dass Melina heute nicht da war. Es war Wochenende und Nadine setzte sich ins Auto, um für die Tage ein wenig einzukaufen.

Tina war noch auf der Arbeit und Nadine hatte sich für diesen Tag freinehmen müssen und war froh darüber.
Als sie nach dem Einkaufen nach Hause kam, packte sie das Gut in den Kühlschrank und auch drei Flaschen Wein.
Bis spät in der Nacht saß Nadine am PC und las alles zu Insolvenzverfahren im Internet. Dabei leerte sie eine ganze Flasche Wein und dann hörte sie wieder die Richterin sagen: „Wenn sie so weitermachen wie bisher, landen sie irgendwann wegen Betrugs im Gefängnis." Nadine nahm sich vor, außer mit Tina, mit niemandem darüber zu reden. Sie war beschwipst, als sie einen Entschluss fällte. Ab heute ist Schluss mit dem ganzen Desaster, ich nehme mein Leben jetzt in die Hand und bekomme das hin. Sie war völlig vom Alkohol benebelt, als sie drei große Kisten vom Dachboden holte, sich ins Wohnzimmer mit der dritten Flasche Wein auf den Boden setzte und endlich die besagte Kommode öffnete. Als sie das Chaos darin sah, wollte sie die Tür gleich wieder zumachen, aber eine Stimme in ihr sagte NEIN. Sie begann, Brief für Brief zu öffnen, ein Karton für die Insolvenz, einen anderen Karton für wichtige Unterlagen und der dritte Karton für den Müll.
Die Zahlungen, die sie für Melina hatte, legte Nadine auf einen separaten Stapel, darum wollte sie sich später kümmern. Es war helllichter Morgen, als Nadine irgendwie auf der Couch wieder aufwachte. Sie hatte die ganze Nacht Briefe sortiert und gefunden, alte Briefe ihrer Mutter, in der sie Nadine nur fertigmachte, dann Bilder von Melina, die sie für die beste Mama der Welt hielt. In dieser Nacht wurde Nadine klar, dass sie für beide Kinder keine gute Mutter war. Sicherlich hatte sie Melina mit ihrer ganzen Liebe erzogen, aber sie hatte ihr auch den größten Stein in den Weg gelegt, nämlich Schulden. Ihren Sohn hatte sie verloren, weil sie nicht in der Lage war, ihr Leben auf die Reihe zu bekommen und das war für Nadine die größte Strafe der Welt. Die Einsicht, auch bei Melina auf ganzer Linie versagt zu haben. Wenn Melina eines Tages erfahren

würde, was ihre Mutter getan hatte, dann wäre alles, was sie in den fast 16 Jahren mit ihr aufgebaut hätte, vorbei, sie würde ihre Mutter hassen, nicht nur, dass sie eine Hure war, nein, sie hatte auch Melinas Einstieg in die Erwachsenenwelt versaut, denn egal was Melina auch versuchen würde, sie hatte Schufaeinträge, an denen sie keine Schuld hatte und allein das würde ihr das Leben erschweren. Nadine hasste sich und beim Sortieren hatte sie ihrem Zorn auf sich freien Lauf gelassen. Sie weinte, schimpfte über sich selbst und irgendwann hatte der Alkohol seinen Tribut gefordert und sie schlief zwischen den Papierbergen und dem Chaos auf der Couch ein. Als sie wach wurde, sah sie, dass die Kommode leer war, der Karton mit dem Insolvenzmist war halbvoll, der mit dem Müll quoll über und die wichtigen Unterlagen waren schön sortiert.
Es klingelte an der Haustür und Tina stand mit zersausten Haaren gerade wach geworden vor der Tür. "Na", sagte sie, "wie siehst Du denn aus?"
Nadine brummte der Schädel und ihre vom Weinen dicken Augen sagten Tina, dass irgendetwas passiert sein musste. Als sie in die Küche kam und einen Blick ins Wohnzimmer werfen konnte, wurde ihr klar, hier ist etwas passiert.
Nadine machte sich und ihr einen Kaffee, dann setzten sie sich an den Tisch und Nadine begann, Tina alles zu erzählen. Vom Gericht, vom Urteil und von ihrer nächtlichen Schuldensession, nur das mit Melina verschwieg sie ihr, dafür schämte sie sich zu sehr.
Tina schaute in den Karton und lachte. „Hey“, sagte sie, „Du hast einen Anfang gemacht und den Rest schaffst Du auch. Du heftest jetzt alles ab und nimmst Dir einen Zettel, auf dem Du Gläubiger und Summe sowie das Datum notierst und am Montag fährst Du nach Augsburg und holst Dir einen Insolvenzantrag vom Gericht. Dann, wenn Du alles fertig hast, schickst Du den Ordner und den ausgefüllten Antrag ans Gericht zurück und dann hast Du Ruhe.“

„Ich fahre nachher sowieso noch mal einkaufen“, sagte Tina, „ich bringe Dir drei Ordner mit.“ Als sie wieder ging, sagte sie noch in der Tür: „Hey, ich bin stolz auf Dich, überlege doch mal, was Du in all den Jahren geschafft hast. Mensch heute bist Du knapp 46 Jahre und hast Schulden. O. k., aber jeder 4. Deutsche hat Schulden, das bringt uns nicht um, sondern macht uns nur stärker. Du hast Deine Tochter und Dein Leben doch bis hierher ganz gut gemeistert. Wenn Du das jetzt noch schaffst, dann solltest Du mit Dir endlich ins Reine kommen. Nicht alles ist Deine Schuld, wie sollst Du mit Geld umgehen können, wenn Du es nicht gelernt hast, wie sollst Du „normal“ sein, geht gar nicht bei Deinem Hintergrund. Du hast aus Deinem Leben das Beste gemacht und ganz ehrlich, jeder der mit dem Finger auf Dich zeigt, soll das erst einmal meistern.“ Damit verließ sie die Wohnung und Nadine war wieder allein mit sich selbst.
Sie rief Melina an und fragte, ob alles o. k. sei. Die lachte und sagte, ja, sie hätte mit Jenny die ganze Nacht Computer gespielt und nun sitzen sie am Frühstückstisch. Nadine war beruhigt, Jenny war zwar chaotisch und ein Jahr älter als Melina, aber auch in ihrem Elternhaus war nicht alles zum Besten. Jenny und Nadine mochten sich, sie war für Nadine schon fast ’ne zweite Tochter.
Nadine beseitigte das Chaos, brachte den Papierkarton zum Müll und wartete auf die Ordner, um alles fein säuberlich abzuheften. Bis dahin schrieb sie die Liste der offenen Forderungen und als Tina die Ordner brachte, heftete sie alles ab und stellte dann die Ordner zurück in die Truhe.

20. Kapitel
Verrat am eigenen Kind

Monate später, es war im April, bekam Nadine endlich ein Schreiben vom Insolvenzgericht. Sie war nun endlich befreit und offiziell Insolvenzinhaberin. Nadine freute sich und hatte sich angewöhnt, ihre Sachen in die Ordner abzuheften. Das Einzige, was noch so am Rande schlummerte, waren Melinas Rechnungen. Nadine nahm sich vor, sich zu kümmern, aber irgendwann ließ sie das auch wieder im Schrank schlummern. Dass diese Bombe irgendwann platzen würde, war ihr bewusst, aber sie verdrängte es und alles lief seinen gewohnten Gang.
Nadine wechselte den Job und fand Arbeit in einer Zeitarbeit, sie hatte bei dem Verlag keine Lust mehr. Nach dem großen Erfolg kam ihr alles andere, was sie tat, nur noch langweilig vor und irgendwann fühlte sie sich unterfordert und suchte sich daher etwas Neues. Sie bekam in dem Unternehmen die Geschäftskunden-Betreuung und war dafür verantwortlich, neue Kunden zu finden, die Arbeitnehmer suchten. Nadine hatte einen spannenden Job, der zum einen im Außendienst war, aber auch viel Telefonie und Organisation beinhaltete. Sie hatte Spaß und da sie nie mehr als das soziale Limit verdienen durfte, war der Job auch für sie o. k.
Nadine hatte einen Insolvenzverwalter und der ließ sie zum größten Teil in Ruhe. Immer wieder zog er Monat für Monat das ab, was er für seine Gläubiger brauchte, ansonsten hatte sie mit ihm nur wenig zu tun.
Eines Morgens auf der Arbeit wurde es Nadine megaschlecht. Sie hatte ihre Tage und irgendwie war es diesmal noch schlimmer als sonst. Es halfen keine Schmerztabletten und auch der Blutfluss war stärker als sonst.
Sie sagte ihrer Kollegin, dass sie zum Arzt ginge und dass sie am nächsten Tag dann wieder da sein würde. Nadine stieg ins Auto und fuhr zurück zu sich nach Hause, wusch sich und ging

dann zu ihrem Frauenarzt. Der machte einen Ultraschall und schaute sie besorgt an. „Sie müssen sofort ins Krankenhaus“, sagte er, „die Gebärmutter ist extrem vergrößert und auf dieser befinden sich Myome, die entfernt werden müssen.“
„Myome?“
„Ja“, sagte er, „das sind gutartige Geschwülste an der Gebärmutter, aber um wirklich sicher zu gehen, müssen wir eine genaue Untersuchung machen. Da die Regelblutung aber so stark ist und die Gebärmutter so stark vergrößert, müssen wie sie stationär aufnehmen, um eventuelle Komplikationen zu vermeiden.“ Nadine dachte, was sollte sie tun, Melina alleine zu Hause und der Hund und ihre Arbeit, ihr schwirrte der Kopf.
Sie rief Tina übers Handy an und die versprach, sich um Melina zu kümmern. Ihr Mann war ja auch noch da, sie soll sich keine Sorgen machen und ins Krankenhaus gehen, das wäre jetzt wichtiger. Nachdem das geklärt war, rief Nadine im Büro an und sagte Bescheid. Die waren natürlich erschrocken und ihre Kollegin versprach, sie, sobald sie konnte, zu besuchen.

Nadine hatte wahnsinnige Schmerzen und ihr ging es zunehmend schlechter. Man schickte sie von Untersuchung zu Untersuchung und dann kam die Hiobsbotschaft: Zum einem hatte sie Myome und auch zwei kleine Tumore im Gebärmutterhals. Der Arzt riet ihr, sich die Gebärmutter wie auch den Gebärmutterhals entfernen zu lassen. Es wäre Krebs im Anfangsstadium und man könnte hier noch alles zum Guten wenden. Nadine stimmte dem zu, zum einem blieb ihr sowieso keine andere Wahl und zum anderen wäre sie dann endlich die lästigen monatlichen Regelschmerzen los. Sie hoffte nur, dass die Tumore noch nicht gestreut hatten und dass sie nach der OP keine Chemo haben müsste.
Die OP verlief komplikationslos und als sie aus der Narkose erwachte, sagte man ihr, dass alles gut verlaufen sei. Nadine hatte keine weiteren Probleme zu erwarten. Man hatte Gewe-

beproben und Blutwerte ins Labor gegeben und sie müsste nun von Mittwoch bis Freitag warten, um dann den weiteren Verlauf zu koordinieren. Das waren für Nadine die schlimmsten drei Tage, die sie vor sich hatte. Sie hatte Angst, dass sich doch irgendwie die Tumore woanders verbreitet hatten, wenn das so wäre, dann hätte sie einen riesigen Marathon vor sich. Die drei Tage waren die Hölle und das Schlimmste an der ganzen Sache war, dass Melina nicht einmal im Krankenhaus vorbeikam. Dabei waren es nur ein paar Minuten von Nadines Zuhause entfernt. Sie versuchte, ihre Tochter zu erreichen, aber immer nur die Mailbox. Nadine brauchte Sachen von zu Hause, frische Schlüpfer und Nachtwäsche, aber sie erreichte niemand und so machte sie sich frisch operiert selber auf den Weg. Sie verließ heimlich das Krankenhaus, setzte sich ins Auto und fuhr schnell nach Hause, um ein paar Klamotten zu holen.
Als sie die Wohnung betrat, traf es sie wie ein Schlag. Es sah aus, als hätte eine Bombe eingeschlagen, der Hund schien tagelang nicht draußen gewesen zu sein. Überall lagen Kot und Urin, in der Küche stapelte sich das dreckige Geschirr und in Melinas Zimmer sah es katastrophal aus. Nadine putzte erst einmal alles und ging mit dem Hund raus. Dann schrieb sie einen Brief und platzierte den auf den Küchentisch. Sie war wütend und enttäuscht zugleich. Melina hatte seit Kurzem einen Freund, sie hatte ihn im Februar kennengelernt, der zweite Mann in ihrem Leben. Marcus hieß er, ein netter Kerl aus einer ganz normalen, gutbürgerlichen Familie. Nach der ersten Liebe und einer großen Enttäuschung war er endlich einer, der Melina ein wenig Halt gab. Sie mochte ihn, er lernte im dritten Lehrjahr gerade Reisekaufmann und Melina stand kurz vor ihrem Hauptschulabschluss. Sie hatte sich aber sehr zum Negativem verändert. Mutter und Tochter stritten sehr viel und Melina wurde immer mehr zum kleinen Tyrann. Die Prophezeiung ihrer Mutter schien sich zu erfüllen. Melina hatte keinen Respekt mehr vor ihrer Mutter und aus dem süßen Mädchen wur-

de, wie immer in der Pubertät, eine Zicke ohne Ende. Das hier aber war mal wieder die Krönung. Nadine kochte vor Wut, als sie wieder zurück ins Krankenhaus fuhr.

Sie war frisch operiert und musste einen Tag nach der OP schon wieder rumturnen, nur weil ihre 16-jährige Tochter nicht imstande war, für ein paar Tage das Haus bzw. die Wohnung zu hüten. Das tat weh. Hinzu kam, dass Melina sich so gar keine Sorgen zu machen schien und dass es ihr anscheinend völlig egal war, wie es ihrer Mutter ging. Sie hatte die Schule geschmissen, das war ein paar Monate vor der OP ans Licht gekommen. Nadine musste zur Schule, weil sich ihre Tochter völlig daneben benahm. Und man hatte Melina nahegelegt, ein Praktikum zu machen. Das tat sie dann auch, erst als Friseurin, da hatte man ihr gleich am ersten Tag 'nen scheiß Haarschnitt verpasst und dann nach einer Woche kam sie nach einer Berufsberatung in der Schule auf die Idee, als Altenpflegerin zu arbeiten. Hauptschulabschluss war da aber die Voraussetzung, also ging sie zum einen ins Praktikum und zum anderen machte sie 2 x in der Woche nebenbei ihren Hauptschulabschluss im Schnellverfahren. Sie steckte also auch mitten im Stress, dafür hatte Nadine auch Verständnis, aber sie arbeitete auch, zog nebenbei ein Kind groß und schmiss den Haushalt, da sind doch ein paar Tage nicht zu viel verlangt. Ihr Freund hatte ein Auto und kümmerte sich darum, dass sie zur Schule kam und das Praktikum erreichte Melina mit dem Bus. Nadine verstand Melina nicht mehr. Am Nachmittag, Nadine war völlig fertig von dem Ausflug nach Hause, stand Melina plötzlich im Krankenzimmer. Sie hatte Blumen dabei und setzte sich an Nadines Bett. „Mama“, sagte sie leise, „es tut mir leid, aber ich hatte auch viel um die Ohren und habe jetzt eine Überraschung für Dich. Ich habe meinen Abschluss in der Tasche und den Ausbildungsvertrag für das Pflegeheim.“ Sie wedelte mit dem Vertrag und grinste über beide Ohren. Nadine vergaß den Groll auf ihr Mädchen, denn sie war mächtig stolz auf sie. „Mann“, sagte

Nadine, „das ist ja mal seit Langem die beste Nachricht. Du musst ihn unterschreiben.“ Sie wechselte also somit nach Augsburg und hatte da all das, was sie brauchte, um den Beruf, den sie so liebte, erlernen zu können. Ihre Tochter hatte Pläne und Nadine war sehr glücklich, dass diese kleine Rebellin endlich wieder auf den Weg der Normalität zurückkam. Da hatte der neue Freund auch eine Menge mit zu tun. Er lebte ihr vor, dass das Leben nicht nur aus Party und Freunden bestand, er zeigte ihr, dass man erst etwas geben muss, um später dann auch zu ernten. Nadine war glücklich. Was war eine schmutzige Wohnung schon gegen einen Lehrvertrag und einen tollen Einstieg ins Erwachsenwerden. Ja, sie hatte alles richtig gemacht, was Melina anbetraf, sicherlich war sie nicht die Mutter, die sie hätte sein sollen und hatte Melina oft viel zugemutet, aber sie hatte Melina geliebt und ihr mit ganzem Herzen versucht zu zeigen, das Melina Nadine den Halt gab, um auch selber in ein normales Leben zu finden. Die Insolvenz und auch die Arbeit, Nadine versuchte es richtig zu machen.
Melina versprach ihrer Mutter, sich nun wirklich um alles zu kümmern. In diesem Moment kam der Arzt von Nadine und erklärte ihr, dass zwei von den entnommenen Tumoren wirklich bösartig seien, die hatte man aber Gott sei Dank noch im Anfangsstadium erwischt und konnte sie entfernen. Die Myome wiesen keine weiteren Auffälligkeiten auf und somit musste Nadine für die nächsten zwei Jahre mit Tabletten vorbeugend dafür sorgen, dass keine weiteren Krebszellen in ihrem Körper keimen konnten. Nadine war überglücklich, keine Chemo und auch keine Glatze. Melina war kreidebleich, als sie das hörte. "Du hattest Krebs?", schaute sie ihre Mutter ungläubig an. "Ja", sagte Nadine, "aber eben nur ganz kleine Tumörchen, die nicht gestreut haben. Zumindest hatte man nach dem Entfernen der Tumore keine Krebsmarker im Blut gefunden.“ Nadine musste dem Arzt versprechen, alle drei Monate zur Blutuntersuchung zu kommen und wenn dann auch da nichts mehr zu finden ist,

hatte sie mordsmäßiges Glück gehabt und ist an einer schlimmeren Geschichte knapp vorbeigeschlittert.
Melina nahm ihre Mutter in den Arm und sagte den Satz, der sie in all den Jahren immer wieder zusammengeschweißt hatte: „Gemeinsam sind wir stark!" Sie blieb noch eine Weile und als sie sah, dass ihre Mutter eingeschlafen war, verließ sie leise das Zimmer.

Nach dem Krankenhausaufenthalt war Nadine noch zwei Wochen zu Hause und hatte somit auch ein bisschen Zeit für sich, aber irgendwie spielte ihr Körper nach der OP völlig verrückt. Sie musste oft weinen und war immer wieder traurig und mies drauf. Dadurch stritt sie auch viel mit ihrer Tochter und es sollte noch schlimmer kommen. Eines Tages, Nadine holte Melina von ihrer Arbeit ab, saßen die beiden Frauen im Auto und Melina stellte ihr eine komische Frage. Sie erzählte ihr, wie eine Mutter auf den Namen ihres Kindes Schulden gemacht hat und der Sohn seine Mutter verklagt hatte. Sie fragte ihre Mutter so ganz nebenbei, wie sie solche Aktionen findet. Nadine begriff nicht, denn sie hatte Melinas Rechnungen so gar nicht auf dem Schirm und sagte nur leise, dass sie den Jungen verstehen konnte. Durch die Stimmung, die Nadine nach der Entfernung der Gebärmutter hatte, war sie oft mit ihren Gedanken ganz woanders und nahm das Gespräch mit Melina nur halb wahr.
Sie kamen zu Hause an und Melina verschwand sofort in ihr Zimmer. Nadine saß wie immer phlegmatisch und niedergeschlagen auf der Couch. Sie hörte, wie Melina sagte, ich gehe kurz zu Tina nach oben und Nadine, die immer noch nichts ahnte, nickte und ließ sie ziehen. Nach einer kurzen Zeit klingelte es an der Tür und Melinas Freund stand draußen, Nadine sagte ihm, dass Melina oben bei Tina war, auch er stampfte nach oben und ließ Nadine alleine zurück.
Es war früher Abend, Nadine war auf der Couch eingeschlafen, als sie plötzlich von Melina geweckt wurde. Da standen plötz-

lich Tina, Melinas Freund und Melina in der Tür mit einem sehr ernsten Gesichtsausdruck.
Melina legte Nadine ein paar Briefe auf den Tisch und bat Nadine, sich das anzuschauen und es ihr zu erklären und als Nadine erkannte, was es war, wurde ihr schlecht.
Melina hatte wohl in der Abwesenheit in Nadines Unterlagen gestöbert und eben die Mahnungen und Briefe vom Gericht für nicht bezahlte Rechnungen gefunden. Nadine saß nur da und wusste nicht, wie sie es ihr erklären sollte. Sie begann zu weinen, wie so oft in den letzten Wochen. Melina allerdings war stinksauer und schrie ihre Mutter an: "Du hast mich all die Jahre belogen, Du hast mich ausgenutzt und das hier, sie zeigte auf die Briefe, ist das Schlimmste, was eine Mutter ihrem Kind antun kann." Damit drehte sie sich um, ging in ihr Zimmer, packte ein paar Sachen zusammen und verschwand mit Markus aus der Tür. Nur noch Tina blieb und sah Nadine vorwurfsvoll an. „Wie konntest Du? Du hättest doch wissen müssen, wie sich das anfühlt, denn Deine Eltern haben doch das Gleiche mit Dir gemacht.
Nadine saß nur da und sie wusste, hier hatte sie nun das, wovor sie sich all die Jahre gefürchtet hatte und da sie sich darum nie gekümmert hatte, bekam sie nun die volle Ladung vor die Füße geknallt.
Ihre Tochter war zurecht sauer, enttäuscht und bitterböse und Nadine hatte nicht ein Argument, um sich für diesen miesen Fehler zu rechtfertigen, denn es gab nichts, was so ein Vergehen hätte rechtfertigen können.
Auch Tina war von ihrer Freundin enttäuscht und gab Nadine nur den Rat, sich um diese Angelegenheit schnellstens zu kümmern. Denn wenn Melina durchdreht und ihre Mutter wegen Betrugs anzeigt, dann würde Nadines Insolvenz mit einem Bombenschlag platzen und sie würde nie wieder auf die Füße kommen.
Nadine war es schlecht und der Gemütszustand verschlimmerte

die ganze Situation noch mehr. Sie hatte Wahnvorstellungen und dachte Tina und auch Melina sowie Melinas Freund hätten sich gegen sie verschworen.
Nadine wollte nicht mehr, sie hatte ihr geliebtes Kind dermaßen enttäuscht und nun stand sie vor den Scherben der letzten 17 Jahre. Sie hatte gekämpft und versucht, alles zu geben, aber ihre Probleme und die Sucht, einzukaufen, die hatte sie nie beachtetet und nun holte sie die Realität ganz bitterböse auf den Boden der Tatsachen zurück und sie, sie war am Boden, nein noch tiefer, sie fiel in ein großes schwarzes Loch.

Nadine lag im Bett und hatte zwei Flaschen Wein intus, sie hatte im Internet recherchiert, wie man einen Knoten machen konnte, um sicher in den Tod zu gehen, sie lag im Bett und malte sich aus, dass sie sich umbringen würde. Was hatte sie denn noch für Perspektiven? Melina hatte sie verlassen und wollte mit ihrer Mutter nichts mehr zu tun haben und Nadine war durch die Medikamente und auch durch die OP und die Probleme in eine tiefe Depression gefallen. Sie setzte sich eines Abends hin und schrieb alle 5 Gläubiger an und erklärte denen die Situation, sie bat um Ratenzahlung, dann schrieb sie 5 Briefe, einen an Melina, einen an ihren Sohn, einen ans Insolvenzgericht, einen an den Insolvenzverwalter und einen an ihre Mutter.
Sie schrieb diese Briefe mit dem Wissen, sich umzubringen und leerte ihre Seele, sie schrieb all das, was sie in all den Jahren geschluckt hatte und erklärte, warum und wieso sie so war, wie sie war. Jeder Brief bekam einen Umschlag und diese kamen in Nadines Tagebuch. Dann rief sie ihre Schwägerin an, zu der hatte sie immer wieder einen guten Draht, sie war die Frau ihres jüngeren Bruders und Nadine mochte sie sehr.
Nadine war betrunken und Birgit merkte sofort, dass etwas nicht stimmte. Sie spürte die Verzweiflung in Nadines Stimme. Es war spät in der Nacht, aber Birgit hörte geduldig zu. Nadine

erzählte ihr, was passiert war und auch von der OP und ihrem Gemütszustand. Sie erzählte ihr auch, dass sie nicht mehr leben wollte und dass sie den Entschluss gefasst hatte, ihrem chaotischen Leben ein Ende zu setzen. Als Birgit das hörte, schrie sie Nadine an und sagte, dass sie sich ins Auto setzen und zu ihr kommen sollte. Hier könnte sie erst einmal abschalten und klare Gedanken fassen. Nadine sagte, dass sie nicht könnte, schließlich hatte sie zwei Flaschen Wein intus. Birgit ließ nicht locker und dann rang sie Nadine das Versprechen ab, dass sie am nächsten Morgen nach Plauen fahren würde, um endlich ein bisschen abzuschalten. Dann riet ihr die Schwägerin noch, zum Frauenarzt zu gehen, denn sie nahm an, dass diese Depression von fehlenden Hormonen kommen könnte und dass damit eben auch die Sichtweise verschwommen wäre. Depressionen sind grausam, man findet den Weg aus Vorstellung und Realität nicht und man hat das Gefühl, vollkommen neben sich zu stehen.

Am nächsten Morgen war Nadines erster Blick ins Kinderzimmer. Melina war immer noch nicht da und ihr Handy war abgeschaltet. Traurig saß Nadine auf Melinas Bett und vermisste sie sehr. Sie wusste nicht, wie lange sie diese Situation noch aushalten würde, denn der Entzug von Liebe und Nähe ihres Kindes war für Nadine das Schlimmste. Sicherlich war sie selber schuld an der Situation und Melina hatte das Recht, von ihrer Mutter zutiefst enttäuscht zu sein. Nadine sah in ihrem Leben keinen Sinn mehr und immer mehr wollte sie, dass es endlich vorbei war. Sie zog sich an und wollte wenigstens zum Frauenarzt gehen, vielleicht hatte er einen Rat, wie sie aus diesem verdammten Loch wieder rauskam.
Sie war blass, hatte seit Tagen nicht mehr richtig geschlafen und gegessen auch nicht, sie zitterte am ganzen Körper und der Alkohol der letzten Tage machte sich auch bemerkbar.
Sie hatte schon viel erlebt und es gab oft Situationen, in den sie

sich mies gefühlt hatte, das hier allerdings empfand sie in diesem Moment schlimmer als jeden Entzug und jeden Verlust einer ach so schön geglaubten Liebe.
Als Nadines Frauenarzt sie im Warteraum sah, fackelte er nicht lange und nahm sie mit in seinen Gesprächsraum. Er sah ihr an, dass es ihr wirklich schlecht ging. "Was ist los?", wollte er wissen und als Nadine bei dieser Frage in Tränen ausbrach, ahnte dieser schon, was hier im Busch war. „Sagen Sie mal", sagte er erstaunt, „hat man Ihnen nach der Entfernung ihrer Gebärmutter keine Hormone verschrieben?" Nadine schüttelte nur den Kopf und er fluchte leise. „Sie wissen schon, dass sie hier aufgrund fehlender Hormone so durcheinander sind oder?"
„Nein", sagte Nadine und schob ihren Seelenzustand auf das Drama mit ihrer Tochter. Der Arzt untersuchte Nadine noch mal und verschrieb ihr dann Pflaster, die sie alle drei Tage wechseln sollte.
Nadine fuhr wieder nach Hause und packte ein paar Sachen zusammen. Sie rief Tina an und sagte ihr, dass sie für ein paar Tage weg wollte, sagte aber nicht, wohin. Melina schien kurz zu Hause gewesen zu sein, denn ihr Kleiderschrank war leergeräumt und die Ordner in ihrem Regal waren auch weg. Nadine wusste, das hier wird nie wieder so werden, wie es war.

Sie hatte noch eine Woche Urlaub und die wollte sie mit Menschen verbringen, die sie nicht verurteilten, sie wollte keine vorwurfsvollen Blicke mehr in ihrem Rücken spüren und einfach wieder zu sich finden. Also nahm sie ihre Sachen, den Hund und packte alles sorgfältig ins Auto. Ihre Tankkarte, die sie auch privat nutzen konnte, ermöglichten ihr einen kleinen Ausflug. Geld hatte sie auch noch auf dem Konto, also stand dem Kurztrip nichts im Wege.
Als sie gerade ins Auto einsteigen wollte, stand plötzlich Melina hinter ihr. Mit einem Blick, der nicht kälter hätte sein können, fragte sie: „Nadine, wo willst Du hin?" Als Nadine sich

umdrehte und ins Auto stieg, ohne Melina auch nur eines Blickes zu würdigen, kurbelte sie das Fenster runter und sagte: „Noch bin ich für Dich nicht Nadine, sondern Deine Mutter." Melina lachte hämisch und sagte: "Mutter? Welche Mutter tut das ihrem Kind an. Mein Vater hatte recht, Du bist eine Hure und wirst immer eine bleiben. Für mich bist Du gestorben.“ Nadine wäre in diesem Fall normalerweise aus dem Auto gesprungen und hätte Melina eine saftige Ohrfeige verpasst, aber sie hatte nicht mehr die Kraft, sich auf so einen Kampf einzulassen, zumal Melina fast 17 war und sie immer versucht hatte, sich mit Schlägen zu zügeln. Melina hatte in ihrem Leben zweimal von ihrer Mutter einen Arschvoll bekommen. Einmal als sie als 7-Jährige nach der Schule nicht nach Hause kam und Nadine sie mehr als 7 Stunden im ganzen Ort gesucht hatte. Damals war gerade ein kleines Mädchen verschwunden, das fast genauso aussah wie Melina und auch so alt war wie sie, und Nadine hatte an diesem Tag mehr als nur Panik. Melina könnte das Gleiche erlebt haben. Als sie dann aber quietschvergnügt am Abend plötzlich vor der Haustür saß, hatte Melina das erste Mal Nadine zur Weisglut gebracht und Nadine hatte ihr dann den Hintern versohlt. Beim zweiten Mal hatte Melina in der Wohnung zuvor Ballerinas der Nachbarin gestohlen und dreist behauptet, sie wäre das nicht gewesen. Nadine hatte Melina mehrmals gefragt und immer wieder sagte sie, dass sie es nicht gewesen sei. Zwei Tage später hatte Nadine dann die besagten Schuhe in Melinas Schrank gefunden und dass Nadine sich mit dieser Nachbarin angelegt hatte und sie auf Übelste beschimpfte, um dann festzustellen, dass sie selbst im Unrecht war. Das hatte Nadine dermaßen geärgert, dass sie Melina dafür auch geschlagen hatte. Nadine tat es danach jedes Mal weh, weil sie wusste, dass das nicht der Weg war, aber Melina hatte so gut wie gar keinen Grund zu stehlen und dieses Lügen hatte Nadine dick, denn sonst waren beide immer ehrlich zueinander. Heute aber wollte sie nicht mehr mit Melina streiten und wollte auch nicht auf ihr geliebtes Kind losgehen, deshalb tat sie so, als hätte sie dieses Messer, das Melina ihr entgegenwarf, gar nicht getroffen, sondern lächelte genauso eiskalt zurück und sagte: „Mein liebes Kind, wenn du das so siehst, dann geh doch zu Deinem Vater, der Dich all die Jahre hat hängen lassen." Sie startete den Motor und ließ Melina stehen. Die ganze Fahrt weinte Nadine und die Worte ihrer Tochter hallten die ganze Zeit in ihren Ohren. Das kleine Mädchen, ihr ein und alles, und nun hatte sie alles, was sie in den 17 Jahren geschaffen hatte, zerstört. Sie hatte wegen knapp 2000.- € die Liebe ihres Kindes verloren und das war hart.

Die Fahrt nach Plauen zog sich und Nadine machte Rast, damit der Hund wenigstens ab und zu frische Luft bekam. Am späten Abend war Nadine dann endlich da. Birgit machte ihr auf und nahm sie in den Arm. "Mein Gott", sagte sie, "wie siehst Du denn aus?"

Nadine war froh, bei ihr zu sein und froh, endlich eine bisschen Ruhe zu bekommen. Birgit hatte etwas zu essen gemacht und beide Frauen saßen in der Küche und Nadine erzählte Birgit, was passiert war.

Die schüttelte nur den Kopf und sagte: „O. k., das mit den Rechnungen und dem Nichtbezahlen ist das eine, das war scheiße, aber Melina hat dennoch kein Recht, dich so zu beschimpfen. Ich weiß wie sehr du Dich darum bemüht hast, dass es Dir und Deinem Kind gut geht und so was hat niemand verdient. Sicherlich der Verrat an Deinem Kind ist jetzt wirklich heftig, aber wenn Du dafür sorgst, dass Du das abbezahlst, dann sollte Melina auch wieder kreditwürdig sein."

Nadine saß da wie ein Häufchen Elend und ihre Schwägerin hatte Nadine noch nie so gesehen. Sie sah ihr an, dass sie am Ende war. All die Jahre hatte sie gekämpft, hatte die Ehe mit Karl-Heinz beendet, weil sie Melina nicht mit einem Alkoholiker aufwachsen lassen wollte. Dann hatte sie jahrelang hart

gearbeitet, um sich wenigstens ein bisschen über Wasser halten zu können. Das Zuhause der beiden war stets sauber und gemütlich und Birgit hatte Nadine immer für ihren Kampfgeist und Lebenswillen bewundert. Sie wusste von ihrem Mann, Nadines Bruder, was für ein Elternhaus sie hatten und umso mehr sah sie in Nadine diejenige, die es von allen immer irgendwie gemeistert hatte. Ihre Tochter war für Nadine alles. Sie hatte sie immer verwöhnt, ihr alles versucht zu ermöglichen, aber Melina wuchs zu einer kleinen Prinzessin heran und jeder wusste, eines Tages würde Nadine mit dieser Überliebe noch schwer zu kämpfen haben.
Birgit war immer ehrlich zu Nadine und auch diesmal hielt sie mit der Kritik nicht hinterm Berg, aber sie machte ihr auch gleichzeitig Mut und sagte ihr, was sie nun tun sollte. Als Erstes nahm Birgit Nadine das Rezept für die Hormonpflaster ab und wollte diese gleich in der Früh von der Apotheke abholen. Dann sollte Nadine erst mal ein Bad nehmen. In der Zeit bezog Birgit das Bett und gab Nadine danach eine Schlaftablette. Sie sagte: "Du schläfst Dich jetzt erst einmal aus und morgen sehen wir dann weiter."

Am nächsten Morgen, nein, es war schon fast Mittag erwachte Nadine nach einem sehr unruhigen Schlaf und schon waren die negativen Gedanken bei Melina. Sie hatte kaum die Augen offen, da drehte sich ihre Welt auch schon wieder rückwärts. Birgit sah das und sagte: „Hier“, sie legte das Päckchen mit den Pflastern auf den Tisch, „du verschwindest jetzt ins Bad und klebst dir so ein Ding auf die Pobacke, das sollst du die nächsten Tage 24 Stunden wechseln, also jetzt eins und das andere dann morgen Abend. Hier habe ich dir noch einen Tee mitgebracht, der speziell für Menostress ist.“ Sie stellte Nadine die dampfende Tasse hin und sagte: "Los trinke, ich will heute nicht eine Träne sehen und noch was, wo sind die Briefe?" Nadine kramte in ihrer Handtasche und übergab Birgit die Ab-

schiedsbriefe, die nahm sie an sich und versprach, sie aufzuheben und sie niemandem zu zeigen. Die Briefe für die gewünschten Ratenzahlungen steckte sie in ihre Tasche und brachte sie am nächsten Tag zur Post.
Nadine rief ihre beste Freundin an, die nicht unweit von Plauen in Hof wohnte, sie wollte sich mit ihr treffen. Sabine versprach, am nächsten Tag zu kommen.
Es war herrliches Wetter und Nadine nahm sich den Hund und ging stundenlang spazieren. Sie ließ ihren Gedanken freien Lauf und von Tag zu Tag spürte sie, dass diese schwarzen Gedanken verblassten und immer mehr Kraft in ihr aufstieg. Sabine, ihre Freundin, hatte Nadine fast nicht erkannt. So niedergeschlagen und traurig hatte sie sie noch nie gesehen. Sie bekam einen kräftigen Schreck und sie bestärkte sie, endlich auch für diesen Scheiß, den sie gebaut hatte, geradezustehen und sich mit den Gläubigern zu einigen.
Da Nadine nun schon in der Nähe war, beschloss sie, die letzten zwei Tage bei ihrer Mutter vorbeizuschauen.
Die fünf Tage bei Birgit taten gut, ob es nun an den Hormonen lag oder nicht. Nadine hatte Kraft schöpfen können und bei den langen Spaziergängen einen Entschluss gefasst. Sie wollte nicht mehr lügen und wollte endlich nach vorne schauen. O. k., Melina war böse auf sie, aber Nadine hoffte, dass sie die Möglichkeit bekam, mit ihr zu reden. Sie fuhr zu ihrer Mutter und die, die freute sich sehr über Nadines Überraschungsbesuch. Sie sah, dass es Nadine nicht gut ging und als sie erfuhr, was passiert war, sagte sie nur: „Ich habe dir schon immer gesagt, dass Du Melina zu sehr verzogen hast. Aber das wird schon wieder, die muss sich jetzt erst einmal abregen und dann kommt sie von ganz alleine."
„Dein Wort in Gottes Ohr", sagte Nadine. Sie war immer noch in einem ziemlichen Tief, zwar half das Pflaster, aber Nadine fühlte sich müde und ausgelaugt. Sie hatte jeden Morgen das Gefühl, zentnerschwere Lasten auf den Schultern zu tragen und

jede Bewegung und jeder Schritt fühlte sich an, als hätte sie einen schweren Marathon hinter sich. Sie blieb eine Nacht bei ihrer Mutter und dann musste sie sich auch schon wieder auf den Weg machen, denn sie musste ja schließlich wieder arbeiten.
Auf dem Weg nach Augsburg hatte Nadine ein ganz mulmiges Gefühl. Irgendwie wusste sie, dass, wenn sie nach Hause kam, da der Terror wieder von vorne beginnen würde. Aber als sie die Haustür aufschloss und die Wohnung betrat, war niemand da. Gott sei Dank, dachte Nadine und beschloss, in die Wanne zu gehen. Als sie das Badewasser einlaufen ließ, wurde ihr schwindelig und sie klappte vor der Wanne zusammen. Wieder dieses Gefühl von Ruhe übermannte sie und sie ließ sich treiben. Es war alles so still und so leicht, hier wäre sie so gern geblieben, fernab von den ganzen Problemen ihrer Welt.

Als Nadine erwachte, lag sie immer noch im Bad auf dem kalten Fliesenboden. Der Hund lag neben ihr und versuchte, sie mit seiner Nase wachzustupsen. Nadine stand auf und sah, dass sie am Kopf eine ziemliche Beule hatte. Sie musste sich beim Sturz auf den Boden angeschlagen haben.
Was war los mit ihr? Irgendwie fühlte sie, dass irgendetwas nicht stimmte. Sie schaute auf die Uhr, es war spät, sollte sie ins Krankenhaus fahren? Sie hatte heftige Rückenschmerzen und der Kopf tat ihr auch weh. Nein, ich gehe ins Bett und fahre morgen früh zum Arzt, dachte sie.
Sie nahm eine Schmerztablette und legte sich ins Bett. Sie schlief unruhig und wachte nachts immer wieder schweißgebadet auf. Am Morgen war sie wie gerädert. Sie hätte eigentlich arbeiten müssen, fühlte sich aber matt und leer und als sie aufstehen wollte, sah sie das ganze Blut im Bett. Irgendwas stimmt nicht, dachte sie und sie eilte zum Telefon und rief Tina an, sie hoffte, dass sie zu Hause war. Es dauerte einen Moment und dann ging sie ran. "Tina komm und hilf mir", und wieder

wurde es Nadine schwindelig, danach wieder Totenstille.
Nadine erwachte im Krankenhaus, sie lag am Tropf und hatte fürchterliche Kopfschmerzen. Sie war alleine im Zimmer und wieder dieses bekannte Piepen. Was war passiert? Langsam kamen die Erinnerungen zurück und dann kam auch schon eine Schwester ins Zimmer. "Wie geht es Ihnen?", wollte sie wissen. "Ich habe höllische Kopfschmerzen." Die Schwester lächelte. „Ja, sie haben sich eine leichte Gehirnerschütterung zugezogen. Ihre Freundin hat sie im Schlafzimmer gefunden und sie haben ihr einen gehörigen Schreck eingejagt.“ Da fiel Nadine wieder das viele Blut ein. "Was ist mit mir?", wollte Nadine wissen und die Schwester sagte: „Sie hatten eine Zyste am Eierstock, die ist geplatzt und deshalb das Blut, wir haben sie operiert und die Zyste entfernt. Hinzu kam, dass Ihr Blutdruck dermaßen im Keller war. Ihre Freundin hat dem Arzt erzählt, dass Sie in den letzten Wochen viel durchgemacht haben, dann vor ein paar Wochen die schwere OP. Sie haben sich zu viel zugemutet und brauchen dringend Ruhe. Nachher schaut ein Arzt bei Ihnen vorbei und erklärt Ihnen die Einzelheiten.“
Die Schwester verließ das Zimmer und Tina kam herein. "Seit wann warst Du wieder zu Hause?", wollte sie wissen. „Ich bin am Sonntagabend nach Hause gekommen und wollte eigentlich baden, aber da bin ich schon mal im Bad umgekippt und vom Hund geweckt worden. Dann bin ich gleich ins Bett und heute Morgen wollte ich in die Arbeit.“
„Heute Morgen“, sagte Tina schmunzelnd, „du meinst gestern Morgen.“
„Wie?“, fragte Nadine, „ich bin schon seit gestern hier?“
„Ja, ich habe dich gestern früh im Schlafzimmer gefunden. Sie haben dich sogar mit Blaulicht und Sirene ins Krankenhaus gefahren und dann gleich operiert. Der Arzt will auch gleich zu Dir kommen.“
Nadine brannte eine Frage auf der Seele: „Hast Du Melina ge-

sehen?“
„Ja“, sagte sie, „der geht es gut, sie ist bei Markus zu Hause und macht ihren Job.“
„Hat sie noch was gesagt?“, wollte Nadine wissen. Tina schüttelte den Kopf. „Nein, lass sie erst einmal in Ruhe, sie wird sich schon wieder einkriegen. Hast Du Dich um die Angelegenheit gekümmert?“
„Ja“, sagte Nadine, „ich habe alle Gläubiger angeschrieben und um Ratenzahlung gebeten.“
„O. k.“, sagte Tina, „das ist gut und Du, Du musst jetzt zur Ruhe kommen, sonst bringst Du Dich um und damit ist niemandem geholfen. Ich habe Dich auf der Arbeit krank gemeldet und Deinem Chef erklärt, dass es Komplikationen nach der OP gab und Du noch einmal notoperiert werden musstest.“
Tina sah ihre Freundin an und hatte Mitleid mit ihr. Ja, sie hatte Mist gebaut, aber als sie Nadine da so liegen sah, wusste sie, dass es dieser Frau dort mehr als nur schlecht geht und sie hatte wirklich Angst, sie zu verlieren.
„Ich verspreche Dir jetzt etwas“, sagte Tina, „ich werde, egal was kommt, zu Dir stehen und versuchen, noch mal mit Melina zu reden. Vielleicht finden wir ja einen Weg, dass man das ganze Dilemma aus den Weg räumen kann. Werde Du jetzt erst einmal gesund und dann sehen wir weiter.“ Sie streichelte Nadines Gesicht und verließ den Raum.
Nadine musste wieder eingeschlafen sein, doch irgendwas hörte sie und schrak hoch. Da stand der Arzt vor ihr. „Schön, dass sie wach sind“, sagte er freundlich.
Er erklärte ihr, was passiert war und fragte Nadine, ob sie in den letzten Wochen Stress hatte. Nadine drehte den Kopf beiseite, er sollte ihre Tränen nicht sehen, aber er verstand auch ohne Worte. Ihr Körper ist nicht nur geschwächt, sie haben Depressionen und dazu leiden sie momentan auch noch an einem erheblichen Erschöpfungszustand. Ich möchte sie bitten, sich mit einem Psychologen zu unterhalten. Er kommt morgen

nach der Visite bei Ihnen vorbei und dann sehen wir weiter. Heute Nacht bekommen sie noch Schmerzmittel, die sie zusätzlich auch schlafen lassen und morgen sehen wir uns dann wieder." Damit verließ er das Zimmer.
Nadine wusste nicht, was sie damit anfangen sollte, aber sie spürte, dass er recht hatte.

Nadine begann eine Therapie und kam nach dem ganzen Desaster auch wieder auf die Beine. Sie brauchte ein paar Monate, um wieder stark für den normalen Alltag zu werden. Ihr Chef wusste nichts davon, er ging davon aus, dass sie wegen der Krebs-OP und den damit verbundenen Spätfolgen noch mal krank war und zeigte Verständnis.
Nach drei Monaten schwerer Depressionen fand Nadine auch im Berufsleben ihre Erfüllung wieder und hatte endlich mal wieder Spaß an der Arbeit.
Mit Melina fand sie keinen Weg. Tina hatte wohl mit ihr gesprochen und so kam es, dass Melina Nadine soweit in Ruhe ließ. Sie war kaum noch zu Hause und wenn man sich sah, dann meist nur kurz und knapp. Sie schlief die meiste Zeit bei ihrem Freund und die Ausbildung machte es den beiden Frauen leicht, sich nicht mehr allzu oft zu begegnen.
Nadine begann mit den Ratenzahlungen und bekam so auch wieder Einiges in ihrem Leben gebacken und endlich hatte sie das Gefühl, innerlichen Ballast abgelegt zu haben. Sie kümmerte sich auf Anraten des Psychologen nun sehr viel um sich. Sie begann zu schreiben und versuchte, das Erlebte in Worte zu fassen. Der Psychologe sagte, das wäre die beste Art, mit ihrer Vergangenheit abzuschließen. Sie pflegte den Kontakt zu ihrer Mutter und sie telefonierten fast jeden Abend. Ihre Mutter war ihr in der schweren Zeit ein guter Ratgeber und Nadine fand endlich wieder zu ihrer alten Stärke zurück. Sie hatte es geschafft, endlich Ordnung in ihr Leben zu bringen. Diese Aufräumaktion hatte Bruchstücke hinterlassen, aber damit musste

Nadine nun selber klarkommen, denn schließlich waren es ihre Fehler und sie hoffte selbst, daraus nun gelernt zu haben.

Das Weihnachtsfest war das traurigste, das Nadine seit Langem erlebt hatte und die Silvesterfeier verbrachte Nadine mit ihrem Hund allein zu Hause. Sie fand es gut, denn sie war froh, Melina nicht allzu oft zu sehen. Es lag jedes Mal eine tiefe Spannung zwischen ihnen und Nadine hatte keine Lust auf Diskussionen.

21. Kapitel
Lucas, alte Liebe rostet nicht

Endlich war wieder Frühling und Nadine fühlte sich um diese Jahreszeit immer glücklich. Die ersten Sonnenstrahlen und die ersten Knospen an den Bäumen. Nach dem Jahr zuvor hoffte Nadine, dass dieses Jahr endlich mal wieder ein Jahr wird, an das sie sich gerne zurückerinnern kann. Melina war ab und zu da und sie schafften es auch, mal ein normales Gespräch zu führen. Alles in allem hatte Nadine aus der ganzen Sache gelernt und durch die Therapie hatte sie endlich auch Einiges für sich erkannt und wollte daran arbeiten. Melina und ihr Freund kamen nun regelmäßiger vorbei und Nadine war dankbar, dass Melina anscheinend der Mutter verziehen hatte. Nadine musste fast 49 Jahre alt werden, um zu erkennen, dass sie längst einen Psychologen zurate hätte ziehen sollen. Vielleicht wären ihr dann einige Sachen erspart geblieben. Der Job machte ihr immer noch Spaß und sie genoss es, am Wochenende zu relaxen. Alles in allem begann das neue Jahr sehr vielversprechend und Nadine war dankbar, dass endlich Ruhe eingekehrt war.

Am Wochenende saß Nadine mal wieder am PC und stöberte in den sozialen Netzwerken, als ihr plötzlich eine Idee kam. Sie dachte, schaun wir doch mal, ob Lucas auch bei Facebook ist und sie gab den Namen ein. Eine Liste von vielen unterschiedlichen "Lucas" ploppte auf und Nadine klickte jeden Einzelnen an. Aber irgendwie waren die meisten aus Amerika und Nadine hatte schon fast die Hoffnung aufgeben wollen, als sie plötzlich ein ihr bekanntes Lächeln vor sich sah. Ihr Herz klopfte wie verrückt, war das wirklich ihr Lucas? Mann, es lagen 35 Jahre dazwischen und irgendwie sah er auf dem Foto völlig anders aus. Aber dieses Lächeln, nein, das konnte nur er sein. Sie stöberte auf seinem Profil, es war nicht zu erkennen, ob er liiert war. Er hatte kaum etwas Informatives auf seiner Seite.

Sie saß die ganze Zeit davor und schaute sich das Bild an. Sollte sie ihm schreiben und wenn ja, was?
Irgendwie kam in ihr alles wieder hoch, sie sah sein liebevolles Lächeln vor sich und hörte noch den Satz, den er damals zu ihr sagte, als sie von ihm mehr wollte als nur das Betthäschen sein. „Eine feste Beziehung?“, sagte er damals, „frag mich das noch mal in zwanzig Jahren.“
Jetzt waren aus den 20 Jahren 35 Jahre geworden, sollte sie ihn anschreiben und fragen, wie es ihm geht, vielleicht hatte er sie ja auch längst schon vergessen und war glücklich verheiratet. Nadine kribbelte es am ganzen Körper, alles war wieder da und sie konnte sich an jede Sekunde mit ihm erinnern. Es ist wirklich so, die erste große Liebe in seinem Leben, die vergisst man nie. Sie saß stundenlang vor seinem Bild und fasste dann den Mut, ihn anzuschreiben.
Eine kurze Nachricht: "Hallo Lucas, kennst Du mich noch?", und dann schickte sie diesen doofen Satz auch noch weg. Nun hieß es abwarten.
Nadine war nervös, sie schaute alle 5 Minuten auf ihren Messenger, aber nichts passierte. Schon fast enttäuscht widmete sie sich wieder ihrem Alltag und hoffte schon gar nicht mehr auf eine Reaktion von ihm.
Zwei Tage hatte sie immer wieder auf diesen doofen PC geschaut in der Hoffnung, Lucas würde reagieren. Aber sie war auch irgendwie skeptisch, denn ihr letztes Treffen damals in Berlin war ja nicht auf Rosen gebettet. Er hatte ihr damals sehr weh getan und den Grund dafür hatte Nadine ganz weit in ihren Erinnerungen vergraben. Er war ein Frauenschwarm und würde mit Sicherheit Nadine schon längst vergessen haben. Sie hingegen dachte sehr oft an ihn und jedes Mal, wenn sie den Sänger Jürgen Drews vor sich sah, und der war immer wieder ganz oft in den Medien, wanderten ihre Gedanken zu Lucas.
Heute, nach all den Jahren, konnte sie seine damalige Reaktion sogar verstehen und sie lächelte bei dem Gedanken, wie oft er

doch auch schon ihr schützender Engel war.
Es war an einem Mittwoch im Mai, als sie auf einmal aufschrie. Tina saß gerade in der Küche und kam zu ihr zum PC. Nadine hatte Tina immer wieder mal von Lucas erzählt und der Name war ihr geläufig, als sie nun aber sah, wer er war, bestärkte sie Nadine in der Hoffnung, dass er sich melden würde. Und tatsächlich, er hatte reagiert.
„Hey", stand da, „sicherlich weiß ich, wer Du bist, wie könnte ich die kleine Marianne Rosenberg vergessen. Wie geht es Dir? Und wo lebst Du jetzt?"
Nadine war völlig durch den Wind, er erinnerte sich an sie. Ihr Herz schlug Purzelbäume und sie sprang wie ein kleines Kind durch die Wohnung. Sie schrieb zurück: „Hallo Lucas, schön, dass Du geantwortet hast. Ja lange ist es her, mir geht es gut. Ich lebe in Bayern und arbeite als Kundenakquise in einem Zeitarbeitsunternehmen. Bin Mama von zwei fast erwachsenen Kindern. Und Du, wie geht es Dir? Bist Du immer noch verheiratet? Ich habe so oft versucht, Deine Adresse rauszubekommen, aber irgendwie hat es nicht geklappt." Nun, schickte sie diese Nachricht und es dauerte diesmal nur ein paar Sekunden und es kam wieder eine Nachricht von ihm: Lass uns telefonieren und seine Nummer.
Nadine war völlig aus dem Häuschen und sie schrieb sich die Nummer auf. Dann antwortete sie und versprach, am Abend anzurufen.
Den ganzen Tag war Nadine in Gedanken bei Lucas und sie strahlte übers ganze Gesicht. Tina hatte sich die komplette Geschichte von Nadine angehört und spürte, dass die beiden etwas ganz Besonderes verband. Er war schließlich Nadines große Liebe und jetzt wo sie doch endlich ihr Leben so einigermaßen im Griff hatte, war sie auch bereit, endlich mal wieder Glück im Leben erleben zu dürfen.
Tina wünschte es Nadine, denn der Stress der letzten 12 Monate hatte an ihr genagt und auch das gespaltene Verhältnis zu

Melina tat Nadine immer noch sehr weh. Deshalb kam Lucas gerade recht und sie hoffte, dass es da etwas geben könnte, das Nadine endlich mal wieder lachen ließ.
Nadines Herz pochte, als sie die Nummer von Lucas wählte, sie hatte sich ein Glas Wein eingeschenkt und es sich gemütlich gemacht. Es klingelte ein paar Mal und dann hob er ab. Mit dieser sinnlich sonoren Stimme sagte er: „Ja, hallo", und Nadine stockte fast der Atem. „Ich bin es", sagte sie leise und wartete nun auf seine Reaktion. Sie spürte förmlich sein Lächeln und das Eis war gebrochen. Sie redeten stundenlang und beiden kam es vor, als hätten sie sich gestern erst gesehen. Zwischen ihnen gab es immer noch dieses Band, sie spürte eine Wärme in sich und sah ihn wieder vor sich, wie er damals vor ihr stand und sang. Dieser erste Moment in dieser Discothek in Berlin. Dieser Moment, in dem sie sich Hals über Kopf in diesen Typen mit der schönen Stimme und den stahlblauen Augen verliebte. Auch ihm schien es so zu gehen und beide erzählten sich von dem Erlebten in den vergangenen Jahren. Sie hatten sich beide nie vergessen und es gab immer irgendwie Parallelen, die sie beide verband. Seine Tochter hieß auch Melina und auch er hatte zwei gescheiterte Ehen hinter sich. Er hatte einen Sohn und eine Tochter und beide Kinder waren fast in dem gleichen Alter wie Nadines Kinder.
Es war traurig, dass man sich so lange nicht gesehen hatte und traurig auch, dass man nicht wusste, was aus dem anderen geworden ist.
Umso schöner war es nun, in diesem Augenblick hatten ihre Herzen schon entschieden und beide versprachen sich, sich nun darum zu bemühen, den Kontakt nicht mehr zu verlieren.
An diesem Abend schlief Nadine das erste Mal seit langer Zeit wieder ruhig ein und träumte von dem Mann, den sie einmal, nein mehrmals aus tiefsten Herzen geliebt hatte. Er, der ihr erstes schönes sexuelles Erlebnis war und der, der sie in den schlimmsten Zeiten in ihrem Leben liebte, obwohl sie wusste,

es hatte zu der Zeit keine wirkliche Zukunft.

Irgendwann in der Nacht wurde sie wach und der erste Gedanke war Lucas. Sie spürte wieder dieses bekannte Gefühl, das sie schon immer hatte, wenn sie in seiner Nähe war. Sie spürte, dass er wieder von ihr Besitz ergriff und sie konnte sich nicht dagegen wehren. Die totgeglaubten Gefühle waren auf einen Schlag wie mit einem tiefen Schwert versetzt da und Nadine hatte das Gefühl, sie müsste daran ersticken. Sie nahm einen tiefen Schluck aus dem Glas, das immer noch auf dem Tisch stand, und wählte die Nummer von Lucas, sie wollte seine Stimme hören und wissen, ob es ihm ähnlich ging wie ihr. Und tatsächlich, er ging ran, mit den Worten: „Es ist wie früher, wie oft hast Du mich nachts aus dem Bett geklingelt, um Dich irgendwo abzuholen, kannst Du Dich da noch dran erinnern?“
Nadine lachte und sagte: „Ja … an jede Sekunde. Wie geht es Dir damit?“, fragte sie vorsichtig und Lucas sagte, dass auch er irgendwie daneben ist.
Sie spürte die Zärtlichkeit in seinen Worten und war froh, dass es ihm genauso ging. Sie redeten noch eine Weile und dann versuchten sie, endlich wieder und etwas beruhigter Schlaf zu finden, schließlich mussten ja beide am nächsten Tag arbeiten.
Die Wochen vergingen, Lucas und Nadine telefonierten täglich und irgendwie war es wie früher.
Nadine hatte in all den Gesprächen Lucas von ihrem Leben erzählt und er sagte einmal, dass es ihm leid täte, wie sehr Nadine doch hat leiden müssen. Wenn er damals doch nur nicht so ein Arsch gewesen wäre, hätte Nadine vielleicht ein ganz anderes Leben einschlagen können. Sie aber sagte, dass es damals wahrscheinlich niemals gut gegangen wäre, denn schließlich waren beide viel zu verschieden.
Eines Abends, Nadine sprach wieder mit ihm und er sagte ganz leise: "Ich vermisse Dich", und Nadine begann zu weinen. Wie sehr hatte sie sich in all den Jahren nach diesen Worten von

ihm gesehnt und sie hoffte so sehr, dass sie nun endlich die Chance bekämen, sich richtig kennenzulernen und eventuell auch zu lieben. Lucas versprach, sie bald zu besuchen. Nadine war seit dem ersten Kontakt mit Lucas wie ausgewechselt, sie sprühte fast vor Lebensfreude, die vergangenen Monate waren vergessen und sie hatte wieder Lust auf sich und das Leben. Lucas tat ihr gut und auch Tina merkte die Veränderung an ihrer Freundin.
Sie machte sich wieder hübsch und sah endlich wieder positiv in die Zukunft. Als Nadine ihrer Mutter von Lucas erzählte, musste diese lachen und sie sagte, dass sie sich sehr gut noch an Nadines Schwärmerei für diesen Jungen erinnern konnte. Sie hörte sich jeden Abend an, was sie über Lucas zu berichten hatte und auch ihre Mutter empfand, dass Nadine endlich wieder ins Leben zurückgefunden hatte. Sicherlich war Lucas nicht die Lösung für all ihre Probleme, aber es schien, als wären sie nun für Nadine leichter zu ertragen.

Melinas 18. Geburtstag stand vor der Tür und nach all dem Ärger wollte Nadine Melina wieder eine Freude machen. Sie plante Tage zuvor schon, was sie auf die Beine stellen wollte. Sie backte wie jedes Jahr einen Kuchen und dann fuhr sie in die Stadt, um Melina ein Geschenk zu kaufen.
Melina hatte an einem Samstag Geburtstag und wurde endlich volljährig. Sie wusste, dass sie am Vormittag zu Hause sein würde und am Nachmittag dann wieder mit ihrem Freund bei seinen Eltern. Diese Zeit wollte Nadine nutzen, um zumindest ein klein wenig an dem großen Tag dabei sein zu können.
Drei Tage vor dem Geburtstag rief Lucas untypisch für die Zeit an und fragte ganz vorsichtig, was Nadine am Wochenende vorhatte. Sie ahnte, was kommen würde und sie schmunzelte in sich hinein. Sie erklärte Lucas, dass Melina am Samstag Geburtstag hätte und dass sie für den Vormittag eine kleine Feier geplant hat. Lucas sagte, dass er am Samstag kommen wolle,

um am Sonntag wieder nach Hause zu fahren.
Nadine sprang umher und schrie: "Ja, ja, ja … oh ja … endlich …"
"Na gut", sagte Lucas, "dann sehen wir uns in zwei Tagen, ich sag dir Bescheid, bevor ich losfahre."
Nadine startete eine Putzaktion, nicht dass es schmutzig gewesen wäre, aber es sollte alles picobello sein, wenn der Mann ihrer Träume sie besuchte. Sie wollte, dass alles perfekt war.
Die Tage wollten einfach nicht vergehen, sie konnte sich kaum auf ihren Job konzentrieren. Sie hoffte so sehr, dass sie ihm immer noch gefiel, und dass aus der momentanen Freundschaft einfach wieder Liebe würde. Sie konnten noch nicht einmal telefonieren, da Lucas irgendwie mit seinen Eltern unterwegs war. Sie musste sich tatsächlich bis Freitag zurückhalten, da wollte er noch mal anrufen.
Sie hatte sich an diesem Tag Urlaub genommen, um eben noch alles zu erledigen, denn schließlich kam ja nicht nur Lucas, sondern auch Melina hatte Geburtstag und der sollte Melina in Erinnerung bleiben.
Sie hatte am Freitagabend alles vorbereitet, der Kuchen war gebacken, die Brötchen unten beim Bäcker bestellt und die Platten mit Aufschnitt und Käse schön verziert. Auch zwei Flaschen Asti standen im Kühlschrank und als Melina am Abend mit Markus, ihrem Freund, kam, war soweit alles fertig. Sie erzählte Melina, dass sie Besuch bekäme und somit noch ein zusätzlicher Gast am Frühstückstisch sitzen würde. Insgesamt waren es mit Tina und Dilara, Tinas Tochter, 6 Personen. Melina freute sich über die Anstrengungen ihrer Mutter und verzog sich mit ihrem Schatz in ihr Zimmer.
Nadine ließ sich ein Bad ein und nahm das Telefon mit ins Badezimmer, denn Lucas wollte noch mal anrufen, bevor er losfuhr. Sie hatte es sich gerade in der Wanne bei Kerzenlicht und leiser Musik gemütlich gemacht, als das Telefon auch schon klingelte.

„So“, sagte er, „ich gehe jetzt noch duschen, ess eine Kleinigkeit und mache mich dann auf den Weg.“ Wenn alles gut ging, wäre er so gegen 8 Uhr am Morgen da. Nadine freute sich und nahm ihm das Versprechen ab, sich hin und wieder über Handy zu melden.

Sie legte sich nach dem Bad nicht ins Bett, sondern kuschelte sich auf die Couch, eigentlich wollte sie wach bleiben, aber irgendwie muss sie dann doch eingeschlafen sein. Aus weiter Ferne hörte Nadine den Hund bellen und erschrak. Als sie beinah wieder einschlief, schoss sie von der Couch hoch. Mist dachte sie, es hat geklingelt, das ist Lucas, Mist, Mist, Mist, ich bin eingeschlafen. Sie rannte völlig konfus zur Sprechanlage und fragte, wer da sei, er lachte und sagte: "Bloß Dein Gast …" Oh, Mann, dachte sie, Scheiße … ich habe verpennt … sie war zwar angezogen, aber die langen Haare waren völlig zerzaust und auch so sah sie nicht gerade toll aus. Sie drückte den Türöffner und rannte schnell ins Bad, dabei haute sie sich den kleinen Zeh an, sie fluchte lauthals und der Blick im Spiegel sagte ihr … das ist nicht gut … was sollte sie jetzt tun? Völlig verpeilt rannte sie wieder zur Tür … und da stand er … weißes Hemd, helle Jeans, Turnschuhe, weißes volles Haar … und dann dieses unverschämte Grinsen … Oh, Mann … und ich … enge Jeans, zerknitterter Pulli und zerknautschtes Gesicht … mit Haaren, die aussahen, als wäre der Föhn explodiert. Selbst Lucas musste lachen, als er Nadine völlig verschlafen an der Tür stehen sah.
„Soll ich wieder gehen?“, fragte er schelmisch und jetzt musste auch Nadine lachen. „Nein, komm rein.“
„Na, willst Du mich denn nicht wenigstens anständig begrüßen?“ Er kam die zwei Stufen der Treppe hoch, breitete seine Arme aus und schon lag Nadine an seiner Brust. Es fühlte sich weder fremd noch ungewohnt an, ganz im Gegenteil, es war, als würden sie beide das immer so tun. Sie schaute ihn an und

plötzlich kam sein Mund dem ihrem ganz nah und … ja es war so gut, es war so schön und Nadine blieb bei diesem Kuss förmlich die Luft weg. Sie hatte das Gefühl, er konnte ihr Herz schlagen hören, so heftig pochte es. Als er sie wieder losließ, schwankte sie zurück in die Wohnung und er ihr hinterher.
Nadine war völlig aus der Fassung, sie konnte nur noch stammeln: „Setz Dich bitte, ich mache uns erst einmal einen Kaffee." Er nahm auf der Couch Platz und bespielte erst einmal den Hund. Nadine versuchte krampfhaft, die Kontrolle über sich zurückzubekommen und als ihr Herz sich beruhigte, fragte sie: „Wie trinkst Du Deinen Kaffee?" Sie waren sich so vertraut und sein Blick, den sie nie vergessen hatte, durchbohrte förmlich ihren Rücken.
Ja, sie liebte ihn immer noch, das wurde ihr bewusst, als sie ihn da am Treppenabsatz stehen sah. Sicherlich hatte er sich verändert, er ist weiß geworden und auch so war er nicht mehr dieser Sunnyboy wie 36 Jahre zuvor, aber dennoch war genau ER der Mann, den Nadine immer irgendwie gesucht hatte. Sie mochte die weißen vollen Haare und sie mochte noch immer sein unverschämtes Grinsen und ja, sie mochte es immer noch, wenn er sie küsste. Er war genau zehn Jahre älter als sie, er hatte Anfang April Geburtstag und sie genau eine Woche später.
Heute war der Altersunterschied nicht mehr relevant, heute zählte für beide nur noch das Schicksal, das sie beide wieder zusammengebracht hatte.
Nadine stand an der Kaffeemaschine, als er plötzlich hinter ihr stand, ein prickelndes Gefühl durchflutete sie, sie spürte förmlich das Knistern in der Luft und es war, als wären sie zeitlich zurückversetzt. Er nahm sie in den Arm und sie küssten sich wieder, diesmal war es aber Leidenschaft und eine gehörige Portion Erotik, die da in der Luft lag. Nadine hatte sich zwar vorgenommen, nicht mit ihm zu schlafen, aber es war wie immer, wenn sie in seiner Nähe war. Daran hatten weder die schlechten Erfahrungen noch die 36 Jahre dazwischen etwas

ändern können. Sie verfiel seinen noch immer recht guten Verführungskünsten und landete nicht mal eine Stunde nach seiner Ankunft in Bayern mit ihm im Bett.
Es war so neu, so gierig und dennoch so wahnsinnig vertraut, das erste Mal nach so langer Zeit des vergessenen Vermissens. Beide wollten nicht mehr voneinander lassen und so lagen sie noch lange aneinandergekuschelt auf der Couch. In Nadine stieg Scham auf, denn sie hatte wieder einmal nicht auf ihren Kopf gehört und hatte nun Angst davor, sie würde ihn wieder verlieren. So war es damals auch und warum sollte es nun anders sein? Vielleicht würde er ihr jetzt auch sagen, dass sie nicht zueinander passen und dass er sich eine Beziehung über so große Distanz nicht vorstellen kann. Es gab genügend Gründe, die Nadine aufzählen hätte können und das stimmte sie traurig. Er schien ihre Zweifel zu spüren und fragte, was los sei. Nadine zeigte ihm ihre Tränen nicht und antwortete nur leise: "Ich hoffe, dass es diesmal anders sein wird als damals, ich hoffe so sehr, dass Du nicht wieder gehst und mich alleine lässt." Er drehte ihren Kopf zu sich und sah sie so voller Liebe an: „Glaubst Du wirklich, dass ich nur wegen dem Sex hierher gekommen bin? Das hätte ich leichter haben können. Nein, es geht mir genauso wie Dir. Sicherlich, ich habe auch Angst, dass es schief gehen könnte, aber mal ganz ehrlich, woher sollen wir es wissen, wenn wir es nicht versuchen?“ Nadine sah ihn an und begann zu lächeln. „Das heißt also“, sagte sie, „dass Du auch eine feste Beziehung willst.“
„Ja klar“, sagte er, „ich bin nicht mehr in dem Alter, in dem man spielt, wir beide haben so viel Zeit in unserem Leben verpasst und haben uns trotzdem nie vergessen, also sollten wir nun die Gelegenheit am Schlawittchen packen und es zumindest versuchen.“
Nadine strahlte über das ganze Gesicht. Sollte Sie endlich mal Glück haben? Sollte Sie nun wirklich die erste Liebe ihres Lebens als den krönenden Abschluss im Kapitel Männer finden?

Sie hatte so oft danebengegriffen, sie war so oft verliebt und immer, immer wieder griff sie in die Schüssel.
Lucas war immer irgendwie da, in ihren Gedanken und auch in ihrem Herzen und die 35 Jahre, die zwischen ihnen lagen, waren bei ihrem ersten Wiedersehen wie weggewischt. Sie hatte sich nicht wieder verliebt, sondern festgestellt, dass sie ihn nie aufgehört hatte zu lieben.
Mann, dachte sie, warum haben wir nur so viel Zeit vergehen lassen. Warum haben wir nicht schon früher daran gedacht, uns zu finden, wenn wir beide uns doch nie vergessen hatten?
Sie dachte zurück an die Zeit, wie oft hatte er sie mitten in der Nacht irgendwo abgeholt, weil sie wieder mal stoned war und nicht wusste, wohin.
Wie oft hatte sie ihn nachts angerufen und dann nichts gesagt, einfach nur, um seine Stimme zu hören.
Es gab auch eine Situation, wo sie auf dem Kiez in Hamburg war und fürchterliche Prügel bekommen hatte von ihrem Zuhälter. Sie war damals im Puff eingesperrt, weil man verhindern wollte, dass sie zur Polizei rannte. Als sie da nachts mit dick geschwollenen Augen und blutiger Lippe den Telefonhörer greifen konnte, war, anstatt die Polizei anzurufen, Nadines erster Gedanke, Lucas um Hilfe zu bitten. Damals hoffte Sie so sehr, dass er ans Telefon ging, aber er schien nicht da zu sein. Sie sah sich noch in der Ecke gekauert auf dem Boden sitzend und verzweifelnd hoffend, dass er abnahm. Immer wieder bat sie, bitte Lucas geh ran, bitte, bitte geh ans Telefon. Sie wusste damals, obwohl sie sich da auch schon viele Jahre nicht gesehen hatten, dass er, egal wo er gerade war, kommen würde, um ihr zu helfen. Nur war er leider an diesem Abend oder in dieser Nacht nicht zu erreichen.
Sie hatte ihn nie vergessen und er anscheinend auch nicht, denn so wie er sagte, hatte er oft nach ihr gesucht. Er hatte es nur schwerer, da Nadine durch ihre beiden Ehen eben auch namentlich nirgendwo mehr auftauchte.

Sie waren zwei Königskinder, die sich nun endlich gefunden hatten und Nadine war dem Schicksal dankbar. Sie kuschelte sich an ihn ran und flüsterte leise: „Ich habe nie aufgehört, Dich zu lieben und wünsche mir von ganzem Herzen, dass diese Liebe jetzt und hier für immer hält."
Er schaute sie an, küsste sie auf die Stirn und sagte: "Du wirst, wie auch damals, immer mein kleines Sorgenkind bleiben und ab sofort werde ich auf dich aufpassen, das verspreche ich Dir."

Nadine musste aufstehen, denn schließlich würde Melina gleich kommen. Sie wollte nicht, dass sie sieht, dass ihre Mutter schon nach einer Stunde mit einem für Melina völlig Fremden im Bett lag. Lucas verstand, stand auf und zog sich wieder an. Gutes Timing, dachte Nadine, als Melina dann tatsächlich in der Tür stand.
Sie schaute Lucas skeptisch an. Nadine hatte ihr ein paar Tage zuvor von ihm erzählt, aber irgendwie schien sie die Geschichte nicht zu glauben und fragte Lucas skeptisch, ob das stimmte. Er grinste und erzählte Nadines Tochter die komplette Geschichte aus seiner Sicht und Melina musste lachen und begann zu begreifen, was diese beiden Menschen verband.
Sie schaute ihre Mutter an und sah, dass sie glücklich war, sie sah, dass sie irgendwie anders war- als bei den anderen Typen, die Melina kennenlernen musste. Dieser hier kannte ihre Mutter aus den schlimmsten Zeiten ihres verkorksten Lebens und aus irgendeinem unerfindlichen Grund schien er sie so zu lieben, wie sie war. Melina grübelte darüber und es machte ihr auch Angst, denn wenn dieser Typ ihre Mutter liebte, dann würde sich auch für Melina hier einiges ändern.

Sie beschloss instinktiv, diesen Typen erst mal zu beobachten, um dann zu entscheiden, ob sie ihn mochte oder nicht.
Nadine verbrachte eine schöne Woche mit Lucas und dann musste er auch schon wieder fahren. Sie saßen beide im Park

und Nadine war megatraurig. Sie hatte Angst davor, dass es wieder ein letztes Mal sein würde und Lucas doch entschied, allein bleiben zu wollen.
Er sah Nadines trauriges Gesicht und schaute sie an. „Hey“, sagte er, „glaubst Du wirklich, ich gehe und lasse Dich hier allein zurück?“
Nadine sagte leise: „Das wäre ja nicht das erste Mal.“ Nun wurde er böse und nahm ihr Gesicht in die Hand. „Verdammt noch mal, Nadine, Du musst lernen zu vertrauen.“ Sie schaute ihn an. „Ja sicher, das habe ich schon oft getan und dann saß ich irgendwann wieder vor einem großen Scherbenhaufen.“
Er kramte in seiner Tasche, dann hielt er etwas Glänzendes in der Hand.
Er nahm Nadines Hand, öffnete sie und legte ihr etwas hinein, dann schloss er sie wieder, ohne dass Nadine sehen konnte, was es war.
Dann nahm er sie in den Arm und sagte: „Wenn dir hier die Decke auf den Kopf fällt und Du Sehnsucht nach mir hast, Du kannst kommen, egal, wann und egal wie lange.“
Als Nadine die Hand öffnete, sah sie einen Schlüssel mit einem Anhänger daran. Es stand seine Adresse drauf und er lächelte sie an. „Meine Wohnung ist jetzt auch die Deine.“ Nadine standen die Tränen in den Augen.
Für sie war es ein Zeichen, ein Zeichen dafür, dass er sie wirklich liebte und eben nicht wie vermutet wieder abhaute, sondern wirklich eine Zukunft mit ihr wollte.
Sie begleitete ihn zu seinem Auto und verabschiedete sich schweren Herzens von ihm. In Berlin warteten seine Arbeit und auch seine Eltern. Er konnte nicht bleiben, das wusste sie und trotzdem hasste sie ihn für diesen Moment, dafür, dass er sie alleine ließ mit dem ganzen Schlamassel, den sie ja selbst zu verantworten hatte.
Sie sah das Auto wegfahren und war nun wieder allein auf sich gestellt und sie fühlte sich einsam, sehr einsam sogar.

Melina hatte die Szenerie vom Fenster aus beobachtet und als die Mutter die Wohnung betrat, kamen gleich wieder negative Kommentare. Der wird wie alle anderen auch ’nen Rückzieher machen, Mama. Du verliebst Dich doch immer in die Falschen. Glaubst Du wirklich, dass der von Berlin aus zu Dir hält?“ Die Worte taten weh, aber irgendwie hatte sie auch recht, warum sollte ausgerechnet er, der schon damals nicht treu war, Nadine nun zur Seite stehen, sie lieben und mit ihr auf dieser Distanz eine Beziehung wollen.
Nadine reagierte nicht auf Melinas bitterböse Kommentare, sondern zog sich wie immer in solchen Situationen in ihr Schlafzimmer zurück und grübelte.
Seitdem Melina erfahren hatte, dass Nadine sie betrogen hatte und sie Schulden auf ihren Namen gemacht hatte, war das Verhältnis nicht mehr das, was es einmal war und Nadine fühlte sich immer mehr unwohl in ihrer Gegenwart. Ihr Verhalten war respektlos und sie tat nichts mehr in der Wohnung. Sie ging nur noch ihrem Vergnügen nach und ließ Nadine jeden Tag aufs Neue spüren, dass sie in allem versagt hatte.
Nadine hatte mit der neuen Wohnung damals ein sehr, sehr schönes Zuhause geschaffen, um für sich und Melina ein wohliges Heim zu haben. Sie hatten eine tolle Wohnung, aber Melina war das egal. Es interessierte sie nicht, wie ihre Mutter jeden Monat aufs Neue darum kämpfte, es finanziell stemmen zu können und es interessierte sie auch nicht, wie sehr ihre Mutter unter dieser Situation litt, ganz im Gegenteil, sie trat zu, wo sie nur konnte und gab Nadine jeden Tag aufs Neue das Gefühl, eine schlechte Mutter gewesen zu sein.
Nadine nahm es hin, denn ihr schlechtes Gewissen ließ sie glauben, dass all das, was Melina tat, nur aus dem einen Grund geschah, dem Grund, enttäuscht worden zu sein.
Immer wieder musste Nadine an Lucas denken, der erste Gedanke am Morgen war er und auch der letzte, bevor sie einschlief. Sie telefonierten jeden Tag und Nadine hatte große

Mühe, sich auf ihren Job zu konzentrieren.
Tina sah die Veränderung bei Nadine und als sie mal wieder bei einem Kaffee zusammensaßen, fragte sie, ob Nadine immer noch glaubte, dass Lucas sie liebte, denn schließlich war er in Berlin und sie hier in Bayern. „Das kann nicht gut gehen“, sagte Tina, „Du wirst sehen, auch er wird dich hocken lassen. Versteif Dich nicht zu sehr auf ihn, sonst bist Du nachher wieder enttäuscht.“
Manchmal hatte Nadine bei Tina das Gefühl, dass sie ihr das Glück, das sie empfand, nicht gönnte. Bei Vielem, was Nadine tat, kam von ihrer Freundin versteckte Kritik. Tina selbst war in ihrer Ehe oft sehr unglücklich, denn ihr Mann trank und kiffte sehr viel und dann kam es auch oft zu häuslicher Gewalt. Nadine half ihr immer wieder und einmal, als er wieder mal ausrastete, ist Nadine sogar dazwischengegangen. Er war ein komischer Kauz, immer so launisch, mal so und dann mal wieder so. Nadine hatte sich oft seine Probleme angehört, aber wenn es darauf ankam, hatte sie immer zu ihrer Freundin gehalten. Selbst als Nadine wusste, dass da ein anderer Mann im Spiel war, hatte Nadine Tinas Mann belogen und geschwiegen. Sie hatte ihr sogar hin und wieder ein Alibi verschafft, sodass Sie die Möglichkeit hatte, sich mit dem einen oder anderen Mann zu treffen. Diese Freundin wollte sie jetzt beziehungstechnisch beraten? Nein, denn sie selbst musste an ihrer Ehe arbeiten, da war mehr zu tun, als das, was Nadine und Lucas miteinander verband. Die beiden kannten sich schließlich schon seit mehr als 35 Jahren. Lucas war also kein Fremder für Nadine und sie hoffte so sehr, dass ihre Freundin unrecht hatte. Sie sehnte sich sehr nach ihm und sagte sich jeden Tag aufs Neue, ihm geht es genauso.
Nadine hatte wieder eine harte Woche hinter sich, als sie sich dazu entschied, mit ihrem Chef zu sprechen, um noch ein paar Tage Urlaub zu nehmen. Da gerade sowieso wenig zu tun war, weil die Firma umzog, kam es dem Chef ganz recht und er gab

ihr eine Woche frei. Nadine musste somit noch drei Tage arbeiten und sie schmiedete einen Plan. Sie wollte Lucas überraschen, denn schließlich hatte sie ja seinen Schlüssel und konnte somit jederzeit zu ihm. Sie plante, das Wochenende zu nutzen und da sie ja den Firmenwagen hatte, wäre die Fahrt nach Berlin also kostenlos. Sie brauchte somit für diese eine Woche nicht viel.

Sie fieberte dem Wochenende entgegen und beschloss, den Hund mitzunehmen. Melina würde sich eh nicht um ihn kümmern. Sie machte gar nichts mehr zu Hause, außer rummeckern, wenn mal wieder nicht das im Kühlschrank war, was sie erwartete. Nadine bekam nicht einen Cent von Melina dazu, obwohl die sehr gut in ihrer Ausbildung verdiente, stattdessen musste Nadine Melinas Freund noch mit durchfüttern. Der duschte und aß mit und alles auf Nadines Kosten, wenn Nadine dann aber mal was sagte so wie, ihr könnt ja auch mal einkaufen gehen, oder aber mal was dazuzahlen, bekam sie von Melina nur ein höhnisches Lächeln und die kalte Schulter gezeigt. Melina machte Nadine das Leben zur Hölle und daher war sie froh, mal ein paar Tage für sich zu haben und sie würde diese Zeit in Berlin nach 25 Jahren genießen.

Endlich war das Wochenende da und Nadine war allein zu Hause. Melina schien wieder bei Marcus zu schlafen und so konnte Nadine in aller Ruhe eine kleine Reisetasche packen und noch zur Bank gehen, um dann endlich nach Berlin zu fahren. Sie erzählte Lucas nichts, versuchte aber, von ihm zu erfahren, was er am Wochenende vorhatte. Lucas hatte nichts geplant und so grinste Nadine in sich hinein, der würde Augen machen, dachte sie.

Es war Freitagabend und wenn sie jetzt losfahren würde, wäre sie noch rechtzeitig da, um ihn liebevoll zu wecken.

8 Stunden musste sie für die Fahrt planen und da sie den Hund dabei hatte sogar noch ein wenig mehr, denn der musste ja schließlich auch mal raus.

Sie machte sich auf den Weg, für Melina hinterließ sie nur ein paar Zeilen. Bin in Berlin bei Lucas und komme erst am nächsten Wochenende wieder. Sie hatte bewusst nichts eingekauft und auch so war kaum was Essbares im Hause. Nun war es an Melina, mal für sich selbst zu sorgen und in ihrer Fantasie hörte sie Melina schon wettern. Das aber sollte nicht ihr Problem sein. Sie würde auch nicht ans Telefon gehen, sie wollte ihre Ruhe und die würde sie sich endlich auch mal nehmen.
Die Fahrt war lang, aber der Kaffee und auch die Vorfreude machten die Fahrt zu einer kleinen Reise, die Spaß machte. Melina wusste ungefähr, wie sie fahren musste, alles andere würde das Navi für sie erledigen. Damit der ganze Spuk nicht aufflog, rief Nadine Lucas noch mal an, um gute Nacht zu sagen, dieser flüsterte leise: „Ich vermisse Dich", und Nadine musste lächeln, "ich Dich auch", sagte sie, obwohl sie wusste, dass sie in knapp fünf Stunden in seinem Bett liegen würde.
Als sie endlich das Ortsschild sah, auf dem Berlin stand, atmete sie tief durch.
Sie hielt kurz an, um diesen überwältigenden Eindruck auf sich wirken zu lassen. Oh, wie hatte sie diese Stadt vermisst, dieser einzigartige Geruch von blühenden Linden und dieses rege Treiben trotz früher Morgenstunden. Diese Stadt lebte, egal um welche Uhrzeit. Nadine war hier als Kind zu Hause und hatte sich immer heimlich nach ihrer Heimat gesehnt. Hier war alles so anders, viel anonymer und auch relaxter. Sie fand Lucas zu Hause recht schnell, er wohnte im südlichen Teil von Berlin. Ganz in der Nähe, wo damals Nadine als Heimkind lebte und eben auch den Abschied von Berlin nehmen musste. Sie fühlte sich fremd, aber trotzdem irgendwie zu Hause. Es war ein eigenartiges Gefühl, wieder in der Stadt zu sein, die ihr einmal nicht sehr wohl gesonnen war, denn hier fing damals von fast 35 Jahren alles an. Wie in einem Zeitraffer sah Nadine die Bilder von damals und auch Lucas. Sie wollte aber nicht an diese sehr traurigen Momente zurückdenken und fuhr langsam in die

Straße ein, in der Lucas wohnte. Da stand auch schon sein Auto, der rote BMW. Nervös kramte sie in ihrer Handtasche nach dem Schlüssel. Bevor sie jedoch ausstieg, schickte sie ihrer Mutter noch schnell eine SMS, dass sie gut angekommen sei. Dann schloss sie die Haustür auf und stieg die Stufen empor, sie suchte seinen Namen auf den Klingelschildern und dann fand sie ihn. Leise steckte sie den Schlüssel ins Schloss und befahl dem Hund, leise zu sein, dann schlich sie sich in die Wohnung, ganz, ganz leise klappte die Tür ins Schloss. Sie sah ins Wohnzimmer und dann sah sie das Bad, sie sah die Küche und gegenüber, da war das Schlafzimmer … Ganz, ganz leise stellte sie die Tasche ab und dann kroch sie leise zu ihm ins Bett und begann, ihn zu streicheln. Zuerst schien es, dass er es gar nicht bemerkte und auf einmal schreckte er auf und sah sie ungläubig verschlafen an. „Wow“, sagte er, „was machst DU denn hier?“ Nadine lachte über seine Verblüffung und sagte: „Ich wollte Dich überraschen.“

Er nahm sie in den Arm und küsste sie zärtlich. „Das nenne ich mal eine gelungene Überraschung!“ Er zog sie zu sich ran. Beide lagen eng umschlungen im Bett.

Kapitel 22
Abschied von Bayern

Die Zeit verging wie im Flug, Nadine erlebte eine wahnsinnig schöne Woche in Berlin.
Das Highlight war, als sie das erste Mal in ihrem Leben durchs Brandenburger Tor ging. Kannte sie es doch nur von Mauern umgeben und als Zeichen einer geteilten Stadt. Sie hatte Gänsehaut und nicht nur wegen des Gefühls, endlich wieder zu Hause zu sein, nein, es lag daran, dass sie es mit Lucas tat. Dem Mann, den sie nie vergessen hatte und den sie aus tiefstem Herzen liebte. Vergessen waren all die traurigen Momente in ihrem Leben und vergessen war auch, dass sie so lange hat auf ihr Glück warten müssen. Sie wusste, dass es die richtige Entscheidung war, diesem Mann zu vertrauen. Auch wenn alle sagten, sie würde einem Jugendtraum hinterherjagen, zeigte ihr dieser Moment, dass es nicht so war. Sicherlich waren sie beide nun keine Teenies mehr, jeder hatte seine Lebenserfahrung sammeln müssen. Für Nadine aber war es endlich die Beziehung, in der sie sein konnte, wie sie war, er kannte ihre Lebensgeschichte und er wusste, wie und wer sie damals war. Es war für ihn kein Grund, sie zu diskriminieren, sondern eher in vielen Dingen, die sie tat, zu bestärken. Er sah nicht mehr das kleine hilflose Mädchen vor sich, das durchgeknallt war und Drogen nahm, sondern eine erwachsene Frau, die aus dem Mist eben ihr Leben geschaffen hatte und da recht wohl lebte. Er wusste aus Nadines Erzählungen, welchen Mist sie gebaut hatte, sie war in jedem Wort, das sie ihm anvertraute, ehrlich und so musste sie keine Angst haben, denn er wusste alles.
Noch nie zuvor hatte sich Nadine so ausgezogen, noch nie zuvor war sie in allem so ehrlich wie zu Lucas. Sie war glücklich darüber, dass er ihr versprach, diesmal nicht das Weite zu suchen, sondern an ihrer Seite zu sein und zu helfen, wenn er es konnte. Als sie nach Bayern zurückfuhr, war Nadine sichtlich

gestärkt, sie hatte Pläne und wollte diese, sobald sie in Schwabmünchen angekommen war, verwirklichen.
Sie hatten beschlossen, nie wieder so lange getrennt sein zu wollen und da Lucas Bayern immer schon schön fand, hatte er beschlossen, vorausgesetzt er würde dort Arbeit finden, zu Nadine zu ziehen. Die Wohnung war groß genug und Nadine freute sich auf die gemeinsame Zeit.
Nun lag es an ihr, alle Gas-Wasser-Firmen anzutelefonieren, um für Lucas einen passenden Job zu finden. Und sie sollte Glück haben, er fand Arbeit, sogar gut bezahlt, also besser als in Berlin. Nun musste er nur noch kommen. Am Wochenende darauf stand er dann erst mal mit ein paar Kisten und Koffern vor ihrer Tür und Nadine war megaglücklich. Melina wurde vor vollendete Tatsachen gestellt und das passte der Prinzessin so gar nicht. Denn nun war jemand im Haus, der sehr wohl zu Nadine hielt und seine Meinung zu eventuellen Missständen in der Gemeinschaft kundtat. Melina hätte nie damit gerechnet, dass Lucas alles aufgeben und zu Nadine ziehen würde, deshalb war sie erst mal überfordert. Sie war ja sowieso kaum noch zu Hause und Nadine hatte nun auch finanziell Unterstützung.
Lucas behielt seine Wohnung in Berlin, zunächst erst mal zur Sicherheit und zum anderen hatte er sich ja auch an Kündigungsfristen zu halten.
Die erste Zeit lief es recht harmonisch zwischen Nadine und ihm, aber und das war klar, es gab auch hin und wieder heftige Streitereien. Meistens lag es entweder an Melina oder aber am Geld. Dass Nadine so gar nicht mit ihrem Geld haushalten konnte, wurmte Lucas und Nadine war stur und hasste es, wenn er sie immer kritisierte. Er hatte viel an ihr zu meckern und das gab Nadine dann oftmals das Gefühl minderwertig zu sein. Sie vertrugen sich aber immer wieder und Nadine und auch Lucas versuchten immer wieder, einen Weg zu finden, um es besser zu machen.

Tina und ihr türkischer Mann kamen auch gut mit Lucas klar und Nadine hatte nun alles, was sie sich immer gewünscht hatte, nur Melina schlug immer wieder quer und das Leben mit ihr war oftmals schwer zu ertragen. Wenn sie sich mal wieder mit Lucas stritt, stand Nadine oftmals zwischen den Stühlen und Lucas sagte oft, Nadine hätte Melina viel zu sehr verwöhnt. Nadine wusste es selber, denn diese Worte kannte sie nur allzu gut auch schon von ihrer Mutter. Melina hatte immer alles bekommen, Nadine hatte die ganzen fast 18 Jahre immer dafür gesorgt, dass es ihr an nichts mangelte und Melina, tja, für die war das selbstverständlich. Sie war ihr Leben lang der Mittelpunkt von Nadines Leben und Nadine hatte immer nur an Melina gedacht und dann erst an sich selbst. Nun war Lucas da und diesmal war Nadine so ganz anders. Sie ließ sich nichts mehr von Melina gefallen und das ärgerte Melina von Tag zu Tag mehr.
Auch Tina hatte so ihre Tücken, denn sie hatte ihrem Mann nicht immer die Wahrheit gesagt. Ihre Affäre jedoch kam eines Tages ans Licht und löste damit einen heftigen Streit zwischen ihr und ihrem Mann aus. Mit einem Türken verheiratet zu sein, hatte in vieler Hinsicht Nachteile, denn nicht nur, dass sie extrem eifersüchtig waren, gerade auch er war ein ziemlich cholerischer Typ. Er spionierte seine Frau aus und kam hinter ihre Affären. Somit war ihm auch klar, dass Nadine ihn belogen hatte und das schürte seine Wut umso mehr. Nadine konnte ihn sogar verstehen, hatte sie ihn doch, um ihre Freundin zu decken, belogen. Die jedoch erfand aus reinem Selbstschutz irgendwelche Lügen, die ihn noch mehr auf die Palme brachten und Nadine noch tiefer in seinem Ansehen sinken ließ. Nadine wusste nicht genau, was Tina ihm erzählt hatte, aber der Hass, den ihr Mann ihr entgegenbrachte, sprach Bände.
Er wollte sie nicht mehr sehen und somit waren die täglichen Besuche im oberen Stockwerk für Nadine tabu.

Er sperrte sie überall und redete ab da kein Wort mehr mit ihr. Es sollte sogar noch schlimmer kommen, nur ahnte Nadine in diesem Moment noch nichts davon.
Melina hielt sich sehr oft bei Tina auf und Nadine hatte das Gefühl, dass die Besuche dort oben immer mehr wurden. Hinzu kam, dass Melina sich jeden Tag mehr von Nadine entfernte.
Eines Morgens, Lucas war schon in der Arbeit und Nadine hatte frei, kam es zwischen Melina und Nadine zu einem heftigen Streit, es ging wie so oft in der letzten Zeit mal wieder ums Geld. Melina warf Nadine vor, immer nur gearbeitet und sie immer nur belogen zu haben. Melina ging sogar so weit, dass sie ihre Mutter anschrie und sie aufs Übelste beschimpfte. Nadine geriet in Wut und ging auf Melina los. Die stand auf einem Teppich im Flur und als Nadine Melina packen wollte, rutschte sie auf dem Teppich aus und fiel hin. All das passierte in Sekundenschnelle und Melina tat sich weh. Wutentbrannt stand Melina auf und schrie: „Du bist eine elendige Schlampe, du hast mich belogen und mir mein Leben mit deinen Bestellungen auf meinen Namen versaut, ich habe nie mehr die Möglichkeit, finanziell Fuß zu fassen, weil Du mein Leben verpfuscht hast.“ Nadine war kreidebleich, nie hatte sie Melina so erlebt und auch so gab es nur zweimal in Melinas und Nadines Leben so eine Situation, in der Nadine die Kontrolle verlor. Sie hatte Melina nur zweimal geschlagen, aber das hier war eine Situation, die vollkommen aus dem Ruder lief. Sie wollte Melina schlagen, die ist bei dem Versuch gestürzt und nun war die Situation gänzlich hinüber. Es gab nichts mehr, was die beiden sich zu sagen hatten, das Band zwischen Mutter und Tochter war mit dieser Aktion zerrissen. Nadine stand da und begann zu weinen, es tat ihr in der Seele weh, Melina so zu sehen. Sie wollte das so nicht, aber die Anfeindungen der letzten Monate und auch der finanzielle Stress kamen in diesem Moment zusammen und ließen Nadine explodieren. Ja, sie hatte Fehler

gemacht und war dabei, sie zu bereinigen, aber dass man ihr mit einer solchen Verachtung gegenübertrat, obwohl sie die ganzen 18 Jahre für Melina gekämpft hatte. Das war selbst für Nadine, die ja nun schon einiges durchgemacht hatte in ihrem Leben, zu viel.

Melina war kreidebleich und auch Nadine zitterte am ganzen Körper, sie schrie Melina an: „Pack Deine Sachen und geh sofort, bevor ich mich ganz vergesse. Ich lass mich von Dir nicht als Schlampe bezeichnen und schon gar nicht als schlechte Mutter. Ja, verdammt noch mal ich habe einen Fehler gemacht und er tut mir unendlich leid, aber mehr als mich dafür zu entschuldigen und die Sache in Ordnung zu bringen, kann ich nicht. Du hast aber noch lange nicht das Recht, mich so zu behandeln und mich so zu betiteln, also packe Deine Sachen und sieh zu, dass Du hier rauskommst, bevor ich mich vergesse." Mit diesen Worten drehte Nadine sich um und ging ins Wohnzimmer, schloss die Tür und ließ Melina im Flur stehen.

Nadine legte sich auf die Couch und begann zu weinen. Sie liebte Melina über alles, aber die letzten zwei Jahre waren die Hölle. Nadine hatte Angst vor ihrem eigenen Kind. Melina war so unberechenbar geworden und auch in vielen Dingen sehr selbstsüchtig. Sicherlich hatte Nadine viele Fehler in der Erziehung gemacht und auch so Melina manchmal sehr viel zugemutet, aber hatte sie dadurch das Recht, ihre Mutter so zu behandeln? Nadine war verzweifelt und hoffte, dass Melina gehen würde.

Sie hörte sie im Flur telefonieren, dann war es eine ganze Zeit still. Als Nadine in der Küche aus dem Fenster sah, stand Melinas Freund mit dem Auto vor der Tür. Nadine sah, wie Melina einige Sachen in den Kofferraum packte und noch mal nach oben sah. Als sie ihre Mutter am Fenster sah, zeigte sie ihr den Stinkefinger und stieg ins Auto ein.

Sie war also fort, dachte Nadine und in ihr brodelte ein Kampf aus Trauer und Erleichterung. Vielleicht war es ja wirklich für

beide besser, wenn sie nicht mehr zusammenlebten. Nadine fragte sich, ob sie nun froh oder traurig sein sollte, sie fand keine Antwort.
Lucas war überrascht, mischte sich aber nicht ein. Er sagte, Nadine müsste selbst entscheiden, was gut für sie ist. Er hatte die ewigen Streitereien miterlebt und versuchte, sich so gut es ging, rauszuhalten, manchmal jedoch griff sogar er ein, denn er fand, Melina verhielt sich oftmals unfair der Mutter gegenüber. Die allerdings konnte sich nicht wirklich durchsetzen und machte damit im Grunde genommen alles noch viel schlimmer. Er sah Nadine an, dass ihr der Streit sehr zu schaffen machte und so beschloss er, mit Nadine am Wochenende nach Berlin zu fahren, zum einem um nach seiner Wohnung zu schauen und zum anderen, um seinen Eltern ein Besuch abzustatten.
Nadine würde also somit seine Eltern kennenlernen und sie war ziemlich gespannt auf deren Reaktion.
Gesagt, getan, beide saßen am Freitagnachmittag im Auto Richtung Berlin. Nadine freute sich über die Abwechslung und war megagespannt auf Lucas' Eltern.

Sie saßen im Wohnzimmer der Eltern und Nadine mochte Lucas' Mama auf Anhieb. Die beiden Frauen verstanden sich sofort sehr gut und Nadine hatte das Gefühl, von beiden sehr gemocht zu werden. Der Nachmittag bei Lucas' Eltern verging wie im Flug. Die Eltern von Lucas waren ähnlich gestrickt wie ihre eigenen Eltern, eine normale Arbeiterfamilie. Allerdings wusste Nadine noch nicht, was sie in Zukunft für diese beiden Menschen noch alles tun würde und wie sehr sie Nadines Leben beeinflussen würden.
Das Wochenende verging wie im Flug und Nadine hatte so gar keine Lust, wieder nach Bayern zu fahren.
Als sie abends im Bett lagen und die morgige Abfahrt besprachen, sagte Nadine leise zu Lucas: „Am liebsten würde ich hier wieder leben wollen. Ich würde so gerne alle Brücken in Bay-

ern abbrechen, um in Berlin noch mal ganz neu anzufangen."
Lucas sah sie an und fragte: „Ist das Dein Ernst?"
„Ja", sagte Nadine, „in Bayern habe ich in den letzten Jahren nur Stress und Streit erlebt und ganz ehrlich, die Menschen dort sind nicht wirklich ehrlich. Berlin ist meine Heimat und je mehr ich in dieser Stadt verbringe, desto größer ist die Sehnsucht. Zudem, Lucas, wer kümmert sich um Deine Eltern? Ich habe sie in mein Herz geschlossen und Deine Eltern haben niemand hier. Deine Mutter ist blind und dein Vater ist auch nicht mehr der Jüngste." Lucas verdrehte die Augen. „Meine Eltern", sagte er verbittert, „waren auch nie für uns Kinder da. Ganz im Gegenteil meine Mutter sagte einmal, gäbe es uns Kinder nicht, könnte sie mit Vater unbesorgt leben. Glaub mir, mein Schatz, meine Eltern waren nie die Eltern, die man sich als Kind gewünscht hätte."
Nadine schaute Lucas an und erwiderte: „Schau, meine Mutter hat mich auch oft im Stich gelassen und glaub mir, ich hatte genauso, wenn nicht noch mehr Stress mit meinen Eltern. Ich habe meiner Mutter verziehen und in den letzten Jahren ist sie für mich eine sehr gute Freundin geworden."
„Also mal ganz ehrlich", erwiderte Lucas, „ich würde nicht wegen meinen Eltern nach Berlin ziehen, wenn dann für Dich. Wenn Du glaubst, Du kannst hier Fuß fassen und Frieden finden, dann komme ich, zwar ungern, aber ich komme mit. Wir könnten ja meine Wohnung wieder herrichten und uns ein schönes Nest bauen, fernab, von all dem Theater, das Du mit Deinen Kindern und deiner Familie und Freunden in Bayern hast."

Nadines größter Wunsch war es, endlich den langersehnten Frieden zu finden, fernab von all dem, was sie in den letzten Jahren in Bayern erlebt hatte. Sie wusste, wenn sie Schwabmünchen den Rücken kehren würde, dann hätte sie auch ihre Kinder verloren, aber mal ganz ehrlich, wann waren die Kinder

für sie da? Ihr Sohn hatte seit Langem mit ihr gebrochen und wäre Nadines Mutter nicht gewesen, dann würde hier noch mehr als nur Funkstille herrschen, es wäre wahrscheinlich ein kleiner Krieg ausgebrochen. Und Melina? Die hatte ihre eigene Welt, in der Nadine so gar keinen Platz hatte. Nach dem Theater mit den unbezahlten Rechnungen war es noch schlimmer geworden und Melina verachtete ihre Mutter. Warum also sollte Nadine sie weiterhin unterstützen und ihre Wohnung behalten? Melina tat nichts, rein gar nichts, um ihrer Mutter zu helfen. Ganz im Gegenteil, sie forderte nur und war nicht imstande, auch nur ein klein wenig dafür zu geben, sei es auch nur einmal mit anzupacken und aufzuräumen. Stattdessen forderte sie nur und war beleidigend, wenn man ihren Forderungen nicht gleich nachkam. Nein, Nadine hatte die Nase voll, sie wollte weg, raus, neue Luft um sich herum spüren, noch mal von vorne anfangen, an der Seite des Mannes, den sie liebte und sie wusste, es war der richtige Weg.
Sicherlich würde es nicht einfach werden, denn Lucas war nicht einfach, aber Nadine hoffte, dass sie sich zusammenraufen würden und sie würde darum kämpfen.
Also schien es beschlossen, sie würden nach Berlin gehen, Lucas Wohnung war dafür bestens geeignet. Nadine hatte Herzklopfen, als sie daran dachte, was alle anderen und auch Melina dazu sagen würden. Auf der Fahrt nach Bayern war Nadine ungewöhnlich still und Lucas wusste genau, warum. Sie grübelte und er sah ihr an, dass sie mit sich selber haderte. Leise sagte er zu ihr: "Das sollte gut überlegt sein, zudem solltest Du in Berlin einen Job haben und der Umzug würde auch ganz schön kosten." Nadine schmiedete in Gedanken einen Plan und sie glaubte sogar, er könnte funktionieren. Sie wusste, dass das Arbeitsamt einen Umzug zahlen würde, dazu musste Nadine allerdings erst einmal arbeitslos sein und einen neuen Job in Berlin haben. Sie würde, sobald sie in Schwabmünchen waren,

sich auf dem Stellenmarkt in Berlin mal auf die Suche begeben.
Sie erzählte Lucas von ihrem Vorhaben und der war überrascht, wie sehr Nadine einem Neuanfang entgegenfieberte.
Erst wenn alles unter Dach und Fach war, wollte Nadine alle anderen einweihen und bis dahin sollte Lucas schweigen. Er versprach Nadine, sich daran zu halten.
Melina war sowieso kaum zu Hause und so hatte Nadine nach ihrer Arbeit die Möglichkeit, sich zu bewerben und es sollte funktionieren. Nun kam eigentlich der schwierigere Akt, sie musste einen Weg finden, um gekündigt zu werden. Sie legte es darauf an und machte erst einmal krank, dann schickte sie die Krankmeldung bewusst zwei Tage zu spät weg und es kam, wie es kommen sollte. Eines Vormittags stand ihr Chef, den sie eigentlich sehr gern hatte, etwas erbost vor ihrer Haustür, er hatte die Kündigung und das Übergabeprotokoll dabei. Auch ihre Kollegin war dabei und nun saßen alle drei am Tisch und als Nadine ihrem Chef von ihren Plänen erzählte, verstand er und lächelte beruhigt. „Mensch, Nadine, Du hättest doch mit mir reden können. Wir hätten doch einen einfacheren Weg gefunden.“ Sie aber entgegnete, dass das der bessere Weg war, da sie jetzt den Umzug bezahlt bekäme und er verstand den Plan. Sie gingen somit im Guten auseinander und Nadine tat es weh, denn schließlich hatte sie einen tollen Job und vor allem einen megatollen Chef und ein richtig tolles Team. Aber Nadine war sich sicher, all das aufzugeben, um in ihrer Heimat mit Lucas einen Neuanfang zu starten. Allerdings fehlte ihr nun das Auto. Gut war, dass Lucas ja seinen BMW noch hatte.
Am nächsten Tag saß sie beim Arbeitsamt im Ort und die Dame nahm alles auf. Als Nadine ihr erklärte, dass sie ein Jobangebot aus Berlin hätte, war die Dame angenehm überrascht und klärte Nadine auf. Sie musste die Bewerbungsfahrt nach Berlin deklarieren und der Arbeitgeber in Berlin musste ihr bescheinigen, dass sie auch da war, dann würde Nadine die Reise- und

Übernachtungskosten erstattet bekommen. Am besten wäre es, wenn Nadine mehr als nur ein Bewerbungsgespräch hätte. Nadine versprach, sich zu bemühen und die Dame sprach ihr Erfolg aus. Wenn sie dann einen Arbeitsvertrag hätte, müsste sie drei Kostenvoranschläge von diversen Umzugsunternehmen vorlegen und das Arbeitsamt würde dann einen davon bewilligen. Nun war es zum Greifen nah. Nadine würde bald einen Neuanfang starten können und es wurde ihr ganz flau im Magen. Vor allem aber, wie würde Melina reagieren?

Melina war nur selten zu Hause und so schmiedete Nadine einen Gedanken, wie sie Melina davon erzählen würde, dass sie in knapp vier Monaten nach Berlin ziehen würde. Für Nadine war es keine leichte Entscheidung, aber all das hier in Bayern war für Nadine nicht mehr schön und auch die Beziehung zu Melina war zerbrochen. Sie hatte das Band, das sie einmal zusammenhielt, durch einen dummen Fehler zerrissen und es gab nichts mehr, das Nadine tun konnte, um das wieder zu reparieren. Es tat ihr weh, aber sie war selber schuld. Hätte sie Melina von Anfang an die Wahrheit über ihren Fehler erzählt, dann wäre all das nicht passiert und Nadine wäre im Traum nie auf die Idee gekommen, alle Brücken abzubrechen, denn Melina war immer Nadines Halt und all ihre Liebe galt ihr.
Lucas hielt sich im Hintergrund und wartete ab. Eines Abends, Nadine und Lucas lagen auf der Couch und schauten fern, stand Melina und Marcus, ihr Freund, in der Tür und auch Tina kam herein. Da fasste Nadine sich ein Herz und bat alle drei an den Tisch. Lucas setzte sich zu Nadine. Sie wusste, dass er das tat, um ihr den Rücken zu stärken und die Anderen nahmen auch am Tisch Platz. Nadine nahm eine Flasche Wein aus dem Kühlschrank und schenkte jedem ein Glas ein, mit den Worten: „Ich muss Euch etwas sagen und bitte lasst mich ausreden.“ Nun waren alle neugierig und schauten zu Lucas, der nur mit den Schultern zuckte und Nadine zuzwinkerte.

Zu Melina und Marcus gewandt fragte Nadine: „Marcus, wie wichtig ist Dir Melina?“ Der schaute Nadine verblüfft an und sagte instinktiv: „Sehr wichtig.“
„O. k.“ sagte Nadine, „das ist gut, denn ich habe für mich einen Entschluss gefasst und glaubt mir, ich habe es mir nicht leicht gemacht. Ich werde im Mai nach Berlin ziehen, für immer.“
Totenstille, alle saßen da und schauten Nadine entgeistert an. „Das ist jetzt nicht dein Ernst?“, wollte Melina wissen, „sag mir, dass das nicht wahr ist.“
„Doch“, sagte Nadine, „es ist soweit alles schon geklärt, sobald ich in Berlin einen Job gefunden habe, werden Lucas und ich nach Berlin gehen. Ganz ehrlich was hält mich hier noch? Eine Tochter, die mich nur noch schikaniert, mich verachtet und mir meine Fehler ein Leben lang nachträgt. Eine Freundin, die so viel mit sich selbst zu tun hat und deren Mann mich hasst? Ganz ehrlich, ich habe genug gelitten und ich will so nicht mehr weitermachen. Meine Beziehung leidet darunter und ich, ich möchte endlich wieder ich selbst sein dürfen. In ein paar Wochen werde ich 50 Jahre alt und die letzten zwei Jahre waren die Hölle, ob es nun der Krebs war und mir niemand zur Seite stand, oder die Schulden, die mich beinah in die Knie gezwungen hätten, dann der ewige Streit mit Dir, Melina, ich kann nicht mehr und ganz ehrlich, ich will auch nicht mehr. Du hast nun drei Monate Zeit zu schauen, wo Du hingehst, entweder zu Marcus oder aber Du suchst Dir, wie du ja schon einmal vorhattest, im Seniorenstift ein Schwesternzimmer. Ich lasse Dir alle Zeit der Welt, sollte das in den drei Monaten nicht klappen, kündige ich diese Wohnung hier später. Alles, was Du für eine eigene Wohnung brauchst, kannst Du hier mitnehmen. Waschmaschine, Trockner, Schränke, Geschirr, Bettwäsche. Ich nehme nur mein persönliches Zeug mit und eben ein paar Kleinigkeiten. Lucas’ Wohnung in Berlin ist eingerichtet und daher kannst Du mitnehmen, was Du brauchst.“

Melina sprang wie von der Tarantel gestochen auf und rannte in ihr Zimmer. Marcus tappte wie ein begossener Pudel hinterher und Tina saß am Tisch und war wohl die Einzige, die Nadine verstand. Allerdings war sie skeptisch, was das Zusammenleben mit Lucas anbetraf. Sie hatte die beiden oft streiten gehört und glaubte, dass die beiden keine Chance hatten auf eine längere Beziehung. Daher sagte sie zu Nadine: „Hast Du Dir das auch gut überlegt?“ Nadine schaute ihre Freundin an und sagte zu Lucas blickend: „Ja, ich habe gut überlegt und meine Gründe sind ja wohl nicht zu übersehen.“
Tina hatte miterlebt, wie sehr sich Melina und ihre Mutter stritten und sie hatte immer versucht, Melina zu bändigen, aber irgendwie ist in diesem Mädchen nach dieser Enttäuschung etwas passiert, was sie sich selber nicht erklären konnte. Melina war sehr verwöhnt, das wusste auch Tina und sie bewunderte Nadine oft für das Meistern ihres Lebens, aber das, was da zwischen den beiden stand, das war mehr als nur der Betrug, sondern hier hatte sich all die Jahre etwas angestaut und Melinas Dickkopf war nicht bereit, das zu klären. Sie konnte Nadine verstehen, endlich einen Neustart haben zu wollen, auch wenn ihre Freundin dann einfach mal 700 km entfernt leben würde.
Melina wollte nicht mehr mit Nadine reden, sie verkroch sich in ihr Zimmer und war ab diesem Abend kaum noch zu sehen. Es tat Nadine weh und sie hoffte, dass Melina wenigstens noch einmal käme und dass die beiden Frauen die Möglichkeit bekämen, ein klärendes Gespräch zu führen, sie wollte sich so nicht von Melina trennen.
Nadine hatte eine Idee, sie schrieb Melina einen Brief bzw. eine Einladung. Sie wollte mit ihr zum Essen gehen, einen ganzen Abend mit ihr verbringen und da dann einfach mal zwischen Mutter und Tochter ein Gespräch führen. Sie hoffte, Melina würde zusagen.

Melina sah ihre Mutter an, als sie gemeinsam in der kleinen Pizzeria saßen, und Nadine war es, als würde der Boden unter ihr zusammenbrechen.
„Du bist mir nie eine gute Mutter gewesen und auch jetzt lässt Du mich im Stich. Du warst immer nur Arbeiten und an mich hast Du nie gedacht.“
Der Abend verlief anders, als Nadine es sich erhofft hatte, denn Melina war auf Streit aus und genau das wollte Nadine mit diesem Abend nicht bezwecken. Sie hatte so sehr gehofft, sie würden irgendwie wieder zueinanderfinden, aber es lief komplett aus dem Ruder. Sie wusste hier und jetzt gäbe es keine klärenden Worte und so beschloss Nadine, den Abend so schnell wie möglich zu beenden. Melina war nicht zu besänftigen und Nadine saß da und weinte. Sie war so enttäuscht und aufgewühlt, dass sie nach dem Bezahlen das Restaurant verließ, ohne Melina auch nur noch eines Blickes zu würdigen. Marcus stand mit seinem laufenden Motor vor dem Restaurant und im Augenwinkel sah Nadine Melina nur noch einsteigen und dann war sie auch schon im Dunkel der Nacht verschwunden. Sie ging zu Fuß nach Hause und ihren Tränen ließ sie freien Lauf. Warum nur war alles so verworren, hatte sie doch wirklich alles versucht, dass man ihr verzieh. Melina hingegen hasste ihre Mutter und Nadine konnte so gar nichts tun, um sie wieder zurückzugewinnen. Sie hatte hier auf voller Ebene versagt. Sie hoffte so sehr, dass sie bald einen Job in Berlin finden würde, um endlich diesem Dilemma entfliehen zu können.

Endlich, als sie auf ihren PC schaute und die Einladung zu ihrem ersten Bewerbungsgespräch sah, schrie sie vor Freude auf. Endlich, Lucas nahm sie in den Arm, sie sollte schon in drei Tagen in Berlin sein. Sie rief die Dame vom Arbeitsamt an und die sagte ihr zu, dass sie die Kosten für die Fahrt erstattet bekäme.

Also machten sich Lucas und Nadine auf und fuhren wieder nach Berlin. Sie hatten auch gleich ein paar Kartons dabei, die sie in der Wohnung lassen konnten.
Nadine hatte einen Job in einem großen Call Center in Aussicht und sie hoffte so sehr, dass man sie einstellen würde.

Sie war gut in dem, was sie tat und daher glaubte sie auch, dass es in Berlin einfacher sein würde, gerade in ihrer Branche einen Job zu finden. Und tatsächlich es sollte klappen. Sie sprach vor, wurde getestet und am Ende des Tages hielt man ihr einen Arbeitsvertrag hin. Nadine war überglücklich. Zwar waren die Gehälter bei Weitem geringer als in Bayern, aber sie hatte einen festen Arbeitsvertrag und ein regelmäßiges Einkommen. Sollte der Job wider Erwarten nicht gut sein, konnte sie sich ja was anderes suchen, zumindest war aber ihr Umzug nach Berlin gesichert.
Lucas freute sich mit Nadine und auch darauf, seine Wohnung für Nadine und sich als kuscheliges Nest zu gestalten.
In Bayern angekommen begannen nun endlich die Vorbereitungen für den Umzug. Drei Unternehmen kamen und Nadine hatte binnen kürzester Zeit die Kostenvoranschläge beim Amt abgegeben. Dann begann sie, den Keller zu entrümpeln und zu packen, die Kisten bekam sie vom Umzugsunternehmen. Nadine hatte ja noch Zeit. Bisher war die Wohnung ja noch nicht gekündigt. Melina sollte noch bis Juni drin bleiben, um dann ins Mädchenwohnheim ihres Arbeitgebers zu ziehen. Nadine hatte ihr alles gelassen, was sie brauchte und dann, wenn die Wohnung übergeben würde, hätte sie noch genügend Zeit, um alles zu entrümpeln und den Rest mitzunehmen.
Der Tag rückte immer näher und Melina ließ sich nicht mehr sehen. Nadine hatte gesehen, dass der größte Teil ihrer Anziehsachen weg war. Sie hoffte so sehr, dass Melina zumindest an Nadines letztem Abend in Bayern noch einmal kommen würde, um sich von ihrer Mutter zu verabschieden. Aber nichts ge-

schah und so kam es, dass am nächsten Tag der Umzugswagen vor der Tür stand und Nadine nur noch hoffen konnte, Melina wenigstens einmal zu sehen.
Die Männer packten nach und nach alles ein und die Wohnung leerte sich von einer Minute zur anderen. Nach drei Stunden war so gut wie alles verstaut und Nadine stand in der fast leeren Wohnung. Melinas Zimmer, sie trat hinein und sah sich um, alles erinnerte sie an eine so schöne Zeit mit ihrem Kind. Wie oft saß sie auf diesem Bett und hatte Melina wegen irgendwelcher Problemchen getröstet, wie oft hatte sie sie gebeten, dass sie ihren Saustall aufräumen sollte und jetzt, das Zimmer war zwar komplett eingerichtet und alles war an seinem Platz, aber es war leer, es hatte keine Seele mehr, Nadine hatte ihr Kind verloren. Sie legte einen Brief auf ihr Bett, zog die Tür langsam hinter sich zu, nahm ihre Jacke und Handtasche und schloss die Wohnungstür hinter sich ab. Im Hausflur traf sie auf Tinas Mann, der wohl zugesehen hatte, wie der Umzugswagen nach und nach voller wurde. Er stand mit einem fiesen Grinsen vor ihr und sagte: „Ich bin froh, dass Du endlich weg bist. Du warst an allem schuld. Tina hat mich betrogen und Du hast sie gedeckt, hast mich belogen. Ich wünsche Dir nichts Gutes und ich weiß, Du wirst in Berlin untergehen. Deine alte Heimat, dass ich nicht lache. Du bist anschaffen gegangen in Berlin und Du wirst es wieder tun. Du hast Deine Kinder betrogen und deswegen hassen sie Dich."
Nadine wurde kreidebleich, was nur hatte sie diesem Mann angetan, dass er sie so hasste? Nur weil sie zu ihrer Freundin gehalten hatte? Nadine wehrte sich und sagte: „Und Du, Du wirst Tina nie halten, mit Deinem Suff und Deinen Drogen. Einmal ein Junkie, immer ein Junkie oder?" Er brüllte sie hasserfüllt an: „Und Du, Du Schlampe, wirst immer Nadine bleiben. Sie sah ihn an und mit Tränen im Gesicht drehte sie sich um, sah in den Spiegel, der im Flur noch hing und sagte laut: „Nenne mich nie wieder Nadine, die bin ich schon lange nicht

mehr, ich heiße, verdammt noch mal AMEE!“ Mit diesen Worten ließ sie ihn im Flur stehen und war bereit für ein neues Leben.

Unten am Lkw wartete Tina, die sich von ihrer Freundin mit den leisen Worten verabschiedete: „Wenn Du nicht mehr weiterweißt, Du weißt ja, wo ich wohne.“ Nadine lächelte und sagte: „Ich hoffe nicht, es wird alles gut. Pass auf Melina auf“, bat sie ihre Freundin, stieg in das Auto von Lucas und sah nicht mehr zurück … Adieu Bayern … Willkommen Neuanfang …

Gegenwart

Die damaligen Worte des Mannes taten weh, das sollten sie wohl auch. Aber diesen Satz habe ich mir zu Herzen genommen. Nennt mich nie wieder Nadine!!
Nadine gab es ab diesem Zeitpunkt nicht mehr. Dieser Name hatte mich all die Jahre nur im negativen Sinne begleitet, deswegen habe ich meinen Büchern auch diesen Namen gegeben. Nadine hieß ich während meiner Milieuzeit und jeder, der mich damals kannte, nannte mich so. Jeder, der mich nicht mochte und der von meiner Vergangenheit wusste, benutzte ihn, um mich damit zu verletzen oder mich daran zu erinnern, wie scheiße ich doch eigentlich war. Ob es Max war, der mich im Bett als Hure bezeichnete oder ob es Karl-Heinz war, der mich einmal fragte, ob ich überhaupt noch wüsste, wie viel Männer ich in meinem Leben hatte.
Ja, mein Leben war verkorkst und ja, ich habe trotz der eigenen schlechten Erfahrungen mit meinen Eltern, selber keine gute Mutter abgegeben. Meine beiden Kinder haben sich von mir abgewandt, damit muss ich heute klarkommen. Es gibt hierfür auch keine Entschuldigung.
Aber Fakt ist, ich habe in Berlin wirklich neu angefangen, habe dank Lucas ein ruhiges Leben und ihn habe ich 2012 auch geheiratet. Sicherlich war es in den sechs Jahren, die ich nun in Berlin lebe, nicht einfach. Der Tod meiner Mutter 2013 hat mich fast um den Verstand gebracht und auch noch weiter von meinen Kindern entfernt. Die Beerdigung, an der Melina und auch ihr Freund Marcus teilgenommen hatten, wurde zu einem regelrechten Familiendrama. Mein Sohn hatte diese Beerdigung arrangiert und mit wenig Mitteln so liebevoll gestaltet wie möglich. Mein Stiefvater allerdings war auch da, der war ja auf dem Papier noch mit meiner Mutter verheiratet. Der wiederum war der Opa meines Sohnes, der, der ihn verwöhnt und verhätschelt hat, mit dem Wissen, dass er auch das Band zwi-

schen Mutter und Sohn bewusst zerrissen hatte. Egal, Schnee von gestern, aber auf dieser Beerdigung wurde allen schlagartig klar, dass das Bindeglied in der beschissenen Familie durch das Sterben der Mutter und Oma endgültig zerbrochen war und genau so war dann auch die Trauerfeier. Frank, mein kleiner Bruder rastete völlig aus, er war auf Droge und schrie in der Kirche rum, hetzte gegen den Stiefvater und erschien in Boberjacke, Cappy, Turnschuh und stand völlig neben sich. Der Pfarrer wollte ihn des Platzes verweisen, er aber ließ sich nicht beirren und ging auf den Stiefvater los. Mein Sohn und auch meiner Tochter mit ihrem Mann, der ja nun aus gutbürgerlichen Verhältnissen kam und noch dazu hochkatholisch war, sie waren alle geschockt. Die Trauerfeier war für alle Anwesenden das Schlimmste, was man in solchen Momenten erleben kann und der Abschied von einem geliebten Menschen wurde zum Horror.
Hier denke ich, hat Melina entschieden, sich gänzlich von mir und meinem Leben zu verabschieden. Hat es ihr doch gezeigt, dass meine Familie nicht das ist, was sie sich unter einer Familie vorstellt und es war ihr mehr als nur peinlich gegenüber ihrem Freund. Ich kann es verstehen und heute, nach knapp 5 Jahren, nehme ich ihr das auch nicht übel. Sie hat ihr eigenes Leben, ist seit 2015 Mutter einer kleinen Tochter, ist verheiratet seit 2017 und nun, 2017, noch mal Mama geworden. Sie hat das, was sie sich immer gewünscht hat: eine Bilderbuchfamilie. Das Einzige, was ich in meinem Leben gut hinbekommen habe, ist dieses Mädchen und darauf bin ich stolz.
Nun war niemand mehr da, der mir in der Familie wirklich etwas bedeutete und am Grab meiner Mutter habe ich mir geschworen, dass ich meinen Frieden finden will. Ich möchte endlich morgens aufwachen ohne Gewissensbisse, ohne Angst und ohne die täglichen Selbstvorwürfe. Ich will endlich ich sein dürfen, Amee, und nicht mehr Nadine. Die schlimmste Zeit hatte ich in Berlin zwischen 2013 nach dem Tod meiner

Mutter bis 2015. Ich wurde 15 mal operiert, mein Rücken war kaputt, heute weiß ich, dass das auch zum Loslassen gehört hat. Ich habe in all den Jahren so viel Last auf mich genommen und hatte nie die Zeit der Ruhe. Lucas hat bei jeder der Operationen zu mir gehalten und mich gestärkt. Er war immer da. Beruflich habe ich in Berlin noch nicht das gefunden, was mir Spaß macht, aber ich habe einen Job und bin auch sehr erfolgreich. Mein größtes Highlight hatte ich 2016. Zwar war das Jahr sehr turbulent, denn ein großer Streit mit Lucas und eine vorläufige Trennung mit eigener Wohnung hatten das Jahr zu einem Stressjahr gemacht, dennoch fanden wir wieder zusammen, da Lucas um uns gekämpft hatte. Ja, mit mir ist es nicht einfach, ich habe meine Tücken, aber ich bin auch lernfähig und je mehr wir stritten, desto besser wurde es. Also 2016 zwar auseinander, Ende 2016 dann aber wieder zusammen und 2017 bin ich das erste Mal in meinem Leben schuldenfrei gestartet. 2017 war für mich das beste Jahr, keine Schulden, mit Lucas wieder richtig glücklich und dann das Highlight ever, meine erste Auslandsreise über den großen Ozean nach Miami. Ich hatte den schönsten Urlaub überhaupt, mit dem Mann an meiner Seite, den ich über alles liebe.

Egal, wie schlecht mein Leben war und egal, wie viele Wunden mein Herz bekommen hat, heute im Januar 2018 kann ich sagen, ich bin glücklich und habe meinen Schwur erfüllt. Ich lebe an der Seite des Menschen, den ich schon mit 15 haben wollte, in der Stadt, die ich liebe.

Lucas und ich leben zusammen, ich habe meine Krankheiten überwunden, habe einen tollen Job und ein schönes Zuhause. Aus Nadine wurde wieder Amee, eine glückliche und zufriedene Amee. Eine selbstbewusste Frau, die nicht mehr nach unten schaut, sondern nach vorne und das ohne Angst, sondern mit Zuversicht. Ich kann sagen, ich bin glücklich und egal, was war, diese Jahre hier in Berlin haben mich endlich wieder zu mir finden lassen.

Zudem möchte ich auch noch etwas loswerden. Im September 1993 wurde eine sehr gute Freundin von mir in Augsburg ermordet. Ich war damals schon Mama und aus dem Milieu gerade ein Jahr ausgestiegen, aber dieser Anruf einer damals ehemaligen Freundin ist mir noch immer im Gedächtnis.
Sie war ein ganz besonderer Mensch, kannte meine Eltern und war eine Freundin von mir und meiner kleinen Schwester. Anschi war wie ich damals auf dem Straßenstrich in Augsburg tätig. Ihr Vater war Brasilianer und die Mama wohl Deutsche. Ihre Kinder waren noch klein und lebten bei der Mutter von Anschi in der Nähe von Ulm. Sie war eine bildhübsche Frau und wirkte mit ihren fast 35 Jahren immer noch sehr jugendlich und man glaubte immer, sie wäre nicht älter als 20 Jahre.
Sie stand damals an der Bürgermeister-Ackermann-Str. und war eine der wenigen Mädels, die keinen Zuhälter hatte. Wir haben viel Zeit miteinander verbracht und sie war immer ein wenig durch den Wind.
Damals erfuhr ich, dass man sie während der Arbeit wohl mit einem Tischbein erschlagen hatte und sie dann wie ein Stück Dreck an einem Bahngleis abgelegt hatte. Das Kuriose an der Geschichte ist, dass man sie nicht beraubt hatte und man bis heute wohl den Täter nicht gefunden hat.
Ich denke sehr oft an sie und so viele andere Menschen in meinem Leben, die so jung sterben mussten. All denen widme ich diese Bücher ich und bin in Gedanken oft bei Euch:
Riccarda wegen Krankheit, 1978
Sabrina gestorben an Drogen, 1976
Meine Schwester Biggy gestorben, Drogen und Aids, 1995
Jasmina, gestorben an Drogen oder Mord, 1980
Anschi gestorben, 1993, Mord
Meine Mama, 2013
Mein leiblicher Papa, 2015.
An die Menschen, die ich liebe,

ich bin, wie ich bin und habe viel lernen müssen in meinem Leben. Für die einen war und bin ich immer noch die Hure, die es nie schaffen wird.

Für die anderen bin ich die Versagerin, die nichts in ihrem Leben erreicht hat. Aber mal ganz ehrlich, ihr lest gerade mein Buch und sagt, ich habe nichts erreicht?

Ich habe viel falsch gemacht und bin über jeden Stein gestolpert und trotzdem bin ich wieder aufgestanden und habe gekämpft.

Ich habe zwei Kinder geboren, erzogen davon leider nur eins und dennoch liebe ich beide. Ich werde immer Mutter sein und im Herzen bei meinen Kindern und Enkelkindern. Ich wünsche mir von Herzen, dass mir die Menschen verzeihen, denen ich wehgetan habe. Vielleicht können sie mir ja irgendwann vergeben. Während des Schreibens ist mir so viel bewusst geworden und ich habe bemerkt, dass ich mehr Glück im Leben hatte als so manch anderer. Sicherlich hätte ich das schon früher sehen müssen, da aber hatte ich noch gar keinen Blick dafür.

Ich habe meiner Tochter einen Weg bereitet, gehen musste sie ihn allein und sie ist ihn gegangen, ich bin sehr stolz auf sie. Meinem Sohn konnte ich keine Mutter sein, sei es, weil ich zu wenig gekämpft habe oder aber auch, weil man nicht wollte, dass ich ihn erziehe. Heute jedoch ist er ein hervorragender Vater und ein toller Mensch, also scheint hier auch vieles richtig gewesen zu sein, auch wenn es nicht mein Verdienst war.

Ich selber habe zu mir gefunden und meinen Traum erfüllen können, den ich mit 15 Jahren hatte. Ich lebe an der Seite des Mannes, den ich mit 15 Jahren schon geliebt habe. Ich danke Lucas vor allem für seine Geduld und seine grenzenlose Liebe. Du bist das Beste, das mir je passiert ist. Ich bin dankbar für jeden Moment mit Dir und bin ehrlich glücklich und zufrieden mit meinem Leben an Deiner Seite. Viele Tränen hat dieser Weg gekostet und viele Brücken sind gebrochen. Aber ich bereue es nicht, nach Berlin gezogen zu sein. Denn hier wurde

aus Nadine Amee und die hat endlich mit sich und ihrem Leben Frieden geschlossen.
Danke, Lucas, ich liebe Dich.

So, lieber Leser, nun klappe ich die Seite dieses Buches zu und ganz ehrlich, ich bin froh, es geschafft zu haben. Denn dieses Buch hier war für mich am Schwierigsten zu schreiben. Hier musste ich die Hosen runterlassen und zu meinem Mist stehen, den ich verzapft habe.
Ich danke Euch für das lange Warten auf den letzten Teil von Nadine, die viel lieber Amee ist.

Über die Autorin

Amee Brooks wurde 1962 in Berlin geboren. Ihr Roman basiert auf ihrem Leben. Sie hatte schon einmal für Schlagzeilen gesorgt und war der sogenannte Vorreiter für den Welterfolg "Wir Kinder vom Bahnhof Zoo". Am 30.03.1978 erschien im Stern eine Reportage über Christine, 14 Jahre. Sie erhielt damals 30 DM. Eltern und Lehrer wussten Bescheid, doch keiner schlug Alarm, erst Käthe Kruse Puppe, dann Irma La Douce ... Ihre Eltern, damals selbstständige Handwerker, legten gegen diesen Bericht Beschwerde ein und stellten Strafantrag, da Christine damals noch minderjährig und somit nicht geschäftsfähig war. Die Geschichte wurde daraufhin eingefroren, die Protagonistin später durch die heute bekannte Christiane F. ersetzt. Christine arbeitete damals mit Horst Rieck zusammen. Die Autorin möchte mit Klischees aufräumen und dem Leser versichern, dass es aus jedem Dilemma auch einen Ausweg gibt, dass Rückschläge einen Menschen auch nach vorne bringen können. Nicht jede drogensüchtige Babyhure muss ihr Leben lang eine bleiben. Gefühlvoll erzählt sie die wahre Geschichte von "Christine" und beginnt da, wo ihr Leben eine Wendung nahm, sie erzählt vom Verfall und von der Kraft, neu zu beginnen, von Vorurteilen und Ängsten. Sie erzählt, wie sie es geschafft hat, in ihrem beschissenen Leben eine Linie zu finden und wie sie schließlich aufstand, um zu kämpfen. Heute ist sie 52 Jahre alt, Mama von zwei erwachsenen Kindern und hat die große Liebe ihrer Drogen- und Milieuzeit 35 Jahre später geheiratet. Beruflich erfolgreich schreibt sie nun an der Geschichte ihres Lebens.

Lesen Sie mehr von Amee Brooks bei DeBehr

1978 erschien im Stern eine Reportage über Amee Brooks alias Christine, 14 Jahre, als Vorreiter für den Welterfolg "Wir Kinder vom Bahnhof Zoo". Eltern und Lehrer wussten Bescheid, doch keiner schlug Alarm, erst Käthe Kruse Puppe, dann Irma La Douce. Sie erhielt 30 DM. Ihre Eltern legten Beschwerde ein, die Story wurde eingefroren, die Protagonistin später durch die heute bekannte Christiane F. ersetzt. Amees Kindheit verlief alles andere als liebevoll und geregelt. Vernachlässigung, ein Leben im Kinderheim, später der Tod der geliebten Pflegemutter, Not, Misshandlung, ... und dann der Bahnhof Zoo, Drogen, das Glück im Rausch - und immer wieder unglaubliche Gewalt. Die Autorin erzählt schonungslos offen über ihre verlorene Kindheit und schutzlose Jugend, von allen verlassen. Sie berichtet jedoch auch von der Kraft, die in denen schlummern kann, die ganz am Boden liegen. Die autobiografische Geschichte des ersten Mädchens vom Bahnhof Zoo - Amee Brooks.

260 Seiten Softcover, ISBN: 9783957531681

WIE VIEL KANN EIN MENSCH ERTRAGEN? DIE AUTOBIOGRAFISCHE GESCHICHTE DES ERSTEN MÄDCHENS VOM BAHNHOF ZOO GEHT WEITER. Im Buch "NADINE, von Gott vergessene Kinder" erzählte Amee Brooks den ersten Teil ihrer traurigen Kindheit und Jugend, der in Berlin spielte. In ihrem neuen vorliegenden Roman "Nadine 2.0" gerät sie, noch nicht einmal volljährig, ins Hamburger Rotlichtmilieu. Nicht erst der gewaltsame Tod ihrer Freundin überzeugt Nadine von der allgegenwärtigen Gefahr, die auf dem Kiez lauert. Brutale Zuhälter, gewalttätige Freier, Drogen und Angst bestimmen ihr Leben. Ihre hilflosen Versuche, eine Änderung herbeizuführen, bringen ihr immer neue Probleme... 1978 erschien im Stern eine Reportage über Amee Brooks alias Christine, 14 Jahre, als Vorreiter für den Welterfolg "Wir Kinder vom Bahnhof Zoo". Eltern und Lehrer wussten Bescheid, doch keiner schlug Alarm, erst Käthe Kruse Puppe, dann Irma La Douce. Sie erhielt 30 DM. Ihre Eltern legten Beschwerde ein, die Story wurde eingefroren, die Protagonistin später durch die heute bekannte Christiane F. ersetzt.

244 Seiten Taschenbuch, ISBN: 9783957532411